# French
# Vocabulary

# French Vocabulary

## Fourth Edition

**Mary E. Coffman Crocker**

*French Editor and Consultant*
*Toronto, Ontario*

## Schaum's Outline Series

New York   Chicago   San Francisco   Athens   London   Madrid
Mexico City   Milan   New Delhi   Singapore   Sydney   Toronto

**MARY E. COFFMAN CROCKER** is a French editor, author, and consultant in Toronto, Ontario. She was previously Senior Editor, French as a Second Language, Copp Clark Pitman, Toronto, Ontario; Directrice des Éditions, Langues Secondes, Centre Éducatif et Culturel, Montréal, Québec; and Sponsoring Editor, Foreign Language Department, McGraw-Hill Book Company, New York, New York. She is also the author of *Schaum's Outline of French Grammar*, Sixth Edition and a biographee in *Who's Who of American Women*, Ninth Edition.

1 2 3 4 5 6 7 8 9 0    CUS/CUS    1 0 9 8 7 6 5 4 3

ISBN    978-0-07-182838-3
MHID    0-07-182838-9

e-ISBN  978-0-07-182839-0
e-MHID    0-07-182839-7

**Library of Congress Control Number: 2013943753**

McGraw-Hill Education products are available at special quantity discounts to use as premiums and sales promotions or for use in corporate training programs. To contact a representative, please visit the Contact Us pages at www.mhprofessional.com.

---

**Companion Audio Recording**

To access the companion audio recording for this book, please follow these instructions:

1. Go to mhprofessional.com/mediacenter
2. Enter this book's ISBN: 978-0-07-182838-3 and select the Find Product button
3. Enter your e-mail address to receive a link to the downloadable files

# PREFACE

Like the previous editions, the third edition of *French Vocabulary* can be used as a reference book, a review text, or as a companion to any basic text. The third edition continues to provide the reader with the vocabulary needed to converse effectively about everyday topics. In addition to reinforcing vocabulary of current textbooks, the book also enriches the student's knowledge of the language by providing words and expressions that seldom appear in typical textbooks but that are essential for communicating comfortably about a given situation.

The third edition of *French Vocabulary* is divided into ten units organized according to themes. Each unit contains several chapters related to the theme. The content of each chapter is focused on a real life situation such as making a telephone call, traveling by plane or train, staying at a hotel, or shopping for food. The third edition has been rewritten to update, reorganize, and add to existing material in order to reflect price changes, the change from francs to euros, new technology (computer terminology, the Internet, cellular phones, automatic teller machines, DVDs, LCD and plasma TVs, digital cameras, new medical equipment, etc.), new trends and fashions (new clothing materials and styles), lifestyle changes (low-fat cooking and food products), etc. The section on the computer has been expanded and put into a separate chapter.

Each chapter is divided into subtopics. Key words are presented in illustrations and in text presentations. Words that are specifically French Canadian are flagged as such. Extensive footnotes inform the reader of other ways of saying the same thing and further clarify the use of words. In order to enable readers to build and retain the new vocabulary, the book provides many opportunities to use the new words. After the presentation of new words, the student is immediately directed to practice these words in a multitude of exercises. More personalized questions, open-ended questions, and role-playing suggestions have been added in this edition to provide for more communicative practice. Answers are provided at the back of the book so students can make prompt self-correction.

Appendixes included in the second edition remain: numbers, dates, and times, a special list of all foods, equivalent European and North American clothing and shoe sizes, family relationships, and francophone countries. There are two new appendixes, one for weights and measures and the other for personal correspondence. At the end of the book, a French–English and an English–French glossary contain most of the key words introduced in the book.

For grammar reference and practice, the student can consult *Schaum's Outline of French Grammar*, *Fifth Edition*.

MARY E. COFFMAN CROCKER

# CONTENTS

# CONTENTS

# CONTENTS

# CONTENTS

# CONTENTS

# CONTENTS

# UNIT 1:  Travel
# *UNITÉ 1:  Les voyages*

# CHAPTER 1:   At the airport
# *CHAPITRE 1:   À l'aéroport*

## GETTING TO THE AIRPORT

| | |
|---|---|
| À l'aéroport, il y a trois **terminaux (aérogares)**.[1] | terminals |
| Les terminaux (les aérogares) 1 et 3 sont pour les **vols internationaux**. | international flights |
| Le terminal (l'aérogare) 2 est pour les **vols intérieurs**. | domestic flights |
| Nous pouvons aller à l'aéroport en **taxi**. | taxi |
| Nous pouvons aussi **prendre l'autobus (le bus, l'autocar)**. | take a bus |
| Il y a un **service d'autobus (d'autocars, de cars)** entre le **centre-ville** et l'aéroport. | bus service, downtown |
| **Quelle est la fréquence des autobus?** | How often do the buses run? |
| Les autobus **partent toutes les demi-heures**. | leave every half hour |

1. Complete.

   Je ne veux pas aller à l'aéroport en taxi. Ça coûte trop cher. Je préfère prendre

   l'_____ . Il y a un bon _____ d'_____ entre le centre-ville et l'aéro-
       1                2           3

   port. Les autobus _____ toutes les demi-heures.
                       4

2. Complete.
   **À Toronto**

   — À quelle aérogare allez-vous, monsieur?

   — Il y a plus d'une _____ à l'aéroport?
                         1

   — Oui, monsieur. Il y en a trois. L'aérogare 1 et l'aérogare 3 sont pour les _____
                                                         2

   internationaux et l' _____ 2 est pour les vols _____ .
                         3                            4

   — Puisque je vais à Paris, je veux aller à l' _____ 1, s'il vous plaît.
                                           5

## CHECKING IN (Fig. 1-1, page 3)

| | |
|---|---|
| **À quelle heure est l'enregistrement?** | When do you have to check in? |
| Voici le **comptoir de la compagnie d'aviation (la ligne aérienne)**.[2] | airline ticket counter |
| La compagnie **dessert** beaucoup de villes. | serves (has service to) |
| Les passagers **munis de billets** peuvent **se présenter à** ce comptoir. | with tickets, go to |
| Beaucoup de **passagers font la queue**. | passengers stand in line |

---

[1] You will hear **aérogare** for "airline terminal" in Canada.

[2] Both **compagnie d'aviation** and **ligne aérienne** are used. Technically, **la ligne aérienne** or **le réseau des lignes aériennes** is the airline route.

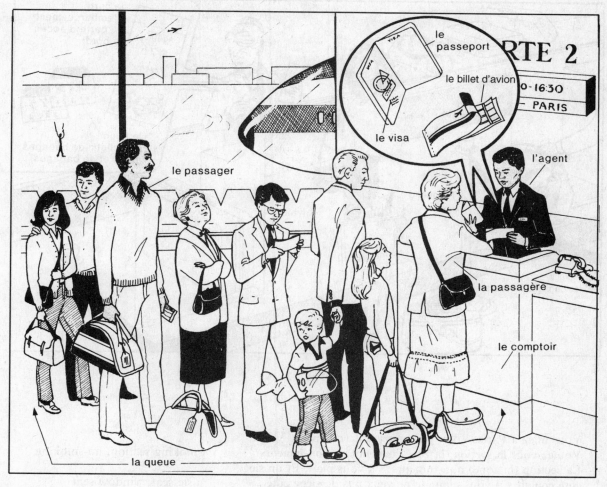

**Fig. 1-1**

| | |
|---|---|
| La **queue** (la **file**) est longue. | line |
| L'**agent** veut **vérifier** le **billet**. | ticket agent, check, ticket |
| C'est un billet **aller-retour**. | round trip |
| Il veut voir le **passeport** et le **visa** aussi. | passport, visa |

**3.** Complete.

Quand nous arrivons à l'aéroport, il faut aller au _____ de la compagnie d'aviation.
<br>1

En général, beaucoup de gens font la _____ au comptoir. Au comptoir, il faut montrer
<br>2

votre _____ à l'_____ . Si vous prenez un _____ international,
<br>3              4                                5

l'agent va vérifier votre _____ et votre _____ aussi.
<br>6                       7

## SPEAKING WITH THE AGENT (Fig. 1-2, page 4)

— Votre billet, s'il vous plaît.

— **Le voici.**                                          Here it is.

**Fig. 1-2**

— Vous allez à Paris. Votre passeport, s'il vous plaît. Merci.
Voulez-vous la **section** (la **zone**) **fumeurs** ou **non-fumeurs**?[3]   smoking section, no-smoking

— La section (la zone) non-fumeurs, s'il vous plaît. Et un **siège**[4]
**côté couloir** s'il vous plaît. Je ne veux pas de **siège côté**   aisle seat, window seat
**hublot**.

— Bon, vous avez le siège C dans la **rangée** 20.   row

— Avez-vous des **bagages à faire enregistrer**?   luggage to check

— Oui, une **valise**.   suitcase

— Avez-vous des **bagages à main(s) (bagages de cabine)?**   carry-on (hand) luggage

— Oui, ma **malette** et cette **valise.**   briefcase, suitcase

— Vous pouvez avoir dans vos bagages à main(s) (bagages de
cabine) des liquides, des gels et des aérosols pourvu que ces   container
articles se trouvent dans un **contenant** de 100 ml / 100 g ou
moins.   clear, closed, and

— Ces contenants doivent être placés dans **un sac de plastique**   resealable plastic bag
**transparent à fermeture par pression et glissière, bien scellé**
d'une capacité maximale d'un litre.

— Les **préparations pour nourrissons** les **aliments pour**   baby formula, baby food
— **bébé** les **médicaments vendus sur ordonnance** et les   prescription medicine

--------

[3] Many flights now are completely non-smoking ones.

[4] You will hear **un fauteuil** for "seat" in Canada and in France.

| | |
|---|---|
| — médicaments essentiels **en vente libre** ne sont pas soumis aux restrictions. | over-the-counter |
| — Les bagages à main **doivent être placés soit sous le siège** devant vous **soit** dans le **compartiment à bagages** (Canada: le **coffre de rangement**) **au-dessus de vous**. | must fit either under the seat or, baggage rack above you |
| Voici des **étiquettes** pour vos bagages à main(s). | labels (tags) |
| — Merci. | |
| — Bon. Tout est en ordre. Voici votre **carte d'embarquement** (**carte d'accès à bord**)—**vol numéro** 375 **à destination de** Paris, **cabine** B, siège C, rangée 20, section non-fumeurs. Et voici le **talon** (le **bulletin**) pour la valise **enregistrée**. Vous pouvez la **réclamer** à Paris. On annonce le **départ** de votre vol dans trente minutes. Bon voyage! | boarding pass flight number, for cabin claim check, checked claim, departure |
| — Où est le **magasin hors-taxe**? | duty-free shop |
| — C'est **tout droit** à côté du **kiosque à journaux**. Prenez le **trottoir roulant**. | straight ahead, newsstand rolling sidewalk |

4. Complete.
   1. Mme Périn va de New York à Paris. Elle fait un vol _____.
   2. Elle est au _____ de la compagnie d'aviation.
   3. Elle parle à l'agent. L'agent veut voir son _____ parce qu'elle fait un vol international. Il veut voir son _____ aussi.
   4. Mme Périn ne veut pas fumer. Elle veut un _____ dans la section _____ - _____.
   5. Le siège C dans la _____ 20 est dans la section _____ - _____.
   6. Dans les avions les _____ _____ _____ doivent être placés sous le siège devant le passager. Mme Périn n'a pas de problème. Elle a seulement une _____ avec des papiers de travail.
   7. L'agent lui donne une _____ pour attacher à sa mallette.
   8. Il faut une _____ _____ pour monter dans l'avion.
   9. Mme Périn part sur le _____ numéro 375 à _____ de Paris. Elle a le _____ C dans la _____ 20 dans la _____ B dans la section _____ - _____.
   10. Mme Périn a enregistré ses bagages jusqu'à Paris. Elle a son _____ et elle peut _____ ses bagages à Paris.
   11. On peut acheter, sans taxes, de l'alcool, des cigarettes et d'autres produits au _____ - _____.
   12. On peut acheter un journal au _____ _____ _____.
   13. Il faut mettre des liquides, des gels et des aérosols dans un _____ _____ transparent à _____ par pression et glissière.
   14. Un médecin doit vous donner une _____ pour quelques médicaments. On peut acheter d'autres médicaments en _____ _____.

5. Answer on the basis of Fig. 1-3 (page 6) and the preceding presentation under the heading "Speaking with the Agent."
   1. Où est la dame?
   2. Avec qui parle-t-elle?
   3. Qu'est-ce qu'elle donne à l'agent?
   4. Quel siège veut-elle?
   5. Combien de valises a-t-elle?
   6. A-t-elle des bagages à main?

**Fig. 1-3**

7. Qu'est-ce qu'elle porte comme bagages à main?
8. Est-ce qu'elle peut mettre sa mallette sous le siège?
9. Qu'est-ce que l'agent lui donne?
10. Quel est son numéro de vol?
11. Où va-t-elle?
12. Quel siège a-t-elle?
13. Où est le siège?
14. Combien de valises a-t-elle à faire enregistrer?
15. Où peut-elle réclamer ses bagages?

**6.** Choose the appropriate word(s).

1. Les passagers doivent montrer leur passeport à l'agent parce qu'ils font un vol _____. (*a*) intérieur (*b*) international (*c*) de longue durée
2. Le siège C est _____. (*a*) dans la section fumeurs (*b*) côté couloir (*c*) près du hublot
3. Pour identifier mes bagages à main, je vais attacher _____. (*a*) cette étiquette (*b*) ce siège (*c*) ce talon
4. Pour monter dans l'avion, il faut _____. (*a*) une étiquette (*b*) un talon (*c*) une carte d'embarquement
5. Mon siège est dans la _____ 20. (*a*) section (*b*) queue (*c*) rangée

## LISTENING TO ANNOUNCEMENTS

La compagnie d'aviation (la ligne aérienne) annonce le
**départ** du vol numéro 450 **à destination de** Paris. Les passagers
**sont priés de se présenter** au **contrôle de sécurité**.
**Embarquement** immédiat—**porte** numéro huit.

*departure, for*
*are asked to go to, security check*
*departure, boarding gate*

**7.** Complete.
1. _____ _____ _____ annonce le vol.
2. Elle annonce le _____ du vol.
3. Elle annonce le départ du _____ numéro 450.
4. Elle annonce le départ du vol numéro 450 _____ _____ _____ Paris.
5. Les passagers doivent se présenter au _____ _____ _____.
6. On va regarder les bagages au _____ _____ _____.
7. Le _____ du vol est immédiat.
8. Les passagers vont embarquer par la _____ numéro huit.

**8.** Complete.
1. L'avion va partir. On annonce le _____.
2. Le vol va à Paris. La _____ est Paris.
3. On va contrôler les bagages des passagers. Les passagers doivent se présenter au _____ _____ _____.
4. Les passagers du vol numéro 450 doivent embarquer par la _____ numéro _____.

Votre attention, s'il vous plaît. La compagnie d'aviation
(la ligne aérienne) annonce l'**arrivée** de son vol numéro 150 **en
provenance de** Fort-de-France. **Débarquement**—porte numéro 10.
Les passagers vont **débarquer** par la porte numéro 10.

*arrival, arriving from*
*disembarkation (deplaning)*
*deplane*

**9.** Complete.

— Je ne comprends pas l'annonce. Est-ce qu'on annonce le départ de notre vol?

— Non, non. On annonce l'_____ d'un autre vol.
<sub>1</sub>

— Quel vol?

— C'est le _____ numéro 150 _____ _____ _____
<sub>2</sub> <sub>3</sub>
Fort-de-France.

**10.** Give the opposite.
1. l'arrivée
2. à destination de
3. l'embarquement

## CHANGING OR CANCELING A TICKET

— Pour les **renseignements**, il faut **s'adresser à** l'agent.
— **J'ai manqué (raté)** mon **avion** pour Marseille. Est-ce qu'il
y a un autre vol aujourd'hui par Air France? (Quand part le
**prochain** avion?)

*information, talk to*
*I missed, plane*

*next*

— Oui, et le vol n'est pas **complet**. Il y a des places **libres**. Mais ce n'est pas un vol **direct**. Il y a un **arrêt** (une **escale**) à Lyon. Mais il n'est pas nécessaire de **changer d'avion (prendre une correspondance)**. Le **tarif** est le même pour les deux routes. Mais parce que vous avez un **billet à tarif réduit** (un **billet excursion**), il y a des restrictions. Parce que vous changez de vol, il faut payer un **supplément** de 75 euros. Mais il n'est pas nécessaire d'acheter un autre billet. Je peux **endosser** celui que vous avez.

full, available
nonstop, stopover
change planes
fare
special (reduced) fare ticket (excursion fare)
supplement

endorse

— Je voudrais aussi **annuler** ma réservation pour mardi pour Paris.

cancel

**11.** Complete.

— Je suis arrivé en retard à l'aéroport parce qu'il y avait des embouteillages sur l'autoroute. J'ai _____ mon avion pour Marseille. Est-ce qu'il y a un autre _____ pour
        1                                                   2
Marseille aujourd'hui?

— Oui, monsieur. Nous en avons un qui part à 15 h 30. Voyagez-vous seul?

— Oui, monsieur.

— Un moment. Je vais voir si le vol est _____ ou si nous avons des places
                                               3
_____. Non, le vol n'est pas complet.
        4

— Quelle chance! Est-ce qu'il y a une différence de tarif?

— Malheureusement, parce que vous avez un billet à _____ réduit, il faut payer un
                                              5
_____ pour le changer.
        6

— Est-ce que je dois acheter un autre billet?

— Non, je peux simplement _____ le vôtre.
                      7

— C'est un vol sans _____?
              8

— Non, il y a un arrêt à Lyon.

— Merci. Oh! J'avais oublié. J'ai un billet pour Lyon pour la semaine prochaine et je ne peux pas l'utiliser. Je voudrais l'_____.
                                          9

— D'accord.

### Le voyage de Madame Périn

Mme Périn arrive à l'aéroport et elle voit qu'il y a trois terminaux. Les vols intérieurs partent d'un de ces terminaux et les vols internationaux partent des autres. Parce qu'elle va faire un vol international, elle va au terminal international 3. Ensuite elle va au comptoir de la compagnie d'aviation. Elle montre son billet à l'agent. L'agent veut voir son passeport aussi. Tout est en ordre. La dame montre ses bagages à l'agent. Elle a deux valises. L'agent met les deux valises sur la balance[5] et explique à la dame qu'elle

---

[5] scale

pourra réclamer ses bagages quand elle arrivera à destination, Paris. L'agent lui donne aussi une étiquette pour attacher à ses bagages à main—à sa mallette qu'elle va porter avec elle. L'agent lui explique que ses bagages à main doivent être placés sous le siège devant elle ou dans le compartiment à bagages au-dessus du siège. La dame explique à l'agent qu'elle a une place réservée côté couloir dans la section non-fumeurs. L'agent lui explique que l'ordinateur[6] n'indique pas son siège. Mais il n'y a pas de problème. Le vol n'est pas complet et il y a beaucoup de places libres, même celles qui donnent sur l'allée. L'agent donne une carte d'embarquement à la dame. Il lui dit qu'elle a le siège C dans la rangée 25 dans la section non-fumeurs. On passe par la porte numéro six pour prendre le vol numéro 315 à destination de Paris. La dame veut savoir si c'est un vol sans escale. Non, ce n'est pas un vol sans arrêt. Il y a une escale à Lyon, mais les passagers en transit ne doivent pas changer d'avion. Le même avion continue jusqu'à Paris.

Aussitôt que la dame a quitté le comptoir, elle entend une annonce:

« La compagnie d'aviation annonce le départ du vol numéro 315 à destination de Lyon et Paris. Départ immédiat—porte numéro six. »

**12.** Complete.

1. Il y a trois _____ à l'aéroport. Deux sont pour les _____ internationaux et l'autre est pour les vols _____.
2. L'_____ travaille au _____ de la compagnie _____.
3. Les passagers doivent montrer leur _____ à l'agent et, s'ils font un voyage international, ils doivent montrer leur _____ aussi.
4. La dame montre ses _____ à l'agent. Elle a deux valises.
5. L'agent met les _____ sur la balance. La dame doit avoir un _____ pour réclamer ses bagages à Paris.
6. La dame va avoir une _____ à bord de l'avion. Les bagages à _____ doivent être placés _____ le siège devant elle ou dans le _____ _____ _____.
7. La dame veut s'asseoir dans un siège côté _____ dans la _____ non-fumeurs.
8. L'ordinateur ne montre pas son siège réservé, mais il n'y a pas de problème. L'avion n'est pas _____ et il y a beaucoup de places _____.
9. La dame regarde sa _____ _____. Elle voit qu'elle a le _____ C dans la _____ 25.
10. Le vol vers Paris va faire une _____ à Lyon, mais Mme Périn ne doit pas _____ d'avion.
11. On annonce le _____ immédiat du vol numéro 315 à _____ _____ Paris avec escale à Lyon.
12. Les passagers du vol numéro 315 doivent se présenter à la _____ numéro six.

**13.** Answer.

1. Où Mme Périn arrive-t-elle?
2. Combien de terminaux y a-t-il à l'aéroport?
3. Pourquoi y en a-t-il trois?
4. A son terminal, où va la dame?
5. Qu'est-ce que l'agent veut voir?
6. Combien de valises la dame a-t-elle à enregistrer?
7. Où l'agent met-il les valises?
8. Où la dame peut-elle réclamer ses bagages?

_____

[6] computer

    9.  Qu'est-ce que la dame porte à bord?

 10.  Où doit-elle mettre ses bagages à main?

 11.  Est-ce que la dame a une place réservée?

 12.  Pourquoi est-ce qu'il n'y a pas de problème?

 13.  Quel siège a-t-elle?

 14.  Par quelle porte faut-il passer pour prendre l'avion?

 15.  Est-ce que c'est un vol sans escale?

**14.**  Complete.

Mme Périn va prendre le _____ numéro 315 à _____ _____
$1$ $2$

Paris. Le vol va faire une _____ à Lyon, mais la dame ne doit pas _____
$3$ $4$

d'avion. Elle a le _____ C dans la _____ 25 côté _____ dans la
$5$ $6$ $7$

section non-_____.
$8$

**15.**  You are making reservations for a trip. Tell the ticket agent where you want to go, whether you would like a smoking or non-smoking flight, how much checked luggage and hand luggage you have. Tell the agent that you would like a nonstop flight.

# CHAPTER 2:   On the airplane
# *CHAPITRE 2:   À bord de l'avion*

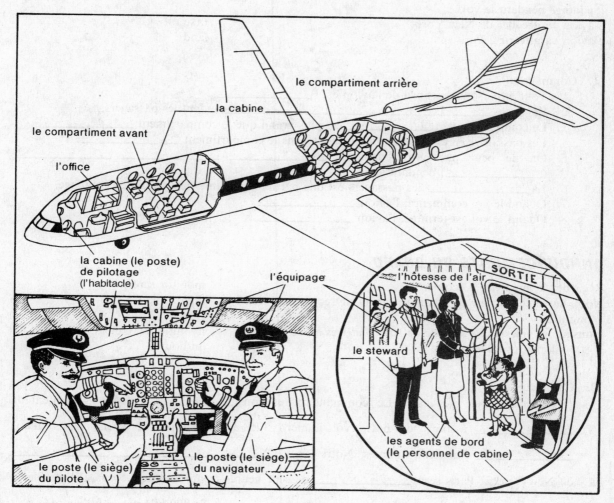

Fig. 2-1

## WELCOME ON BOARD (Fig. 2-1)

**Bienvenue à bord.**
Le pilote et son **équipage** s'occupent de la **sécurité** des passagers.
Les **agents de bord** (le **personnel de cabine** / les **hôtesses de l'air** / les **stewards**)[1] travaillent dans l'avion.

Welcome on board.
crew, security
flight attendants / stewardesses (female flight attendants) / stewards (male flight attendants)

---

[1] The terms **agents de bord** and **personnel de cabine** are now widely used. You will, however, hear **le steward** for "male flight attendant" and **l'hôtesse de l'air** for "stewardess."

| | |
|---|---|
| Ils **souhaitent la bienvenue** aux passagers. | welcome |
| Le **compartiment** (la **cabine**) **avant** est pour les passagers de | forward cabin |
|   première classe ou **de classe affaires**. | business (executive) class |
| Le **compartiment** (la **cabine**) **arrière** est pour les passagers | rear cabin |
|   **de classe économique** (**en économie**) / **de classe touriste**. | economy class / tourist class |
| Les passagers ne peuvent pas entrer dans la **cabine** (le **poste**) **de** | cockpit |
|   **pilotage** pendant le vol. | |
| L'avion va **décoller** de New York. | take off |
| L'avion va **atterrir** à Paris. | land |

**1.** Complete.
    1. Tout le personnel à bord de l'avion est l'_____.
    2. Les _____ _____ _____ aident les passagers.
    3. Le compartiment _____ est plus grand que le compartiment _____.
    4. Les passagers en classe économique sont dans le compartiment _____.
    5. On ne peut pas entrer dans la _____ _____ _____
      (_____) pendant le vol.
    6. La _____ des passagers est une partie importante du travail de l'équipage.
    7. Quand le vol commence, l'avion _____.
    8. Quand le vol est terminé, l'avion _____.

## ANNOUNCEMENTS ON BOARD

| | |
|---|---|
| Regardez le **moniteur** et écoutez. | monitor screen |
| Notre **durée de vol** sera approximativement de sept heures trente | flight time |
|   minutes. | |
| Nous allons **voler** à une **altitude** de 10 000 **mètres** à une **vitesse** de | fly, altitude, meters, speed |
|   800 kilomètres **à l'heure**. | an hour |

**2.** Complete.
        Mesdames et messieurs. Le commandant et son _____ vous souhaitent la
                                                               1
      _____ à bord de notre vol numéro 175 à destination de Paris. Nous allons
       2
      _____ dans cinq minutes. Notre _____ _____ _____
       3                                            4
      de New York à Paris sera _____ de sept heures trente minutes. Nous allons voler à
                             5
      une _____ de 10 000 mètres à une _____ de 800 kilomètres à l'heure.
            6                                    7

## SAFETY ON BOARD (Fig. 2-2)

| | |
|---|---|
| **En cas d'urgence** | In case of emergency |
| En cas de changement de **pression de l'air** (**pressurisation**) / | air pressure |
|   En cas de **dépressurisation en cabine**, le **masque à oxygène** | change in cabin air pressure, |
|   tombera automatiquement. |   oxygen mask |
| Il y a huit **sorties** (**issues**)[2] **de secours**—deux dans le compartiment | emergency exits |
|   avant (deux en avant), et deux dans le compartiment arrière | |
|   (deux en arrière). | |

---

[2] In Canada you will frequently hear **issue de secours** instead of **sortie de secours**.

**Fig. 2-2**

| | |
|---|---|
| Il y a aussi quatre sorties (issues) de secours sur les **ailes**. | wings |
| **En cas d'amerrissage**, les **gilets de sauvetage** se trouvent sous votre siège et ne doivent être **gonflés** que sur l'ordre de l'**équipage**. | In case of a sea landing, life jackets, inflated crew |
| Pour les gonfler, il faut **tirer** sur le **tuyau (tube)** ou **souffler** dans les tubes. | pull, tube, blow |
| Le **coussin du siège peut servir de bouée de sauvetage**. | seat cushion can be used for flotation (as a life preserver) |

**3.**   Answer.
   1.   S'il y a un changement de pression de l'air dans l'avion, qu'est-ce qui tombera?
   2.   Où y a-t-il des sorties de secours?
   3.   Où sont les gilets de sauvetage?
   4.   Quand peut-on gonfler les gilets de sauvetage?
   5.   Qu'est-ce qu'il faut faire pour les gonfler?
   6.   Qu'est-ce qui peut servir de bouée de sauvetage?

| | |
|---|---|
| Les passagers doivent **rester assis**. | remain seated |
| Ils doivent rester à leur place pendant le **décollage** et l'**atterrissage**. | takeoff landing |

| | |
|---|---|
| Ils doivent **attacher (boucler)**[3] **leur ceinture de sécurité** pendant les décollages et les atterrissages. | fasten their seat belts |
| Les agents leur **conseillent** de **garder leur ceinture attachée pendant toute la durée** du vol. | advise, keep their seat belts fastened throughout |
| Des **turbulences imprévues** pourraient **se produire**. | unexpected turbulence, be encountered |
| Nous **traversons** maintenant une **zone de turbulences**. | are passing through, turbulent area |
| Nous vous prions de rester assis **jusqu'à l'extinction des consignes lumineuses**. | until signs have been turned off |

**4.** Complete.

Pendant le _____ et aussi pendant l'_____ les passagers à bord d'un avion
                 1                        2

doivent rester _____. Ils ne peuvent pas circuler dans la cabine. Non seulement doivent-
                  3

ils rester assis, mais ils doivent aussi attacher leur _____ _____
                                                                  4

_____. On leur conseille aussi de garder la ceinture _____ pendant toute la
                                                  5

_____ du vol. On ne sait jamais quand des _____ imprévues pourraient
          6                                             7

_____.
         8

| | |
|---|---|
| La **consigne lumineuse** (le **signal lumineux**) « **Défense de fumer** » est **allumée**. | no smoking sign<br>lit |
| **Il est défendu (interdit)** de fumer dans les **couloirs (allées)**. | it is forbidden, aisles |
| Il est défendu (interdit) de fumer dans les **toilettes** aussi. | toilets |
| On ne peut non plus fumer dans la section non-fumeurs. | |

**5.** Complete.

1. Les passagers à bord d'un avion ne peuvent pas fumer dans la _____ _____ - _____ , dans les _____ et dans les _____.
2. Il est défendu de fumer aussi quand la consigne lumineuse « _____ _____ _____ » est allumée.
3. La _____ _____ « Défense de fumer » est allumée pendant le décollage et pendant l'_____.

## MORE SAFETY INSTRUCTIONS (Fig. 2-3)

| | |
|---|---|
| Il est défendu de mettre les **bagages à main(s)** dans le couloir. | carry-on luggage |
| Pour votre sécurité, les bagages à main doivent être placés sous le siège devant vous ou dans les **compartiments à bagages** (**les porte-bagages, les coffres de rangement**)[4] situés au-dessus de votre siège. | overhead racks (compartments) |

---

[3] In Canada you will hear **bouclez votre ceinture** instead of **attachez votre ceinture**.

[4] In Canada you will hear the term **porte-bagages** or **coffres de rangement** for "overhead compartment." In France **porte-bagages** is used for a luggage rack on a car, in the train, or on a bicycle.

les compartiments à bagages
(les porte-bagages)

la pochette
du fauteuil

le dossier
(le dos) du siège

la tablette

**Fig. 2-3**

| | |
|---|---|
| Pendant le décollage, **redressez** le **dossier** (le **dos**) et la **tablette de votre siège**. | put back (into upright position), seat back, tray table |
| Pendant le décollage, on doit mettre le **dos du siège** (Canada) dans la **position verticale**. | seat back<br>upright position |

**6.** Complete.

Beaucoup de passagers ont des bagages à main à bord de l'avion. Mais on ne peut pas mettre les

valises dans les _____ . On doit mettre les bagages à main _____ le
                 1                             2

_____ ou dans les _____ _____ _____ . C'est une
     3                                  4

règle de sécurité. Pendant le _____ et l'_____ , le _____ de votre
                             5                 6              7

siège doit être dans la _____ verticale et il faut redresser la _____ .
                             8                                    9

## SERVICES ON BOARD

| | |
|---|---|
| Pendant le vol, nous allons vous servir un **repas chaud**. | hot meal |
| un **repas froid**. | cold meal |

| | |
|---|---|
| un **dîner** (un **souper**).[5] | dinner |
| un **déjeuner** (un **dîner**).[5] | lunch |
| une **collation**. | snack |
| un **repas léger**. | light meal |

| | |
|---|---|
| Avant l'atterrissage, nous allons vous servir le **petit déjeuner** (le **déjeuner**). | breakfast |
| Il y a cinq **canaux** de musique stéréophonique. | channels |
| Nous allons **passer** (**montrer**) **un film**. | show a film |
| Pour écouter de la musique ou pour regarder le film, les **écouteurs** sont **loués au prix** (**pour la somme**) **modique de** 3 euros. | headsets rented for the modest sum (fee) of |
| Après le décollage, nous allons commencer le **service des boissons**. | beverage service |
| Les **boissons gazeuses** (les **rafraîchissements non-alcoolisés**) sont **gratuites** (**gratuits**). | soft drinks (nonalcoholic beverages), free of charge |
| Les **boissons alcoolisées**, le **vin** et la **bière** coûtent 2 euros. | alcoholic beverages, wine, beer |
| Il y a aussi des **couvertures** et des **oreillers**. | blankets, pillows |
| Dans la **pochette du fauteuil**, il y a des **sacs pour le mal de l'air**. | seat pocket, air sickness bags |

7.  Complete.

Pendant le vol, les agents de bord vont nous servir un _____ . Avant l'atterrissage, ils
1

vont nous servir le _____ _____ . Pendant le vol, vous pouvez écouter de la
2

musique. Il y a cinq _____ de musique stéréophonique. Sur un canal, on vous donne
3

aussi des leçons de français. Après le repas, nous allons passer un _____ . Si vous voulez
4

écouter de la musique ou regarder le film, les _____ sont _____ au
5                        6

prix de 3 euros. Si vous voulez dormir, les agents de bord peuvent vous donner une

_____ et un _____ .
7                     8

8.  Complete.

Je suis fatigué(e). Je ne veux pas manger. Je ne veux pas écouter de musique; je ne veux pas

regarder le film. Je veux seulement dormir. Pourriez-vous me donner une _____ et un
1

_____ , s'il vous plaît? J'ai un peu de _____ de l'air. Où est le
2                                    3

_____ pour le mal de l'air? Oh! Quand les agents de bord nous ont apporté des
4

_____ , j'ai trop bu. Les boissons ne coûtaient rien. Elles étaient _____ .
5                                                      6

### Les voyages en avion

Tous les jours des milliers d'avions naviguent partout dans le monde. Pendant que les passagers
embarquent dans l'avion, quelques agents de bord et d'autres membres de l'équipage sont à la

---

[5] The meals in French Canada are **le déjeuner** (breakfast), **le dîner** (lunch), and **le souper** (dinner).

porte d'entrée. Ils souhaitent la bienvenue aux passagers, ramassent[6] les cartes d'embarquement et prennent les billets. De temps en temps il faut indiquer sa place à un passager. Dans la plupart des avions, le compartiment avant est pour les passagers de première classe ou de classe affaires. Le compartiment arrière est pour les passagers de classe économique.

Pendant le vol il y a plusieurs annonces. Les agents de bord doivent penser au confort et à la sécurité des passagers. Ils expliquent aux passagers l'utilisation du masque à oxygène et des gilets de sauvetage. Ils leur indiquent aussi les sorties de secours et les toilettes. Il y a quelques règles importantes que les passagers doivent suivre. Tous les bagages à mains doivent être placés sous le siège devant le passager ou dans les compartiments à bagages. Il est défendu de fumer pendant le décollage et l'atterrissage, dans la section non-fumeurs, dans les toilettes, ou si le passager est debout dans les couloirs. Si par hasard le pilote allume la consigne lumineuse « Défense de fumer », on doit cesser de fumer. Si le pilote éteint[7] la consigne lumineuse, on peut fumer. Pendant le décollage et l'atterrissage, les passagers doivent attacher leur ceinture de sécurité, mettre le dossier (dos) du siège dans la position verticale et redresser les tablettes. L'équipage conseille aux passagers de garder leur ceinture de sécurité attachée quand qu'ils sont assis, pendant toute la durée du vol. On ne sait jamais quand des turbulences pourraient se produire.

Pendant le vol les agents de bord offrent des boissons et un repas. Ils donnent des couvertures et des oreillers aux passagers qui veulent dormir. Sur beaucoup de vols long courrier,[8] la ligne aérienne offre aux passagers divers canaux de musique stéréophonique et passe un film. Les agents de bord distribuent les écouteurs aux passagers qui les veulent. En classe économique, les passagers doivent payer une somme modique pour utiliser un écouteur.

Durant le vol il est défendu d'entrer dans la cabine de pilotage. Sur beaucoup de vols, le pilote parle aux passagers pour leur dire la durée approximative du vol, l'itinéraire du vol, l'altitude et la vitesse de l'avion. De la part de tout l'équipage, le pilote souhaite un bon vol aux passagers.

9. Complete.
   1. Dans la plupart des avions il y a deux _____. Le compartiment _____ est pour l'usage des passagers de première _____. Le _____ arrière est pour les passagers de classe _____.
   2. Les agents de bord ramassent les _____ _____ quand les passagers embarquent dans l'avion.
   3. S'il y a un changement de pression de l'air, les passagers doivent utiliser le _____ _____ _____ pour pouvoir respirer.
   4. Les _____ _____ _____ doivent être placés sous le siège devant vous ou dans les _____ _____ _____.
   5. Il est défendu de fumer pendant le _____ ou l'_____.
   6. Il est défendu de fumer quand on met la _____ _____.
   7. Les passagers doivent mettre le _____ du siège dans la _____ verticale pendant le _____ ou l'_____.
   8. L'équipage conseille toujours aux passagers de garder leur _____ _____ _____ attachée pendant toute la durée du vol.
   9. Pendant un vol long courrier, les agents de bord servent toujours des _____ et un _____.
   10. Si un passager veut écouter de la musique ou regarder le film, il lui faut un _____. En classe économique, il faut les _____ à un _____ modique.

---

[6] collect

[7] turns off, extinguishes

[8] long distance (Canada: **longue distance**)

**10.** Match. Some items may have two correct answers.

1. tout le personnel à bord de l'avion
2. ce qui tombe automatiquement s'il y a un changement de pression de l'air
3. ce dont les passagers ont besoin pour embarquer dans l'avion
4. ce qu'il faut garder dans la position verticale pendant le décollage et l'atterrissage
5. ce que les passagers attachent pendant le décollage et l'atterrissage
6. les gens qui aident les passagers à bord de l'avion
7. par où les passagers sortent en cas d'urgence
8. ce qu'il faut payer pour les écouteurs
9. où on peut mettre les bagages à main(s)
10. où l'avion va

(*a*) la ceinture de sécurité
(*b*) le dossier (dos) du siège
(*c*) par la sortie de secours
(*d*) sous le siège devant vous
(*e*) l'équipage
(*f*) la carte d'embarquement
(*g*) le gilet de sauvetage
(*h*) dans les compartiments à bagages
(*i*) le masque à oxygène
(*j*) les agents de bord
(*k*) la destination
(*l*) une somme (un prix) modique
(*m*) la turbulence

**11.** Answer.

1. Qu'est-ce que les agents de bord font quand les passagers montent dans l'avion?
2. Combien de compartiments y a-t-il dans la plupart des avions?
3. Qu'est-ce que les passagers doivent apprendre à utiliser?
4. Où doit-on mettre les bagages à main(s)?
5. Où est-il défendu de fumer dans l'avion?
6. Quelles sont les choses que les passagers doivent faire pendant le décollage et l'atterrissage?
7. Pourquoi est-ce une bonne idée de garder la ceinture de sécurité attachée pendant toute la durée du vol?
8. Qu'est-ce que les agents de bord offrent pendant le vol?
9. Quelles autres choses offrent-ils aux passagers?
10. Quelles annonces fait le pilote?

**12.** You are the head airline attendant. Give all the necessary announcements to your passengers regarding hand luggage placement, safety instructions, etc.

# CHAPTER 3: Passport control and customs; Baggage pick-up

## CHAPITRE 3: *Le contrôle des passeports et la douane; La récupération des bagages*

### PASSPORT CONTROL AND IMMIGRATION

| | |
|---|---|
| Voici mon **passeport**. | passport |
| mon **visa**. | visa |
| ma **carte de touriste**. | tourist card |
| **Combien de temps comptez-vous** rester ici? | how long do you plan |
| Je vais rester **seulement quelques jours**. | only a few days |
| **une semaine**. | a week |
| **un mois**. | a month |
| C'est un **voyage d'affaires**? | business trip |
| C'est un **voyage touristique**? | pleasure trip |
| Je **suis** seulement **en transit (de passage)** / **en vacances**. | passing through/on vacation |
| Où **allez-vous rester** pendant votre **séjour**? | will you be staying, stay |

1. Complete.

Au _____ des passeports
$\phantom{Au}$ 1

— Votre _____ , s'il vous plaît.
$\phantom{— Votre}$ 2

— Le _____ .
$\phantom{— Le}$ 3

— Combien de temps _____-vous rester ici?
$\phantom{— Combien de temps}$ 4

— Je vais rester _____ _____ .
$\phantom{— Je vais rester}$ 5

— Où allez-vous rester pendant votre _____ ?
$\phantom{— Où allez-vous rester pendant votre}$ 6

— Je serai à l'hôtel Hilton.

— C'est un voyage d'_____ ou un voyage _____ ?
$\phantom{— C'est un voyage d'}$ 7 $\phantom{ou un voyage }$ 8

— Un voyage d'_____. Je travaille pour une compagnie internationale.
$\phantom{— Un voyage d'}$ 9

## GOING THROUGH CUSTOMS

| | |
|---|---|
| J'ai **rempli** la **déclaration de douane**. | filled in, customs declaration |
| Avez-vous **quelque chose à déclarer**? | something to declare |
| Non, je **n'ai rien à déclarer**. | nothing to declare |
| Oui, j'ai **des choses à déclarer**. | some things to declare |
| Si vous n'avez rien à déclarer, **suivez la flèche verte**. | follow the green arrow |
| Si vous avez quelque chose à déclarer, suivez la flèche **rouge**. | red |
| Le **douanier** demande: | customs agent |
| Avez-vous des **cigarettes**, du **tabac**? | cigarettes, tobacco |
| de l'**alcool**? | alcohol |
| des **fruits** ou des **légumes**? | fruit, vegetables |
| des **cadeaux**? | gifts |
| J'ai seulement des **effets personnels**. | personal belongings |
| Je peux voir votre **déclaration de douane**? | customs declaration |
| Je veux déclarer **une bouteille de** whisky. | a bottle of |
| **une cartouche de cigarettes**. | a carton of cigarettes |
| Ouvrez cette **valise**, s'il vous plaît. | suitcase |
| ce **sac**, s'il vous plaît. | bag |
| Si vous avez plus d'un litre de whisky, il faut payer des | |
| **droits (frais) de douane**. | customs duty |

**2.** Complete.

1. Dans cet aéroport, on n'inspecte pas tout le monde. Les passagers qui n'ont rien à _____ peuvent suivre la _____ verte. Ceux qui ont quelque chose à déclarer doivent suivre la _____ _____.
2. Dans ce pays, on permet aux touristes d'entrer avec deux bouteilles de whisky. Si un touriste a trois bouteilles, il faut _____ la troisième et payer des _____ de douane.
3. Le _____ travaille pour la douane. Il veut voir ma _____ de douane.
4. Je n'ai rien à déclarer parce que j'ai seulement des _____ personnels.

## BAGGAGE PICK-UP

| | |
|---|---|
| Où sont les **chariots à bagages**? | luggage carts |
| Vous pouvez récupérer vos bagages sur la **bande C**. | station C |
| Porteur! Portez ces bagages à l'**arrêt d'autobus**. | bus stop |
| à la **consigne automatique**. | luggage lockers |
| à l'**agence de location de voiture**. | car rental agency |

**3.** Complete.

1. Mes bagages pèsent lourd. Où sont les _____ _____ _____?
2. Je suis descendu de l'avion. J'ai passé par la douane et maintenant je vais récupérer mes bagages. On annonce que les bagages vont arriver sur la _____ D.
3. J'ai du temps à passer à l'aéroport avant le décollage et je ne veux pas porter mes bagages avec moi; donc, je les mets à la _____ automatique.
4. On peut louer une voiture à l' _____ _____ _____ de voitures.

**4.** You are arriving in France from New York. You are going through customs. Tell the customs officer the purpose of your visit and what you are declaring.

# CHAPTER 4: At the train station
# CHAPITRE 4: À la gare

## GETTING A TICKET (Fig. 4-1)

Fig. 4-1

| | |
|---|---|
| Le **réseau ferroviaire** en France est extensif. | railway network |
| À Paris, il y a six **gares**. Chaque gare **dessert** une région. | train stations, serves |
| Les **grandes lignes** desservent les grandes villes de France et les grandes villes d'Europe. | long-distance lines |
| Les **lignes de banlieue** desservent la **banlieue**. | commuter lines, suburbs |
| Les passagers peuvent consulter **l'horaire des trains** sur le **tableau des horaires**. | train schedule<br>schedule board |
| Le tableau des horaires donne les **départs** ou les **arrivées** des trains. | departures, arrivals |

On peut **acheter (prendre) des billets** à la gare.[1]　　　buy tickets
Les réservations sont **obligatoires** pour certains trains.　　required

**1.** Complete.
　　1. À Paris il y a six gares et chaque gare _____ une région.
　　2. L'horaire des trains donne les _____ et les _____ des trains.
　　3. Il faut faire des réservations dans certains trains. Les réservations sont _____.
　　4. On peut acheter des _____ à la gare.
　　5. Pour savoir l'horaire des trains, il faut consulter le _____ _____ _____.
　　6. Puisque j'habite à Versailles, je prends les _____ _____ pour aller à mon bureau à Paris.

Pour acheter un billet, il faut aller au **guichet**.　　　　ticket window
On **vend** des billets au guichet.　　　　　　　　　　　sell
On peut aussi acheter les billets aux **billeteries automatiques**.　automatic ticket machines
Je vais de Paris à Marseille lundi.
Je vais retourner à Paris vendredi prochain.
Je dois acheter un billet **aller-retour (d'aller et retour)**.　round trip
Je vais de Paris à Marseille.
Je ne vais pas retourner à Paris.
Il me faut seulement un **billet aller** (un **billet simple**, un　one-way ticket
　**aller-simple**).
Le billet est **valable** deux semaines.　　　　　　　　valid
　　　　　　jusqu'au 13 mars.

**2.** Complete.
　　**À la Gare de Lyon à Paris**

　　Au _____
　　　　　　　1
　　Client:　　Un _____ pour Marseille, s'il vous plaît.
　　　　　　　　　　2
　　Employé:　Un billet aller (simple) ou un _____ _____ - _____?
　　　　　　　　　　　　　　　　　　　　　　　　　3
　　Client:　　Je ne vais pas revenir à Paris. Un _____ _____ , s'il vous plaît.
　　　　　　　　　　　　　　　　　　　　　4

**3.** Complete.
　　**À la Gare Centrale à Montréal**

　　Client:　　Un _____ pour Québec, s'il vous plaît.
　　　　　　　　　　1
　　Employé:　Un billet aller-retour ou un _____ _____?
　　　　　　　　　　　　　　　　　　　　2
　　Client:　　Je vais revenir à Montréal dans une semaine. Un _____ _____ - _____ , s'il vous plaît.
　　　　　　　　　　　　　　　　　　　　　　　　　　3

Le **TGV (train à grande vitesse)** est le train le plus vite et le plus　extra high speed train
　luxueux.
Il **roule** à une **vitesse** de 300 km/h.　　　　　　　　runs, speed

------------

[1] You can also buy tickets at automatic ticket dispensing machines, at travel agents, on the Internet, and through the Minitel computer network.

| | |
|---|---|
| Si vous voyagez par le TGV ou par le train **rapide**, il faut payer un **supplément**, surtout pendant **les heures de pointe**. | express (fast) supplement, peak periods |
| Le train **express** est moins rapide que le train rapide. | express (but slower than **le rapide**) |
| Le train **omnibus** s'arrête à toutes les gares. | local (slow) |
| Le train **direct (rapide)** ne fait pas d'**arrêts**. | direct, stops |
| Il n'est pas nécessaire de **prendre une correspondance (changer de train)**. | change trains |
| Les trains rapides et les trains directs **roulent (circulent) en semaine** seulement. | run on weekdays |
| D'autres trains partent seulement les **dimanches et les jours fériés**. | Sundays and holidays |
| Voulez-vous voyager en **première classe** ou en **deuxième**? | first class, second class |

**4.** Complete.

Marcel veut aller à Nice par le train. Il peut partir n'importe quel jour. Il va au guichet de la gare pour se renseigner sur les prix des billets.

Au _____
        1

Marcel:   Je voudrais un billet aller-retour pour Nice.
Employé:  Quand voulez-vous voyager?
Marcel:   Ça dépend. Quels sont les possibilités et les différents prix?
Employé:  Le TGV est le plus vite, mais il faut payer un _____ , surtout pendant les
                                                                         2
          _____ _____ _____ .
                              3
          Le train _____ s'arrête à toutes les gares, mais le _____ des
                          4                                                      5
          billets est le moins cher. Il n'y a pas de train rapide le samedi, le dimanche et les
          jours _____ . Le train rapide _____ _____
                      6                                                           7
          _____ seulement. Le train express ne part pas en semaine. Il part seulement
          les _____ et les _____ fériés.
                   8                          9
Marcel:   Je vais prendre le train _____ . Je n'aime pas m'arrêter à toutes les gares.
                                          10

          Je veux partir le lundi 15 juillet, et je veux revenir le lundi 22 juillet. Quel est le prix
          d'un billet _____ - _____ ?
                              11
Employé:  Première ou _____ classe?
                              12
Marcel:   _____ classe. C'est moins cher.
                13
Employé:  50 euros, s'il vous plaît.

## WAITING FOR THE TRAIN

| Horaire | | | | | schedule (timetable) |
|---|---|---|---|---|---|
| **À Destination de** | **Départ** | **Arrivée** | **Remarques** | | destination, departure, arrival, notes |
| Lyon | 15 h 30 | 18 h 30 | **retard** de 30 minutes | | delay |
| Marseille | 16 h 30 | 19 h 30 | **à l'heure** | | on time |

| | |
|---|---|
| Le train pour Lyon devait partir à 15 h 30. | |
| Le train ne va pas partir à l'heure. | |
| Le train va partir à 16 h. | |
| Le train va être **en retard**. | late |
| Il va **avoir trente minutes de retard**. | be 30 minutes late |

**Il y aura un retard de trente minutes.**                   There will be a 30-minute delay.
Le train **venant de** Nice **a-t-il du retard**?            coming from, is it late
Les passagers vont attendre dans **la salle d'attente**.     waiting room

**5.** Answer.
   1. À quelle heure le train pour Lyon devait-il partir?
   2. Est-ce qu'il part à l'heure?
   3. À quelle heure le train va-t-il partir?
   4. Est-ce qu'il y a un retard?
   5. Le train a combien de minutes de retard?
   6. Où est-ce que les passagers attendent le train?

**6.** Complete.

Le train ne va pas partir à l'_____. Il y a un _____ de trente minutes. Le
                              1                              2

train a _____ minutes _____. Les passagers peuvent
              3                        4

attendre dans la _____.
                       5

## CHECKING YOUR LUGGAGE

J'ai beaucoup de **bagages**.                                luggage
          de **valises**.                                    suitcases
          de **malles**.                                     trunks
Je ne peux pas **porter** toutes les valises.               carry
Le **porteur** peut les porter.                              porter
Je vais **déposer** (**mettre**) mes valises à la **consigne**.  put (check), checkroom
À la consigne, l'employé me donne un **bulletin de consigne**.  luggage stub (check)
Pour **retirer** mes bagages, je dois **remettre** mon bulletin.  claim, hand over
Je peux aussi mettre mes bagages dans une **consigne automatique**.  locker

**7.** Complete.
   1. J'ai beaucoup de valises. J'ai beaucoup de _____.
   2. Je ne peux pas porter tous mes bagages. Le _____ va les porter.
   3. Le train a un retard d'une heure. Je vais _____ mes valises à la _____.
   4. Quand j'ai mis mes bagages à la consigne, l'employé m'a donné un _____
      _____ _____.
   5. Je dois _____ mon bulletin à la consigne pour _____ mes bagages.

**8.** Complete.

M. Lapointe arrive à la gare. Il a beaucoup de _____ et il ne peut pas les porter.
                                                      1

Il appelle un _____. Le _____ l'aide à porter ses valises. Le train va partir
                   2                 3

à 13h. M. Lapointe doit attendre une heure. Il décide de _____ ses bagages à la
                                                              4

_____. À la consigne, l'employé lui donne un _____ _____
      5                                                                            6

_____. M. Lapointe doit _____ son bulletin à l'employé pour
                                       7

_____ ses bagages.
      8

## GETTING ON THE TRAIN (Fig. 4-2, page 26)

| | |
|---|---|
| Le train **à destination de** Lyon part dans cinq minutes. | for |
| Il part du **quai** (de la **voie**)[2] numéro quatre. | platform (track) |
| Avant de monter dans le train, je dois **composter**[3] mon billet. | stamp (punch, validate) |
| Je mets mon billet dans un **composteur**. | time stamp machine |
| Le **compostage** est obligatoire. | stamping |
| Dans les trains à compartiments, il y a un **couloir latéral**. | side aisle |
| Dans les trains nouveaux, il n'y a pas de compartiments. | |
| Il y a des sièges séparés par un **couloir central**. | central aisle |
| Les sièges sont **inclinables** et ils ont une **table repliable**. | reclining, folding table |
| Il y a aussi des sièges avec un **appui-tête** (**appuie-tête**) et un **repose-pied**. | headrest, footrest |
| J'ai un **siège réservé** (une **place réservée**) dans te train. | reserved seat |
| Mon siège est dans le **wagon**[4] (la **voiture**) numéro trois. | car |
| Mon siège est le numéro cinq dans le **compartiment** numéro quatre. | compartment |
| C'est un compartiment **fumeurs** / **non-fumeurs**. | smoking / no-smoking |
| **Passez sur** le quai. | go to |

9. Complete.
    1. Le train pour Lyon part du _____ numéro quatre.
    2. Je regarde mon billet. J'ai une _____ réservée, mais j'ai oublié le numéro.
    3. J'ai le siège numéro cinq dans le _____ numéro quatre dans le _____ numéro trois.
    4. Je veux fumer. C'est un compartiment _____ .
    5. On peut changer la position des sièges. Les sièges sont _____ .
    6. Si je veux travailler, je peux faire descendre la table _____ .

10. Complete.
    1. Le train va partir tout de suite. Il faut aller sur le _____ immédiatement.
    2. Avant de monter dans le train, il faut _____ mon billet en le mettant dans un _____ .
    3. Dans les _____ des wagons de première classe, il y a six sièges. Dans les compartiments de deuxième classe, il y a huit _____ .
    4. Il y a dix compartiments dans chaque _____ du train.
    5. Dans les trains à compartiments, il y a des _____ latéraux. Dans les trains sans compartiments il y a des _____ centraux.

## ON THE TRAIN

| | |
|---|---|
| Le **contrôleur** entre dans mon compartiment. | conductor |
| Il veut **vérifier** et **poinçonner** les billets. | check, punch |
| Les passagers mangent des repas au **wagon-restaurant** (Canada: **voiture-restaurant**). | dining car |

---

[2] In Quebec you will hear the word **voie** instead of **quai**. **Voie** means "track" and **quai** means "platform."

[3] **Composer un billet de train** means to insert it into an orange **composteur** in order to validate the ticket. These **composteurs** are in the train station and on the train platforms. The SNCF will impose a large fine if the ticket is not validated.

[4] In Canada, the word **wagon** is used when transporting merchandise and **voiture** is used when transporting people.

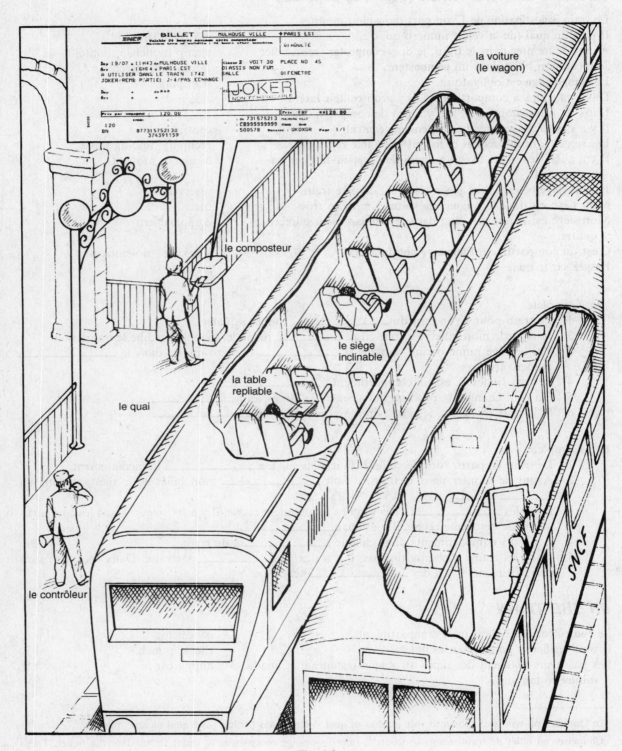

**Fig. 4-2**

| | |
|---|---|
| Ils peuvent prendre des repas **libre-service** dans le **wagon grill-express**. (Canada: **voiture-restaurant service rapide**). | self-service fast food restaurant |
| S'ils ne veulent pas aller au wagon-restaurant, ils peuvent attendre un **service de restauration**, un **chariot** chargé de boissons et de sandwichs. | food service, cart |
| Ils dorment dans une **couchette**.[5] | sleeping berth |
| Ils peuvent choisir une couchette **supérieure**. | upper |
| **au milieu**. | middle |
| **inférieure**. | lower |
| un compartiment de **wagon-lit (voiture-lit)**. | sleeping car |
| S'ils ont une auto, ils peuvent faire des réservations dans le **train auto-couchette**. | car sleeper train |

**11.** Complete.

1. La personne qui vérifie ou poinçonne les billets s'appelle le _____.
2. Parce que c'est un long voyage de nuit, les passagers dorment dans le _____ - _____ ou dans les _____.
3. Si les passagers ont faim pendant le voyage, on leur sert un repas au _____ - _____ ou s'ils préfèrent le libre-service, ils peuvent prendre quelque chose dans le _____ _____ - _____.
4. J'ai peur des hauteurs. Donc, je ne vais pas choisir une couchette _____ ou une couchette _____ _____ ; je vais choisir une couchette _____.

### Un voyage par le train

Mme Moulin va faire un voyage par le train. Elle descend du taxi devant la gare. Elle a quatre valises. Elle a besoin de quelqu'un pour l'aider avec ses valises, et elle appelle un porteur. Le train qu'elle prend part en semaine seulement et non pas le dimanche et les jours fériés. À la gare, elle apprend que le train ne va pas partir à l'heure. Le train a une heure et demie de retard. Donc, elle décide de déposer ses valises à la consigne. Après avoir mis ses valises à la consigne, elle va au guichet où elle achète son billet. Elle achète un billet aller-retour en première classe dans le train express à destination de Lyon. Ensuite elle s'assied dans la salle d'attente pour attendre le train. Après une heure, elle va à la consigne pour retirer ses bagages et elle remet son bulletin à l'employé. Elle appelle encore un porteur. Le porteur apporte ses valises au quai numéro 15. Elle composte son billet sur le quai. Le train est sur le quai. La dame et le porteur cherchent le wagon (la voiture) numéro 10. Enfin ils le (la) trouvent et la dame donne un pourboire au porteur. Dans le wagon numéro 10, qui est un wagon de première classe, la dame cherche le siège numéro six dans le compartiment B. Sa place réservée est le siège six dans le compartiment B du wagon (de la voiture) numéro 10. Puisque le voyage n'est pas long, la dame n'a pas pris un compartiment de wagon-lit. Si elle a sommeil, elle peut dormir sur son siège. Quand le train part, le contrôleur vient vérifier ou poinçonner les billets. La dame lui demande où se trouve le wagon-restaurant. Le contrôleur lui explique que le wagon-restaurant est deux voitures en arrière.

**12.** Based on the story, decide whether each statement is true or false.

1. Mme Moulin fait un voyage en auto.
2. Elle va à la gare en autobus.
3. Elle n'a besoin de personne pour l'aider avec ses bagages parce qu'elle a seulement une valise.
4. Le train part à l'heure.
5. Elle achète un billet aller.

---

[5] In France, a **couchette** is a sleeping berth converted from seats. A **wagon-lit** (France) or a **voiture-lit** (France or Canada) is a sleeping car with individual compartments and washing facilities.

6. Elle met ses bagages à la consigne.
7. Pour retirer ses bagages, elle donne son bulletin au contrôleur.

**13.** Answer.
 1. Comment Mme Moulin va-t-elle à la gare?
 2. Combien de valises a-t-elle?
 3. Qui appelle-t-elle?
 4. Est-ce que le train va partir à l'heure?
 5. Où Mme Moulin met-elle ses valises?
 6. Où achète-t-elle son billet?
 7. Quelle sorte de billet achète-t-elle?
 8. Dans quelle sorte de train va-t-elle voyager?
 9. Qu'est-ce qu'elle donne à l'employé pour retirer ses bagages?
 10. Où le porteur apporte-t-il les valises?
 11. Avant de monter dans le train, qu'est-ce qu'elle fait avec son billet?
 12. Quelle voiture cherche-t-elle?
 13. Quel numéro de siège a-t-elle?
 14. Pourquoi n'a-t-elle pas réservé de wagon-lit?
 15. Où va-t-elle manger?

**14.** Match.
| | | | |
|---|---|---|---|
| 1. les bagages | (*a*) | l'affiche qui indique les départs et les arrivées des trains |
| 2. le quai | (*b*) | l'endroit où un voyageur peut mettre ses bagages |
| 3. le guichet | (*c*) | où l'on sert un repas dans le train |
| 4. le porteur | (*d*) | ce qu'on doit faire avec les billets avant de monter en voiture |
| 5. la consigne | (*e*) | la place pour un voyageur dans le train |
| 6. le billet | (*f*) | les valises et d'autres articles du voyageur |
| 7. les jours fériés | (*g*) | l'endroit d'où partent les trains |
| 8. le tableau des horaires | (*h*) | où l'on dort dans un train |
| 9. le contrôleur | (*i*) | où l'on peut prendre des repas libre-service |
| 10. le wagon-lit | (*j*) | la personne qui aide à porter les valises |
| 11. le wagon-restaurant | (*k*) | la personne qui vérifie ou poinçonne les billets |
| 12. le siège | (*l*) | ce qu'on doit acheter pour voyager par le train |
| 13. composter | (*m*) | les jours de congés |
| 14. le grill-express | (*n*) | où l'on achète les billets |

### Le réseau de la SNCF

La SNCF (Société nationale des chemins de fer) est responsable du réseau ferroviaire (du réseau de voies ferrées) en France. Le réseau ferroviaire en France est extensif. Les grandes lignes desservent les grandes villes de la France et celles des autres pays d'Europe. Les lignes les plus importantes partent de Paris. À Paris, il y a six gares. Chaque gare dessert une région. La région nord est desservie par la Gare du Nord; la région est par la Gare de l'Est; la région sud-est par la Gare de Lyon; la région sud-ouest par la Gare d'Austerlitz; la région ouest par la Gare Montparnasse et par la Gare St-Lazare.

Célèbre partout dans le monde est le TGV (train à grande vitesse) qui circule à une vitesse de 300 kilomètres à l'heure (km/h). Le réseau du TGV comprend plusieurs lignes dont Paris est le point de départ et le terminus, et l'on continue à lancer de nouvelles lignes. L'une des plus célèbres est le TGV Nord qui relie la Gare du Nord à Lille, à Calais et à Londres en passant par l'Eurotunnel.[6]

---

[6] You can now take bicycles on **Le Shuttle** train through the Channel tunnel.

Lancé en 2007, le TGV Est européen dessert les régions à l'est de Paris et les pays européens. Roulant à une vitesse de 320 km/h, c'est le train le plus rapide du monde.

Les horaires de la SNCF sont disponibles gratuitement aux gares. En consultant les horaires, vous pouvez voir quand les trains circulent, s'ils circulent seulement les dimanches, tous les jours, tous les jours sauf samedi, dimanche ou fêtes, etc. Il y a aussi un grand tableau des horaires qui indique les départs et les arrivées des trains. Les réservations dans le TGV sont obligatoires. Il faut acheter deux parties: le billet et une réservation RESA TGV. On peut faire des réservations par téléphone, par Minitel ou aux agences de billets SNCF en ville ou à la gare. Les tarifs peuvent consister en quatre parties: le coût du voyage, un tarif de réservation, un supplément pour les heures de pointe et un supplément de gare. Il y a deux périodes—la période bleue et la période blanche.[7] En choisissant la période bleue, vous pouvez voyager plus confortablement et à des prix avantageux.[8]

La plupart des trains ont des sections de première et de deuxième classe. Les trains qui circulent la nuit ont des couchettes. Il y a dix couchettes par compartiment en deuxième classe et quatre en première. Les voitures-lits ont un, deux ou trois lits par compartiment. Il y a aussi des sièges inclinables dans certains trains qui circulent pendant la nuit.

Si vous voyagez par le train en France, vous serez content d'apprendre que les trains arrivent presque toujours à l'heure.

**15.** Answer.
1. Quel organisme est responsable du réseau ferroviaire en France?
2. Quelles lignes desservent les grandes villes de la France et de l'Europe?
3. D'où partent les lignes les plus importantes?
4. À quelle vitesse circule le TGV?
5. Quelle ligne du TGV dessert l'Eurotunnel?
6. Où peut-on trouver les horaires de la SNCF?
7. Est-ce que tous les trains circulent tous les jours? Quelles sont les possibilités?
8. Où peut-on faire des réservations?
9. Qu'est-ce qu'il faut acheter si l'on veut voyager par le TGV?
10. À quelle vitesse route le TGV Est?
11. Quelles sont les parties du tarif?
12. Quelle période offre des prix avantageux et un voyage plus confortable?
13. Qu'est ce qu'il y a dans les trains qui circulent la nuit?
14. Est-ce que les trains en France sont souvent en retard?

**16.** You want to travel from Paris to Marseille. You are talking on the phone with an agent of the SNCF. Tell the agent what day you want to travel, whether you want a one-way or a round trip ticket, and whether you want to travel first or second class. Ask the agent what trains run on the day you want to travel, what the departure and arrival times are, whether you have to pay a supplement, whether the train is direct or if you have to change trains, what services are

---

[7] On regular trains there are three fare periods: **la période bleue**, usually from noon on Saturdays to 3:00 P.M. on Sundays and from noon on Mondays to noon on Fridays; **la période blanche**, usually from noon on Fridays to noon on Saturdays and from 3:00 P.M. on Sundays to noon on Mondays, and on some holidays; **la période rouge**, usually during rush hours.

[8] There are several kinds of discounted tickets. **Un billet KIWI** is for children under 16 who are accompanied by an adult. **Un billet JOKER** is a reduced price ticket reserved between two months and eight days in advance and is flexible (**souple**). **La carte COUPLE** gives a small discount for couples. **Un billet CARISSIMO** is sold to young people between the ages of 12 and 26. **La carte VERMEIL** is for people 60 years or older.

offered on board. Also ask the agent from what Paris station you have to leave. Make your reservation.

17.   You are in the train station waiting for your train to Marseille. You have arrived early so you want to check your luggage. Ask someone where the luggage checkroom is. Also ask if the train is on time.

18.   You are on the train platform. Tell what you have to do with your ticket before you board the train.

# CHAPTER 5:   The automobile
# CHAPITRE 5:   L'automobile, la voiture, l'auto

## RENTING A CAR

| | |
|---|---|
| À l'agence de location de voitures | At the car rental agency |
| Je voudrais **louer une voiture** (une auto). | rent a car |
| Je voudrais une voiture **économique**. | economy |
| **de luxe**. | luxury |
| **hybrìde**. | hybrid |
| Je voudrais une voiture avec **changement de vitesse manuel**. | manual transmission (stick shift) |
| Avez-vous une voiture à **transmission automatique**? | automatic transmission |
| **Quel est le prix de la location par jour (à la journée)?** | What's the rental fee by the day? |
| **par semaine (à la semaine)?** | by the week |
| Est-ce que le **kilométrage**[1] est **compris**? | mileage charge, included |
| Je voudrais une voiture avec **kilométrage illimité**. | unlimited mileage |
| C'est combien au **kilomètre**? | kilometer |
| L'**essence** est comprise? | gas |
| Combien faut-il **déposer**? | deposit |
| Il faut laisser un **dépôt**. | deposit |
| Quel est le **montant de la caution**? | deposit amount |
| Je voudrais une **assurance tous risques**. | full-coverage insurance |
| Quelle est la **franchise**? | deductible |
| Voici mon **permis de conduire**.[2] | driver's license |
| Je voudrais payer avec une **carte de crédit**. | credit card |
| Voici votre **carte grise**. | grey card (car's registration certificate) |
| Voici votre **carte verte**. | green card (proof of insurance) |
| **Signez le contrat** ici, s'il vous plaît. | sign the contract |
| Voici les **clés** et une **carte routière**. | keys, road map |

**1.** Complete.
 1. Je ne veux pas faire le voyage par le train. Je préfère _____ une voiture.
 2. Vous pouvez louer une voiture par _____ ou _____ _____.
 3. Les frais sont de 60 euros _____ jour ou 400 euros _____ semaine.
 4. Quelquefois le _____ n'est pas _____.
 5. Quelquefois il faut payer pour _____ aussi.

---

[1] **Kilométrage** refers to distance traveled as measured in kilometers. The closest American English equivalent is "mileage," although this, of course, refers to a distance in miles rather than in kilometers.

[2] In France the following documents are needed with the car: a passport or National ID, a **permis de conduire** (driver's license) or an IDP (International Driver's Permit), a **carte grise** (registration certificate), and a **carte verte** (proof of insurance).

6. Dans certains pays, il est nécessaire d'avoir un _____ _____ _____ international pour louer une voiture.

7. Parce que vous pouvez toujours avoir un accident, c'est une bonne idée de prendre une _____ _____ _____ quand vous louez une voiture.

8. La _____ _____ démontre qu'on a les documents d'assurance.

9. Le kilométrage est compris. C'est une voiture avec _____ _____.

10. Il faut laisser un dépôt. Quel est le _____ _____ _____ _____ ?

**2.** Complète.

— Je veux _____ une voiture, s'il vous plaît.
                 1

— Voulez-vous une grande voiture ou une petite?

— Une _____ , s'il vous plaît.
        2

— Pour combien de temps la voulez-vous?

— Quel est le _____ de la _____ ?
            3               4

— 60 euros par jour ou 400 euros par _____ . Le _____ n'est pas compris.
                          5            6

— C'est combien de plus au kilomètre?

— 0, 40 euros, et l'essence est _____ .
                   7

— Bon. Je voudrais une voiture pour une semaine.

— Et je vous conseille de prendre une _____ _____ _____ en cas
                                         8

d'accident.

— Bien sûr.

— Puis-je voir votre _____ _____ _____ , s'il vous plaît?
                                9

— Le voici. Est-ce qu'il faut laisser un _____ ?
                            10

— Si vous payez avec une carte de _____ , non. Sinon, il faut laisser un dépôt.
                              11

— Donc, je vais payer avec une _____ _____ .
                                    12

— Voici votre permis de conduire, votre carte verte, votre _____ _____ et les
                                             13

_____ de la voiture.
   14

## CHECKING OUT THE CAR (Figs. 5-1, 5-2, 5-3, page 34, and 5-4, page 35)

| | |
|---|---|
| Je suis un bon **conducteur**. | driver |
| Je sais **conduire**. | drive |
|     **accélérer**. | accelerate |
|     **freiner**. | brake |
|     **débrayer**. | declutch |
|     **embrayer**. | engage the clutch |
|     **arrêter la voiture**. | stop the car |
|     **démarrer**. | start the car |

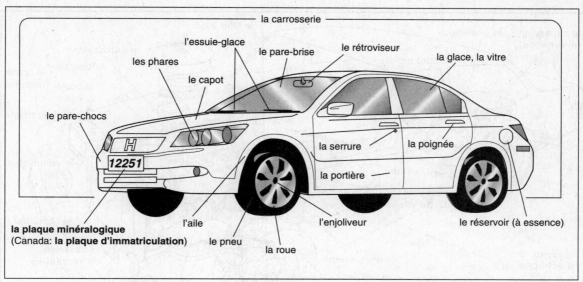

**Fig. 5-1**

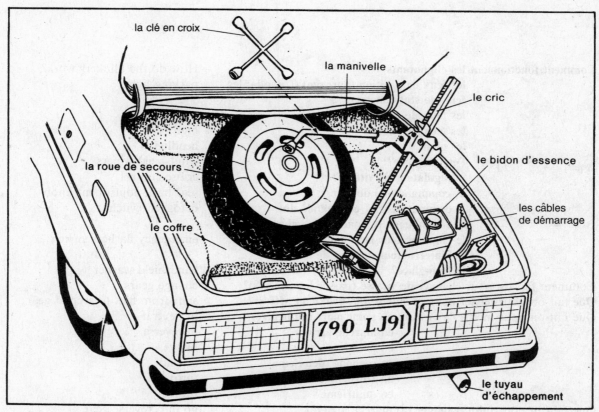

**Fig. 5-2**

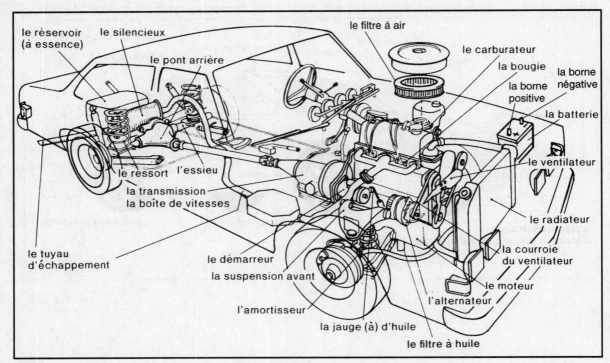

**Fig. 5-3**

| | |
|---|---|
| **Comment fonctionnent les clignotants**? | How do the blinkers work? |
| les **feux de position (parcage)** (Canada: les **feux de stationnement**)? | parking lights |
| les **feux de croisement**? | low beams |
| les **feux de route**? | high beams |
| les **phares**? | headlights |
| l'**essuie-glace**? | windshield wipers |
| le **régulateur de vitesse**? | cruise control |
| la **commande du dossier**? | seat back adjustment knob |
| le **commutateur**/la **commande du désembuage** (Canada: **désembueur**)? | defogger switch |
| le **commutateur**/la **commande**/l'**interrupteur de feux de détresse**? | emergency flashers switch |
| le **lave-glace**? | windshield washer |
| Comment fait-on pour **changer de vitesse (passer les vitesses)**? | change gears |
| Que fait-on pour **passer de la première à la deuxième vitesse**? | shift from first to second gear |
| Que fait-on pour mettre la voiture **au point mort (au neutre)**? | in neutral |
| **en marche arrière**? | in reverse |
| **en première**? | first |
| **en seconde (deuxième)**? | second |
| **en troisième**? | third |
| **en quatrième**? | fourth |
| Que fait-on pour **faire (engager la) marche arrière**? | go into reverse gear |

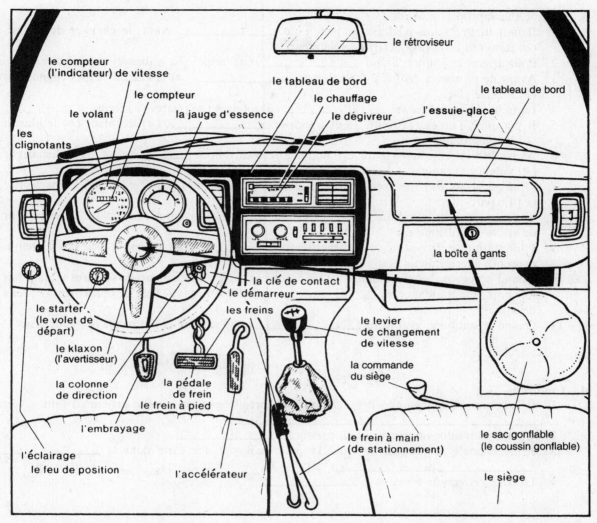

Fig. 5-4

| | |
|---|---|
| Je **roulais**[3] **à toute vitesse.** | was driving at top (full) speed |
| **à une vitesse de 100 kilomètres à l'heure.** | at 100 kilometers an hour |
| J'**avance.** | go forward |
| Je **recule.** | go back |
| Je **dépasse cette voiture.** | pass (overtake) this car |
| Je **stationne la voiture.** | park the car |
| Est-ce qu'il y a une **carte routière** dans la **boîte à gants**? | road map, glove compartment |
| Est-ce qu'il y a un **cric** dans le **coffre**? | jack, trunk |
| Est-ce qu'il y a aussi une **roue de secours**? | spare tire |
| Est-ce qu'il y a une **manivelle** et une **clé en croix**? | crank, lug wrench |
| Il manque un **enjoliveur.** | hubcap |
| Mettez-vous derrière le **volant.** | steering wheel |

---

[3] The word "run" is **rouler** when talking about the car: **La voiture roule.** When speaking about the motor, it is **tourner: Le moteur tourne.**

**3.** Choose the appropriate word(s).

1. Il faut mettre votre pied sur la pédale de _____ avant de changer de vitesse. (*a*) frein (*b*) l'embrayage (*c*) l'accélérateur
2. Pour arrêter la voiture, il faut _____. (*a*) freiner (*b*) embrayer (*c*) débrayer
3. Avant de tourner à droite, il faut mettre _____. (*a*) le klaxon (*b*) les clignotants (*c*) l'essuie-glace
4. La nuit, il faut mettre les _____. (*a*) vitesses (*b*) phares (*c*) freins
5. Il y a quelqu'un sur la route. Je dois utiliser _____. (*a*) le volant (*b*) le klaxon (*c*) les clignotants
6. Avant de mettre l'auto en marche, il faut mettre la clé dans le _____. (*a*) démarreur (*b*) volant (*c*) moteur
7. Je ne peux pas voir très bien. _____ est sale. (*a*) L'essuie-glace (*b*) Le pare-brise (*c*) Le pare-chocs
8. Le _____ indique à combien de kilomètres nous roulons. (*a*) volant (*b*) compteur de vitesse (*c*) démarreur
9. Pour stationner la voiture, il faut mettre _____. (*a*) le frein à pied (*b*) le frein à main (*c*) l'accélérateur
10. Quand nous voyageons de nuit sur l'autoroute, et qu'il y a beaucoup de voitures et qu'il fait très noir, il faut allumer les _____. (*a*) clignotants (*b*) feux de croisement (*c*) feux de route
11. Quand je stationne la voiture, _____. (*a*) j'accélère (*b*) je recule (*c*) je dépasse

**4.** Complete.

1. Il faut savoir comment mettre la voiture en première et en marche arrière. Il faut savoir _____ _____ _____.
2. Quand nous allons tourner, il faut mettre les _____.
3. Je ne connais pas bien cette ville. J'espère qu'il y a une carte dans la _____ _____ _____.
4. La roue de secours est dans le _____.

**5.** Put the following into proper order to start a car and start moving. Omit any item that does not belong.
1. freiner
2. mettre la clé de contact dans le démarreur
3. klaxonner
4. avancer la voiture en mettant le pied sur la pédale de l'accélérateur
5. mettre la voiture en première et embrayer
6. mettre le clignotant
7. mettre le pied sur la pédale de l'embrayage
8. faire attention aux autres voitures

## AT THE GAS STATION

| | |
|---|---|
| À la **station-service** (la **station d'essence**) | gas station |
| J'ai besoin d'**essence**. | gas |
| Le **réservoir** est presque **vide**. | gas tank, empty |
| **Combien vendez-vous l'essence?** | How much do you sell gas for? |

|  |  |
|---|---|
| Combien vaut **le litre d'essence**? | a liter of gas |
| **C'est à 20,50 euros**[4] **le litre.** | It's 20.50 euros a liter. |
| Donnez-moi **25 euros** d'essence. | 25 euros worth |
| **20 litres** d'essence. | 20 liters |
| Donnez-moi 20 litres d'essence **sans plomb**. | unleaded |
| **avec plomb**. | leaded |
| Donnez-moi 20 litres de **super**. | super |
| de **supercarburant**.[5] | premium (high test) |
| **Faites le plein**, s'il vous plaît. | fill it up |
| Le **pompiste** met de l'essence dans le réservoir. | gas station attendant |
| Il y a plusieurs **pompes** sur l'**îlot de ravitaillement**. | pumps, gas island |
| Mettez de l'**eau dans le radiateur**. | water in the radiator |
| la **batterie**. | battery |
| S'il vous plaît, **vérifiez le liquide de freins**. | check the brake fluid |
| le **niveau d'huile**. | oil level |
| le **niveau d'eau**. | water level |
| les **bougies**. | spark plugs |
| la **pression des pneus**. | tire pressure |
| Pourriez-vous **changer ce pneu**? | change this tire |
| **gonfler les pneus**? | put air into the tires |
| La **borne de gonflage** est à côté. | air pump |
| Il faut mettre **1,6 à l'avant** et **1,8 à l'arrière**. | 1.6 at the front, 1.8 at the rear |
| **Faites une vidange d'huile**, s'il vous plaît. | change the oil |
| Pourriez-vous **nettoyer le pare-brise**? | clean the windshield |
| **nettoyer les vitres**? | clean the windows |
| **faire un graissage**? | do a grease job |
| Veuillez faire la **vidange et un graissage complet**. | oil change and lubrication |
| J'ai besoin d'**antigel**. | antifreeze |

**6.** Complete.

1. J'ai besoin d'essence. Le _____ est presque vide. Je dois aller à la _____ - _____ .

2. Je ne vais pas faire le _____ d'essence. Je veux seulement 20 _____ d'essence.

3. S'il vous plaît, mettez de l'eau dans le _____ et dans la _____ .

4. Voulez-vous vérifier la _____ des pneus et _____ les pneus si nécessaire.

5. Il faut laver le _____ - _____ . Je ne vois rien.

6. Après quelque 200 kilomètres, c'est une bonne idée de vérifier le _____ _____ et aussi le liquide de _____ .

7. Si vous voulez maintenir une voiture en bon état, il faut faire la _____ et un _____ de temps en temps.

8. Donnez-moi 20 litres d'_____ sans _____ , s'il vous plaît. Il n'est pas nécessaire de faire le _____ .

9. En hiver, il faut acheter de l'_____ .

---

[4] In French, a comma is used where a decimal point is used in English and a space is used in French where a comma is used in English (see note 3, Chapter 8, page 67).

[5] Regular gasoline, **l'essence ordinaire**, is no longer available.

## SOME MINOR PROBLEMS

| | |
|---|---|
| Ma voiture est **en panne**. | broken down |
| **tombée en panne**. | has broken down |
| Ma voiture **ne démarre pas**. | doesn't start |
| **cale/a calé**. | stalls/has stalled |
| **s'arrête**. | stops |
| Le moteur **chauffe**. | is overheating |
| **cogne**. | knocks |
| **tourne mal**. | is not running well |
| **a des ratés**. | misfires |
| **cliquette**. | vibrates (pings) |
| Il faut un **réglage du moteur**. | tune-up |
| Il faut un réglage de l'**allumage**. | timing |
| Il y a des **grincements**. | rattling noise |
| Il faut faire un **pincement de roues**. | wheel alignment |
| Il y a beaucoup de **bruit** quand je **freine**. | noise, brake |
| Les freins sont **usés**. | worn out |
| Vérifiez les **garnitures de freins**. | brake linings |
| Il faut **redresser les freins**. | reline the brakes |
| La valve / le radiateur **perd** (**fuit**). | is leaking |
| Il y a une **fuite d'huile**. | oil leak |
| **fuite d'essence**. | gas leak |
| Il y a une **odeur d'essence**. | smell of gasoline |
| Il faut **resserrer** les freins. | tighten |
| J'ai un **pneu crevé** (une **crevaison**). | flat tire |
| Ce pneu est **à plat** (**crevé**). | flat |
| La batterie est **déchargée**. | dead |
| Pourriez-vous la **recharger**? | recharge |
| Le carburateur **a besoin de réglage**. | needs regulating |
| La **serrure** est **cassée** / **bloquée**. | lock, broken / jammed |
| Est-ce que vous pourriez téléphoner à un **service de dépannage**? | road service |
| Y a-t-il un **mécanicien**? | mechanic |
| Pourriez-vous envoyer quelqu'un pour la **remorquer**? | tow |
| Pourriez-vous me **remorquer à l'aide d'une corde**? | tow |
| Pourriez-vous m'obtenir une **dépanneuse** / un **remorqueur**? | tow truck |
| Pourriez-vous **faire les réparations**? | make the repairs |
| Pourriez-vous la **réparer** tout de suite? | repair |
| Pourriez-vous commander des **pièces de rechange**? | spare parts |
| J'ai besoin d'un **bidon d'essence de réserve**. | reserve gas can |

7. Complete.

L'autre jour nous étions sur l'autoroute et la voiture est tombée en _____<sub>1</sub>_____ . La voiture avait _____<sub>2</sub>_____ et je ne pouvais pas la faire _____<sub>3</sub>_____ de nouveau. Il a fallu téléphoner au service de _____<sub>4</sub>_____ . Nous avions besoin d'_____<sub>5</sub>_____ . Le _____<sub>6</sub>_____ nous en a apporté.

8. Complete.
   1. Quand le moteur _____ , il y a un bruit.
   2. Le radiateur _____ beaucoup d'eau et je pense que le moteur _____ .

3. Parce que je ne peux pas faire démarrer la voiture, il faut appeler un service de _____.

4. Si nous avons besoin de pièces de _____ , j'espère que nous pourrons les obtenir tout de suite au garage.

5. Le mécanicien me dit qu'il peut _____ la voiture tout de suite.

6. Je ne peux pas mettre l'auto en marche. Je ne peux pas la faire _____.

7. J'ai un pneu _____. Il faut mettre la roue de secours.

8. Il y a une _____ d'huile.

9. La batterie est _____. Pourriez-vous la recharger?

10. Le _____ répare la voiture.

11. Il faut remplacer les freins. Ils sont _____.

12. Il faut faire un _____ des roues.

13. Il faut faire un _____ du moteur.

## ROAD SIGNS AND TRAFFIC REGULATIONS

| | |
|---|---|
| Il faut respecter les **panneaux routiers** et le **code de la route**. | road signs, traffic regulations |
| Sinon, on va vous dresser **une contravention**. | fine (ticket) |
| Il faut payer une **amende**. | fine |
| Il ne faut pas **dépasser** la **vitesse limite**. | exceed, speed limit |
| Il ne faut pas **rouler** trop vite, le **pied au plancher**. | drive, foot on the gas pedal |
| Il faut aussi toujours mettre sa **ceinture de sécurité**. | seat belt |
| Il faut s'arrêter aux **feux rouges**. | red (traffic) lights |
| Il ne faut pas **brûler un feu rouge**. | run a red light |
| On peut rouler aux **feux verts**. | green (traffic) lights |
| On doit procéder avec caution aux **feux oranges**. | orange (yellow) lights |
| Il ne faut pas **coller aux pare-chocs** dans la **circulation intense**. | tailgate, heavy traffic |
| Il ne faut pas **faire une queue de poisson** au véhicule qui précède. | cut off |
| Il ne faut jamais **doubler (dépasser)** un autre véhicule quand il y a une **ligne continue**. | pass  unbroken line |
| Il faut respecter un **intervalle de sécurité,** marqué parfois par des chevrons jaunes. | safe following distance |
| Il faut éviter de **freiner brusquement**. | jam on the brakes |
| En doublant, avant de changer de **couloir (voie)**, il faut regarder dans le **rétroviseur** et mettre le **clignotant**. | lane  rear view mirror, turn signal (blinkers) |
| Après avoir dépassé une autre voiture, il faut revenir dans le **couloir de droite** et **ralentir**. | right hand lane, slow down |
| Il faut faire attention sur les **bretelles d'accès** à l'autoroute et sur la **voie d'accélération**. | access ramp  continuation of the access ramp |
| Il y a plusieurs sortes de **postes de péages (péages)** sur les autoroutes. | toll booths |
| Il ne faut jamais boire d'alcool quand vous conduisez. | |
| Si vous êtes **ivre (soûl)**, un agent de police va vous donner un **éthylotest** (un **alcootest**) avec des **analyseurs d'haleine** (des **éthylomètres**). | drunk  breathalyser test, breathalyser machines |
| Le **taux légal d'alcoolémie autorisé** au volant est de 0,7 grammes. | legal alcohol limit |
| Il est prudent de **rouler en code (rouler avec les feux de croisement)** tout le temps. | drive with low beams |
| Il faut toujours **céder** aux **piétons**. | yield, pedestrians |

**9. Complete.**

1. Quand vous roulez en voiture, il faut respecter le _____ _____ _____ _____ .

2. Si vous dépassez la vitesse limite, vous recevrez une _____ .

3. Si vous êtes ivre, on va vous donner un _____ .

4. Aux feux rouges vous devez _____ _____ .

5. S'il y a une ligne continue, il est défendu de _____ .

6. Si vous buvez trop d'alcool, vous êtes _____ .

7. Avant de changer de _____ , il faut regarder dans le rétroviseur et mettre le _____ .

8. On peut rouler assez vite sur les autoroutes, mais il faut _____ en ville.

9. Quand vous entrez sur l'autoroute, il faut faire attention sur les _____ _____ .

10. Il ne faut pas conduire trop près d'une voiture. Il ne faut pas _____ aux pare-chocs.

| | | |
|---|---|---|
| **Allumez vos phares (feux)** | | Turn on your headlights |
| **Attention aux enfants** | | Watch for children |
| **Attention aux travaux** | | Road work ahead |
| **Chaussée glissante** | | Slippery road |
| **Chaussée (rue) rétrécie** | | Road narrows |
| **Danger** | | Danger |
| **Défense de doubler (Interdit de dépasser)** | | No passing |

**Descente (pente) dangereuse / rapide**  Steep hill

**Déviation** Detour

**Dos d'âne (Ralentisseur)**  Speed bump

**Feux de circulation**  Traffic lights

**Nids de poules** Potholes

**Priorité à droite** Give right of way to traffic from the right

**Restez à droite (Tenez votre droite)**  Keep to the right

**Stop (Arrêt)**  Stop

**Prudence** Caution

**Roulez lentement** Slow

**Rue barrée**
**Cul-de-sac (Rue sans issue)** Road closed
Dead end

**Sens interdit**  No entry

**Sens unique**  One way

**Serrez à droite**  Squeeze right

**Virage à droite**  Curve to the right

**Virages**  Winding road

**Vitesse limite (Limitation de vitesse)**  Speed limit

**Fin de limitation de vitesse**  End of speed limit

**Zone bleue** 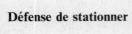 Restricted parking

**Défense de stationner**  No parking

**Défense de tourner à gauche (Virage à gauche interdit)**  No left turn

**Défense de tourner à droite**  No right turn

**Passage pour piétons**  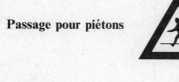  Pedestrian crossing

**Interdit aux piétons**  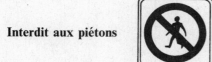  No pedestrians

**Passage à niveau**  Railroad crossing

**Verglas**  Icy roads

**10.** Write in French what each of the road signs means (Fig. 5-5).

**Fig. 5-5**

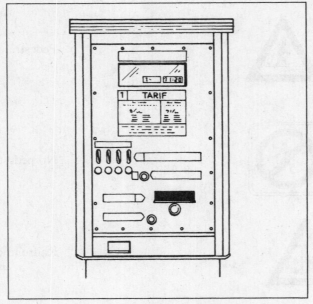

Fig. 5-6

## Parking

| | |
|---|---|
| Il y a des endroits où il est **interdit** de **stationner (se garer)**. | forbidden, to park |
| Le **stationnement** est interdit. | parking |
| Il y a des **parkings** (des **parcs de stationnement**). | parking lots |
| Il y a des **parcs-mètre (parcomètres)**. | parking meters |
| La **contractuelle** donne des contraventions. | parking attendant |
| Il y a aussi des **horodateurs**.[6] (Fig. 5-6) | electronic parking meters |
| Il faut insérer des **pièces (pièces de monnaie)** et quelquefois il faut | coins |
| donner votre **numéro d'immatriculation**. | license plate number |
| Quand vous **appuyez sur** le bouton, la machine vous donne un | push |
| ticket qui indique **l'heure** où vous devez partir. | time |
| Mettez ce ticket sur le **tableau de bord** sur le côté le plus | dashboard |
| **proche** du **trottoir**. | near, sidewalk |

**11.** Complete.

1. En France il y a des parcs-mètre ou des _____ dans lesquels il faut mettre des

_____ _____ _____ .

2. Il faut mettre le ticket de stationnement sur le _____ _____

_____ .

3. On peut _____ dans les parcs de stationnement.

4. La _____ donne des contraventions dans les parcs de stationnement.

**12.** You have just arrived at the airport in Paris and want to rent a car to travel throughout France. Tell the car rental agency what type of car you want and how long you want to keep the car.

---

[6] To use these meters, you feed coins into them according to how long you want to park.

Ask what deposit is necessary and if the mileage is included. Tell the agent what kind of insurance you want.

13. You are traveling in France and you need to stop at a gas station. Tell the attendant what kind of gas and how much you want. Tell him or her to check the oil and water levels and to put air in the tires.

14. You are on the road when your car breaks down. Call for a tow truck. When the tow truck arrives, tell the mechanic what is wrong with your car.

# CHAPTER 6:   Asking for directions
# *CHAPITRE 6:   Demander son chemin*

## ASKING FOR DIRECTIONS WHILE ON FOOT

| | |
|---|---|
| Pardon, monsieur / madame / mademoiselle. | |
| **Je suis perdu(e). Je me suis égaré(e).** | I'm lost. |
| Où se trouve (où est) la **rue** de Prony? | street |
| l'**avenue** Foch? | avenue |
| le **boulevard** Saint-Honoré? | boulevard |
| la **place** Saint-Michel? | square |
| le **faubourg** Saint-Germain? | quarter (borough) |
| le **quartier** Latin? | quarter |
| le **quai** d'Orsay? | quai |
| le **pont** Henri IV? | bridge |
| **Est-ce bien le chemin** pour le **musée**? | is this the way, museum |
| Est-ce que c'est **loin** ou **près** d'ici? | far, near |
| Vous pouvez y **aller à pied.** | go on foot |
| Il faut **faire demi-tour.** | turn around |
| **Tournez à droite.** | turn right |
| **à gauche.** | left |
| **Prenez la première** rue à droite. | take the first |
| **Allez tout droit** jusqu'au **coin.** | go straight ahead, corner |
| C'est à trois **rues d'ici.** | blocks from here |
| Au **carrefour (croisement)**, tournez à gauche aux | intersection |
| **feux (de circulation).** | traffic lights |
| **Traversez la rue.** | Cross the street. |
| C'est trois rues **plus loin.** | farther on |
| **Regardez tout droit.** | Look straight ahead. |
| **Piétons / Piétonnes** | pedestrians |

1.  Complete.
    **À Montréal**

    — Pardon, monsieur. Je ne sais pas où je suis. Je me suis _____ .
    <br>                                                                       1

    — Je peux peut-être vous aider. Quelle _____ cherchez-vous?
    <br>                                                                       2

    — La rue de la Montagne. Est-ce que c'est loin?

    — Non, ce n'est pas trop _____ . C'est tout _____ . Vous pouvez
    <br>                                                       3                              4

    y aller _____ . Mais vous allez dans la mauvaise direction
    <br>                                                    5

(le mauvais sens). Il faut d'abord faire _____-_____. Ensuite allez tout
<br>6

_____. À trois _____de là, _____à droite. Allez un peu plus loin et
<br>7       8       9

au _____ tournez à gauche aux _____.
<br>10       11

| | |
|---|---|
| Où se trouve la place des Invalides? | |
| C'est très loin d'ici. Il faut prendre l'**autobus**. | bus |
| L'**arrêt d'autobus** se trouve au **prochain coin de rue**. | bus stop, next corner |
| Il faut un **ticket d'autobus**. | bus ticket |
| Il faut prendre la **ligne** numéro dix. | line |
| Le **conducteur** (la **conductrice**) va vous aider. | driver |
| **Descendez de** l'autobus au prochain (au sixième) **arrêt** et vous serez sur la place des Invalides. | get off, stop |
| Les autobus **passent toutes les dix minutes**. | come every ten minutes |
| Il faut prendre le **métro** et **prendre une correspondance** à la station Concorde. | subway, change (transfer) |
| La **station de métro** se trouve au coin. | subway station |
| Il faut acheter un **ticket de métro** ou un **carnet**. | subway ticket, book of tickets |
| Le **contrôleur** (la **contrôleuse**) va vérifier les tickets. | ticket inspector |

**2.** Complete.

— Pardon, monsieur. Savez-vous où se trouve la place des Invalides?

— Oui, monsieur. Mais c'est très _____ d'ici. Il faut prendre l' _____ ou le
<br>1       2

_____. Vous ne pouvez pas y aller _____.
<br>3       4

— Où est l'_____ d'autobus?
<br>5

— L'arrêt d'autobus se trouve au prochain _____ _____ _____.
<br>6

Il y a deux autobus qui partent du même _____. Vous devez prendre la
<br>7

_____ numéro dix. _____ au sixième arrêt et vous serez sur la
<br>8       9

_____ _____ _____. Si vous avez des problèmes, le
<br>10

_____ va vous aider.
<br>11

— Merci.

— De rien.

— Oh! Qu'est-ce qu'il faut faire si je décide de prendre le _____ au lieu de l'autobus?
<br>12

— Il faut prendre le métro à la station Étoile et ensuite il faut prendre la _____ à la
<br>13

station Concorde, direction Balard.

## ASKING FOR DIRECTIONS WHILE IN A CAR (Figs. 6-1, page 48 and 6-2, page 49)

| | |
|---|---|
| **Que fait-on pour aller à** Neuilly? | how does one get to |
| Neuilly se trouve dans la **banlieue**. | suburbs |
| les **environs de la ville** (la **périphérie**). | outskirts of the city |

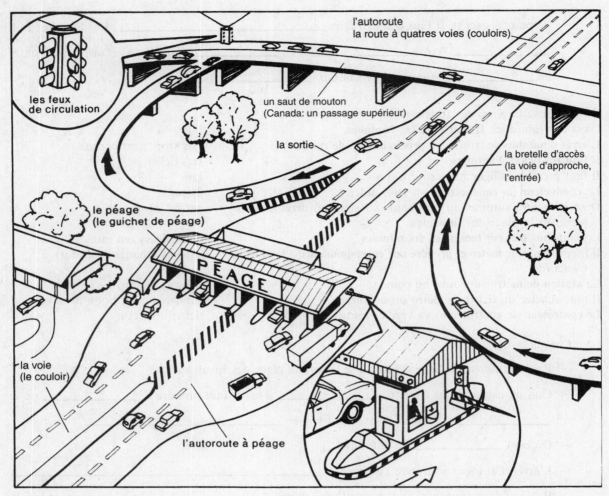

Fig. 6-1

| | |
|---|---|
| Il faut prendre l'**autoroute**. | expressway |
| C'est la **nationale** numéro 1. | interstate highway |
| Qu'est-ce que je fais pour aller sur l'autoroute? | |
| Quelle est la **meilleure route**? | best way |
| Allez **tout droit** jusqu'au second feu (de circulation). | straight ahead |
| **Prenez la rue** . . . | Take the street . . . |
| Ensuite, **tournez à droite** et **continuez tout droit**. | turn, continue straight ahead |
| C'est une **rue à sens unique**. | one-way street |
| Après avoir payé le **péage** (le **droit de péage**), restez dans la **voie** de droite. | toll, lane |
| Il faut **faire l'appoint**. | have exact change |
| Vous sortez à la troisième **sortie** après avoir passé le **poste de péage** (la **barrière de péage**). | exit, tollbooth |
| Il y a des **embouteillages** pendant les **heures de pointe** (**heures d'affluence**). | traffic jams, rush hour |
| Il y a beaucoup de **circulation**. | traffic |
| **Restez à (votre) droite**. | Keep right. |
| **Doublez à gauche**. | Pass on the left. |

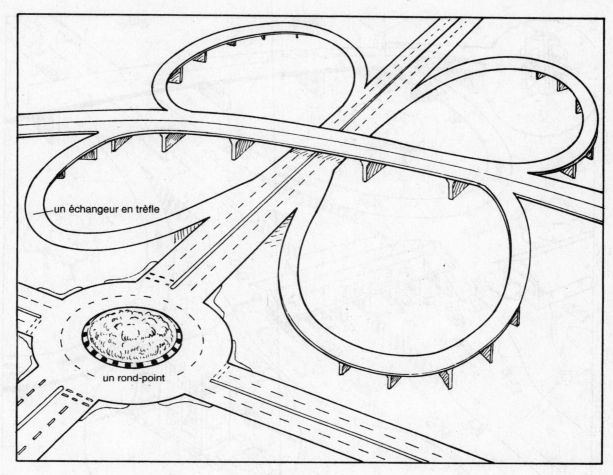

un échangeur en trèfle

un rond-point

**Fig. 6-2**

**3.** Identify the items in Fig. 6-3 (page 50).

**4.** Match.
1. ce qu'il faut payer quand on est sur l'autoroute
2. les lumières qui indiquent si les autos peuvent passer ou si elles doivent s'arrêter
3. une rue où les voitures ne peuvent pas circuler dans les deux sens
4. où les rues se croisent
5. où on paie le droit de péage
6. la période du jour où il y a beaucoup de voitures sur les routes
7. un endroit qui est près de la ville
8. ne tourner ni à gauche ni à droite
9. beaucoup de voitures sur la route

(*a*) les heures de pointe (les heures d'affluence)
(*b*) aller tout droit
(*c*) un carrefour
(*d*) la banlieue
(*e*) un embouteillage
(*f*) le droit de péage
(*g*) les feux de circulation
(*h*) la barrière de péage
(*i*) une rue à sens unique

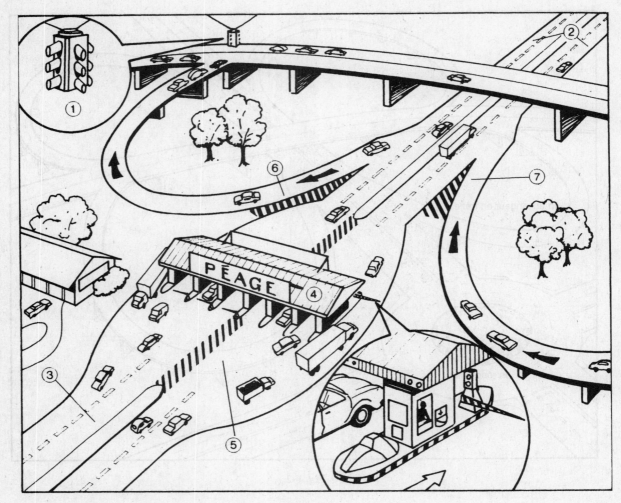

Fig. 6-3

**5.** You have just rented a car at the Charles de Gaulle airport in Roissy. You are planning to go to Marseille. Ask the rental agent how to get to Marseille, how to get from the airport to the highway, whether it is necessary to pay a toll, what kind of highway you will be traveling on, etc.

**6.** A French friend is visiting you in your home city or town. He or she wants to know how to get to various places such as the bank, the movie theater, museums, etc. Write a dialogue of your conversation with your French friend.

# CHAPTER 7:   At the hotel
# CHAPITRE 7:   À l'hôtel

## CHECKING IN (Figs. 7-1 and 7-2, page 52)

| | |
|---|---|
| L'homme est à la **réception**. | registration desk |
| Le **client** parle. | guest |
| Avez-vous des **chambres disponibles**? | rooms available |
| **Je voudrais** une **chambre à un lit** (une **chambre simple**, une | I would like, single room |
| **chambre pour une personne**). | |

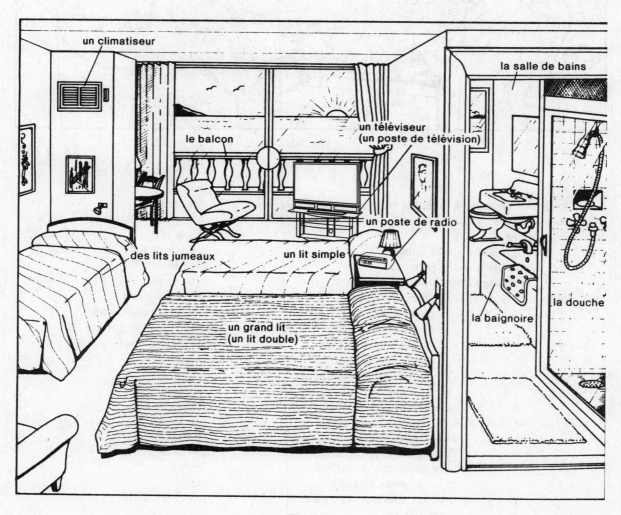

**Fig. 7-1**

**Fig. 7-2**

| | |
|---|---|
| Je voudrais une **chambre à deux lits** (une **chambre double**, une **chambre pour deux personnes**). | double room |
| Je voudrais un **lit**. | single bed |
|        un **grand lit** (un **lit double**). | double bed |
|        **deux lits** (des **lits jumeaux**). | twin beds |
|        un **lit supplémentaire**. | extra bed |
| Je voudrais une chambre qui **donne sur la rue**. | faces the street |
|             **donne sur la mer**. | overlooks the ocean |
|             **donne sur le jardin**. | overlooks the garden |
|             donne sur **la piscine**. | swimming pool |
|             donne sur **la cour**. | courtyard |
|             donne sur **les montagnes**. | mountains |
|           avec un **balcon**. | balcony |
|           **au sud**. | facing south |
| Je voudrais une chambre avec **salle de bains privée**. | private bath |
|           avec **douche**. | shower |
|           **climatisée** (avec **climatiseur**). | air-conditioned |
|           **avec chauffage** (**chauffée**). | heated |
|           avec un **poste de radio**. | radio |
|           avec un **téléviseur** (un **poste de télévision**). | television set |

| | |
|---|---|
| Je voudrais une chambre avec **pension complète**. | three meals (American plan) |
| **demi-pension**. | breakfast and lunch or dinner (modified American plan) |
| Le **petit déjeuner (déjeuner)**[1] est-il **compris**? | breakfast, included |
| Le **service** et les **taxes** sont compris? | service charges, tax |
| C'est un **prix forfaitaire**? | all-inclusive price |
| J'ai une **réservation**. | reservation |
| J'ai une **chambre réservée**. | room reservation |
| J'ai **retenu** une chambre à l'avance. | booked (reserved) |
| J'ai envoyé un **acompte** (une **caution**, des **arrhes**; Canada: un **dépôt**) de 20 pour cent. | deposit |
| Voici ma **confirmation**. | confirmation |
| Je vais m'**inscrire**. | check in |
| Le **réceptionniste** parle. | desk clerk |
| L'hôtel n'est pas **complet**. | full |
| Nous avons des chambres **libres**. | available |
| Puis-je voir votre **passeport**? | passport |
| **Remplissez** cette **fiche d'inscription**, s'il vous plaît. | fill in, registration card |
| Allez-vous payer **comptant** ou avec une **carte de crédit**? | cash, credit card |
| Avez-vous des choses à **déposer** dans le **coffre-fort**? | put, safe deposit box |
| Le **propriétaire** est ici le matin. | owner |
| Le **gérant** est ici entre 9 h et 18 h[2] (neuf heures du matin et six heures du soir). | manager |
| Combien de temps **comptez-vous rester**? | do you plan to stay |
| Vous avez la chambre 20 au **deuxième étage**.[3] | third floor |
| Prenez l'**ascenseur**. Le **chasseur** (le **porteur**) va **monter les bagages**. | elevator, bellhop, take up your baggage |
| Le **service dans les chambres (le service d'étage)** est de 6 h à 2 h (six heures du matin à deux heures du matin). | room service |
| Nous avons aussi un **service de blanchisserie**. | laundry service |
| **nettoyage**. | dry cleaning |
| Quand vous sortez de l'hôtel, laissez les **clés** (les **clefs**) chez le **concierge** / à la **réception**. | keys |
| | concierge / reception desk |
| Le **portier** peut vous aider à trouver un taxi. | doorman |
| Vous pouvez **défaire vos valises**. | unpack |
| le **personnel de l'hôtel** | hotel personnel |
| le **concierge** | hall porter |
| le **directeur**, la **directrice** | manager |
| le **gérant**, la **gérante** | manager |

---

[1] Note that the names of the meals in France and French Canada are different.

| | France | French Canada |
|---|---|---|
| breakfast | **le petit déjeuner** | **le déjeuner** |
| lunch | **le déjeuner** | **le dîner** |
| dinner | **le dîner** | **le souper** |

[2] France uses the 24-hour time system: **9 h** is 9:00 A.M.; **18 h** is 6:00 P.M.

[3] In France the first floor is called **le rez-de-chaussée**, the second floor is **le premier étage**, the third, **le deuxième étage**, etc. In Quebec, the first floor is called **le premier étage**, the second **le deuxième étage**, etc.

| | |
|---|---|
| le / la **réceptionnaire** | head of reception |
| le / la **réceptionniste** | receptionist |
| le **chasseur** | page (bellboy) |
| le / la **bagagiste** | porter |
| le / la **standardiste** | switchboard operator |
| la **femme de chambre** | maid |
| le **garçon** | waiter |
| la **serveuse** | waitress |

---

## FICHE D'INSCRIPTION

| | |
|---|---|
| **Nom / Prénom** | Name / First name |
| | |
| **Lieu de domicile / Rue N°** | Home address / Street No. |
| | |
| **Date / Lieu de naissance** | Date / Place of birth |
| | |
| **Venant de . . . / Allant à . . .** | From . . . To . . . |
| | |
| **Numéro de passeport** | Passport number |
| | |
| **Lieu / Date** | Place / Date |
| | |
| **Signature** | Signature |

---

1. Complete.
    1. Une chambre à un _____ est pour une personne seulement.
    2. Une chambre pour deux personnes est une chambre _____.
    3. Une chambre peut avoir un _____ ou deux _____.
    4. On peut entendre beaucoup de bruit dans une chambre qui _____ sur la _____.
    5. Puisque l'hôtel est sur la plage, je veux une chambre qui donne sur la _____.
    6. Puisque j'aime les fleurs, je veux une chambre qui donne sur le _____.
    7. Je voudrais prendre mes repas à l'hôtel. Je voudrais une chambre avec _____.
    8. Le _____ et les _____ sont compris dans le prix des chambres.
    9. Je voudrais prendre seulement le petit déjeuner et un repas principal. Je voudrais une chambre avec _____ - _____.
    10. En hiver, je voudrais une chambre avec _____ et en été je voudrais une chambre _____.
    11. Je sais que ça va me coûter plus cher, mais je préfère avoir une chambre avec _____ ou _____ privée.
    12. J'ai une _____ et voici ma _____ pour la chambre.

13. J'ai _____ une chambre à l'avance et j'ai envoyé un _____ de 15%.
14. Le _____ travaille à la réception.
15. Vous montez les bagages dans l'_____.
16. Si l'hôtel est _____, il n'y a pas de chambres _____.
17. À la réception, le client doit remplir une _____ d'_____. Quelquefois, il doit montrer son _____ au réceptionniste s'il vient d'un pays étranger.
18. Le _____ monte les valises.
19. Beaucoup de gens préfèrent payer avec une _____ _____ _____ au lieu de payer _____.
20. Si vous avez des vêtements sales, vous pouvez les faire nettoyer au _____ _____.

**2.** Complete.
**À la réception**

— Bonjour. Avez-vous une _____ pour deux personnes?
                              1

— Avez-vous une _____?
                    2

— Non, je n'en ai pas.

— Attendez. L'hôtel est presque _____, mais nous avons trois _____ libres.
                                      3                                    4
Préférez-vous une chambre avec un _____ lit ou avec deux _____?
                                        5                              6

— Avec deux lits _____, s'il vous plaît. La chambre _____ sur la rue ou sur
                      7                                          8
le jardin?

— Les seules chambres qui me restent donnent _____ la _____.
                                                    9              10

— Quel est le prix de la chambre?

— 300 euros par jour. Le _____ et les _____ sont compris.
                              11                    12

— Les repas sont compris?

— Seulement le _____ est compris.
                      13

— Bon.

— Combien de temps comptez-vous rester?

— Une semaine. Et pardon, comme il fait chaud en ce moment, est-ce que la chambre est
_____?
      14

— Oui, monsieur. Et vous avez une _____ _____ _____ privée.
                                            15

— Bon.

— Parfait. S'il vous plaît, _____ cette fiche et donnez-moi votre _____.
                                16                                              17

— Le voici.

— Merci. Le _____ va monter vos bagages dans l'_____.
                  18                                          19

— Oh, je voudrais mettre ces choses dans le _____-_____.
                                                      20

— D'accord.

**3.** Match.

1. il sert les repas
2. il monte les bagages
3. il / elle appelle les taxis
4. il dirige le personnel de l'hôtel
5. où l'on fait nettoyer les vêtements sales
6. la personne qui nettoie les chambres
7. la personne qui sert les repas
8. la personne qui donne les fiches d'inscription aux clients

(*a*) le chasseur
(*b*) le service de blanchisserie (nettoyage)
(*c*) la serveuse
(*d*) le réceptionniste (le réceptionnaire)
(*e*) le garçon
(*f*) le bagagiste
(*g*) le gérant
(*h*) la femme de chambre

## SPEAKING WITH THE MAID (Fig. 7-3)

Je parle avec la **femme de chambre**.　　　　　　　　　　chambermaid
Avez-vous un **service de nettoyage / de blanchisserie**?　dry-cleaning / laundry service
Pourriez-vous **faire donner un coup de fer à (repasser)** ce **complet**?　iron, suit
Veuillez **laver** ces vêtements.　　　　　　　　　　　　wash
Je voudrais **faire nettoyer** cette **robe**.　　　　　　　have cleaned, dress
Veuillez **faire nettoyer à sec** cette robe.　　　　　　　dry-clean
Quand est-ce que **ça sera prêt**?　　　　　　　　　　　will it be ready
Si vous la voulez aujourd'hui, il faut payer un **supplément**.　supplement

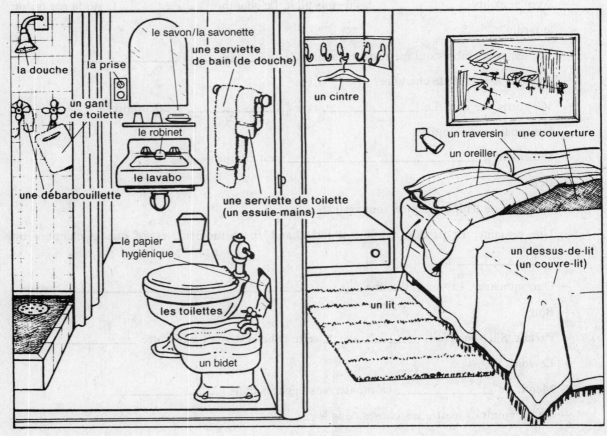

Fig. 7-3

| | |
|---|---|
| Pouvez-vous **faire la chambre** maintenant? | make up (prepare) the room |
| J'ai besoin d'un **oreiller**. | pillow |
| d'une **taie d'oreiller**. | pillowcase |
| d'un **traversin**. | bolster pillow |
| d'une **couverture** de plus. | blanket |
| de **draps**. | sheets |
| d'un **gant de toilette** (une **débarbouillette**).[4] | washcloth |
| d'une **serviette**. | towel |
| de **savon**. | soap |
| de **cintres**. | hangers |
| de **papier hygiénique**. | toilet paper |
| J'ai besoin d'un **rasoir électrique**. | electric razor |
| d'un **cendrier**. | ashtray |
| des **glaçons**. | ice cubes |
| d'une **aiguille** et de **fil**. | needle, thread |
| Où est la **prise** pour le rasoir électrique? | socket (outlet) |
| le **sèche-cheveux**? | hair dryer |
| Quelle est la **tension** (le **voltage**) ici? | voltage |

**4.** Complete.

1. Je veux qu'on fasse notre chambre. Je vais appeler la _____ _____ _____ tout de suite.
2. J'ai beaucoup de vêtements sales. Je vais voir s'il y a un service de _____ ici.
3. Madame, pouvez-vous _____ la chambre maintenant?
4. Et pouvez-vous faire _____ cette robe?
5. Je ne peux pas utiliser mon rasoir électrique parce que je ne sais pas où se trouve la _____ .
6. La nuit j'ai très froid; j'ai besoin d'une _____ de plus.
7. Je me lave avec un _____ _____ _____ et je me sèche avec une _____ _____ _____ .
8. Je veux boire un coca, mais le coca est chaud. J'ai besoin de _____ .
9. Je veux prendre une douche, mais il n'y a pas de _____ .
10. Un bouton est tombé de ma chemise. J'ai besoin d'une _____ et de _____ pour le recoudre.
11. J'ai beaucoup de vêtements. Dans les hôtels il n'y a jamais assez de _____ pour pendre mes vêtements.
12. En général, on met un rouleau supplémentaire de _____ _____ dans la salle de bains dans les hôtels.
13. Sur le lit, il y a un _____ , une _____ et des _____ .

**5.** Identify each item in Fig. 7-4, page 58.

## SOME PROBLEMS YOU MAY HAVE (Fig. 7-5, page 58)

| | |
|---|---|
| Le **lavabo** est **bouché**. | washbasin, clogged |
| Mon lavabo n'a pas de **bouchon**. | stopper |

---

[4] A washcloth is **une débarbouillette** in French Canada and **un gant de toilette** in France. Very often washcloths in France are in the shape of a mitten. **Toilettes** in the plural means "toilet." In the singular it is generally used with the expression **faire sa toilette** and means "to wash up."

Fig. 7-4

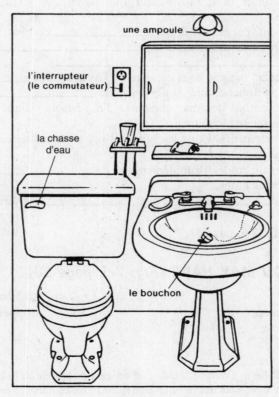

Fig. 7-5

| Le **robinet ne fonctionne pas**. | faucet, doesn't work |
|---|---|
| **fuit**. | leaks |
| La **lumière** ne fonctionne pas. | light |
| Les **toilettes** ne fonctionnent pas. | toilet |
| La **chasse d'eau ne fonctionne pas**. | The lavatory won't flush. |
| Je ne peux pas **tirer la chasse d'eau du W.C.**[5] | flush the toilet |
| L'**interrupteur** (le **commutateur**) ne fonctionne pas. | light switch |
| L'**ampoule** est **grillée**. | light bulb, burned out |
| Il n'y a pas d'**eau chaude**. | hot water |
| La **climatisation** ne fonctionne pas. | air conditioning |
| Pouvez-vous **chauffer davantage**? | turn up the heat |
| Pouvez-vous **baisser le chauffage**? | turn down the heat |
| Ma chambre est trop **bruyante**. | noisy |
| **froide**. | cold |
| **chaude**. | hot |
| **petite**. | little |
| **sombre**. | dark |
| Pourriez-vous **la changer**? | change it |

**6. Complete.**

1. Je ne peux pas allumer la lampe. Je pense que l'_____ est _____ ou que peut-être l'_____ ne fonctionne pas.
2. J'ai ouvert le _____ , mais il n'y a pas d'eau.
3. Le lavabo ne se vide pas. Il est _____.
4. Je ne peux pas prendre de douche s'il n'y a pas d'eau _____.
5. Je ne peux pas garder l'eau dans le lavabo. Il n'y a pas de _____.
6. J'ai froid. Pouvez-vous _____ davantage?
7. J'ai chaud. Pouvez-vous _____ le chauffage?
8. Il y a trop de bruit. Ma chambre est trop _____.
9. Il n'y a pas assez de lumière. Ma chambre est trop _____.

**7. Identify each item in Fig. 7-6, (page 60)**

## CHECKING OUT

| À la **caisse**. | cashier's (checkout) |
|---|---|
| À quelle heure faut-il **quitter** (**libérer**) la chambre? | vacate |
| Quelle est l'**heure de départ**? | departure time |
| Pouvez-vous **préparer ma note**? | prepare my bill |
| Ma note est-elle **prête**? | ready |
| Ces **frais pour le service dans les chambres** ne sont pas les miens. | room service charges |
| Je voudrais **faire descendre mes bagages**. | have my bags brought down |
| Acceptez-vous les **cartes de crédit**? | credit cards |
| Les frais pour le service dans les chambres sont **portés automatiquement sur votre compte**. | charged directly to your account |
| Avez-vous des **suppléments à payer**? | supplemental charges (room service charges) |
| Avez-vous pris des **consommations** dans votre chambre? | drinks |

[5] **W.C.** is an abbreviation for water closet and refers either to the toilet or to a bathroom that has only a toilet and a sink.

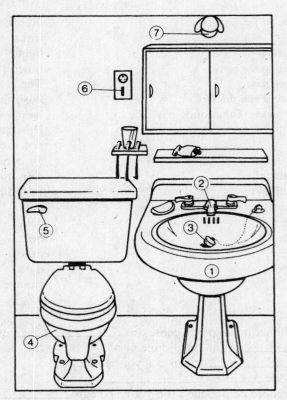

**Fig. 7-6**

Avez-vous fait des **appels téléphoniques**?                    phone calls
Voici du **courrier** pour vous.                                mail

**8.** Complete.
   **À la caisse**

   — Avez-vous préparé ma _____ pour la chambre numéro 805, s'il vous plaît?
                                        1

   — Avez-vous commandé quelque chose du service dans les _____ ce matin?
                                                              2

   — Non. J'ai payé le petit déjeuner.

   — Avez-vous fait des _____ téléphoniques ce matin?
                           3

   — Non, monsieur.

   — Bon. Voici votre _____. Le tarif est de 300 euros.
                         4

   — Pardon, monsieur, mais ces frais de _____
                                                          5
   _____ ne sont pas les miens. Je n'ai rien commandé dans ma chambre.

   — Pardon! C'est pour la chambre numéro 905.

   — Acceptez-vous les _____ _____ _____ , monsieur?
                                                  6

   — Oui, quelle _____ avez-vous?
                      7

**9.** Complete.

1. Quand un client arrive à l'hôtel, il va d'abord à la _____ où il parle avec le _____ .

2. En général, il faut _____ une fiche d'_____ et montrer son _____ à l'employé.

3. Une personne seule dans un hôtel veut une chambre à _____ _____ . Pour deux personnes, il leur faut une chambre avec un _____ _____ ou une chambre avec des _____ _____ .

4. Dans beaucoup d'hôtels, le _____ et les _____ sont compris dans le tarif. Quelquefois le _____ _____ est compris aussi.

5. Il y a beaucoup de bruit dans une chambre qui _____ _____ la rue.

6. Beaucoup de gens font une _____ avant d'arriver à l'hôtel. Quand ils arrivent à l'hôtel, ils montrent leur _____ à la réception.

7. Si l'hôtel n'a pas de chambres _____ , il est _____ .

8. Le _____ aide les voyageurs avec leurs bagages.

9. On prend l'_____ pour monter dans la chambre.

10. La _____ _____ _____ nettoie les chambres dans l'hôtel.

11. Parmi les choses qui doivent se trouver dans la salle de bains il y a des _____ , des _____ et du _____ .

12. En hiver, presque tous les hôtels ont des chambres _____ et en été, ils ont des chambres _____ .

13. Quand un client a froid pendant la nuit, il veut une _____ de plus pour la mettre sur son _____ .

14. Il faut avoir des _____ dans l'armoire pour pendre les vêtements.

15. Beaucoup d'hôtels offrent à leurs clients un service de _____ pour nettoyer ou laver et repasser leurs vêtements.

16. Si un client veut commander quelque chose à manger dans sa chambre, il faut appeler le _____ _____ _____ _____ .

17. Dans beaucoup d'hôtels, les clients doivent _____ leurs chambres avant midi le jour de leur départ.

18. Quand les clients viennent à l'hôtel, ils doivent aller à la réception. Quand ils quittent l'hôtel, ils doivent payer à la _____ .

19. Beaucoup de gens préfèrent régler leur compte avec une _____ de _____ .

20. Le _____ aide à faire des appels téléphoniques.

21. Quand vous _____ une chambre d'hôtel à l'avance, bien des fois on vous demande des arrhes.

22. Si ma boisson est trop chaude, je demande des _____ .

**10.** Answer on the basis of Fig. 7-7 (page 62).

1. Est-ce que la chambre donne sur la rue?
2. Est-ce qu'elle a un balcon?
3. Quelle sorte de lit a la chambre?
4. Quelle sorte de chambre est-ce?
5. Est-ce qu'elle a une salle de bains privée?
6. Qu'est-ce qu'il y a dans la salle de bains?
7. Qu'est-ce que la chambre contient pour les jours où il fait chaud?
8. Qu'est-ce qu'elle a pour les jours où il fait froid?

**11.** Look at Fig. 7-8 (page 62) and correct each false statement.

1. Les gens sont à la caisse.

Fig. 7-7

Fig. 7-8

2. Ils sortent de l'hôtel.
3. Ils parlent aux chasseurs.
4. La dame remplit une fiche d'inscription.
5. Le chasseur a la clef de la chambre.
6. La femme a une carte de crédit à la main.

**Fig. 7-9**

12. Answer on the basis of Fig. 7-9.
    1. Quelle sorte de chambre est-ce?
    2. Qu'est-ce qu'il y a sur le lit?
    3. Qui travaille dans la chambre?
    4. Qu'est-ce qu'elle fait?
    5. Qu'est-ce qu'il y a dans l'armoire?
    6. Est-ce que le lavabo est dans la même pièce que la douche?
    7. Est-ce qu'il y a une douche dans la salle de bains?
    8. Combien de serviettes y a-t-il?
    9. Combien de rouleaux de papier hygiénique y a-t-il?

13. You are making a hotel reservation. Tell the clerk the type of room you want, your arrival and departure dates, and how you will pay.

# UNIT 2: Services

## UNITÉ 2: *Les services*

# CHAPTER 8:  At the bank
# *CHAPITRE 8:  À la banque*

## CHANGING MONEY (Fig. 8-1)

Fig. 8-1

| | |
|---|---|
| — Où est la **banque**? | bank |
| Y a-t-il une **succursale** du Crédit Lyonnais ici? | branch |
| — Oui, c'est tout près. | |
| — Où est le **bureau de change**?[1] | foreign exchange counter |
| Où **fait-on l'achat et la vente** des **devises**? | buy and sell, foreign currency |
| J'ai besoin d'**argent** français. | money |
| — Vous pouvez **changer** votre argent ici. | change |

---

[1] In France you can change money at the **Banque de France**, the post office (le **bureau de poste**), banks and exchange bureaus (**les bureaux de change**).

| | |
|---|---|
| — Je voudrais changer 100 **dollars en euros**.[2] | dollars to euros |
| — Avez-vous des **chèques de voyage** ou de l'**argent liquide**? | traveler's checks, cash |
| — J'ai des chèques de voyage. | |
| **Combien vaut** le dollar aujourd'hui? | how much is |
| Quel est le **taux de change** (le **cours du change**, le **cours des devises**) aujourd'hui? | exchange rate |
| — Il est à 0,73[3] le dollar. | 0.73[3] to the dollar |
| Il y a une **hausse** du dollar aujourd'hui. | rise |
| Il y a une **baisse** du dollar aujourd'hui. | fall |
| — Quels sont les **frais**? (Quelle est la **commission**?) | commission charges |
| — C'est de 1 pour cent. | |
| Avez-vous une **pièce d'identité**? | identification |
| — Oui, j'ai mon passeport. | |
| — Vous devez **signer** le chèque de voyage. | sign (endorse) |
| Le **caissier** vous donne de l'argent. | cashier (teller) |
| Vous pouvez passer à la **caisse**. | cashier's window |

1. Complete.

M. Legrand est en France et il n'a pas d'_____ français. Il veut changer 100 dollars
$\underset{1}{}$

_____ euros. Il ne veut pas changer l'argent à l'hôtel parce que dans les hôtels, il y a des
$\underset{2}{}$

_____ plus élevés à payer. Il veut changer son argent à la _____ . Il sait que le
$\underset{3}{}$ $\underset{4}{}$

_____ _____ _____ à la banque est meilleur que celui de l'hôtel.
$\underset{5}{}$

2. Complete.

— Je veux _____ 100 dollars, s'il vous plaît.
$\underset{1}{}$

— Oui, monsieur.

— Quel est le taux de change?

— Avez-vous des _____ _____ _____ ou de l'argent
$\underset{2}{}$

_____ ?
$\underset{3}{}$

— Des chèques de voyage.

---

[2] The euro (€), introduced in 1999 and fully implemented in 2002, is the new European currency. The euro is divided into 100 cents (**centimes**). It is available in bills (**billets**) and coins (**monnaie**). The bills are available in denominations of 5, 10, 20, 50, 100, 200, and 500. The coins are available in 1, 2, 5, 10, 20, and 50 euro cents. The French refer to their coins as **euro centimes** or **euro cents**. All the euro coins have the same image on the front, but each country puts its national symbols on the back. In Canada a dollar is **un dollar** and a cent is **un cent**. There is a one-dollar coin (**une pièce de un dollar**), colloquially called a loonie (a picture of a loon appears on it). A two-dollar coin has a picture of the Queen on one side and a polar bear on the other.

[3] In French, a comma is used where a decimal point is used in English and a space is used in French where a comma is used in English.

| French | English |
|---|---|
| 5,50 € | 5.50 € or € 5.50 |
| 1 234 | 1,234 |
| 3 235 000 | 3,235,000 |

— Aujourd'hui, le taux de change est à 0,73 euros _____ dollar.
                                                                    4

— Vous avez de la chance. Aujourd'hui, il y a une _____ du dollar.
                                                                 5

— Bon.

— Je peux voir votre passeport, s'il vous plaît?

— Oui, monsieur. Le voici.

— Vous pouvez passer à la _____ . Là, on va vous donner l'argent.
                                       6

## MAKING CHANGE

| | |
|---|---|
| **Régler (payer) le compte**. | Pay the account (bill). |
| Voici la **facture**. | bill |
| Il faut **payer comptant**. | pay in cash |
| Je n'ai pas d'**argent liquide**. | cash |
| Je veux **toucher (encaisser) un chèque**. | cash a check |
| Je n'ai que de **grosses coupures (gros billets)**. | large bills |
| Je voudrais de **petites coupures (petits billets)**. | small bills |
| Pouvez-vous **me donner (faire) la monnaie de** ces **billets** de 100 euros? | change, bills |
| Je n'ai pas de **monnaie / menue monnaie**. | change / small change |
| Voilà cinq **pièces** de 1 euro. | pieces (coins) |

**3.** Complete.

Mme Péneau ne paie pas la facture par chèque. Elle paie avec de l'argent _____ .
                                                                                      1

Mais elle n'en a pas. Donc, elle doit aller à la banque pour _____ _____
                                                                                    2

_____ .

**4.** Complete.

Oh! Je n'ai pas de _____ . Pourriez-vous me donner la monnaie de ces
                              1

_____ de 100 euros?
        2

**5.** Complete.
**À la banque**

— Je veux changer un chèque de voyage, s'il vous plaît.

— Oui, monsieur. Le chèque est en euros?

— Non, monsieur, il est en _____ .
                                      1

— Je ne peux pas vous donner des dollars.

— Je le sais. Je veux le changer en euros. Quel est le _____ _____
                                                                              2

_____ ?

— 0,73 euros _____ dollar.
                    3

— Très bien.

— Vous pouvez passer à la caisse.

**À la** _____
4

— Voilà 1 000 euros. Voici dix _____ de 100 euros.
5

— Pardon, monsieur. Pouvez-vous me donner la _____ de 100 euros, s'il vous plaît? J'ai
6

besoin de petites coupures.

— D'accord. Voici trois _____ de 20 euros et quatre pièces de 10.
7

— Pardon, encore. Je n'ai pas de menue _____ non plus. Pourriez-vous changer un billet
8

de 20 euros, s'il vous plaît?

— Voici de la _____ pour 20 euros. Vingt _____ de 1 euro.
9                                          10

— Merci.

## A SAVINGS ACCOUNT

| | |
|---|---|
| Je vais ouvrir un **compte bancaire** (un **compte banque**, un **compte en banque**, un **compte de banque**). | bank account |
| C'est une **caisse d'épargne**. | savings bank |
| Je voudrais **ouvrir un compte d'épargne**. | open a savings account |
| Je voudrais **faire un versement** (**faire un dépôt**). | make a deposit |
| Je voudrais **déposer** (**verser**, **faire un dépôt de**) 100 dollars. | deposit |
| Je dois **remplir** un **bulletin de versement** (Canada: un **bordereau de dépôt**). | fill in, deposit slip |
| Je ne voudrais pas **retirer** d'argent de mon **compte** maintenant. | withdraw, account |
| Je ne veux pas **faire de retrait** (**de fonds**). | make a withdrawal |
| Donc, je ne remplis pas de **bulletin de retrait** (Canada: de **bordereau de retrait**). | withdrawal slip |
| Je voudrais un **certificat de dépôt à taux d'intérêt variable**. | variable-interest certificate of deposit |
| Regardez l'**affiche**. | sign |
| Je vais à la **caisse**. | teller's window |
| Je donne mon **livret d'épargne** (Canada: **carnet de banque**) au **caissier**. | bankbook (passbook) cashier |
| Je reçois un **relevé de compte** (**un relevé mensuel**) chaque mois. | bank statement, monthly statement |
| On **touche des intérêts** pour ce compte tous les **mois**. | gets interest, month |
| Le **solde** indique la somme d'argent qu'on a à la banque à ce moment. | balance |
| J'aime **épargner** (**économiser**) de l'argent. | save |

6. Complete.

Je veux épargner (économiser) de l'argent. J'ai un _____ _____ à la caisse
1

d'épargne. Demain, je vais _____ 100 dollars sur mon compte. J'essaie de faire un
2

_____ chaque mois, au commencement du mois pour _____ des
3                                                                                    4

_____ . À la caisse d'épargne, je remplis un _____ _____
    5                                                                6

_____ , je vais à la _____ et je donne mon _____ d'épargne au
                              7                            8

_____ . Comme vous pouvez le deviner, j'aime _____ de l'argent, et je n'aime
    9                                                   10

pas _____ de l'argent de mon compte. Je suis content(e) quand je reçois mon
        11

_____ mensuel.
   12

## A CHECKING ACCOUNT

| | |
|---|---|
| J'ai un **compte-chèques** à la banque.[4] | checking account |
| J'ai un **compte courant**. | current account |
| un **compte joint**. | joint account |
| un **compte chèques-d'épargne**. | checking-savings account |
| Je voudrais **toucher** (**encaisser**) un chèque. | cash |
| Il faut **endosser**[5] le chèque avant de pouvoir le toucher. | endorse |
| Je n'ai plus de chèques. J'ai besoin d'un autre **carnet de chèques** (**chéquier**). | checkbook |
| J'ai besoin aussi d'un **registre du compte de chèques**. | check register |
| Quand je fais des fautes sur un chèque, je **le barre** et c'est un **chèque barré**. | void it / voided check |
| Si j'écris un chèque sans mettre le montant, c'est un **chèque en blanc**. | blank check |
| Quelquefois quand je veux retirer de l'argent de mon compte, j'utilise les **distributeurs automatiques de billets** (**DAB**) ou les **guichets automatiques de banque** (**GAB**), caisses automatiques qui permettent d'effectuer certaines opérations bancaires, retraits, dépôts, etc. | automatic teller machines (ATMs), automatic windows |
| Il faut avoir une **carte bleue** (une **carte d'identité bancaire**) et un numéro de **code confidentiel** (Canada: **mot de passe**). | bank card / password |
| On peut utiliser la carte bleue pour **débiter** le compte en banque directement. | debit |
| Je voudrais savoir le **solde** de mon compte. | balance |
| Je n'ai pas encore reçu le **relevé de mon compte-chèques**. | checking account statement |
| Je voudrais être sûr(e) que je ne ferai pas de **chèque en bois** (de **chèque sans provision**). | bad check |
| Je ne veux pas **être à découvert**. | to be overdrawn |
| Une fois, j'**avais un découvert** de 100 dollars. | was overdrawn by |
| Quelquefois on peut **faire un prêt sur découvert**. | make an overdraft |
| Je voudrais aussi une **traite bancaire**. | cashier's check (Canada: bank draft) |

[4] Many French people have a checking account at the post office. Checks on this account are called **chèques postaux**. A postal check is sometimes called **un giro**.

[5] Note the different words used in French for "sign" or "endorse" and "cash." On **signe** un chèque de voyage, on **endosse** un chèque. Le client **encaisse** le chèque. La banque **touche** le chèque.

**7.** Complete.

1. J'ai 200 dollars sur mon compte-chèques. J'ai un _____ de 200 dollars.
2. Oh! là là! Je n'ai plus de chèques. J'ai besoin d'un autre _____ _____
_____ .
3. — Je voudrais _____ ce chèque. — Avez-vous un _____-_____ dans cette banque?
4. Si je veux toucher un chèque, je dois l'_____ .
5. Si la banque est fermée, je pourrai retirer de l'argent en utilisant les _____
_____ _____ _____ .
6. Pour utiliser les DAB, il faut avoir une _____ _____ et un numéro de code _____ .
7. Si on fait un chèque sans avoir assez d'argent dans son compte, le chèque est un _____ _____ _____ .
8. J'ai fait une erreur en faisant un chèque. Donc, je vais _____ le chèque.

## GETTING A LOAN

| | |
|---|---|
| Je ne peux pas **payer comptant**. | pay cash |
| Je veux **acheter (payer) à crédit**. | buy (pay) on credit |
| Je veux payer **en versements échelonnés**. | in installments (using the installment plan) |
| Je veux **emprunter de l'argent**. | borrow some money |
| Je veux **faire un emprunt**. | take out a loan |
| On **me fait un prêt**. | gives me a loan |
| Je voudrais payer **en versements échelonnés sur deux années**. | in installments (using the installment plan) for a two-year period |
| Je voudrais **échelonner les règlements (payer par acomptes, en échéances)**. | pay in installments |
| Je voudrais **faire un versement initial (faire un acompte, faire des arrhes)** de 5 000 dollars. | make a down payment |
| Je voudrais **verser** 5 000 dollars. | make a down payment of |
| Je vais payer le solde en **versements mensuels / trimestriels**. | monthly, quarterly |
| Quel est le **taux d'intérêt**? | interest rate |
| Il est de (à) 15 **pour cent**. | percent |
| La **date d'échéance** est le premier du mois. | due date |
| Je vais acheter une maison. Je dois **faire un emprunt hypothécaire (prendre une hypothèque)**. | take out a mortgage |
| Quel est le **taux d'hypothèque (d'un prêt hypothécaire)**? | mortgage rate |
| Quelle est la **période d'amortissement**? | duration |

**8.** Complete.

Mlle Mongrain veut acheter une voiture. La voiture va lui coûter 20 000 dollars. Mlle Mongrain

voudrait payer en _____-_____ parce qu'elle n'a pas assez d'argent pour la
                              1

payer _____ . Elle peut faire un _____-_____ de 5 000 dollars, mais
          2                                3

elle doit aller à la banque pour _____ _____ _____ pour pouvoir
                                                              4

payer les autres 15 000 dollars. Il y a deux choses importantes qu'elle veut savoir avant d'emprunter

de l'argent. Elle veut savoir le _____ _____ et les versements
                                                5

_____ . L'employé lui dit aussi que la date d'_____ de chaque paiement sera
       6                                                      7
le premier du mois.

9. From the list, select the appropriate word(s) to complete each sentence.

| | | | |
|---|---|---|---|
| (*a*) | endosser | (*m*) | chèque |
| (*b*) | chèques de voyage | (*n*) | pour cent |
| (*c*) | carnet de chèques | (*o*) | arrhes |
| (*d*) | taux de change | (*p*) | emprunt hypothécaire |
| (*e*) | taux d'intérêt | (*q*) | livret d'épargne (carnet de banque) |
| (*f*) | compte d'épargne | (*r*) | versements échelonnés |
| (*g*) | emprunt | (*s*) | solde |
| (*h*) | versement initial | (*t*) | comptant |
| (*i*) | paiements mensuels | (*u*) | compte-chèques |
| (*j*) | date d'échéance | (*v*) | billets |
| (*k*) | argent liquide | (*w*) | distributeurs automatiques de billets |
| (*l*) | monnaie | | |

1. Tu vas faire un voyage et tu ne veux pas emporter beaucoup d'argent liquide. Tu vas acheter des _____ _____ _____ .

2. Vous n'allez pas payer avec de l'argent liquide. Vous préférez payer par _____ .

3. Pour pouvoir payer par chèque, il faut avoir un _____ - _____ à la banque.

4. Si vous n'avez pas de _____ , vous devez changer un billet.

5. Avant de toucher un chèque, on doit l'_____ .

6. Avant de changer de l'argent en monnaie étrangère, il faut savoir le _____ _____ _____ .

7. Si vous n'avez pas assez d'argent pour acheter quelque chose dont vous avez besoin, il faut faire un _____ à la banque.

8. Il est nécessaire de faire le paiement à la _____ _____ .

9. Je ne paie pas cette voiture comptant. Je la paie en _____ _____ .

10. Je ne peux pas payer par chèque parce que je n'ai pas mon _____ _____ _____ sur moi.

11. Pour retirer (faire un retrait) ou verser (faire un dépôt) de l'argent à la banque, il faut donner votre _____ _____ au caissier.

12. J'aime épargner (économiser) de l'argent. J'ai un _____ _____ .

13. J'utilise une carte bleue pour retirer de l'argent des _____ _____ _____ _____ .

14. Je ne sais pas exactement ce qui me reste sur mon compte. Je veux savoir le _____ de mon compte.

15. Pour acheter une maison, vous pouvez faire un _____ _____ .

16. Même si on me fait un prêt, je dois avoir assez d'argent pour faire un _____ _____ .

17. Je vais acheter une voiture. J'ai assez d'argent pour payer des _____ , mais je dois emprunter le reste.

10. Complete each item with an appropriate verb.

1. J'ai besoin d'argent français. Je vais _____ un chèque de voyage.

2. J'ai tout l'argent qu'il me faut. Je vais _____ à la banque l'argent dont je n'ai pas besoin.

3. Je veux _____ un chèque.

4. Avant de le toucher, je dois l'_____ .

5. Je voudrais _____ ce billet de 100 dollars.
6. Pour pouvoir l'acheter, je vais _____ un emprunt.
7. Je _____ la facture à crédit.
8. D'abord je dois _____ un versement initial.
9. Ensuite, je dois _____ des versements mensuels.
10. On _____ des intérêts chaque mois si on a un compte d'épargne.
11. Je _____ un chèque quand je fais une faute en l'écrivant.
12. Je _____ un bulletin de versement.

**11.** Complete.
1. Le taux de change est _____ 0,80 euros _____ dollar.
2. Quel est le taux de change? 0,80 euros _____ dollar.
3. Le taux d'intérêt est _____ 15 _____ cent.
4. Je voudrais changer 100 dollars _____ euros.
5. Je ne paie pas comptant. Je paie _____ crédit.
6. La date d'échéance est _____ premier du mois.
7. C'est un chèque _____ blanc.

**12.** Answer the following questions.
1. Avez-vous un compte bancaire? Quel type?
2. Quel intérêt touchez-vous chaque mois?
3. Faites-vous des retraits de fonds souvent?
4. Faites-vous des dépôts régulièrement? Quand?

**13.** You are spending a year in France and want to open one or more bank accounts. Tell the teller what kind of accounts you want to open and ask about the interest rates.

**14.** You are at a bank with a loan officer. Write a conversation between you and the loan officer about a car loan you want. Talk about the down payment, the duration of the loan, the monthly payments, and interest rates.

# CHAPTER 9:   At the post office
# *CHAPITRE 9:   À la poste (au bureau de poste, PTT)*

## SENDING A LETTER (Fig. 9-1)

| | |
|---|---|
| Je voudrais **envoyer** une **lettre**. | send, letter |
| une **carte postale**. | postcard |
| Je dois **mettre** cette lettre **à la poste**.[1] | mail |
| Je ne peux pas la mettre dans **la boîte aux (à) lettres**. | mailbox |
| Je dois aller à la **poste** (au **bureau de poste**). | post office |
| À quel **guichet faut-il s'adresser** pour les **timbres** (**timbres-poste**)? | window, does one have to go to, stamps |
| J'achète des timbres dans les **distributeurs automatiques** (Canada: **distributeurs de timbres poste**). | automatic stamp dispensing machines |
| Je dois **affranchir** la lettre. | put stamps on |
| **À combien faut-il affranchir cette lettre?** | How much postage does this letter require? |
| **ce paquet?** | this package |
| **ce colis?** | this parcel |
| Quel est l'**affranchissement**[2] **par avion**? | postage, by air mail |
| **par voie ordinaire?** | by regular (surface) mail |
| **par exprès?** | express (special delivery) |
| La lettre est **affranchie** à 0,90 euros (quatre-vingt-dix centimes[3]). | stamped |
| Je mets un timbre (un timbre-poste) de 0,90 euros. | |
| Je pourrais aussi acheter deux timbres **autocollants**.[4] | self-adhesive |
| Je voudrais **recommander** cette lettre. | send by registered mail |
| Allez à ce guichet pour les **envois recommandés**. | registered mail |
| On doit **signer** pour recevoir **une lettre recommandée**. | sign, registered letter |
| **du courrier recommandé**. | registered mail |

---

[1] Each post office in France has a sign reading **La Poste**. Older branches also may have the sign **PTT** (**postes, télégraphes, téléphones**). In France, in addition to mailing letters at the post office, one can pay gas and electric bills, receive and send money by money order and even make deposits in a savings account.

[2] **L'affranchissement** refers to the postage. In some post offices, the client actually puts the envelope in a machine to cancel the stamp before putting the letter in the mailbox.

[3] In French Canada, "cents" is translated by **cents**. In France it is **centimes**. **Un centime** is $\frac{1}{100}$ €.

[4] Newer stamps no longer have the amount of postage indicated so that rates can be changed without printing new stamps. These stamps are called **timbres-poste autocollants à validité permanente**. The number of stamps needed depends on the weight and the destination. For example, one is needed for letters mailed within France; two for North American destinations.

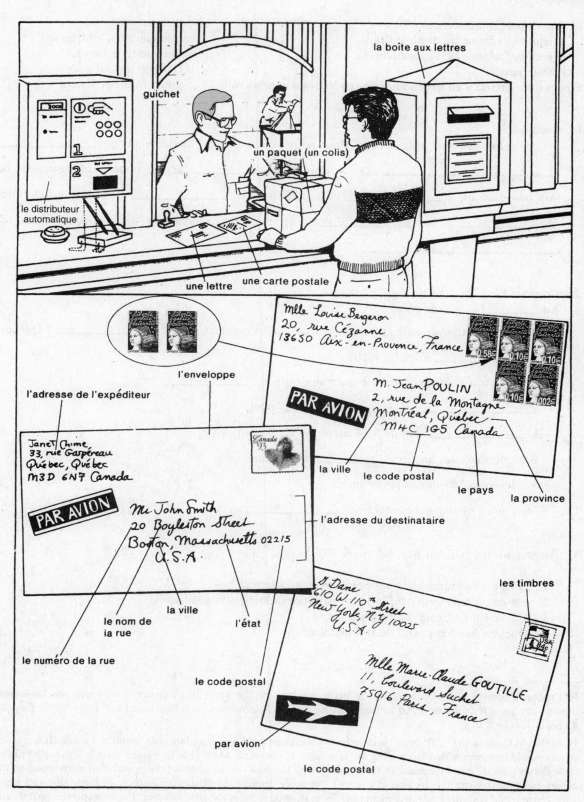

**Fig. 9-1**

Sur l'**enveloppe**, il faut écrire:         envelope
      le **nom** et l'**adresse** du **destinataire**.[5]     name, address, addressee
      le **nom** et l'**adresse** de l'**expéditeur**.     name, address, sender
      le **code postal**.[6]                         ZIP code (postal code)
Le nom doit être **écrit en lettres moulées (en lettres d'imprimerie)**.    printed in block letters

**1.** Complete.

     Je veux envoyer cette lettre. Mais je ne peux pas la mettre dans la _____

     _____ _____ . Je dois aller à la _____ pour deux raisons. Je ne
                   1                                        2

     sais pas quel est l'_____ et je n'ai pas de _____ . Je dois acheter des
                                 3                                 4

     _____ à la _____ . Je pourrais acheter des timbres-poste dans les
             5                   6

     _____ .
             7

**2.** Complete.

     **Au** _____ **de poste**
             1

     — Je voudrais envoyer cette lettre à la Martinique. À combien faut-il l'_____ ? Quel est
                                                                  2

     l'_____ s'il vous plaît?
        3

     — Voulez-vous l'envoyer par voie ordinaire ou par _____ ?
                                            4

     — _____ , s'il vous plaît,
                5

     — L'_____ sera de 0,54 euros (54 centimes).
         6

     — Bon, donnez-moi un _____ autocollant.
                         7

     — Voulez-vous recommander la lettre?

     — Non, je ne veux pas l'envoyer en _____ .
                                   8

**3.** Answer on the basis of Fig. 9-2 (page 77)

     1. Quel est l'affranchissement pour envoyer la lettre?
     2. Est-ce qu'on va envoyer la lettre par voie ordinaire ou par avion?
     3. Quelle est l'adresse du destinataire?
     4. Quel est le code postal du destinataire?

---

[5] In France, a comma is placed between the street number and the name of the street. The words **rue**, **boulevard**, **avenue**, etc. are not capitalized. An address with **bis** after the street number is equivalent to "a" or "½" in English. **42 bis** is 42 a or $42\frac{1}{2}$.

[6] Note that in Canada the "ZIP code" is called a "postal code" in English and **un code postal** in French. It is a series of letters and numbers with a space after the first three, for example M4V 1E5. In France there is a five-digit postal code that is placed before the name of the city or town. The first two numbers of the postal code correspond to the **département** (administrative division of France), the other three to the post office branch. In Paris all codes begin with 750 and end with the arrondissement (administrative division of the city) number. For example the postal code for the 17th **arrondissement** is 75017.

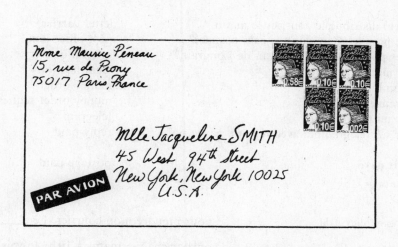

**Fig. 9-2**

5. Quelle est l'adresse de l'expéditeur?
6. Combien de timbres y a-t-il sur l'enveloppe?

## SENDING A PACKAGE

| | |
|---|---|
| Je voudrais **poster** ce **colis** (**mettre** ce **colis à la poste**). | mail, package (parcel) |
| ce **paquet**. | package |
| Combien **pèse**-t-il? | weigh |
| Je ne sais pas. Je dois le mettre sur la **balance**. | scale |
| Je voudrais l'**assurer** (l'**envoyer en valeur déclarée**). | insure |
| C'est **fragile**? | fragile |
| Il faut **remplir** cette **déclaration pour la douane**. | fill in, customs declaration |
| Combien de temps **prendra-t-il pour arriver**? | will it take to get there |
| **Par avion**, ça va prendre cinq jours. | by plane |
| **Par bateau**, ça va prendre trois mois. | by boat |

**4.** Complete.
1. Je voudrais poster ce _____ pour les États-Unis. Mais je ne sais pas combien il _____ . Je ne peux pas le peser parce que je n'ai pas de _____ . Je dois aller à la poste.
2. Ce paquet n'a pas de grande valeur. Il vaut moins de 10 dollars. Je ne vais pas l'_____ .
3. Il n'est pas nécessaire de _____ _____ pour la douane parce que le paquet vaut moins de 10 dollars.
4. Si je l'envoie par _____ , ça va prendre seulement cinq jours pour arriver. Si je l'envoie par _____ , ça va _____ trois mois. Mais l'affranchissement par avion est plus élevé que l'_____ par bateau.

## OTHER WORDS YOU MAY NEED

| | |
|---|---|
| Est-ce qu'il y a **du courrier**[7] pour moi? | mail |
| On **distribue** le courrier tous les jours, **sauf** le samedi et le dimanche. | deliver, except |
| Le **facteur** (la **factrice**) distribue le courrier le matin. | letter carrier |
| Avez-vous une **boîte postale** (Canada: une **case postale**)? | post office box |
| Avez-vous des lettres **poste restante**[8] au nom de Longrain? | general delivery |
| Oui. Avez-vous une **pièce d'identité**? | identification |
| Où puis-je trouver un **mandat**? | money order |
| Remplissez cette **formule de mandat**.[9] | money order request |
| Je voudrais envoyer un **télégramme**.[9] | telegram |
| Je voudrais envoyer un télégramme **avec réponse payée** pour 15 mots. | reply paid |
| Je vais l'envoyer **port payé**. | postage paid |

5. Complete.

Je ne dois pas aller à la _____ pour prendre mon courrier. Le _____ le
                                    1                                                    2
distribue à la maison. Il _____ le courrier chaque matin à 10 h. Je vais voir si j'ai du
                                 3
_____ aujourd'hui. Tiens! J'ai reçu une facture et je dois la payer par _____ .
        4                                                                                  5
Donc, il faudra aller à la poste demain. Je dois aussi envoyer un _____ urgent à ma tante.
                                                                              6

6.  You are in a post office in France. You want to mail two postcards, a letter, and a package. Ask the clerk how much you need to pay for stamps for each of the items. Ask the clerk how much the package weighs and tell him or her you want to insure it.

7.  You are sending a letter from New York to your friend in Paris. Address the envelope. Put the sender's and the addressee's name and address and postal code on the envelope. Tell how much postage you need.

---

[7] The general word for mail is **le courrier** when one is receiving mail. When one is actually working on one's mail, such as writing a letter, the word to use is **la correspondance**.

[8] When you do not have a permanent address, you can pick up your mail at the **poste restante** (general delivery). To have your mail sent via **poste restante**, be sure it is addressed to you with your last name in capital letters since the post office organizes general delivery mail alphabetically by the last name.

[9] In general, in France money orders and telegrams are sent through the post office.

# CHAPTER 10:   A telephone call
# CHAPITRE 10:   Un coup de téléphone

## TYPES OF TELEPHONES (Fig. 10-1)

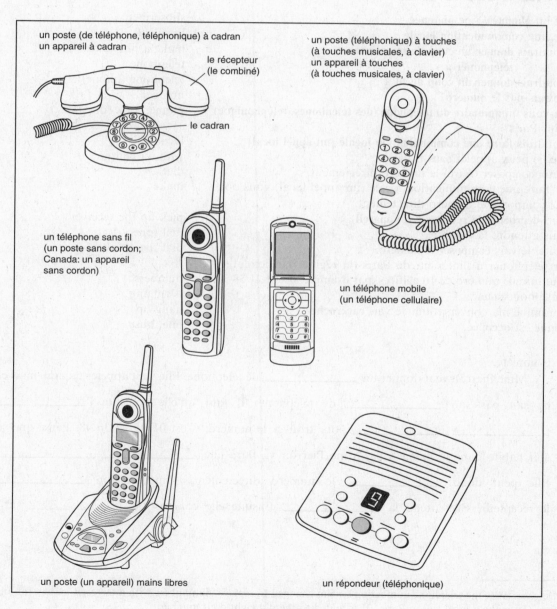

un poste (de téléphone, téléphonique) à cadran
un appareil à cadran

le récepteur
(le combiné)

le cadran

un poste (téléphonique) à touches
(à touches musicales, à clavier)
un appareil à touches
(à touches musicales, à clavier)

un téléphone sans fil
(un poste sans cordon;
Canada: un appareil
sans cordon)

un téléphone mobile
(un téléphone cellulaire)

un poste (un appareil) mains libres

un répondeur (téléphonique)

Fig. 10-1

**1.** Answer.

1. J'ai un téléphone _____ dans mon auto.
2. Je n'aime pas tenir le récepteur. Donc, je préfère un _____ _____
3. Quand je ne suis pas à la maison, j'ai un _____ pour prendre des messages.
4. Les appareils à cadran sont presque tou: remplacés par des _____ _____
   _____ .
5. J'aime me promener partout dans ma maison quand je suis au téléphone. Donc, j'ai un
   téléphone _____ _____ .

## MAKING A LOCAL CALL

| | |
|---|---|
| Chez un **abonné** / une **abonnée** | subscriber |
| Faire une **communication locale** | local call |
| Je voudrais **donner un coup de téléphone**. | make a phone call |
| **téléphoner à** . . . | telephone |
| Je voudrais **donner un coup de fil à** . . . | telephone (phone) |
| Je ne sais pas le **numéro**. | number |
| Avez-vous un **annuaire du téléphone** (**des téléphones**, **téléphonique**) pour Paris? | phone book (directory) |
| Je voudrais faire **une communication locale** (**un appel local**) | local call |
| Donc, je peux appeler **sans frais**. | without charge |
| Je peux **composer** (**faire**) le numéro directement. | dial |
| Pour **faire** une communication locale (un appel local) vous pou- vez composer le numéro directement. | make |
| Je vais **décrocher le récepteur** (**l'appareil**). | pick up the receiver |
| Je vais attendre la **tonalité**. | dial tone |
| Ensuite, je vais **composer le numéro**. | dial the number |
| Pour téléphoner à l'intérieur de Paris (la région parisienne)[1], il faut faire le numéro de 10 **chiffres**, par exemple: 01 41 21 38 34. | numbers |
| Le téléphone **sonne**. | is ringing |
| J'ai terminé ma conversation. Je vais **raccrocher**. | hang up |
| La **ligne** est **occupée**. | line, busy |

**2.** Complete.

Mme Pierron veut donner un _____ de téléphone. Elle veut appeler un ami, mais elle
$^{1}$

ne sait pas son _____ de téléphone. Il faut qu'elle consulte l'_____
$^{2}$

_____ _____ pour trouver le numéro. C'est 01 45 22 36 48. Parce que son
$^{3}$

ami habite dans la même ville, Mme Pierron va faire une _____ _____ .
$^{4}$

Elle peut donc _____ le numéro directement. Mme Pierron _____
$^{5}$                                                                  $^{6}$

le récepteur. Elle attend la _____ . Ensuite elle compose le _____ sur le
$^{7}$                                          $^{8}$

---

[1] In October 1996, the telephone numbering system changed to replace all numbers with a ten-digit system for all of France. To make a local call in Paris, 01 is added to the old eight-digit number.

_____ . Le téléphone _____ . Après sa conversation avec son ami, elle
                9                                       10

_____ le récepteur. Ensuite elle téléphone à une autre amie, mais cette fois la
          11

_____ est _____ . Elle essaiera plus tard.
        12              13

## MAKING A LONG-DISTANCE CALL

COMMUNICATIONS SANS L' INTERMÉDIAIRE DE L' OPÉRATRICE

À l'intérieur de la France (Fig. 10-2)[2]

DIRECT DIAL CALLS—FRANCE

Within France

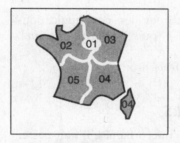

**Fig. 10-2**

**Communications interurbaines**
Je voudrais téléphoner de Paris à Marseille.
Je pourrais composer le numéro directement parce que je sais le
    numéro et c'est moi qui vais payer les **frais**.
Si je ne sais pas le numéro, je dois faire le 12 pour obtenir le
    **service des renseignements**.[3]
Je pourrais aussi faire le 3611 pour obtenir l'**annuaire électronique**
    du Service Minitel.[4]

Long-distance calls

expenses

directory assistance
electronic phone directory

---

[2] The new ten-digit numbering system in France eliminates the old system that required dialing 16 plus an eight-digit number for calls from Paris to the rest of France and dialing 16 plus 1 plus an eight-digit number for calls from the rest of France to Paris. Two new digits have been added to the old numbers. For Paris and the Ile-de-France region, the new number is formed by adding 01 to the old eight-digit number. In the rest of France, the new number is formed by adding 02 for the northwest, 03 for the northeast, 04 for the southeast, and 05 for the southwest. When calling France from a foreign country, the initial 0 is dropped. For **les départements et les territoires d'Outre-Mer (les DOM-TOM)**, add 0 before the three-digit **indicatif** (department area code) followed by the six-digit number.

[3] Note the different terms used for "directory assistance" and "toll-free numbers" in France and in French Canada (see p. 82).

[4] Using the Minitel to look up telephone numbers in France is usually less expensive than dialing directory assistance. The Minitel can also be used to make plane, train, and concert reservations. The terminal is free of charge to anyone with a telephone.

| | |
|---|---|
| Je compose le numéro de dix **chiffres**. | numbers |
| Pour téléphoner avec une **Carte France Télécom**, il faut composer le 36 plus le 10 ou, par l'intermédiaire d'un opérateur, il faut composer le 36 plus le 50. Des instructions vous guideront. | phone credit card |
| Pour les **numéros verts (0800)**,[3] il n'y a pas de **frais**. | toll-free (800) numbers, charges |

| | |
|---|---|
| **COMMUNICATION ÉTABLIES PAR LE CLIENT—CANADA** | **DIRECT DIAL CALLS—CANADA** |
| **Appels interurbains** | Long-distance calls |
| Je voudrais faire un appel interurbain (une communication interurbaine). | |
| Pour faire un appel interurbain, je compose le 1 plus l'**indicatif régional approprié**, puis le numéro de téléphone. | appropriate area code |
| Si je ne connais pas le numéro, je dois consulter l'**assistance-annuaire**.[5] | directory assistance |
| Pour obtenir l'assistance-annuaire pour les communications interurbains, il faut composer le 1, puis l'indicatif régional, puis 555-1212. | |
| Pour le **service 800**,[5] il n'y a pas de **frais**. | 800 calls (toll-free calls), charges |

## OPERATOR-ASSISTED CALLS

| | |
|---|---|
| Pour faire quelques communications interurbaines, il faut passer par l'intermédiaire de l'**opératrice** (de l'**opérateur**, du / de la **standardiste**; Canada: du / de la **téléphoniste**).[6] | operator |
| Je voudrais faire un **appel avec préavis (PAV)**.[6] | collect call |
|     **de personne à personne** (Canada). | person-to-person |
|     avec **carte de crédit**. | credit card |
|     avec **carte France Télécom**. | phone credit card |
|     avec **carte téléphonique** (Canada: **Carte d'appel**MC[7]). | phone card (Calling Card™) |
| Je voudrais faire une **communication en PCV (payable à l'arrivée)**. | collect call |
|     un **appel à frais virés** (Canada).[6] | collect call |
| Vous pouvez **faire une communication en PCV**. | reverse the charges |
|     **faire virer les frais** (Canada).[6] | |
| Je voudrais faire un appel avec **indication de durée et de prix**. | length and fee indicated |
| **Je désire obtenir une communication avec** . . . | Please connect me with (put me through to) . . . |
| D'accord. **Ne quittez pas (Ne coupez pas, Ne raccrochez pas)**. | Don't hang up. |

---

[5] Note the different terms used for "directory assistance" and "toll-free numbers" in France and in French Canada (see page 81 and above).

[6] Note the different terms used for "telephone operator," "person-to-person," and "collect calls" in France and in French Canada. Note that you cannot make a collect call within France. You have to ask the person to call you back.

[7] MC is the abbreviation for **marque collective** (trade name or brand). A registered trademark in French is **une marque déposée**.

## MAKING AN INTERNATIONAL/OVERSEAS CALL

EN FRANCE POUR TÉLÉPHONER À L'ÉTRANGER

| | |
|---|---|
| **Communications internationales** | International calls |
| **Automatique** | automatic |

Décrocher le récepteur.
Attendre la tonalité.
Faire le 00, puis l'**indicatif du pays**, puis l'**indicatif de zone** ou     country code, zone code
l'**indicatif de ville**, puis le numéro du correspondant (de la cor-     area code
respondante).

**Par l'intermédiaire d'un opérateur** (d'une opératrice)     operator-assisted
• communications à destination des pays autres que ceux
obtenus par l'automatique
• communications à destination des **réseaux** non encore automa-     networks
tisés des pays atteints par voie automatique
• communications spéciales (cartes France Télécom)
Décrocher le récepteur.
Attendre la tonalité.
Faire le 00, puis le 33, puis l'indicatif du pays.
Vous obtenez un opérateur (une opératrice) à qui vous formulez
votre demande.

AU CANADA

**Communications outre-mer**     Overseas calls
Pour les communications de numéro à numéro par l'**interurbain**     customer dialed
**automatique**, composer le 011 + l'**indicatif du pays** + l'**indicatif**     country code, routing code
**de zone** + le numéro local.
Pour les communications de personne à personne, les communications sur **carte téléphonique Carte d'appel**ᴹᶜ, les communica-     phone card
tions à **facturer** à un 3ᵉ numéro et les communications à frais     bill
virés, composer le 01 + l'indicatif de pays + l'indicatif de
zone + le numéro local.
Faire le 0 (zéro) pour obtenir l'assistance-annuaire de l'outre-
mer, pour obtenir un crédit ou une communication ou pour
des pays non-indiqués dans l'annuaire.

**3.** Complete.
1. Je ne vais pas faire une communication locale. Je vais faire une _____
_____ .
2. Je ne peux pas composer le numéro directement. Il faut passer par l'_____ .
3. Pour faire une communication interurbaine au Canada, il faut savoir le numéro et aussi
l'_____ _____ . À l'intérieur de la France il faut composer le numéro
de dix _____ .
4. Je ne veux pas payer la communication. Je vais faire une communication en _____
(France) ou un appel _____ _____ _____ (Canada). Je vais
faire _____ les frais (Canada).
5. Je voudrais parler seulement à M. Dupont. Je vais faire un appel avec _____
(France) ou de _____ à _____ (Canada).
6. Je désire obtenir une _____ avec M. Dupont.

7.  Vous n'avez pas le bon _____ régional. Attendez un moment. Ne _____ pas.
8.  Les _____ _____ en France sont des numéros sans _____ . Ils ressemblent au _____ _____ au Canada et aux États-Unis.
9.  Pour téléphoner en dehors de la France il faut composer le 00, puis _____ _____ _____ , puis _____ _____ , puis le numéro demandé.
10.  Je voudrais faire _____ cet appel à un 3ᵉ numéro.

## USING A PUBLIC TELEPHONE (Figs. 10-3 and 10-4, page 85)

Où se trouve une **cabine téléphonique**?                           telephone booth
Voici ce qu'il faut faire pour **donner un coup de téléphone**.      make a telephone call

FRANCE

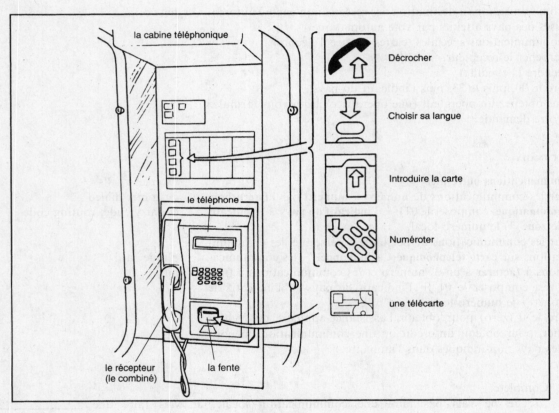

**Fig. 10-3**

Avec une **télécarte**[8] à un publiphone                           phone card (telephone debit card)
On ne peut pas utiliser les **pièces de monnaie**.                  coins

---

[8] Most public phones are now electronically operated. You must use a phone card or **télécarte** which contains prepaid telephone charge units of 50 or 120. The **télécarte** can be purchased at post offices, **bureaux de tabac**, in the metro stations, and elsewhere. To make a phone call follow the instructions on the LCD display. You must insert the card into the slot, chip end first, with the rectangle of electrical connectors facing upward. There is no charge for **numéros gratuits** (free numbers for emergencies: fire, police, etc.).

| | | |
|---|---|---|
| **Décrocher.** | | |
| **Introduire la carte.**[9] | | |
| **Attendre la tonalité.** | | |
| **Composer votre numéro.**[10] | | |
| **Communication.** | | Call connected. |

Fig. 10-4

Après avoir introduit la carte, vous verrez votre crédit et votre **solde en unités** sur l'**écran**.
balance in units, screen

Quand vous commencez à parler, la valeur de votre carte est comptée sur l'écran.

Pour composer encore sans réintroduire la télécarte, **appuyez sur le bouton blanc** très brièvement et attendez la tonalité.
push the white button

Quand l'appel est terminé, vous verrez les **unités non utilisées** sur l'écran.
unused units

Si vous voyez « **crédit épuisé** », ça veut dire que votre télécarte est **épuisée**.[11]
credit used up
run out

**CANADA** (Fig. 10-5, p. 86)

**Appels locaux**
**Déposer** la monnaie ou introduire et **retirer** la carte.[12]
deposit, remove
Faire le numéro.[13]

**Appels interurbains ou outre-mer**
Avec monnaie, faire le numéro;[13] puis déposer le **montant affiché**.
posted amount
Avec carte, introduire et **retirer** la carte; puis faire le numéro.[13]
remove

---

[9] In older phones you will see **Fermez le volet, s'il vous plaît** (Close the shutter, please) after you have inserted the **télécarte**.

[10] Follow the same dialing procedures outlined on pages 82–83.

[11] It is possible to replace a used-up **télécarte** with a new one without being cut off, if you follow the instructions. When the screen says **crédit—000 unités—changement de carte**, press the oval green button, insert a new **télécarte** in place of the old one. On older models, when the screen reads **Fermez le volet**, close the shutter.

[12] This is a credit card not a prepurchased debit card as in France.

[13] See pages 82–83 for procedures for different types of calls.

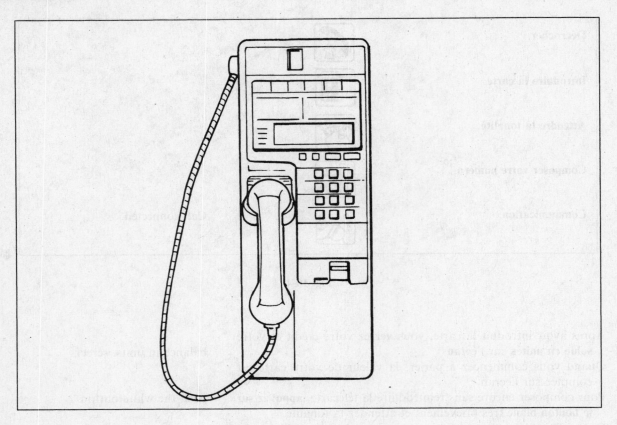

**Fig. 10-5**

**4. Complete.**
**En France**
1. Dans la plupart des téléphones publics, il faut utiliser une _____ . On ne peut pas utiliser les _____ de monnaie.
2. Il faut _____ la carte dans le téléphone. Sur l'_____ on vous dira votre crédit et vous donnera votre _____ .
3. Après la tonalité, il faut _____ le numéro.
4. Pour composer sans réintroduire la télécarte, appuyez sur le _____ blanc.
5. Quand vous n'avez plus de crédit sur votre carte, la télécarte est _____ .

**5. Complete.**
**En France**

Et voilà. Je suis dans une _____ téléphonique. C'est la première fois que je donne un
                                         1
_____ de téléphone dans une cabine _____ . Qu'est-ce que je dois faire? Ah!
        2                                                    3
Voici les directives. Je dois _____ le récepteur. Mais qu'est-ce que je fais? Ah, je dois
                                        4
introduire une _____ . Bon, je décroche le _____ . Ensuite, je mets la
                        5                                        6
_____ dans la _____ et j'attends la _____ . Ah! je l'entends.
        7                        8                                9
Ensuite, je _____ le numéro sur le cadran. Si quelqu'un répond, j' _____
                    10                                                                    11
sur le _____ et je commence à parler.
            12

## SPEAKING ON THE TELEPHONE

AU CANADA

| | |
|---|---|
| — Bonjour! Je voudrais parler à M. Lapointe, s'il vous plaît. | |
| — **C'est de la part de qui? (Qui est à l'appareil?)**[14] | Who's calling? |
| — De la part de Mlle Dupont. | |
| — Un moment (instant), s'il vous plaît. **Ne quittez pas**. Il n'est pas ici pour le moment. | Don't hang up. |
| — Est-ce que je pourrais lui **laisser** un **message**? | leave, message |
| — Bien sûr. Je vais le prendre. | |
| — Je **rappellerai** plus tard. Bonjour.[15] | call back |

6.  Make up your own telephone conversation, using the following as a guide.

— Bonjour! Je voudrais parler à _____ , s'il vous plaît.
<br>                                         1

— C'est _____ _____ _____ _____ ?
<br>                                 2

— _____ _____ _____ _____ .
<br>                                 3

— Un _____ , s'il vous plaît. Je regrette. Il _____ _____
<br>           4

_____ _____ _____ .
<br>     5

— Est-ce que je peux _____ _____ _____ ?
<br>                                 6

## SOME THINGS THAT MAY GO WRONG

| | |
|---|---|
| Il n'y a pas de **tonalité**. | dial tone |
| Le téléphone **ne fonctionne pas (est en panne, est hors service, hors de service).** | doesn't ring (is out of order) |
| **La ligne est défectueuse.** | There is trouble on the line. |
| **La ligne est occupée.** | The line is busy. |
| **J'ai été coupé.** | I was cut off. |
| **On nous a coupé la ligne.** | We were cut off. |
| **Pourriez-vous me redonner la communication?** | Could you reconnect me? |
| **Je vais rappeler plus tard.** | I'll call back later. |
| **Je vous entends mal. (Il y a des parasites sur la ligne.)** | We have a bad connection. |
| **Il n'y a pas de réponse.** | There's no answer. |
| Pardon. Vous parlez avec la / le **standardiste** (le / la **téléphoniste**) au **tableau de distribution** (au **standard téléphonique**). | switchboard operator<br>switchboard |
| Pour appeler M. Landry directement, composez le numéro du bureau et demandez le **poste** numéro 672. | extension |
| **Vous vous êtes trompé de numéro. (Vous avez le mauvais numéro.)** | You have the wrong number. |
| **Il n'y a pas d'abonné** au numéro que vous avez demandé. | there is no listing |

7.  Complete.

    1.  Je ne peux pas composer le numéro. Il n'y a pas de _____ .

    2.  Je pense que le téléphone ne _____ pas. Il est _____ _____ .

---

[14] The expression **C'est de la part de qui?** literally means "on the part of whom?" It corresponds to the English expression "Who's calling?" **Qui est à l'appareil?** "Who's on the line?" is also used.

[15] Many people in French Canada say **bonjour** for both "hello" and "good-bye" in telephone conversations.

3. Je n'entends pas très bien. La ligne est _____ .

4. Essayez plus tard. La ligne est _____ .

5. Non, M. Lebrun n'habite pas ici. Vous vous êtes _____ de numéro.

6. Vous pouvez joindre Mlle Leclerc à son bureau, 01 45 67 76 81, _____ numéro 543.

7. Personne ne répond. Je vais _____ plus tard.

8. Nous étions en train de parler et tout d'un coup je n'ai plus rien entendu. On _____
_____ _____ _____ _____ .

9. Oui, Mme Goutille travaille ici. Mais vous parlez à la _____ . Son poste est le 675.

10. Je vous entends mal. Il y a des _____ sur la ligne.

### Au téléphone

Mme Goutille habite à Paris. Elle veut faire un appel avec préavis à son amie au Canada. Elle n'a pas besoin d'appeler le service des renseignements (l'assistance-annuaire) parce qu'elle sait déjà le numéro de son amie. Elle ne peut pas composer le numéro directement puisqu'elle va faire un appel avec préavis. Elle doit, donc, passer par l'opératrice (la téléphoniste). Elle décroche le récepteur, attend la tonalité, compose le 00, puis le 33, puis l'indicatif du pays (1). L'opératrice (la téléphoniste) répond:

— Quel numéro désirez-vous?

— Pouvez-vous me donner le numéro (613) 879-3354, s'il vous plaît? C'est un appel avec préavis à Mme Tremblay de la part de Mme Goutille.

— Un instant, madame. Ne quittez pas, s'il vous plaît. Oh! La ligne est occupée.

— Oui, je sais. Je l'entends. Merci, mademoiselle. Je vais rappeler plus tard.

Cinq minutes plus tard, la dame essaie de nouveau. Encore une fois, elle décroche le récepteur, attend la tonalité, compose le 00, puis le 33 plus l'indicatif du pays (1) pour obtenir l'opératrice (la téléphoniste). Elle explique encore qu'elle voudrait faire un appel avec préavis à son amie au Canada et elle donne à l'opératrice l'indicatif régional et le numéro qu'elle veut. Quelle chance! Le téléphone sonne.

« Madame, dit l'opératrice (la téléphoniste), on ne répond pas. » Zut! Il y a cinq minutes la ligne était occupée et maintenant personne ne répond.

Une heure plus tard, la dame essaie de nouveau. Quelqu'un répond et commence à parler. La dame n'en croit pas ses oreilles. L'opératrice (la téléphoniste) s'est trompée de numéro. L'opératrice (la téléphoniste) compose le numéro encore une fois. Le téléphone sonne et quelqu'un répond. C'est son amie. L'opératrice lui demande si elle acceptera de payer les frais. Son amie consent à les payer.

— Bonjour.

— Bonjour, Jacqueline.

— Michelle, comment vas-tu?

Encore rien. Il y a un silence total et encore une fois la tonalité. On leur a coupé la ligne. Il semble que Mme Goutille ne parlera jamais à son amie.

**8.** Mme Goutille had four problems with her phone call. What were they?

**9.** Put the following in the proper order to make a phone call.
1. décrocher le récepteur
2. raccrocher le récepteur
3. composer le numéro
4. chercher le numéro dans l'annuaire des téléphones
5. attendre la tonalité
6. attendre une réponse
7. parler

**10.** Complete.
1. Il n'y a pas de tonalité. Le téléphone ne _____ pas.
2. La ligne est _____ . L'autre personne parle.

3.  Je parle à l'_____ . Je dois lui donner le numéro de _____ .
4.  La personne avec qui je voudrais parler n'est pas là. Est-ce que je peux lui laisser un _____ ?
5.  Je n'ai pas pu rejoindre la personne avec qui je voulais parler. Je me suis _____ de numéro.

**11.**  Answer based on the story above.
1.  Quel genre de communication la dame va-t-elle faire?
2.  Pourquoi n'est-il pas nécessaire d'appeler le service des renseignements (l'assistance-annuaire)?
3.  Pourquoi est-ce qu'elle ne peut pas téléphoner directement?
4.  Qu'est-ce qu'elle décroche?
5.  Qu'est-ce qu'elle attend?
6.  . Quel numéro compose-t-elle?
7.  Qui répond?
8.  Quel numéro la dame veut-elle obtenir?
9.  Quel est l'indicatif régional?
10.  Pourquoi est-ce qu'elle ne peut pas parler avec son amie?
11.  Pourquoi ne peut-elle pas parler avec son amie la deuxième fois qu'elle appelle?
12.  Est-ce que quelqu'un répond la troisième fois?
13.  Est-ce que c'est son amie?
14.  Qu'est-ce que l'opératrice (la téléphoniste) a fait?
15.  Est-ce que son amie répond la quatrième fois?
16.  Est-ce que les deux amies parlent au téléphone?
17.  Pourquoi ne peuvent-elles pas terminer la conversation?

**12.**  You are in a French home in Paris. You want to make a phone call to your friend in Aix-en-Provence, but you do not have the number. Tell what steps you take to make the phone call.

**13.**  You are in Toronto, Ontario, Canada, and you want to make a phone call to your friend in Montreal. How do you make the call?

**14.**  You are traveling in Europe. You are in France and want to call your friend in Germany. What steps do you have to take to make this call?

**15.**  What do you have to do if you need the help of an operator to make the call in question 14?

# CHAPTER 11:   At the hairdresser's
# CHAPITRE 11:   *Chez le coiffeur*

## FOR MEN (Fig. 11-1)

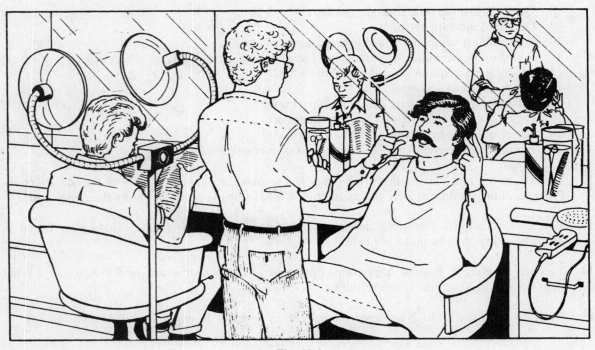

Fig. 11-1

| **Pour hommes** | For men |
|---|---|
| Je veux **me faire couper les cheveux**. | have my hair cut |
| Je veux une **coupe**. | cut |
| Le **coiffeur lui coupe les cheveux**. | hairdresser (barber), cuts his hair |
| Une coupe aux **ciseaux** ou au **rasoir** ou **à la tondeuse**? | scissors, razor, with clippers |
| **Ne me les coupez pas trop court.** | Don't cut it too short. |
| Je vais (me) les faire **rafraîchir** seulement. | trim |
| Veuillez me **rafraîchir la barbe**. | trim my beard |
| Veuillez **me tailler la moustache.** | trim my mustache |
|                les favoris (les pattes). | my sideburns |
| Veuillez me **raser**. | shave me |
| **Un peu plus court sur les côtés.** | a little shorter on the sides |
|                derrière. | in the back |

| | |
|---|---|
| **sur le haut**. | on top |
| **sur le cou**. | on the neck |
| J'ai les **cheveux gras**. | oily hair |
| **secs**. | dry |
| Je voudrais un **shampooing** aussi. | shampoo |
| Je ne veux pas de **laque**. | hair spray |
| **Faites-moi la raie à droite**. | Part my hair on the right. |

**1.** Complete.

1. J'ai les cheveux trop longs. J'ai besoin d'une _____ . Je dois me _____ _____ les cheveux.
2. Mes cheveux ne sont pas trop longs. J'ai besoin seulement de (me) les faire _____ .
3. Je viens de me laver les cheveux. Je n'ai pas besoin d'un _____ .
4. Le coiffeur va me rafraîchir la _____ et me tailler la _____ .
5. J'ai les favoris trop longs. Veuillez me les _____ .
6. Je n'aime pas les cheveux trop courts. Ne me les _____ pas trop court.
7. Le coiffeur coupe les cheveux avec des _____ ou un _____ ou la _____ .
8. Un peu plus court sur les _____ , s'il vous plaît.
9. Faites-moi la _____ à droite.
10. J'ai les cheveux _____ . Je ne me les lave pas souvent.

**2.** Complete, based on Fig. 11-1.

1. Un peu plus court . . .
2. Veuillez me tailler . . .
3. J'ai les cheveux . . .
4. Faites-moi . . .

**3.** Match.

1. J'ai les cheveux trop longs.
2. Je veux me faire laver les cheveux.
3. Je n'ai pas les cheveux trop longs.
4. J'ai les favoris trop longs.
5. Je dois me faire couper les cheveux.
6. Voulez-vous une coupe au rasoir?

(*a*) Il faut me les rafraîchir seulement.
(*b*) Taillez-les, s'il vous plaît.
(*c*) Je dois me faire couper les cheveux.
(*d*) Je dois aller chez le coiffeur.
(*e*) J'ai besoin d'un shampooing.
(*f*) Non, à la tondeuse, s'il vous plaît.

## FOR WOMEN

| | |
|---|---|
| Dans un **salon (institut) de beauté** | beauty salon |
| **Pour femmes** | For women |
| Je voudrais (faites-moi) une **coupe**. | cut |
| un **shampooing** et une **mise en plis**. | shampoo and set |
| une mise en plis avec **gros rouleaux**. | large rollers |
| **petits rouleaux**. | small rollers |
| une **permanente**. | permanent |
| une **indéfrisable**. | permanent wave |
| un **rafraîchissement**. | trim |
| un **brushing**. | blow dry |

|  |  |
|---|---|
| un **coup de peigne**. | comb out |
| un **rinçage**. | a rinse |
| une **couleur**. | a color |
| une **manucure**. | a manicure |
| une **pédicure**. | a pedicure |
| Je voudrais de la **laque**. | hair spray |
| du **vernis à ongles**. | nail polish |
| du **gel coiffant (fixant, structurant)**. | styling gel |
| de la **mousse**. | mousse |
| Je voudrais une **teinte plus foncée**. | darker shade |
| **claire**. | lighter |
| Le **séchoir** (le **sèche-cheveux**) est trop chaud. | hair dryer |
| J'ai les cheveux **raides**. | straight |
| **frisés**. | curly |
| **gras**. | oily |
| **secs**. | dry |
| Le **coiffeur-coloriste** peut vous faire des **mèches**. | hair colorist, highlights |

**4.** Complete.

— Bonjour, mademoiselle. Voulez-vous une permanente?

— Non, merci. Je veux seulement un _____ _____ et une _____

    1

    _____ _____ .

    2

— Il me semble que vos cheveux sont trop longs. Je vous fais une _____ aussi?

    3

— Non, merci. J'aime mes cheveux comme ils sont. Je ne veux pas de _____ non plus

    4

parce que j'aime la couleur de mes cheveux.

— D'accord. Voulez-vous une manucure?

— Oui, merci, mais ne mettez pas de _____ _____ _____ .

    5

**5.** Give the opposite.
   1. raides          2. secs          3. foncée

## HAIRSTYLES (Figs. 11-2a and 11-2b)

les cheveux bouclés    les cheveux raides    les cheveux frisés    les cheveux en coupe au carré

une frange

**Fig. 11-2a**

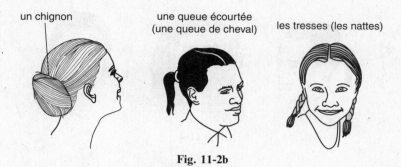

un chignon

une queue écourtée
(une queue de cheval)

les tresses (les nattes)

Fig. 11-2b

## HAIRSTYLE EQUIPMENT (Fig. 11-3)

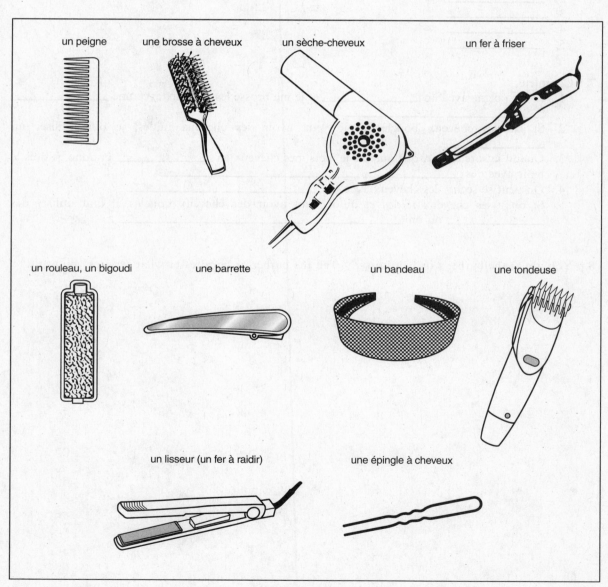

un peigne   une brosse à cheveux   un sèche-cheveux   un fer à friser

un rouleau, un bigoudi   une barrette   un bandeau   une tondeuse

un lisseur (un fer à raidir)   une épingle à cheveux

Fig. 11-3

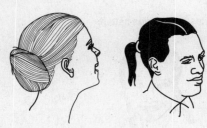

**Fig. 11-4**

**6.** Identify the hairstyles in Fig. 11-4.

1. _____

2. _____

3. _____

4. _____

5. _____

**7.** Complete.

1. Je me peigne avec un _____ et je me brosse les cheveux avec une _____
_____ _____ .

2. Si j'ai les cheveux bouclés et je veux avoir des cheveux raides, je dois utiliser un
_____ .

3. Quand je sors le soir, quelquefois je mets mes cheveux en _____ et donc, je dois le
tenir avec des _____ _____ _____ .

4. On peut se sécher les cheveux avec un _____ _____ ?

5. Si on a les cheveux raides et qu'on veut avoir des cheveux bouclés, il faut utiliser des
_____ ou un _____ _____ _____ .

**8.** You are at the barber's or hairdresser's. Tell the barber or hairdresser what services you want.

# CHAPTER 12: At the dry cleaner's or laundry[1]

# CHAPITRE 12: Au comptoir d'un pressing (à la teinturerie), à la launderette ou à la blanchisserie (à la laverie)[2]

| | |
|---|---|
| J'ai beaucoup de **vêtements sales**. | dirty clothes |
| Je vais à la **teinturerie** (au **pressing**). | dry cleaner's |
| Où se trouve la **teinturerie** (le **pressing**) la (le) **plus proche**? | nearest dry cleaner's |
| Je voudrais **faire laver**[3] et **faire repasser** cette robe. | have washed, have ironed |
| Je ne veux pas d'**amidon**. | starch |
| C'est trop **amidonné** (**empesé**). | starched |
| Je voudrais **faire laver mon linge**. | have my laundry washed |
| Je voudrais **faire nettoyer à sec**[3] cette robe. | have dry-cleaned |
| La robe est **déchirée**. | torn |
|              **tachée**. | stained |
| Est-ce que ce tissu va **rétrécir**? | shrink |
| **Il manque un bouton.** | A button is missing. |
| J'y ai mis une **épingle de sûreté**. | safety pin |
| Pourriez-vous le **remplacer** / **recoudre**? | replace / sew |
| Pourriez-vous **faire coudre** ce bouton? | sew |
| Il y a un **trou** / une **déchirure**. | hole / tear |
| Faites-vous les **raccommodages**? | mending |
| Ceci est déchirée. Pourriez-vous le **raccommoder** (le **réparer**, le **tisser**)? | mend (repair, weave) |
| Pourriez-vous **faire disparaître** cette **tache**? | remove, stain |

---

[1] For articles of clothing and fabrics, see pages 124–126. For use of home washing machines, see page 202.

[2] A "dry cleaner's" is **une teinturerie** or **un pressing** in France. In French Canada, you will often hear **nettoyage à sec e**. **Une launderette**, **une laverie**, or **un libre-service** is a "self-service laundry." **Une blanchisserie** or **une laverie** is a place where clothes can be washed and ironed, but not dry-cleaned.

[3] To "dry-clean" is **nettoyer** or **nettoyer à sec**. To "wash" or "clean" something in a washing machine or in water is **laver**.

| | |
|---|---|
| C'est du **café**, du **vin**, de la **graisse**. | coffee, wine, grease |
| Pourriez-vous **repriser** ceci? | darn |
| La **doublure** est **déchirée**. Pourriez-vous la **recoudre**? | lining, torn, resew |
| Le **tailleur** n'est pas ici aujourd'hui. | tailor |
| Quand est-ce que ce sera **prêt**? | ready |
| **J'en ai besoin** pour lundi. | I need it |
| **Je le voudrais** pour mardi. | I would like it |

**1.** Complete.

1. Ce chandail de laine va _____ si je le lave dans de l'eau. Je dois le faire _____ _____ _____ à la _____ .

2. Cette chemise est _____ . Il faut la laver. Après l'avoir lavée, je dois la _____ .

3. Quand je lave mes chemises, je n'aime pas mettre d'_____ avant de les repasser.

4. La _____ de ce manteau est _____ . Pourriez-vous la _____ , s'il vous plaît?

5. Il y a un trou dans cette jupe. Pourriez-vous le _____ ?

6. Il _____ un bouton à cette chemise. Pourriez-vous le _____ ?

7. J'ai renversé quelque chose sur cette chemise. Pourriez-vous faire _____ cette _____ ?

8. Pourriez-vous _____ ces chaussettes?

9. J'ai besoin de mes vêtements pour lundi. Est-ce que ce sera _____ pour lundi?

**2.** Complete.
**À la blanchisserie**

— Bonjour. Je voudrais faire _____ et faire _____ cette chemise.
                                    1                              2

— D'accord. La voulez-vous _____ ?
                               3

— Oui, un peu, s'il vous plaît. Et il y a une tache de vin sur la manche. Pouvez-vous la faire disparaître?

— Nous pouvons essayer, mais nous ne pouvons pas promettre de le faire. Une _____
                                                                                    4
de vin est très difficile à faire disparaître.

— Oui, je le sais. Et est-ce que vous pouvez me laver ce chandail?

— Non, je ne peux pas le laver parce que c'est de la laine. Si je le lave, il va _____ . Il faut
                                                                                      5
le _____ _____ _____ .
       6

— Très bien. Quand est-ce qu'il sera _____ ?
                                          7

— Cela prendra deux jours.

**3.** You are traveling in France and you have some problems that require a trip to the dry cleaner's. Write a dialogue between you and the dry cleaner's employee in which you tell him or her what items of clothing you need to have dry cleaned. Ask if your clothes can be dry cleaned without shrinking. Tell the employee that there is a spot on one item and a hole in another item. Add any other information you wish.

# UNIT 3:  Food

## *UNITÉ 3:  La nourriture*

# CHAPTER 13:   At the restaurant[1]

# CHAPITRE 13:   Au restaurant

## GETTING SETTLED

| | |
|---|---|
| C'est un restaurant **élégant**. | luxurious |
| **cher**. | expensive |
| **ordinaire**. | inexpensive |
| **à restauration rapide** (**un restovite**). | fast food restaurant |
| Je parle au **maître d'hôtel**: | maître d' |
| J'ai une **réservation** au nom de . . . | reservation |
| **J'ai réservé** une table pour trois personnes. | have reserved |
| Pourriez-vous nous donner une table **dans le coin**? | in the corner |
| **près de la fenêtre**? | near the window |
| **dehors à la terrasse**? | outside on the patio |
| dans une **section** (un **endroit**) (**pour**) **non-fumeurs**? | no-smoking section |
| Voici le **garçon**. | waiter |
| Voulez-vous un **apéritif**? | aperitif (cocktail) |
| Pourriez-vous nous apporter la **carte** (le **menu**)? | menu |

1. Complete.
    1. Je n'ai pas _____ de table. J'espère qu'il y aura une _____ libre.
    2. C'est un restaurant cher. C'est un restaurant _____ .
    3. Les prix dans les restaurants _____ sont plus élevés que ceux dans les restaurants _____ .
    4. Il fait très beau ce soir. Je préfère m'asseoir dehors à la _____ .
    5. Je voudrais un endroit pour _____ - _____ parce que je ne fume pas.

2. Complete.
    **Au restaurant**

    — Bonsoir, mesdames, messieurs. Avez-vous une _____ ?
    <sub>1</sub>

    — Oui, monsieur. Nous avons _____ une _____ pour trois personnes.
    <sub>2</sub>     <sub>3</sub>

    — Votre nom, s'il vous plaît?

    — Au _____ de _____ .
    <sub>4</sub>     <sub>5</sub>

---

[1] There are many different types of restaurants in France. **Un bar** is a place where coffee, drinks and some light meals are served. **Un bistro(t)** is like a pub. **Une brasserie** is a large café serving food and drink. **Un buffet** is a restaurant in a train station. **Un cabaret** is dinner theater with a song and dance show. **Un café** is a place that serves drinks and coffee and sometimes snacks. **Un salon de thé** is a place serving tea, desserts, and afternoon tea.

— Préférez-vous une table ici dans le _____ ou préférez-vous une table _____
6   7

à la _____ ?
8

— Ça sera bien ici.

— Voulez-vous un _____ pour commencer?
9

— Oui, nous allons prendre quelque chose.

**3.** Complete.

Le _____ travaille dans le restaurant. Quand les clients s'asseyent, il vient leur
1

demander s'ils veulent prendre un _____ . Ensuite il leur apporte la _____ .
2   3

Les clients lisent le _____ pour décider ce qu'ils vont commander.
4

**4.** Answer on the basis of Fig. 13-1.
    1. Quel genre de restaurant est-ce?
    2. Combien de personnes y a-t-il à table?
    3. Où se trouve la table?
    4. Qui les sert?
    5. Qu'est-ce que le garçon a à la main?

**Fig. 13-1**

## LOOKING AT THE MENU[2]

| | |
|---|---|
| **Amuse-gueules** | appetizers |
| **Entrées**[3] **et hors d'œuvre** | first course, hors d'œuvres |
| **Potages, soupes, salades** | thick soups, soups, salads |
| **Poissons, crustacés** et **fruits de mer** | fish, shellfish, seafood |
| **Viandes** | meat |
| **Grillades** | grilled meats |
| **Gibier et volaille** | game and poultry |
| **Légumes** | vegetables |
| **Pommes de terre, riz, pâtes** | potatoes, rice, noodles (pasta) |
| **Fruits et fromage** | fruit and cheese |
| **Desserts** | desserts |
| **Pâtisseries** | pastries |
| **Boissons (Consommations)** | beverages |
| **casse-croûte** | snack |
| une **juterie** | juice bar |
| une **table à salade** (un **buffet à salades**) | salad bar |
| **pré et marée** | surf and turf |
| **Je n'ai pas très faim.** | I'm not very hungry. |
| **Je suis au régime.** | I'm on a diet. |
| Je vais prendre seulement une **soupe** et un **plat**[4] **principal** | soup, main course |
| J'ai très faim. | |
| Comme **entrée** (**hors-d'œuvre, premier plat**), je vais prendre des **escargots**. | first course (hors d'œuvres) / snails |
| Comme **plat principal**, je vais prendre du **poisson**. | main course, fish |
| Avez-vous un **menu à prix fixe**[5] (un **menu du jour**, un **menu touristique**, un **menu table d'hôte**, un **menu promotionnel**)? | fixed-price menu |
| Quelle est la **spécialité de la maison**? | house specialty |
| Quel est le **plat du jour**? | daily special |
| Est-ce qu'on sert des **mets**[6] (**plats**) **italiens** / **mets chinois** dans ce restaurant? | Italian dishes / Chinese dishes |
| Avez-vous des **plats végétariens**? | vegetarian dishes |
| des **plats faibles en calories**? | low-calorie meals |
| des **plats pour diabétiques**? | diabetic meals |
| Je ne peux pas manger les plats contenant du **sel** / du **sucre** / du **gras** / de la **farine**. | salt, sugar / fat, flour |
| Le garçon parle: | |
| Que désirez-vous comme hors-d'œuvre? | |

---

[2] See Appendix 6 for food items you may wish to order. For a list of sauces and French and French Canadian dishes, see pages 107–109.

[3] **Entrée** can mean a hot or cold first course or hors d'œuvre (appetizer).

[4] The word **plat** can refer to a "plate" or a "course." As in the United States and Canada, the fancier restaurants in the French-speaking world serve meals in courses, with each dish eaten separately.

[5] Most restaurants offer a fixed-price menu. The fixed-price menu usually includes appetizer, main course, dessert, and coffee. Several selections are given for each course. The fixed-price menu is almost always less expensive than the items ordered separately. The terms **menu du jour**, **menu touristique**, **table d'hôte**, and **menu promotionnel** are all used for such a fixed-price menu.

[6] **Mets** or **plat** are terms used for "dish" or type of cuisine.

| | |
|---|---|
| Je suggère . . . | I suggest (recommend) |
| Bon appétit![7] | |
| Le client parle: | |
| Qu'est-ce que vous suggérez? | |
| Avez-vous une **carte des vins**? | wine list |
| Je voudrais une **demi-bouteille** de beaujolais. | half-bottle |
| une **carafe** de beaujolais. | carafe |
| un **pichet** de vin. | jug (pitcher) |

**5.** Complete.

1. Dans beaucoup de restaurants il y a un _____ _____ _____ qui offre aux clients un repas complet à un prix fixe.
2. On sert des _____ italiens, français et espagnols dans ce restaurant.
3. Dans beaucoup de régions, un repas complet consiste en six ou sept _____ .
4. Quand j'ai très faim, je prends une _____ , un plat principal et un dessert.
5. Dans beaucoup de pays on mange la salade avant de manger le _____ _____ et dans d'autres on la mange après.
6. Je ne sais pas quel vin je vais commander. Je dois regarder la _____ _____ .
7. Je ne sais pas ce que je vais commander. Peut-être le garçon pourra-t-il _____ quelque chose.
8. Je ne mange pas de viande. Donc, je commande toujours des _____ _____ dans les restaurants.
9. Je dois manger des _____ pour _____ parce que je dois contrôler le sucre et le gras que je mange.

## ORDERING MEAT OR FOWL (Fig. 13-2, page 102)

| | |
|---|---|
| Comment voulez-vous votre steak? | |
| Je le veux **bleu**. | blue (very rare, cold in center) |
| **saignant**. | rare |
| **à point**. | medium |
| **bien cuit**. | well-done |
| Je voudrais une **côtelette d'agneau**. | lamb chop |
| une **côtelette de veau**. | veal cutlet |
| un **carré d'agneau**. | rack of lamb |
| un **gigot d'agneau**. | leg of lamb |
| une **escalope de veau**. | veal scallopini |
| une **côte de bœuf**. | prime rib |
| une **entrecôte**. | rib steak |
| un **filet**, un **contre-filet**. | filet, loin steak |
| du **canard**. | duck |
| Je prendrai un **bifteck** (un **steak**, du **bifteck**). | beef (steak) |
| J'aime le **ragoût de porc**. | pork stew |
| le **ragoût de bœuf**. | beef stew |
| Je vais prendre un morceau de bœuf **rôti**. | roasted |
| **au four**. | baked |
| **grillé**. | broiled (grilled) |
| **grillé au charbon de bois**. | charcoal broiled |

---

[7] **Bon appétit** is said frequently at meals. A waiter will often say it as soon as he finishes serving the entire table.

le poulet frit

la poitrine de poulet

l'aile de poulet

la cuisse de poulet

le poulet rôti

le poulet grillé
au charbon de bois

**Fig. 13-2**

| | |
|---|---|
| J'aime la viande de bœuf **en ragoût**. | stewed |
| **coupée en dés**. | diced |
| **hachée**. | minced |
| **émincée**. | cut in thin slices |
| **au jus**. | in its juices |
| **sautée**. | sautéed |

**6.** How would you order your meat if you want it prepared in the following manner?
1. cooked on a charcoal grill
2. in its natural juices
3. baked in the oven
4. cooked over low heat with liquid, on top of the stove
5. done in a roasting pan
6. minced
7. done lightly in butter in a frying pan

**7.** Identify each item in Fig. 13-3 (page 103).

**8.** Complete.

La plupart des gens préfèrent leur viande à point, mais il y en a qui l'aiment _____
1

ou _____ . Comme viande il y a du _____ , des côtelettes
2                                                                   3

Fig. 13-3

d'_____ ou de _____ et le _____ de porc. Comme volaille il y a du
        4                    5                    6

_____ frit ou du _____ rôti. Je préfère les _____ aux cuisses.
        7                    8                                  9

## ORDERING SEAFOOD

| | |
|---|---|
| J'aime le poisson **à l'étuvée (à l'étouffée)**. | steamed |
| **poché**. | poached |
| **bouilli**. | boiled |
| **au four**. | baked |
| **frit**. | fried |
| **frit à grande huile**. | deep fried |
| **pané**. | breaded and deep fried |
| **sauté**. | sautéed |
| **grillé**. | broiled (grilled) |
| **fumé**. | smoked |
| Beaucoup de poissons ont trop d'**arêtes**. | bones |

**9.** If you wanted fish prepared in the following manner, how would you order it?
   1. boiled
   2. placed on a rack over boiling water

3. done lightly in butter
4. fried in a frying pan
5. breaded and deep fried
6. done on a flat iron grill
7. cooked in water

## SOME PROBLEMS YOU MAY HAVE

| | |
|---|---|
| Pourriez-vous m'apporter une **assiette**? | plate |
| une **assiette à soupe**? | soup bowl |
| une **assiette à beurre** (un **beurrier**)? | butter dish |
| un **verre**? | glass |
| un **verre d'eau**? | glass of water |
| une **tasse**? | cup |
| une **tasse de café**? | cup of coffee |
| une **soucoupe**? | saucer |
| une **fourchette**? | fork |
| une **(petite) cuiller** (une **cuillère**)? | spoon |
| un **couteau**? | knife |
| une **cuiller (cuillère) à café**? | teaspoon |
| une **cuiller (cuillère) à soupe**? | soup spoon |
| une **serviette**? | napkin |
| un **sucrier**? | sugar bowl |
| une **salière**? | salt shaker |
| un **cendrier**? | ashtray |
| une **poivrière**? | pepper shaker |
| un **moulin à poivre**? | pepper mill |
| un **cure-dent**? | toothpick |
| un **couvert**?[8] | place setting |
| des **glaçons**? | ice cubes |
| Du **poivre**, s'il vous plaît. | pepper |
| Du **sel** | salt |
| De l'**eau** | water |
| Du **sucre** | sugar |
| De l'**édulcorant** (l'**édulcorant de synthèse**) | artificial sweetener |
| Du **beurre** | butter |
| Du **vinaigre** | vinegar |
| Des **condiments** | seasonings |
| La **nappe** est **sale**. | tablecloth, dirty |
| Elle n'est pas **propre**. Elle est **tachée**. | clean, stained |
| La viande est **trop saignante**. | too rare |
| **trop cuite**. | too well done |
| **trop dure**. | too tough |
| Le repas est **froid**. | cold |
| La sauce est **brûlée**. | burned |
| **trop salée**. | too salty |
| **trop amère**. | too bitter |

---

[8] Note that the word **couvert** has several meanings. In restaurant jargon it can refer to the number of places at a table. In the case of establishments that charge a "cover charge," the term **couvert** is also used. **Le couvert** also means the cutlery needed for each place setting.

|  |  |
|---|---|
| **trop sucrée**. | too sweet |
| **trop épicée**. | too spicy, hot |
| Le vin est **aigre**. | sour |
| Il a le **goût de vinaigre**. | vinegar taste |

**10.** Complete.

1. Sur la table, le sel est dans une _____ et le poivre est dans une _____ . Le _____ est dans un sucrier.
2. En général, un couvert consiste en une _____ , un _____ , une petite _____ et une _____ _____ _____ .
3. Il y a trop de sel dans la sauce. La sauce est trop _____ .
4. Je ne peux pas couper la viande avec ce couteau. La viande est trop _____ .
5. La nappe est sale. Elle est _____ .
6. Le vin a le goût de vinaigre. Le vin est trop _____ .
7. La sauce a trop de sucre. Elle est trop _____ .
8. Je mets du beurre dans une _____ _____ _____ .

**11.** Identify each item in Fig. 13-4.

**Fig. 13-4**

## GETTING THE CHECK

| | |
|---|---|
| Voulez-vous un **digestif**? | after-dinner drink |
| Non, merci, seulement l'**addition**, s'il vous plaît. | check (bill) |
| **Le service / le couvert est-il compris?** | Is the service / cover charge included? |
| Je vais **laisser un pourboire**. | leave a tip |
| Acceptez-vous les **cartes de crédit**? | credit cards |
| Pourriez-vous me donner un **reçu** (une **facture**)? | receipt |
| Est-ce que je pourrais avoir un **emporte-restes**? | doggy bag |

**12.** Complete.

Quand nous finissons le repas au restaurant, je demande au garçon d'apporter l'_____ . Il me l'apporte. Je lui demande si le service est _____ . Il me répond

$\qquad$ 1 $\qquad$ 2

que oui, mais je décide quand même de lui laisser un _____ parce que le service avait été

$\qquad$ 3

bon.  Malheureusement,  le  restaurant  n'accepte  pas  les  _____ _____

$\qquad$ 4

_____ . Pour cette raison, il faut payer comptant.

**Au restaurant**

L'autre jour, je suis allé au restaurant avec des amis. Quand nous sommes arrivés, nous avons dit au maître d'hôtel que nous avions une réservation pour quatre personnes. Il nous a donné une bonne table dans un coin. Nous avons décidé de ne pas nous asseoir à la terrasse parce qu'il faisait un peu froid. Le garçon est venu à notre table et nous a demandé si nous désirions un apéritif. Tout le monde a décidé que oui. Pendant que nous prenions notre apéritif, le garçon nous a apporté le menu. Il y avait un menu à prix fixe, mais nous n'avons pas commandé de ce menu. Chacun de nous a commandé trois plats, et chacun a commandé quelque chose de différent.

Quand le garçon est venu avec le premier plat, nous lui avons dit ce qui manquait à notre table. Le garçon est revenu avec un verre, une cuiller à soupe, une petite cuiller, une fourchette, un couteau et une serviette. Ensuite le garçon nous a demandé si nous voulions du vin. J'aime le vin rouge, mais les autres aiment le vin blanc. Donc, nous avons commandé une bouteille de vin blanc. Le repas était bon. Tout était délicieux bien que nous ayons commandé chacun quelque chose de différent. Il est rare que dans le même restaurant, on prépare bien et les poissons et les crustacés et les viandes et la volaille.

Le garçon nous a demandé si nous désirions un dessert. On n'a pas pris de dessert, mais tout le monde a commandé un café express. Nous avons fini de boire le café et j'ai demandé au garçon de nous apporter l'addition. Il m'a dit que le service était compris, mais je lui ai laissé un pourboire quand même parce que le service avait été bon.

**13.** Complete.
1. Les amis ont mangé dans un _____ .
2. Ils se sont assis dans un _____ .
3. Ils avaient une _____ pour quatre personnes.
4. Ils ne se sont pas assis à la _____ parce qu'il faisait un peu froid.
5. Tout le monde a décidé de prendre un _____ .
6. Le _____ leur a apporté le menu.
7. Le menu _____ _____ _____ ne leur a pas plu.
8. Chacun a commandé trois _____ différents.

**14.** Answer.
1. Qu'est-ce qui manquait sur la table?
2. Quel vin ont-ils commandé?
3. Comment était le repas?
4. Qu'est-ce qu'on prépare bien dans ce restaurant?
5. Qu'est-ce que tout le monde a commandé après le repas?
6. Est-ce que le service était compris?
7. Qu'est-ce que les amis ont laissé sur la table? Pourquoi?

**15.** You are in a restaurant and you are choosing a three-course meal. Say what you will choose for each course.

**16.** Write a dialogue between you and your friends and a waiter. Tell the waiter what you want to order and what things are missing from the table.

**17.** You are having a fancy dinner party and are preparing a written menu. Write the menu for your party.

## SAUCES, SEASONINGS, AND FOOD PREPARATION[9]

| | |
|---|---|
| **aïoli** | garlic mayonnaise |
| **à l'américaine** | cooked with white wine, brandy, onions, garlic, and tomatoes |
| **amandine** | garnished with almonds |
| **à la basquaise** | accompanied by tomatoes, peppers, garlic, and raw cured ham like Parma or prosciutto |
| **béarnaise** | sauce with eggs and butter, flavored with shallots and tarragon |
| **béchamel** | white sauce |
| **beurre blanc** | sauce of butter, shallots, vinegar, onions, and white wine |
| **beurre noir** | browned butter, vinegar, and/or lemon juice |
| **bigarrade** | with oranges |
| **blanquette** | stew sauce with cream |
| **bordelaise** | cooked in red wine sauce with shallots |
| **bouquet garni** | combination of herbs tied together and used to season dishes while cooking |
| **bourguignonne** | cooked with red wine and herbs |
| **chasseur** | cooked with red wine, mushrooms, shallots, herbs, and tomatoes |
| **diable** | hot pepper sauce |
| **duxelles** | with mushrooms |
| **financière** | with Madeira, olives, and mushrooms |
| **fines herbes** | with herbs (for seasoning) |
| **florentine** | with spinach |
| **forestière** | with mushrooms |
| **fricassée** | fricassee; fowl or white meat prepared in a white sauce |
| **au gratin** | with cheese and breadcrumbs, browned under the broiler |
| **gratiné(e)** | sprinkled with breadcrumbs or cheese and browned |
| **hollandaise** | sauce with egg yolks, butter, and vinegar |
| **lyonnaise** | with onions, fried in pan juices |
| **madère** | with Madeira wine |

---

[9] See Appendix 6 for an English–French list of methods of cooking.

| | |
|---|---|
| **maître d'hôtel** | with butter, parsley, and lemon juice |
| **marchand de vin** | with red wine and shallots |
| **marinière** | with white wine, broth, and egg yolk |
| **meunière** | dipped in flour and cooked in butter, parsley, and lemon juice |
| **mirepoix** | chopped mix of carrots, onion, and celery used to flavor stock |
| **mornay** | with cheese sauce |
| **mousseline** | with mayonnaise and cream |
| **à la nage** | cooked in a court-bouillon |
| **normande** | with cream, eggs, and often apples |
| **parisienne** | in a sauce of flour, butter, and egg yolks |
| **Parmentier** | with potatoes |
| **Périgueux** | with goose or duck liver pâté and truffles |
| **poivrade** | in a pepper sauce |
| **au porto** | with Port wine |
| **provençale** | with onions, tomatoes, garlic, and olive oil |
| **rémoulade** | mustard-flavored mayonnaise |
| **subise** | onion-cream sauce |
| **thermidor** | cream sauce |
| **tartare** | mayonnaise with mustard and herbs |
| **velouté** | rich thickened sauce |
| **vinaigrette** | oil and vinegar dressing with herbs |

## METHODS OF COOKING[9]

| *Méthodes de cuisson* | **Cooking methods** |
|---|---|
| **au beurre** | in butter |
| **une blanquette de** | in a cream stew sauce |
| **bouilli** | boiled |
| **braisé** | braised |
| **à la broche** | barbecued |
| **en brochette** | cooked on a skewer |
| **en chemise** | baked in grease-proof paper |
| **en cocotte** | casseroled, stewed |
| **confit** | dishes cooked by putting them in vinegar for vegetables, in sugar or alcohol for fruit, or in fat for poultry or meat |
| **en croûte** | in a pastry |
| **cru** | raw |
| **doré, pané** | dipped in beaten egg and breadcrumbs |
| **émincé** | finely sliced |
| **à l'étuvée (à l'étouffée)** | steamed |
| **farci** | stuffed |
| **au four** | baked |
| **frit** | fried |
| **fumé** | smoked |
| **garni** | garnished |
| **en gelée** | in aspic |
| **au gratin** | with cheese and breadcrumbs and browned |
| **gratiné** | browned |
| **grillé** | grilled, broiled |

---

[9] See Appendix 6 for an English–French list of methods of cooking.

| à l'huile | in oil |
|---|---|
| julienne | cut in thin strips |
| au jus | in its natural juices |
| maison | in the house style, homemade |
| mariné | marinated |
| mijoté | stewed, simmered |
| persillé | with parsley |
| poché | poached |
| poêlé | pot-roasted |
| en purée | mashed |
| en ragoût | stewed |
| râpé | grated |
| rôti | roast |
| sauté | quickly pan-cooked in butter, sautéed |
| sous vide | literally "under vacuum;" cooking at low temperature in vacuum packs |
| à la vapeur | steamed |

## SOME TYPICAL FRENCH DISHES

Quelques plats français typiques

| *Hors-d'œuvre* | **Appetizers** |
|---|---|
| une **assiette anglaise** | assorted cold cuts |
| des **champignons à la grecque** | mushrooms prepared in the Greek style (cooked in broth of vegetables and herbs) |
| des **crudités** (une **assiette de**) | raw salad vegetables with vinaigrette sauce |
| des **moules marinière** | mussels in white wine and garlic sauce |
| un **œuf dur mayonnaise** | hard-boiled egg with mayonnaise |
| un **pâté**[10] de campagne | country-style pâté (ground meat with seasonings) |
| un **pâté**[10] de foie gras | goose liver pâté |
| une **pipérade** | tomatoes and peppers cooked with scrambled eggs |
| une **quiche lorraine** | pie made with ham or bacon, cheese, eggs, and cream |
| des **rillettes** | potted pork, rabbit, or goose and chicken |
| une **salade niçoise** | mixed salad with tuna, anchovies, olives, and rice |
| une **salade verte** | green salad (lettuce only) |
| une **terrine**[10] de lapin | rabbit pâté |

| *Soupes, potages* | **Soups** |
|---|---|
| une **soupe du jour** | soup of the day |
| une **soupe à l'oignon (gratinée)** | onion soup (with cheese) |
| une **bourride** | fish stew from Marseille |
| une **bisque (de homard)** | rich soup with shellfish (lobster) |
| une **bouillabaisse** | fish soup with different kinds of fish (main course) |
| un **consommé** | clear beef or chicken soup |
| une **crème**, un **velouté (d'asperges)** | cream (of asparagus) soup |
| un **potage bonne femme** | potato, leek, and sometimes bacon soup |
| un **potage Condé** | soup with mashed red beans |
| un **potage Parmentier** | potato soup |
| un **potage Saint-Germain** | thick pea soup |

---

[10] **Une terrine** is the same as **un pâté**, but sliced and served from its terrine, an earthenware pot.

| *Viandes* | **Meats** |
|---|---|
| *bœuf* | *beef* |
| un **bœuf bourguignon** | beef cooked in red wine with mushrooms and onions |
| un **bœuf en daube** | beef braised in red wine and seasoned |
| des **boulettes** | meat balls |
| une **carbonnade de bœuf** | beef stewed in beer |
| un **cassoulet toulousain** | a casserole of white beans, mutton or salt pork, sausages, and preserved goose |
| un **châteaubriand** | beef from filet |
| une **côte / entrecôte** | T-bone / rib steak |
| un **filet** | fillet of beef |
| un **filet / un contre-filet** | strip loin steak |
| un **pot-au-feu** | beef stewed with vegetables |
| un **ragoût** | stew |
| un **rôti** | roast |
| des **tournedos** | thick round slice, cut from the eye of the filet of T-bone steak |
| | |
| *agneau* | *lamb* |
| une **côtelette d'agneau** | lamb chop |
| un **carré d'agneau** | rack of lamb |
| l'**épaule d'agneau** | lamb shoulder |
| un **gigot d'agneau** | leg of lamb |
| une **selle d'agneau** | saddle of lamb (mutton) |
| le **ris d'agneau** | lamb sweetbreads |
| | |
| *veau* | *veal* |
| une **blanquette de veau** | veal stewed in a cream sauce |
| une **côtelette de veau** | veal cutlet |
| une **escalope de veau** | veal scallopini |
| des **médaillons de veau** | veal pieces cut from loin |
| les **ris de veau** | veal sweetbreads |
| la **tête de veau vinaigrette** | calf's head with vinaigrette sauce |
| | |
| *porc* | *pork* |
| des **andouilles** / des **andouillettes** | chitterlings, grilled sausage |
| les **basses-côtes** | spare ribs |
| un **boudin** | blood pudding |
| un **cassoulet** | stew of white beans with sausage, and pork, goose, or duck |
| des **cervelles** | brains |
| la **charcuterie** | assorted, preserved pork cold cuts (ham, sausage, etc.) |
| des **tripes à la mode de Caen** | tripe baked with calf's feet, vegetables, apple brandy or cider |
| | |
| *Volaille et gibier* | **Fowl and game** |
| un **canard à l'orange** | duck with orange sauce |
| un **canard rouennais** | duck raised in Rouen, cooked with red wine sauce, shallots, and duck liver |
| un **civet** | a stew of furred game in red wine sauce thickened with blood |
| un **coq au vin** | chicken cooked in red wine with mushrooms |
| des **cuisses de grenouille** | frog's legs |
| une **poule-au-pot** | chicken with vegetables |
| | |
| *Légumes* | **Vegetables** |
| une **ratatouille** | vegetable casserole with onions, eggplant, tomatoes, zucchini, and peppers |

| | |
|---|---|
| *Pommes de terre* | **Potatoes** |
| des **pommes de terre dauphine** | mashed with butter and egg yolks, mixed in seasoned flour and deep fried |
| des **pommes de terre duchesse** | mashed with butter and egg yolks |
| *Poisson, crustacés, fruits de mer* | **Fish, shellfish, seafood** |
| les **coquilles Saint-Jacques** | scallops in white wine and cream sauce |
| un **homard à l'américaine** | sautéed diced lobster, flamed in cognac, and simmered in wine, vegetables, herbs, and tomatoes |
| des **quenelles** | fish dumplings |
| une **sole normande** | fillet of sole in a sauce of butter, white wine, and oysters |
| une **matelote** | fish stew with wine |
| *Casse-croûte* | **Snacks** |
| un **croque-monsieur** | toasted ham and cheese sandwich |
| un **croque-madame** | toasted ham and cheese sandwich with a fried egg on top or toasted turkey and cheese sandwich |
| *Desserts* | **Desserts** |
| une **coupe glacée** | ice cream sundae |
| une **crème caramel** | caramel custard, flan |
| des **crêpes Suzette** | thin pancakes flamed with brandy and orange liqueur |
| un **gâteau Saint-Honoré** | cake made with cream filling and cream icing |
| un **mille-feuilles** | Napoleon (pastry layers with custard or cream filling and icing on the top) |
| une **mousse au chocolat** | chocolate mousse |
| un **Paris-Brest** | choux pastry filled with praline cream |
| une **poire Belle-Hélène** | pear with vanilla ice cream and chocolate sauce |
| un **sabayon** | egg yolks, wine, sugar, and flavoring mixed to form a frothy mixture |
| un **soufflé au grand marnier** | soufflé made with orange-brandy liqueur |
| des **babas au rhum** | rum cakes |
| des **choux à la crème** | cream puffs |
| une **tarte aux fraises** | strawberry pie (tart) |
| un **éclair au chocolat** | chocolate eclair |
| une **religieuse** | round cream puff |
| *Pains* | **Breads** |
| un **croissant** | crescent-shaped roll |
| une **brioche** | sweet roll |
| une **baguette** | long, crusty French bread |
| une **ficelle** | a very thin baguette |
| un **pain de campagne** | country bread (a large round loaf) |
| un **pain au chocolat** | brioche filled with chocolate |
| *Boissons* | **Drinks** |
| un **kir** | an aperitif made with white wine and crème de cassis |
| un **cidre bouché** | a drink made with fermented apple juice and champagne |
| un **pastis** | a licorice flavored alcoholic drink from Provence |
| un **café** | a coffee |
| *Au café* | **In cafés** |
| un **grand café**, un **double express**, un **grand noir** (colloquial) | a large cup of black coffee |

| | |
|---|---|
| un **grand** / **petit crème**[11] | a large / small cup of coffee with frothy steam-heated milk |
| un **(petit) café**, un **express**, un **petit noir** (colloquial) **serré** / **léger** / **allongé** | small cup of strong coffee served extra strong / weak / diluted with hot water |
| une **noisette** | espresso with a tiny bit of milk |

## SOME TYPICAL FRENCH-CANADIAN DISHES

| | |
|---|---|
| **Quelques plats canadiens-français typiques** | Typical French-Canadian dishes |
| des **fèves au lard** | pork and beans with bacon, simmered with molasses, mustard, or maple syrup |
| une **poutine** | gravy-drenched French fries with melted cheese curd |
| la **soupe aux pois** | pea soup made with dried peas and a piece of pork or ham |
| un **fricandeau** | veal stew |
| une **gibelotte** | rabbit stew |
| des **pieds de cochon** | pig's feet |
| un **ragoût de pattes de cochon** | stew made with pigs' hocks |
| un **ragoût de boulettes** | meatball stew |
| un **six-pâtes (cèpaille)** | meat and potato pie with six layers of crust |
| une **tourtière** | a spicy meat pie made of veal, chicken, pork, and diced potatoes |
| une **tarte au sucre** | sugar pie |
| une **tarte au sirop d'érable** | maple-syrup pie |

---

[11] **Café au lait** is almost never used in cafés.

# CHAPTER 14:  Shopping for food[1]
# CHAPITRE 14:  *Faire les courses de l'alimentation*

## TYPES OF STORES[2]

| | |
|---|---|
| Je dois aller à la **boulangerie** (chez le **boulanger** / la **boulangère**). | bakery (baker's) |
| à la **pâtisserie** (chez le **pâtissier** / la **pâtissière**). | pastry shop (pastry chef's) |
| à la **confiserie** (chez le **confisier** / la **confisière**). | candy store (confectioner's) |
| à la **crémerie** (chez le **crémier** / la **crémière**). | dairy (dairyman / dairywoman) |
| à la **boucherie** (chez le **boucher** / la **bouchère**). | butcher (butcher's) |
| à la **charcuterie** (chez le **charcutier** / la **charcutière**). | pork store (pork butcher's) |
| à la **poissonnerie** (chez le **poissonnier** / la **poissonnière**). | fish market (fishmonger's) |
| à la **fromagerie** (chez le **fromager** / la **fromagère**). | cheese store (cheese merchant's) |
| à la **fruiterie** (chez le **fruitier** / la **fruitière**).[3] | fruit and vegetable store (fruit seller's, grocer's) |
| chez le **marchand de légumes** (le **primeur**). | greengrocer's |
| au **magasin de vins et spiritueux** (chez le **marchand de vin**). | liquor store (wine merchant's) |
| au **magasin de diététique**. | health food store |
| Je dois acheter des **comestibles** (de l'**alimentation**). | food |
| Je vais à l'**épicerie** (Quebec: au **dépanneur**) (chez l'**épicier** / l'**épicière**; (Quebec: chez le **dépanneur** / la **dépanneuse**). | small grocery store (grocer's) |
| Je vais au **supermarché**. | supermarket |
| Je vais à l'**hypermarché**.[4] | large supermarket |
| Je pousse la **charrette** (le **caddie**, le **chariot**) à travers les rayons. | shopping cart through the aisles |

**1.** Complete.
1. On vend des gâteaux à la _____ .
2. On vend du bifteck à la _____ .
3. On vend des fruits et légumes chez le _____ .
4. On vend les produits qui viennent d'une vache à la _____ .
5. On vend du poisson à la _____ .

---

[1] See Appendix 6 for foods mentioned in this unit.

[2] Note that in France it is still quite common to shop in individual stores that sell specific types of foods, although supermarkets are becoming more and more widespread.

[3] Note that you can buy both fruit and vegetables at the **fruitier**.

[4] **Un hypermarché** is a large supermarket that sells other things besides grocery store items. You can also buy clothes, toys, etc.

6. On vend du pain à la _____ .
7. On vend les produits du porc à la _____ .
8. On vend des produits d'alimentation à l'_____ .
9. On vend des bonbons à la _____ .
10. On vend des légumes chez le _____ _____ _____ .

2. Where would you go if you wanted to buy the following?
    1. un filet de bœuf
    2. des éclairs au chocolat
    3. des oranges
    4. du poisson
    5. des œufs
    6. des croissants
    7. des haricots verts
    8. des côtelettes de porc
    9. des côtelettes d'agneau
    10. du lait
    11. du veau
    12. du fromage
    13. de la crème
    14. du vin

3. Tell who works at the following stores.
    1. Le _____ travaille à la charcuterie.
    2. La _____ travaille à la boulangerie.
    3. Le _____ travaille à la poissonnerie.
    4. La _____ travaille à la crémerie.
    5. Le _____ travaille à la boucherie.
    6. La _____ travaille à la pâtisserie.
    7. Le _____ travaille à la fromagerie.
    8. La _____ travaille à la confiserie.

4. Complete.
    Si nous voulons acheter des comestibles en France et que nous allions dans un petit magasin,

    nous allons à l'_____ . Si nous voulons un magasin plus grand, il faut aller au
    1

    _____ , et si nous voulons acheter autre chose que de l'alimentation, il faut aller à
    2

    l'_____ .
    3

## SPEAKING WITHE THE VENDOR

| | |
|---|---|
| Je vais chez **l'épicier**. | grocery store |
| Je parle à l'**épicier** (l'**épicière**). | grocer |
| Je vais chez le **dépanneur** (Quebec). | convenience store |
| Je parle au **dépanneur** (à la **dépanneuse**) (Quebec). | convenience store owner |
| **C'est combien le kilo?** | How much is it per kilo? |
| 35 euros le kilo. | |
| **Que désirez-vous?** | What would you like? |
| **Ça a l'air bon.** | It looks good. |
| **Les tomates sont à combien le kilo?** | How much are the tomatoes per kilo? |

| | |
|---|---|
| Elles sont à 16 euros le kilo. | |
| Les fruits **ont l'air frais**. | look fresh |
| Les poires sont **mûres**. | ripe |
| **fraîches**. | fresh |
| **trop dures**. | too hard |
| **trop molles**. | too soft |
| C'est **tourné**.[5] | spoiled |
| **pourri**.[5] | rotten |
| Je **tâte** les bananes. Ces bananes sont **gâtées**.[5] | feel, spoiled |
| Ce bifteck est **avarié**.[5] | spoiled |
| Le poisson est **avancé**.[5] | spoiled |
| Le pain / le gâteau est **rassi**.[5] | stale |
| Le beurre / l'huile **rancit**.[5] | goes rancid |
| Un **demi-kilo** de tomates, s'il vous plaît. | half a kilogram |
| Six **tranches de jambon** | slices of ham |
| Deux tranches de **bacon** | bacon |
| Trois **morceaux** de ce fromage | pieces |
| Une **botte**[6] de carottes | bunch of carrots |
| **Des bananes** | some bananas |
| Une **grappe**[6] de raisins | bunch of grapes |
| Un **pied de céleri** | bunch of celery |
| Une **laitue** | head of lettuce |
| Un **bouquet de persil**[6] | bunch of parsley |
| Un **bouquet de fleurs**[6] | bunch (bouquet) of flowers |
| Une **douzaine d'œufs** | dozen eggs |
| Je voudrais des produits **sous-vide**. | vacuum packed |
| Les **boîtes de conserves** sont au **rayon** numéro 3. | canned goods, aisle |
| Je voudrais des **petits pois en conserve**. | canned peas |
| Je voudrais une **boîte de thon**. | can of tuna |
| **concentré de tomates**. | tomato paste |
| **café moulu**. | ground coffee |
| un **paquet de café en grains**. | package of coffee beans |
| des **sachets de thé**. | tea bags |
| un **pot de confiture**. | jar of jam |
| un **pot de yaourt**. | pot (container) of yoghurt |
| un **paquet de mélange à gâteau**. | package of cake mix |
| un **paquet (sac) de chips** (Canada: **croustilles**). | bag of potato chips |
| un **sac de farine**. | sack (bag) of flour |
| une **boîte** (un **sac**, un **paquet) de sucre**. | box (bag, package) of sugar |
| un paquet de **sucre semoule** | confectioner's sugar |
| un **paquet d'épinards surgelés (congelés)**. | package of frozen spinach |
| du **jus d'orange surgelé concentré**. | frozen concentrated orange juice |
| une **bouteille d'huile** (d'**huile végétale**). | bottle of oil, vegetable oil |
| d'**huile d'olive**. | olive oil |
| de **vinaigre**. | vinegar |
| une **pâte à tarte déjà étalée**. | ready-made pie crust |

---

[5] Note the different words for "spoiled" or "rotten," "stale," etc., depending on the item of food.

[6] The word for "bunch" varies. The word **botte** is used for something that is bunched together as a sales unit—**une botte de carottes**. The word **grappe** is used for something that actually grows in a bunch—**une grappe de raisins**. The word **bouquet** is used with flowers or parsley—**un bouquet de fleurs, de persil**.

| | |
|---|---|
| Donnez-moi du **beurre**. | butter |
| de la **margarine**. | margarine |
| du **jus de raisin**. | grape juice |
| du **jus de pomme**. | apple juice |
| une **boîte de détergent (détersif)**. | box of detergent |
| un **paquet de lessive**. | box of soap |
| une **bouteille de savon liquide**. | bottle of soap |
| du **détergent liquide**. | liquid detergent |
| un **rouleau de papier hygiénique**. | roll of toilet paper |
| un **bouquet de fleurs**. | bunch (bouquet) of flowers |
| Je suis **au régime**. | on a diet |
| Je **garde ma ligne**. | watch my waistline |
| J'aime la **cuisine minceur / légère**. | diet / light cuisine (cooking) |
| Je voudrais des **produits allégés**. | light products |
| **basses-calories (hypocaloriques)**. | low calorie |
| **biologiques**. | organic |
| **hyperprotidiques**. | high protein |
| **faibles en matières grasses (à taux réduit de matières grasses)**. | low-fat |
| **sans cholestérol**. | without cholesterol |
| **sans sodium**. | sodium |
| Donnez-moi de l'huile **sans grasses saturées**. | with unsaturated fats |
| Je cherche du **faux beurre** et du **faux sucre**. | butter and sugar substitutes |
| Je voudrais des boissons **sucrées avec des édulcorants de synthèse**. | artificially sweetened |
| Donnez-moi 800 **grammes** de fromage. | grams |
| Je vais l'**envelopper**[7] dans du papier. | wrap |
| Je vais mettre tout ça dans mon **filet**.[7] | net |
| Pourriez-vous mettre tout ça dans un **sac (à provisions)**?[7] | bag (sack) |
| Je peux le porter dans le **panier**. | basket |
| Je voudrais **rendre** des **bouteilles vides**. | return, empty bottles |

**5.** Complete.
**Chez le fruitier**

— Bonjour, monsieur.

— C'est _____ le céleri?
<br>               1

— 2,50 euros le _____ .
<br>                            2

— Je voudrais des bananes, mais malheureusement, elles ne sont pas bonnes. Elles sont toutes

_____ .
<br>   3

— Je regrette, madame, mais nous n'avons pas reçu de bananes aujourd'hui.

— Les tomates viennent d'où? Elles sont très _____ . Elles ont l'air _____ .
<br>                                                         4                                    5

C'est combien?

— 1,60 euros le _____ .
<br>                            6

---

[7] Some small stores do not have bags for groceries. Items are sometimes wrapped in brown paper. Many French people carry nets (**filets**) to package their groceries.

— Un _____-kilo, s'il vous plaît.
　　　　　7

— Les voici. Un demi-kilo de tomates. 0,80 euros (80 centimes).

— Merci. Pourriez-vous les mettre dans un _____ ou les envelopper dans du papier?
　　　　　　　　　　　　　　　　　　　　　　　　8

**6.** Select the appropriate word(s).
1. _____ _____ d'œufs, s'il vous plaît. (*a*) Une douzaine (*b*) Une boîte (*c*) Un pied
2. Donnez-moi _____ _____ de raisins. (*a*) une tranche (*b*) une grappe (*c*) un bouquet
3. Donnez-moi _____ _____ de céleri. (*a*) une boîte (*b*) une douzaine (*c*) un pied
4. Donnez-moi _____ _____ d'eau minérale. (*a*) un paquet (*b*) une boîte (*c*) une bouteille
5. Donnez-moi quatre _____ de jambon. (*a*) tranches (*b*) grammes (*c*) sacs
6. Donnez-moi _____ de lessive. (*a*) un sac (*b*) un paquet (*c*) un pied
7. Donnez-moi _____ _____ de chips (croustilles). (*a*) une bouteille (*b*) une boîte (*c*) un paquet
8. Donnez-moi _____ _____ de confiture. (*a*) un pot (*b*) un paquet (*c*) une bouteille
9. Donnez-moi _____ _____ de carottes. (*a*) une grappe (*b*) une botte (*c*) un pied
10. Donnez-moi _____ _____ de farine. (*a*) une boîte (*b*) un sac (*c*) un pot
11. Donnez-moi _____ _____ de yaourt. (*a*) une boîte (*b*) un sac (*c*) un pot
12. Donnez-moi _____ _____ d'huile. (*a*) un paquet (*b*) une bouteille (*c*) une grappe

**7.** Complete.
1. Non, le poisson n'est pas frais. Il est _____ .
2. Je n'ai pas de _____ , mais je peux les envelopper dans du papier.
3. Je dois _____ ces bouteilles vides.
4. Il va me l'_____ dans du papier.
5. J'aime les légumes frais. Je n'aime pas les légumes en boîtes de _____ .
6. Le bifteck n'est pas bon. Il est _____ .
7. Les pommes ne sont pas bonnes. Elles sont _____ .
8. J'essaie de garder ma ligne. Je suis _____ _____ .
9. Ce produit n'a pas beaucoup de calories. C'est un produit _____-_____ .
10. Je ne veux pas utiliser le beurre et le sucre. Je cherche du _____ beurre et du _____ sucre.
11. Ce gâteau n'a pas beaucoup de gras. Ce gâteau est _____ _____ _____ _____ .
12. Le gâteau n'est pas bon. Il est _____ .
13. L'huile ne sent pas bon. Elle _____ .
14. Je veux acheter des produits qui ne sont pas soumis à des pesticides. Je veux acheter des produits _____ .

**8.** Complete the following shopping list.
1. un _____ de tomates
2. une _____ de raisins
3. un _____ de céleri

4.  une _____ de légumes congelés
5.  une _____ d'eau
6.  un _____ de chips (croustilles)
7.  huit _____ de jambon
8.  une _____ de carottes
9.  une _____ d'œufs
10. six _____ de fromage
11. une _____ de lait
12. un _____ de sucre
13. un _____ de mélange à gâteau
14. un _____ de confiture
15. une _____ d'huile d'olive
16. un _____ de papier hygiénique
17. des _____ de thé
18. un _____ de yaourt
19. un _____ de persil
20. un _____ de sucre

**9.** You are on a diet. Make a list of foods you will eat for the week.

**10.** Make a list of groceries for your weekly trip to the supermarket.

**11.** Look at the food advertising section in your local paper. Give the prices for various food items. For example: **Les bananes sont _____ _____ dollars le kilo**.

# UNIT 4:   Shopping<sup>*</sup>
# *UNITÉ 4:   Les courses*

---

<sup>*</sup> In France, as in North America, there are many specialty stores such as the ones mentioned in this unit. Consumers can also purchase a variety of items in a department store, **un grand magasin**. In France, you can now shop in a shopping center called **un centre-commercial**; a garden center, **une jardinerie**; a no-frills store, **un magasin-entrepôt**; and a discount house called **une minimarge**. In France "to go shopping" is **faire des courses**. In Quebec it is **faire du magasinage** or **magasiner**. In Quebec you will hear **les achats** for **les courses**.

# CHAPTER 15: At the shoe store
# CHAPITRE 15: Au magasin de chaussures

**IN THE SHOE STORE (Fig. 15-1)**

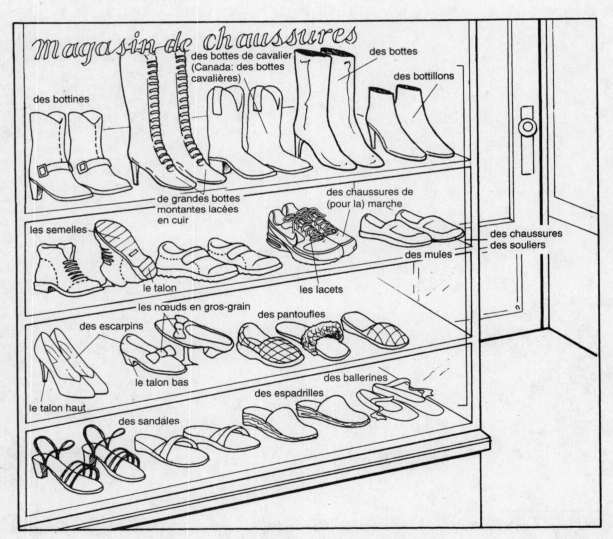

Fig. 15-1

| | |
|---|---|
| **Vous désirez?** | What would you like? |
| **Est-ce que je pourrais vous aider?** | May I help you? |
| Je voudrais **une paire de chaussures.**[1] | a pair of shoes |
| **bottes.** | boots |
| **bottines.** | low boots |
| **bottillons.** | ankle boots |
| **sandales.** | sandals |
| **pantoufles.** | slippers |
| **chaussures de (pour la) marche.** | walking shoes |
| **chaussures de tennis.** | tennis shoes |
| **baskets** (Canada: **chaussures de sports**) | jogging shoes (sneakers, trainers) |
| Je voudrais des **souliers de course.** | jogging (running) shoes |
| des **espadrilles.** | beach sandals |
| des **escarpins.** | pumps |
| des **escarpins grand soir.** | evening shoes |
| des **ballerines.** | ballerina shoes |
| des **mocassins.** | loafers, moccasins |
| des **derbies.** | derbies |
| des souliers **à lacets.** | with shoelaces |
| **à bouts ronds.** | with round toes |
| **à bouts carrés.** | with square toes |
| **à bouts pointus.** | with pointed toes |
| **à bouts ouverts.** | open-toed |
| Je voudrais des **mules à haut-talon.** | high-heeled shoes |
| avec **un seul bandeau.** | wide thong |
| avec de **fines lanières** | thin straps |
| Je voudrais des chaussures en **tissu.** | fabric |
| en **cuir.** | leather |
| en **cuir verni.** | patent leather |
| en **crêpe.** | crêpe |
| en **veau.** | calf (calfskin) |
| en **chevreau.** | kid |
| en **nubuck.** | nubuck |
| en **daim.** | doeskin (suede) |
| Je voudrais des **semelles de caoutchouc (gommes).** | rubber soles |
| **antidérapantes.** | non-skid |
| **crantées.** | serrated |
| Quelle est votre **pointure?**[2] | size |
| Je **fais du** 39. | wear |
| **Du combien chaussez-vous?** | What's your size? |
| **Je chausse du** 39. | my size is |
| Les **talons** sont trop **hauts.** | heels, high |
| Je préfère les talons **bas.** | low |
| Ces chaussures **ne me vont pas très bien.** | don't fit well |
| Elles sont trop **étroites.** | narrow |
| **larges.** | wide |

---

[1] **Chaussures** is the general term for shoes—sandals, boots, etc. **Souliers** is not used frequently.

[2] Equivalent American and French shoe sizes are listed in Appendix 7. Note that **pointure** is used to mean "size" for shoes and gloves. **Taille** is used for clothes, hats, and gloves.

| | |
|---|---|
| Elles **me font mal aux pieds**. | hurt my feet |
| aux **orteils**. | toes |
| Je voudrais aussi une paire de **lacets** et du | laces |
| **cirage**. | shoe polish |
| Voudriez-vous de la **crème**? | shoe polish |
| Avez-vous un **chausse-pied** et des **embauchoirs**? | shoehorn, shoe trees |
| J'ai cassé ce talon. Pourriez-vous le **remplacer**? | replace |
| Pourriez-vous **faire mettre** des talons de caoutchouc? | put on |
| Je voudrais **faire ressemeler ces chaussures**. | have these shoes resoled |

**1.**    Answer on the basis of Fig. 15-2.
　　1.  Ce sont des chaussures, des sandales ou des bottes?
　　2.  Est-ce que les chaussures ont des semelles de caoutchouc ou en cuir?
　　3.  Est-ce que les talons sont hauts ou bas?
　　4.  Est-ce que les souliers ont des lacets?

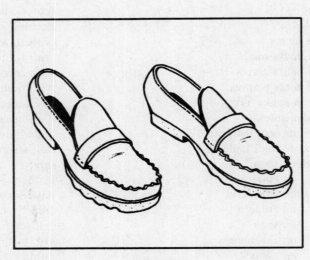

**Fig. 15-2**

**2.**    Complete.

　　— Je peux vous aider, madame?

　　— Je voudrais une paire de _____ , s'il vous plaît.
　　　　　　　　　　　　　　　　　　1

　　— Quelle est votre _____ ?
　　　　　　　　　　　　2

　　— Je _____ du 37.
　　　　　　3

　　— Aimez-vous les _____ hauts ou bas?
　　　　　　　　　　　　4

　　— Je préfère les _____ bas. Je n'aime pas les _____.
　　　　　　　　　　5                                                                    6

　　— À bouts _____ ou pointus?
　　　　　　　　7

　　— Pointus.

　　— D'accord. Quelle couleur préférez-vous?

　　— Beige, s'il vous plaît.

— En _____ ou en daim?
  8

— En daim, s'il vous plaît.

Plus tard.

— Est-ce que ces chaussures vous vont bien?

— Non, elles ne me _____ pas très bien. Elles me font _____ aux
                       9                                          10

_____ . Avez-vous une autre paire qui soit moins _____?
      11                                                      12

— Oui, je vais la chercher.

— Oh! et je voudrais faire _____ ces chaussures en caoutchouc et j'ai besoin de
                                13

_____ pour mes chaussures de tennis.
     14

**3.** You are buying three pairs of shoes in a shoe store. Tell the salesperson your size, what kind of shoes you want, what material, what kind of toes, soles, etc.

# CHAPTER 16:   At the clothing store
# CHAPITRE 16:   Au magasin de vêtements

## BUYING MEN'S CLOTHING

| | |
|---|---|
| *Vêtements pour hommes* | Men's clothing |
| **Sous-vêtements** | Underwear |
| Je voudrais des **caleçons**. | boxer shorts (trunks, briefs) |
| des **slips** (Canada: **culottes**). | briefs (underpants) |
| des **slips de soutien**. | athletic supporters |
| des **chaussettes** (Canada: **bas**). | socks |
| des **maillots de corps**. | undershirts |
| des **tricots de corps** (**de peau**). | undershirts |
| des **gilets de corps** (**de peau**). | undershirts |
| une **chemise de nuit**. | nightshirt |
| un **pyjama**. | pajamas |
| une **robe de chambre**. | bathrobe |
| un **maillot de bain**.[1] | bathing suit |
| Je voudrais une **chemise**. | shirt |
| une **chemise sport**. | sport shirt |
| Je cherche un **pantalon**. | pair of pants (trousers) |
| un **jean** (un **blue-jean**, des **blue-jeans**). | jeans (blue jeans) |
| un **short**. | shorts |
| un **bermuda**. | Bermuda shorts |
| un **caleçon**. | jogging pants |
| un **costume** (un **complet**).[2] | suit |
| un **smoking**. | tuxedo |
| un **habit de cérémonie**. | dress coat (tails) |
| un **survêtement**. | track suit |
| un **sweat-shirt** (un **sweat**). | sweatshirt |
| Je voudrais une **veste**. | jacket |
| une **veste croisée**. | double breasted |
| une **veste droite**. | single breasted |
| une **veste** (**de**) **sport**. | sports jacket |
| un **veston** (**sport**). | jacket (sport) |

---

[1] In French Canada, the word for "bathing suit" is **costume de bain**. In France, it is **maillot de bain**.

[2] Note that there are different words for "suit." **Un complet** or **un costume** is a man's suit. **Un tailleur** or **un costume** is a woman's suit. **Un smoking** is a tuxedo. **Un habit** (**de cérémonie**) is a dress coat or tails.

| Montrez-moi un **manteau**. | coat |
| un **pardessus**. | topcoat (overcoat) |
| un **imperméable** (un **imper**). | trenchcoat, raincoat |
| un imper avec **doublure amovible**. | removable lining |
| un **blouson**. | windbreaker (jacket) |
| un **parka**. | parka |
| un **anorak**. | ski jacket |
| un **kabig**. | duffle coat |
| Je voudrais un **sweater**.[3] | sweater |
| un **pull-over** (un **pull**). | pullover sweater |
| un **chandail**. | pullover sweater |
| un **cardigan**. | cardigan sweater |
| un **gilet**. | sweater (vest) |
| un **tricot**. | sweater (T-shirt) |
| un **T-shirt** (un **tee-shirt**). | T-shirt |

| *Accessoires* | **Accessories** |
| Je voudrais une **cravate**. | tie |
| une **cravate de soie**. | silk tie |
| une cravate avec un **motif**. | design |
| un **nœud papillon**. | bow tie |
| une **ceinture**. | belt |
| des **gants**.[4] | gloves |
| un **mouchoir**. | handkerchief |
| une **pochette**. | decorative handkerchief for jacket pocket |
| un **chapeau**. | hat |
| une **casquette**. | cap |
| un **protège-oreilles**. | ear muffs |
| un **foulard**. | scarf (neck) |
| des **boutons de manchettes**. | cufflinks |
| des **bretelles**. | suspenders |
| un **portefeuille**. | wallet |
| un **porte-clés**. | key case |
| un **porte-cartes**. | card holder |
| un **parapluie**. | umbrella |

1.  Identify each item in Fig. 16-1 (page 126).

2.  Prepare a list for a complete outfit of clothing for a man.

| *Tissus et styles* | **Materials and styles** |
| Je voudrais une chemise en **coton**. | cotton |
| **flanelle**. | flannel |
| **soie**. | silk |

---

[3] There are different words for "sweater." **Un pull-over** or **un chandail** is a pullover sweater. **Un cardigan** is a cardigan sweater, which has long sleeves and opens at the front. **Un gilet** is a sweater without sleeves that opens at the front. **Un tricot** is a pullover sweater or T-shirt.

[4] See section on women's clothing, page 134, for types of gloves.

**Fig. 16-1**

| | |
|---|---|
| **laine**. | wool |
| **acrylique**. | acrylic |
| **nylon**. | nylon |
| **polyester**. | polyester |
| **toile**. | linen |
| **tissu synthétique**. | synthetic material |
| **tissu infroissable**. | wrinkle-resistant material |
| Je la veux **à manches longues** et avec **manchettes** et **col**. | with long sleeves, French cuffs, collar |
| Je la veux **avec col**. | with a collar |
| **sans col**. | without a collar |
| J'aime cette chemise **à rayures (rayée)**. | with stripes (striped) |
| **à carreaux**. | checked |
| **à gros carreaux**. | with big checks |
| **à petits carreaux**. | with small checks |
| **imprimée**. | print |
| Je voudrais un pantalon **à plis (plissé)** / **sans plis**. | with / without pleats |
| avec une **taille élastique**. | elastic waist |
| avec **(à) revers**. | cuff |
| avec **poches**. | pockets |
| avec **boutons**. | buttons |
| avec **boutons-pression**. | snaps |
| à la **braguette**. | fly |
| avec une **fermeture éclair (une fermeture à glissière)**. | zipper |
| Je voudrais une veste en **velours**. | velvet |
| **velours côtelé**. | corduroy |
| **tissu croisé** (Canada: **denim**). | denim |
| **cuir**. | leather |
| **daim**. | suede |
| **gabardine**. | wool gabardine |
| **laine**. | wool |
| **laine peignée**. | worsted wool |
| **tweed**. | tweed |
| Je voudrais une veste avec **épaulettes**. | epaulettes |
| avec **(à) grand revers**. | large lapels |
| avec (à) trois **boutons**. | buttons |
| à deux **ventes**. | vents |
| Je voudrais un pull **avec manches**. | with sleeves |
| **sans manches**. | without sleeves |
| **jacquard**. | jacquard pattern |
| **à manches raglan**. | raglan sleeves |
| **à col roulé**. | rolled (turtleneck) collar |
| **à col rond**. | round neck |
| **à col en V**. | V-neck |
| **à torsades (torsadé)**. | cable knit |
| Cette cravate ne **va** pas très bien **avec** cette chemise à carreaux. | match (go with) |

*Taille*

**Quelle est votre taille?**[5]

Je ne sais pas. **Veuillez prendre mes mesures.**

**Encolure** 39 ou 40.

Elle **ne me va pas** très bien.

C'est un peu trop **serré**.

**ample**.

**court**.

**long**.

Faites-vous des vêtements **sur mesure**?

Payez à la **caisse**.

Size

What's your size?

Please take my measurements.

collar size

does not fit (suit)

tight

big (loose)

short

long

to measure

cashier

**3.** Complete, based on Fig. 16-2.

1. C'est une chemise _____ _____ _____ .
2. C'est une chemise _____ .
3. C'est une chemise _____ _____ .

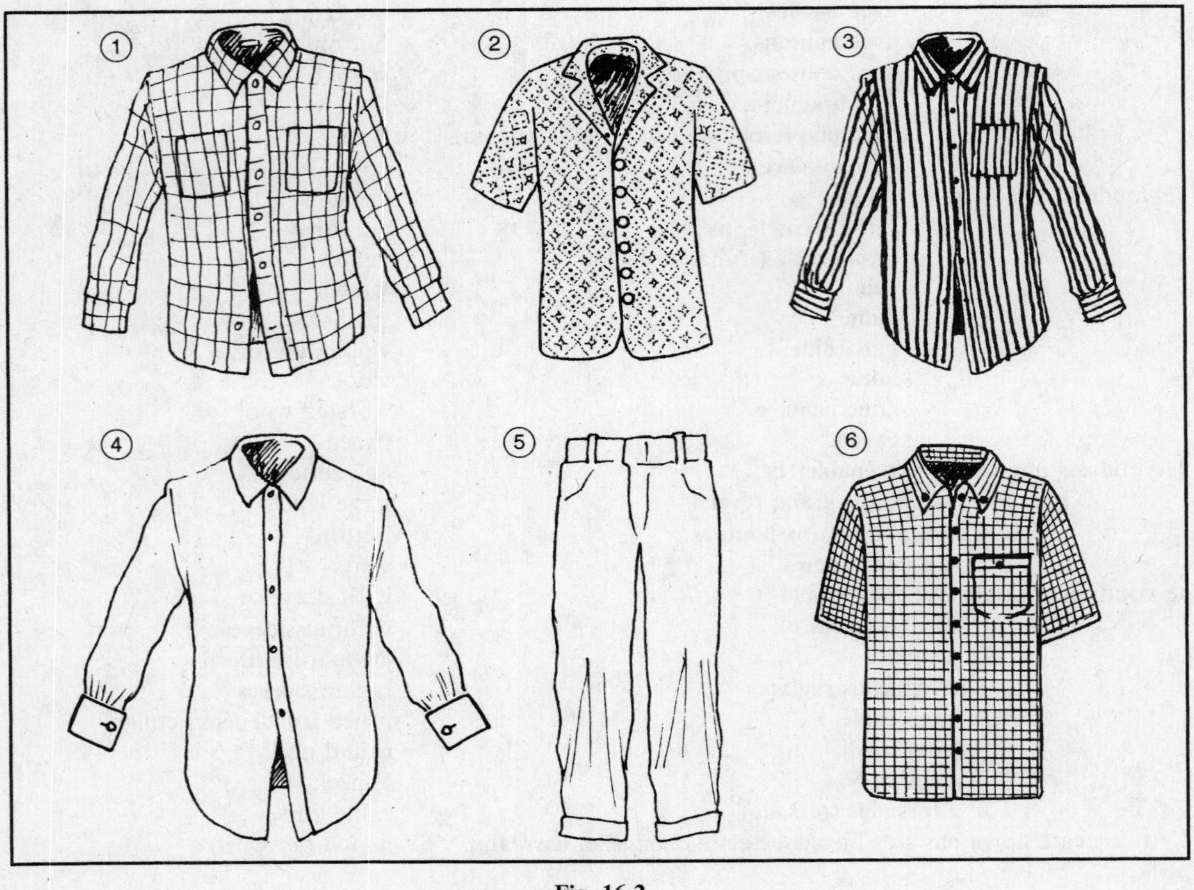

**Fig. 16-2**

---

[5] Note that **taille** is used for clothing, hat, and glove sizes, while **pointure** is used for shoe and glove sizes. Equivalent American and French clothing sizes are listed in Appendix 7.

    4. C'est une chemise _____ _____ _____ et avec

       _____ .

    5. C'est un pantalon _____ _____ .

    6. C'est une chemise _____ _____ _____ .

**4.** Complete.

— Est-ce que je pourrais vous _____ , monsieur?
                          1

— Je voudrais une chemise, s'il vous plaît.

— Vous en voulez une en coton? En tissu _____ ?
                                      2

— Je ne sais pas.

— Comme c'est l'été, vous ne voulez pas une chemise en _____ ou en _____ .
                                           3                        4

  Je vous suggère d'en prendre une en tissu _____ .
                                                  5

— D'accord.

— Quelle est votre _____ ?
                        6

— Ma _____ est 41.
        7

— Voulez-vous des _____ courtes ou longues?
                     8

— Des _____ longues, s'il vous plaît.
            9

— La voulez-vous avec des _____ ou à carreaux?
                            10

— Je ne la veux ni avec _____ ni à _____ . Je voudrais seulement une chemise
                           11                     12

  blanche ou bleue parce que je vais la porter avec un _____ bleu. Je voudrais aussi
                                                          13

  acheter une _____ qui irait bien avec cette chemise.
               14

**5.** Choose the word that does *not* belong.
  1. Je voudrais une chemise en _____ . (*a*) laine (*b*) coton (*c*) cuir (*d*) soie
  2. Je voudrais un pantalon en _____ . (*a*) laine (*b*) flanelle (*c*) col (*d*) gabardine
  3. Je voudrais une veste en _____ . (*a*) laine (*b*) manches (*c*) flanelle (*d*) toile
  4. Je voudrais des gants en _____ . (*a*) cuir (*b*) daim (*c*) laine (*d*) carreaux

**6.** Complete.
  1. Cette chemise à rayures ne va pas très bien avec ma veste à _____ .
  2. J'ai cassé la _____ _____ à la braguette de mon pantalon que j'ai acheté
    hier.
  3. Je porte un _____ sur la tête.
  4. Quand il pleut, je dois porter un _____ .
  5. J'ai besoin de sous-vêtements. Je vais acheter des _____ et des _____

    _____ _____ .
  6. Je n'aime pas porter des chaussures sans _____ .
  7. Je ne sais pas ma taille. La vendeuse va prendre mes _____ .
  8. Je n'aime pas le coton. Je préfère le tissu _____ ou un mélange parce que ces tissus
    sont infroissables.
  9. Ce veston ne me _____ pas très bien. Il est trop grand.
  10. Ce veston est trop _____ . J'ai besoin d'une plus grande taille.

## BUYING WOMEN'S CLOTHING

| | |
|---|---|
| *Vêtements pour femmes* | **Women's clothing** |
| **Sous-vêtements / lingerie** | Underwear / lingerie |
| Je voudrais des **slips** (Canada: **culottes**). | panties (bikini) |
| une **combinaison**. | full slip |
| un **jupon**. | slip |
| un **demi-jupon**. | half slip |
| une **camisole**. | camisole |
| un **bustier**. | bustier |
| des **bas** (**de nylon**). | (nylon) stockings |
| des **mi-bas**. | knee-his |
| un (des) **collant(s)** (Canada: **bas-culotte(s)**). | panty hose (tights) |
| des **bas à résilles**. | fishnet stockings |
| un **caleçon**. | leggings (France) |
| un **collant**. | panty hose, tights |
| | (Canada: leggings) |
| | |
| des **chaussettes**. | socks |
| des **chaussettes hautes**. | over-the-knee socks |
| **montantes** | knee-high |
| des **soquettes** (Canada). | sockettes |
| un **soutien-gorge**. | bra |
| un **balconnet** | half-cup bra |
| une **gaine**. | girdle |
| une **gaine culotte**. | panty girdle |
| un **combiné** (Canada: **un body**). | body suit |
| des **jarretelles**. | garters |
| un **porte-jarretelles**. | garter belt |
| un **maillot de bain** (Canada: un **costume de bain**).[6] | bathing suit |
| un **bikini**. | bikini |
| un **maillot de danse** (une **combinaison de danse**). | leotard |
| un **body**. | leotard (sport) |
| un **unitard**. | unitard |
| des **jambières**. | leg warmers |
| un **pyjama**. | pajamas |
| une **chemise de nuit**. | nightshirt (nightgown) |
| un **peignoir**. | negligée (dressing gown) |
| une **robe de chambre**. | dressing gown, robe |
| Montrez-moi une **robe**. | dress |
| une **robe du soir**. | evening dress |
| une **robe décolletée**. | low-cut dress |
| une **robe-manteau**. | coat dress |
| une **robe chemisier**. | shirt dress |
| une **robe bustier à fines bretelles en dentelle de coton**. | slip dress in cotton lace |
| une **jupe** (de la **ligne A**). | skirt (A-line) |
| une **mini-jupe**. | miniskirt |
| une **jupe portefeuille** | wrap-around skirt |

---

[6] In French Canada, **costume de bain** is also used for bathing suit. In France, it is **maillot de bain**.

| un **tailleur** (un **costume**).[7] | suit |
| une **veste**. | vest (jacket) |
| une veste et une jupe **coordonnée**. | matching |
| une **veste-chemisier**. | shirt jacket |
| une **blouse**. | blouse, smock |
| un **chemisier**. | shirt blouse |
| un **jean** (un **blue-jean**). | jeans |
| un **pantalon**. | pants |
| un **ensemble pantalon** (Canada: un **complet pantalon**, un **tailleur pantalon**). | pantsuit |
| un **pantalon d'équitation**. | riding pants |
| un **short**. | shorts |
| un **manteau**. | coat |
| un **manteau de fourrure**. | fur coat |
| un **imperméable** (un **imper**). | raincoat (trench coat) |
| un **blouson**. | windbreaker (short jacket) |
| un **sweater**.[8] | sweater |
| un **pull-over** (un **pull**). | pullover sweater |
| un **tricot**. | T-shirt (jersey) |
| un **gilet**. | sweater |
| un **chandail**. | sweater (pullover) |
| un **cardigan**. | cardigan sweater |
| un **twin set**. | twin set |
| une **tunique**. | tunic |
| un **sweat-shirt** (un **sweat**). | sweatshirt |

| *Accessoires* | **Accessories** |
| Montrez-moi une **écharpe**. | scarf |
| un **foulard**. | scarf |
| un **poncho**. | poncho wrap (scarf) |
| une **ceinture**. | belt |
| une ceinture avec (un) **boucle en argent**. | silver buckle |
| des **gants**.[9] | gloves |
| un **mouchoir**. | handkerchief |
| un **chapeau**. | hat |
| un **béret**. | beret |
| un **sac** (**à main**). | handbag |
| un **sac à dos**. | knapsack |
| un **porte-monnaie**. | change purse |
| un **parapluie**. | umbrella |

**7.** Identify each item in Fig. 16-3 (page 132).

**8.** Prepare a list for a complete outfit of clothing for a woman.

---

[7] Note that there are different words for "suit." **Un complet** or **un costume** is a man's suit. **Un tailleur** or **un costume** is a woman's suit.

[8] There are different words for "sweater." **Un pull-over** or **un chandail** is a pullover sweater. **Un cardigan** is a cardigan sweater, which has long sleeves and opens at the front. **Un gilet** is a sweater without sleeves that opens at the front. **Un tricot** is a pullover sweater or T-shirt.

[9] See page 134 for types of gloves.

**Fig. 16–3**

| | |
|---|---|
| *Tissus et styles* | **Materials and styles** |
| En quelle **étoffe**? De quel **tissu**? | cloth (material) |
| Je voudrais une robe en **coton**. | cotton |
| **coton** et **polyester peigné**. | cotton, combed polyester |
| **coton mélangé**. | cotton blend |
| **coton seersucker**. | cotton seersucker |
| **coton côtelé**. | ribbed cotton |
| **coton stretch** (Canada: | cotton stretch |
| **coton élastique**). | |
| **crêpe**. | crepe |
| **soie**. | silk |
| **nylon**. | nylon |
| **rayonne**. | rayon |
| **rayonne acétate**. | rayon acetate |
| **toile**. | linen |
| **crêpe de Chine**. | crepe de Chine |
| **crêpe de laine**. | wool crepe |
| **jersey**. | jersey |
| **popeline** (**popeline de coton**). | poplin (cotton poplin) |
| **polyester**. | polyester |
| **soie**. | silk |
| **taffetas**. | taffeta |
| **velours**. | velvet |
| **velours côtelé**. | corduroy |
| **viscose**. | viscose |
| **tissu synthétique**. | synthetic material |
| **tissu infroissable**. | wrinkle-resistant material |
| **moquette écossaise**. | scotch plaid |
| Je préfère un mélange de **coton** et d'un **tissu synthétique**. | cotton, synthetic material |
| Je voudrais une jupe en **velours**. | velvet |
| en **velours côtelé**. | corduroy |
| en **cuir**. | leather |
| en **cachemire**. | cashmere |
| en **laine**. | wool |
| en **daim**. | suede |
| en **ramie**. | ramie |
| Je voudrais un pull en **acrylique**. | acrylic |
| en **laine**. | wool |
| en **laine d'agneau**. | lamb's wool |
| en **laine bouillie**. | boiled wool |
| en **laine côtelée**. | worsted wool |
| en **laine mérinos**. | merino wool |
| en **laine chinée**. | mottled wool |
| en **coton** et **angora**. | cotton, angora |
| en **mohair**. | mohair |
| en **jersey**. | jersey |
| en **lamé argent**. | silver spangled |
| en **polyamide** et **élasthame**. | nylon, spandex |
| en **point dentelle aux aiguilles**. | needlepoint |
| Je voudrais des collants **opaques**. | opaque |
| Je voudrais une chemise de nuit en **pilou**. | flannelette |
| en **dentelle**. | lace |

| | |
|---|---|
| Je voudrais une robe de chambre en **tissu d'éponge**. | terrycloth |
| Je voudrais un slip en coton et **lycra**. | lycra |
| Je voudrais un chandail à **col évasé**. | flared collar |
| à **col montant** | high-neck, turtleneck |
| à **col ras du cou**. | crew neck, round neck |
| à **col châle**. | shawl collar |
| Je voudrais une blouse à **col poète**. | poet's collar |
| à **col en V**. | V-neck collar |
| à **manches trompette**. | flared sleeves |
| avec **nœud**. | with a bow tie |
| Je voudrais une robe à **rayures (rayées)**. | striped |
| à **carreaux**. | checked |
| à **pois**. | polka-dotted |
| **sans dentelle**. | without lace |
| **imprimée**. | print |
| à **macheron**. | with cap sleeves |
| à **col officier**. | military collar |
| **fleurie**. | flowered |
| Je voudrais une jupe **plissée (à plis)**. | pleated (with pleats) |
| **doublée**. | lined |
| **brodée**. | embroidered |
| **frangée**. | fringed, bordered |
| Je voudrais un **ton plus clair**. | lighter tone |
| **plus foncé**. | darker |
| J'en voudrais une plus **chaude**. | warmer |
| plus **légère**. | lighter |
| **lavable**. | washable |
| **non-rétrécissable**. | that won't shrink |
| La préférez-vous à **manches** longues ou courtes? | sleeves |
| Je voudrais un chapeau de **feutre**. | felt |
| de **paille**. | straw |
| de **toile**. | cloth |
| à **large bord**. | with a large brim |
| un **chapeau cloche**. | bell-shaped hat |
| Je voudrais des gants en **coton**. | cotton |
| en **peau de porc**. | pigskin |
| en **peau de daim**. | doeskin |
| en **chevreau**. | kid |
| en **tricot**. | knit |
| en **suède (daim)**. | suede |
| **fourrés**. | fur-lined |
| **lavables**. | washable |
| Je voudrais une écharpe **froissée**. | crinkled |
| Je voudrais un sac en **chevreau doré**. | gold kid |
| une ceinture en **cuir grainé**. | grained leather |
| **Je jette un coup d'œil seulement.** | I'm just looking. |
| Ma **garde-robe doit être indémodable**. | wardrobe must not go out of style |
| Ce chemisier **va** très bien **avec** la jupe. | matches (goes with) |
| **Quelle est votre taille?**[10] | What's your size? |

---

[10] Note that **taille** is used for clothing, hat, and glove sizes, while **pointure** is used for shoe and glove sizes. Equivalent American and French clothing sizes are listed in Appendix 7.

**Trente-huit.**[10]

Je ne sais pas. Pourriez-vous **prendre mes mesures**?

Cette robe a besoin de **retouches**.

Il faut **hausser l'ourlet**.

Les ourlets **grimpent / baissent** cette saison.

Il faut mettre un **bouton-pression** au col.

On peut acheter des vêtements dans les **grands magasins**.

les **boutiques**.

Je n'ai pas assez d'argent pour acheter des vêtements **haute couture**.

Je devrais avoir une **garde-robe** à **prix abordable**.

Je n'achète que du **prêt-à-porter**.

J'aime les vêtements qui sont à la fois **sport** et **habillé**.

38

take my measurements

alterations

shorten the hem

are rising, are higher / are falling, are lower

snap

department stores

small shops

designer fashion

wardrobe, affordable price

ready-to-wear

casual, dressy

| *Couleurs* | Colors |
|---|---|
| beige | beige |
| blanc, blanche | white |
| bleu clair, bleue claire | light blue |
| bleu foncé, bleue foncée | dark blue |
| bleu marine, bleue marine | navy blue |
| bordeaux | red (Bordeaux) |
| brun, brune | brown |
| chair | flesh color |
| crème café | coffee |
| écru, écrue | ecru |
| gris, grise | grey |
| gris acier | steel grey |
| jaune | yellow |
| kaki | khaki |
| marron | maroon |
| noir, noire | black |
| olive | olive |
| orange | orange |
| rouge | red |
| rose | pink (rose) |
| sable | sable brown |
| saumon | salmon |
| tons pastel | pastel tones |
| tons de terre | earth colors |
| vert, verte | green |
| vert foncé, verte foncée | dark green |
| vert clair, verte claire | light green |

**9.** Complete, based on Fig. 16-4 (page 136).

1. C'est un pull à _____ montant.
2. C'est une blouse à _____ longues.
3. C'est une blouse avec _____ .
4. C'est une robe _____ _____ .
5. C'est une robe _____ _____ .
6. C'est un chandail à col _____ .

**Fig. 16–4**

7. C'est un pantalon _____ _____ et _____ .
8. C'est une jupe _____ .

**10.** Choose the appropriate word(s).
   1. Je voudrais une robe en _____ . (*a*) cuir (*b*) coton
   2. Non, je ne veux pas de jupe. Je préfère _____ . (*a*) un ensemble pantalon (*b*) une écharpe

3. Vendez-vous _____ de nylon? (*a*) des bas (*b*) des chaussures
4. J'ai acheté un mouchoir en _____ . (*a*) cuir (*b*) soie
5. Il fait froid. Je voudrais un _____ . (*a*) chandail (*b*) maillot de bain
6. J'ai acheté des gants en _____ . (*a*) chevreau (*b*) taffetas
7. Au rayon des gants, on vous demande votre _____ . (*a*) pointure (*b*) grandeur
8. Au rayon des vêtements où on achète des jupes, des robes, etc., on vous demande votre _____ . (*a*) pointure (*b*) taille

**11.** Complete.

1. J'ai besoin de sous-vêtements. Je vais acheter des _____ , un _____ , une _____ et des _____ .
2. Je ne veux pas de chemisier en coton parce qu'il n'est pas infroissable. Je préfère un _____ de coton et tissu synthétique.
3. Un chemisier à rayures ne va pas très bien avec une jupe à _____ .
4. Je ne sais pas ma taille. Il faut prendre mes _____ .
5. Je voudrais un chapeau à large _____ .
6. Je n'aime pas faire nettoyer mes gants à sec. J'achète des gants _____ .
7. Je pourrais acheter des vêtements dans les grands magasins ou dans les _____ .
8. J'aime la haute couture, mais j'achète du _____ - _____ - _____ parce que c'est moins cher.
9. Cette robe ne me va pas parfaitement, mais avec les _____ elle sera parfaite.
10. Je porte toujours de nouveaux vêtements. Ma _____ - _____ est toujours à la mode. Elle est _____ .

**12.** You are going on a business trip. Tell what you are packing in your suitcase. Include information on materials, style, and color, where appropriate.

**13.** You are going on a vacation in a tropical climate. Tell what you will pack. Include information on materials, style, and color, where appropriate.

**14.** You are in a department store. You want to purchase an outfit for a special occasion. Tell the clerk what you want. Talk about the style, color, size, price, etc. that you are looking for.

# CHAPTER 17:  At the jeweler's
# CHAPITRE 17:  Chez le bijoutier / la bijoutière

## JEWELRY (Fig. 17-1)

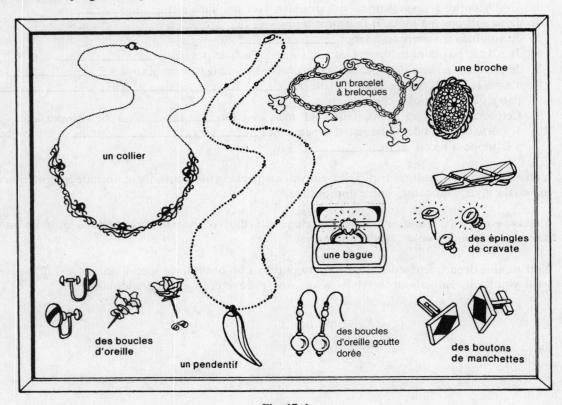

Fig. 17–1

| | |
|---|---|
| À la **bijouterie** | jewelry store |
| Je voudrais une **montre automatique**. | automatic watch |
| **digitale**. | digital |
| **à quartz**. | quartz |
| **avec trotteuse**. | second hand |
| J'ai cassé le **verre** de ma **montre**. | glass, watch |
| le **bracelet** | watchband (strap) |
| le **ressort** | spring |
| Ma montre **retarde**. | is slow |
| **avance**. | is fast |
| **s'est arrêtée**. | has stopped |

| | |
|---|---|
| Pourriez-vous remplacer la **pierre**? | stone |
| la **breloque**? | charm |
| la **chaîne**? | chain |
| le **fermoir**? | fastener |
| la **griffe**? | clip |
| J'aime les **bijoux** en **or**. | jewelry, gold |
| **argent**. | silver |
| Je voudrais des **boucles d'oreille pour oreilles percées**. | pierced earrings |
| un **collier de perles**. | pearl necklace |
| Je voudrais une **bague avec des diamants**. | ring set with diamonds |
| **améthystes**. | amethysts |
| **émeraudes**. | emeralds |
| **rubis**. | rubies |
| **saphirs**. | sapphires |
| **topazes**. | topazes |
| **turquoises**. | turquoises |
| Je voudrais un **bracelet**. | bracelet |
| une **gourmette**. | chain bracelet |
| une **broche**. | brooch |
| un **pendentif**. | pendant |
| des **épingles de cravate**. | tie-pins |
| des **boutons de manchettes**. | cuff links |
| Je voudrais un bracelet en **cuivre**. | copper |
| **corail**. | coral |
| **cristal**. | crystal |
| **émail**. | enamel |
| **ivoire**. | ivory |
| **jade**. | jade |
| **or**. | gold |
| **plaqué or**. | gold plate |
| **platine**. | platinum |
| **argent**. | silver |
| **plaqué argent**. | silver plate |

| *Pierres de naissance* | **Birthstones** |
|---|---|
| janvier—**grenat** | garnet |
| février—**améthyste** | amethyst |
| mars—**aigue-marine** | aquamarine |
| avril—**diamant** | diamond |
| mai—**émeraude** | emerald |
| juin—**perle** | pearl |
| juillet—**rubis** | ruby |
| août—**péridot** | peridot |
| septembre—**saphir** | sapphire |
| octobre—**opale** | opal |
| novembre—**topaze** | topaze |
| décembre—**turquoise** | turquoise |

1. Complete.

— Bonjour, madame. Est-ce que je pourrais vous aider?

— Oui, monsieur. J'ai _____ ma montre.
1

— Ce n'est pas grave. Il faut simplement remplacer le _____ .
$$2$$

— Ma fille a cassé la _____ de ce bracelet. Pourriez-vous la _____ ?
  $$3$$                                                                    $$4$$

— Pas de problème.

— Oh! et pouvez-vous remettre la _____ dans cette bague? Elle est tombée l'autre jour.
  $$5$$

J'ai eu de la chance de le remarquer. Je voudrais aussi des boucles d'oreille pour oreilles

_____ .
$$6$$

2. Complete.
   1. Ma montre ne marche pas bien. Elle indique toujours qu'il est plus tard qu'en réalité. Ma
      montre _____ .
   2. Ma montre indique toujours une heure moins avancée qu'il est réellement. Ma montre
      _____ .
   3. Ma montre ne marche pas du tout. Elle s'est _____ .
   4. Je porte une _____ au troisième doigt.
   5. Je porte un _____ autour du cou.
   6. Je mets une _____ _____ sur ma cravate.
   7. Je porte un _____ au poignet.
   8. J'aime les bijoux en _____ et en _____ .

3. You are in a jewelry store. You want a piece of jewelry with your birthstone. Tell the clerk what you want.

4. You are buying presents in a jewelry store. Tell the clerk what you would like to buy. You also want to repair your watch. Say what is wrong with the watch.

# CHAPTER 18:  At the optician's
# CHAPITRE 18:  Chez l'opticien / l'opticienne

| | |
|---|---|
| J'ai cassé mes **lunettes**. | eyeglasses |
| la **monture** de mes lunettes. | frame |
| la **branche**. | arm |
| les **verres**. | lenses |
| Je voudrais des **lentilles (verres) de contact dures (durs)**. | hard contact lenses |
| **souples**. | soft |
| Je voudrais des verres **teintés**. | tinted |
| Je voudrais des **lunettes de soleil**. | sunglasses |
| Je suis **myope**. | nearsighted |
| **presbyte**. | farsighted |

**1.** Complete the following.

    1. Je peux voir seulement de très près quand je ne porte pas mes lunettes. Je suis _____ .

    2. Je préfère porter des _____ _____ _____ au lieu des lunettes.

    3. Je ne veux pas de verres de contact durs. Je les veux _____ .

    4. Si on peut voir très loin, mais pas tout près, on est _____ .

    5. Pourriez-vous réparer la _____ de mes lunettes?

**2.** You have broken your eyeglasses. Tell the optician what is broken. Also tell him or her that you would like to try contact lenses. Say what kind of lenses you want.

# CHAPTER 19:  At the electronic equipment store

## CHAPITRE 19:  *Au magasin de matériel électronique*

### AUDIO-VISUAL EQUIPMENT (Fig. 19-1)

| | |
|---|---|
| Où est le **rayon des disques compacts (CD, des disques audio-numériques)**? | compact disk counter |
| Je voudrais des disques (CD) de **musique classique**. | classical music |
| de **musique country**. | country music |
| de **musique folklorique**. | folk |
| de **rock**. | rock |
| de **jazz**. | jazz |
| d'**opéra**. | opera |
| Montrez-moi un **téléviseur**[1] **en couleurs**. | color television |
| en **noir et blanc**. | black and white |
| avec **télécommande**. | remote control |
| **haut de gamme**. | top of the line |
| Je voudrais un **poste de radio**.[2] | radio |
| Je voudrais un téléviseur à **écran plat** et **à cristaux liquides** (ACL) ou un **téléviseur plasma**. | flat screen, LCD plasma TV |
| J'aime aussi les téléviseurs avec la **technologie DLP**. | digital light processing |
| Je peux regarder les programmes de **télévision numérique**. | digital TV |

**1.** Complete.

1. Pour me réveiller le matin, j'achète un _____ - _____.
2. Je mets les DVD dans le _____ _____.
3. Une chaîne stéréo a des _____ - _____ pour augmenter le son.
4. Mes parents n'aiment pas la musique rock. Donc, quand je veux l'écouter, je mets un _____ _____.
5. J'achète un _____ _____ pour écouter les actualités, et si je veux voir les actualités, j'achète un _____.

---

[1] The "television set" is **un téléviseur**. When you want to talk about watching television, **la télévision** is used. **J'achète un téléviseur. Je regarde la télévision. Je regarde le match de base-ball à la télévision.**

[2] When you are referring to the actual piece of equipment, the radio is **un poste de radio**. Otherwise it is **la radio**. **J'achète un poste de radio. J'écoute la radio.**

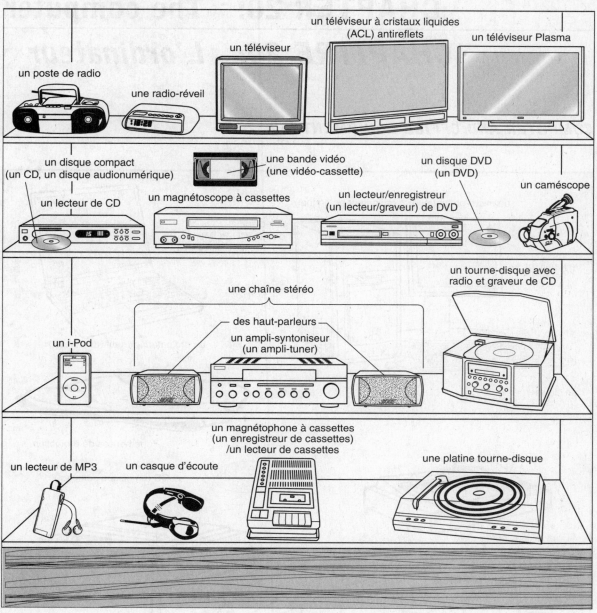

un téléviseur à cristaux liquides
(ACL) antireflets

un téléviseur

un téléviseur Plasma

un poste de radio

une radio-réveil

un disque compact
(un CD, un disque audionumérique)

une bande vidéo
(une vidéo-cassette)

un disque DVD
(un DVD)

un caméscope

un lecteur de CD

un magnétoscope à cassettes

un lecteur/enregistreur
(un lecteur/graveur) de DVD

un tourne-disque avec
radio et graveur de CD

une chaîne stéréo

des haut-parleurs

un i-Pod

un ampli-syntoniseur
(un ampli-tuner)

un magnétophone à cassettes
(un enregistreur de cassettes)
/un lecteur de cassettes

une platine tourne-disque

un lecteur de MP3

un casque d'écoute

**Fig. 19-1**

6. J'écoute rarement des disques sur ma platine tourne-disques. Je préfère mettre des
_____ _____ dans mon lecteur de CD.

7. Je voudrais un téléviseur à écran _____ .

**2.** Tell what kind of audio-visual equipment you own.

**3.** Tell what kind of music you prefer.

# CHAPTER 20: The computer
# *CHAPITRE 20: L'ordinateur*

## COMPUTER AND OFFICE EQUIPMENT (Fig. 20-1)

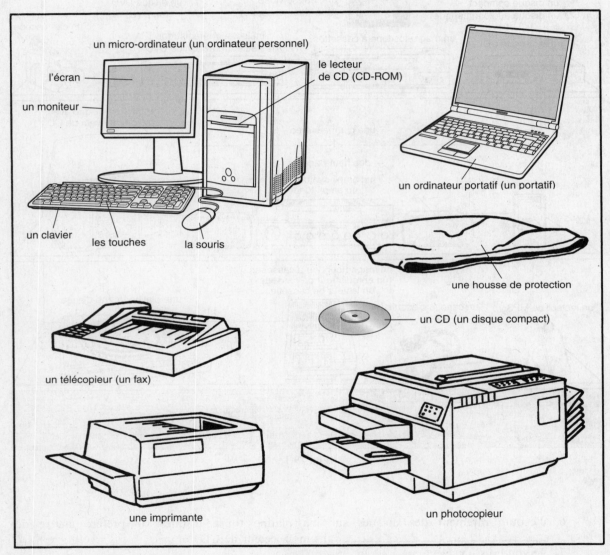

un micro-ordinateur (un ordinateur personnel)

l'écran

un moniteur

le lecteur de CD (CD-ROM)

un ordinateur portatif (un portatif)

un clavier

les touches

la souris

une housse de protection

un CD (un disque compact)

un télécopieur (un fax)

une imprimante

un photocopieur

Fig. 20-1

**L'informatique**

Je voudrais un **système** informatique.

Computer science, information technology
computer system

| | |
|---|---|
| Cet ordinateur / ce **micro-ordinateur (cet ordinateur personnel)** est **dôté de 1 gigaoctet** (1 Go) de **mémoire vive**, et de 160 gigaoctets (160 Go) de **mémoire morte** (un **disque dur** de 160 Go)[1]. | computer / micro computer equipped with, gigabytes, RAM ROM, hard disk |
| Il permet **l'accessibilité.** | ease-of-use |
| Le moniteur a une **base pivotante** (un **pied pivotant**) et **orientable.** | swivel tilt monitor base |
| Un ordinateur fait le **traitement des données** (le **traitement de l'information**). | data processing |
| Il fait le traitement des données avec les instructions qui sont dans l'ordinateur. | |
| Le moniteur et le **disque dur** font partie du **matériel.** | hard drive, hardware |
| Les instructions qui disent à l'ordinateur ce qu'il faut faire s'appellent le **logiciel.** | software |
| Il y a des logiciels pour le **traitement de texte**, pour les **tableaux (tableurs)** et pour les **jeux.** | word processing, spreadsheets games |
| Le logiciel pour les jeux s'appelle le **ludiciel.** | games software package |
| Un ensemble de logiciels s'appelle un **progiciel.** | software package |
| L'ordinateur peut **mettre en mémoire / stocker** les données en format permanent ou temporaire. | store |
| L'ordinateur peut calculer, comparer et copier les données. | |
| Les disques pourraient être des **disques compacts informatiques** (des CD) ou des **disques optiques compacts** (DOC) ou CD-ROM. | compact disks (CDs) CD-ROM. |
| Le **modem** peut être **relié** à une prise téléphonique ou à un câble. | modem, connected to |
| Le **mot de passe** vous permet d'acccéder à l'ordinateur. | password |
| Le menu est une liste d'options qui **apparaît à l'écran** de l'ordinateur. | appears on the screen |
| Les documents qui apparaissent à l'écran de l'ordinateur peuvent être **imprimés** en quelques minutes. | printed |
| On peut **graver** les documents sur un CD. | burn |
| On peut **sauvegarder** un document. | back up |
| On peut faire une **sauvegarde.** | back-up |
| On doit toujours **enregistrer** nos **fichiers.** | save, files |

## THE INTERNET

| | |
|---|---|
| Le **réseau Internet** vous permet d'accéder à des **bases de données** en consultant les **serveurs en ligne** sur l'**autoroute électronique** (le **réseau de l'information, l'autoroute de l'information**). | Internet, database on-line servers, information highway |
| On peut **télécharger** les documents de l'Internet sur le **disque dur** de notre ordinateur personnel. | download, hard drive |
| Il faut **s'abonner** à un **fournissseur de services Internet** (un **fournisseur d'accès**). | subscribe to, Internet Access Provider |
| Pour utiliser l'Internet, il nous faut choisir un **navigateur.** | browser |
| **La Toile (le Web) Internet** a beaucoup de **sites.** | Web, sites |
| Le **moteur de recherche** que je préfère pour **surfer (naviguer) sur** le Web (le Net) est Google. | search engine, surf |

---

[1] A megabyte is **un megaoctet.**

On fait l'échange d'informations par **courrier électronique**     E-mail
    (**messagerie électronique / courriel**).
De plus en plus, le courriel remplace le courrier par la poste.

## OTHER COMPUTER TERMS

| | |
|---|---|
| **un blogue** | blog |
| **une bogue** | bug |
| **un butineur** (Canada: **navigateur**) | browser |
| **un octet** | byte |
| **une puce** | memory chip |
| **l'unité centrale** | central processing unit |
| **le système d'exploitation** | operating system |
| **le tableau de commande** | control panel |
| **la mise en réseau** | networking |
| **la microédition** (Canada: **l'éditique**) | desktop publishing |
| **la boule de commande** | rolling ball, trackball |
| **le defilement** | scrolling |
| | |
| **en ligne** | on line |
| **autonome** | off line |
| | |
| **fichier** | to file |
| **formatter** | to format |
| **amorcer** (**démarrer, mettre en route**) | to boot up |
| **redémarrer** (**réamorcer, relancer**) | to reboot |
| **la police de caractères** | font |
| **des caractères gras** | bold face type |
| **des caractères en italique(s)** | italic type |
| **un triage, un fac-sim, une copie sur papier** | hard copy |
| **un tapescript** (**une sortie d'imprimante**) | printout |
| **une imprimante à jet d'encre** | ink jet printer |
| **une imprimante à laser** | laser printer |
| **une matricielle** (**une imprimante matricielle**) | dot matrix printer |
| **un tapescript** | printout |
| **un bourrage papier** | jam in the paper feed |

1. Complete.
    1. Une matricelle est une sorte d'_____.
    2. Il y a deux sortes de mémoire dans les ordinateurs, la _____ et la _____ _____ _____.
    3. Un bloc de touches est le _____.
    4. Pour protéger un moniteur contre la poussière, il faut un _____ _____.
    5. Pour commencer son travail par ordinateur, on met quelquefois un _____ dans le _____ _____ _____.
    6. On peut utiliser les touches ou une _____ pour trouver un endroit ou pour mettre des caractères gras.
    7. Pour faire envoyer un message par télécopie, il faut avoir un _____.
    8. Pour écrire une lettre par ordinateur, il faut avoir du _____ pour faire un _____ _____ _____.

9. Le mot **écoutez** est en _____ _____ et le mot *répondez* est en _____ _____ _____ .

10. Pour utiliser un disque compact, il faut avoir un _____ CD-ROM.

11. Pour les données financières, il faut avoir un logiciel pour les _____ .

12. L' _____ fait le traitement des données.

13. La _____ a beaucoup de sites.

14. La réseau Internet vous permet de consulter beaucoup de _____ .

15. Le _____ est un logiciel pour les jeux.

16. Pour ne pas perdre vos documents, il faut les _____ , puis les _____ .

**2.** Answer.

1. Avez-vous un ordinateur? Lequel? Avec un lecteur de CD-ROM?

2. Qu'est-ce que vous avez comme logiciel pour votre ordinateur?

3. Quelles applications utilisez-vous?

4. Faites-vous partie du réseau de l'information?

# CHAPTER 21:   At the stationer's
## *CHAPITRE 21:    Chez le papetier / la papetière*

| | |
|---|---|
| Je vais à la **papeterie**. | stationery store |
| Je voudrais des **crayons**. | pencils |
| des **crayons-feutre**. | felt-tip pens |
| des **plumes**. | pens |
| un **stylo**. | fountain pen |
| des **stylos à bille**. | ballpoint pens |
| des **stylos feutres**. | felt-tip pens |
| des **stylos à plume avec cartouche**. | cartridge pens |
| des **stylos à bille roulante**. | rolling ball pens |
| de l'**encre**. | ink |
| une **rechange**. | refill |
| un **porte-mine**. | pencil case |
| un **taille-crayon**. | pencil sharpener |
| un **porte-plume**. | pen holder |
| un **souligneur**. | highlighter |
| des **mines**. | refills |
| une **gomme**. | eraser |
| une **règle**. | ruler |
| des **agrafes**. | staples |
| une **agrafeuse**. | stapler |
| une **dégrafeuse**. | staple remover |
| des **punaises**. | thumbtacks |
| des **attaches**. | paper fasteners |
| des **trombones**. | paper clips |
| des **pinces-notes**. | paper clips (large) |
| un **grattoir**. | scraper |
| un **pot de colle**. | pot of glue |
| du **ruban adhésif**. | adhesive tape |
| du **papier collant**. | cellophane (Scotch) tape |
| des **fiches**. | index cards |
| du **papier**. | paper |
| du **papier à lettres**. | writing paper (stationery) |
| un **bloc**. | writing pad |
| des **enveloppes**. | envelopes |
| des **chemises**. | file folders |
| des **cartes**. | greeting cards |
| du **papier à dessin**. | drawing paper |
| du **papier brouillon**. | scratch paper |
| du **papier buvard**. | blotting paper |

| | |
|---|---|
| un **cahier** (un **carnet**). | notebook |
| un **classeur à anneaux**. | ring binder |
| un **calendrier**. | calendar |
| un **ruban correcteur**. | correction tape |
| un **correcteur liquide**. | correction fluid |
| un **bloc de feuillets autocollants**. | sticky (self-adhesive) notes |
| une **calculatrice de poche**. | pocket calculator |
| un **massicot**. | paper cutter |

**1.** Identify the items in Fig. 21-1.

1. un _____
2. un _____ _____ _____
3. une _____
4. une _____
5. des _____
6. des _____
7. du _____ _____

**Fig. 21-1**

8. des _____
9. du _____ _____ _____
10. un _____
11. une _____
12. un _____ _____ _____
13. des _____
14. un _____ - _____
15. une _____ _____ _____
16. un _____

2. Make a shopping list of things you need to buy in a stationery store.

# CHAPTER 22:   At the bookstore
# CHAPITRE 22:   À la librairie

**Chez le / la libraire**  At the bookseller's
Je voudrais quelque chose **à lire**, et je vais à la librairie.  to read
Il y a un **kiosque à journaux** près de la librairie.  newsstand
On pourrait y acheter un **guide des spectacles**.  entertainment guide
        un **journal**.  newspaper
        une **revue** (un **magazine**).  magazine
        des **cartes postales**.  postcards
        une **carte des routes** (une **carte routière**).  road map
        un **plan** (**guide**) **de la ville**.  city map
Je voudrais une **grammaire française**.  French grammar
        un **dictionnaire français–anglais**.  French–English dictionary
        un **roman**.  novel
        un **livre biographique** (une **biographie**).  biography
        un **livre de voyage**.  travel story
        un **livre d'histoire**.  history book
        un livre de **poésie**.  poetry
        un livre de **pièces de théâtre**.  plays
        un **roman policier**.  detective novel (mystery)
        un **roman d'amour**.  love story
Avez-vous des **œuvres** de Sartre?  works
Avez-vous des **ouvrages** sur l'histoire de la ville?  books (works)
Vendez-vous des livres **d'occasion**?  second-hand

1. Complete.
   1. On peut acheter des _____ et des _____ au kiosque.
   2. Pour savoir ce qui se passe dans la ville, c'est une bonne idée d'acheter un _____
   _____ _____ .
   3. J'achète des _____ pour les envoyer à mes amis.
   4. Je ne connais pas très bien le français. J'ai besoin d'un _____ et d'une _____ .
   5. J'aime beaucoup lire. J'aime les _____ , la _____ et les _____ de théâtre.
   6. Je cherche des _____ de Gide.
   7. Dans cette librairie, on vend des livres à prix réduits parce que ces livres ne sont pas neufs. On vend des livres _____ .

2. You are in a bookstore. Say what kinds of books you are looking for.

3. Classify the books you have read according to type.

# CHAPTER 23:   At the hardware store
# *CHAPITRE 23:   À la quincaillerie*

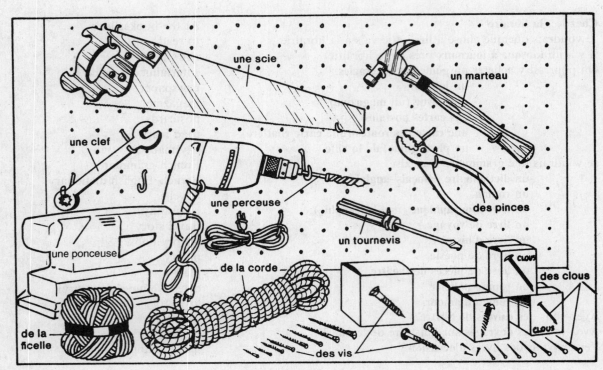

**Fig. 23-1**

| | |
|---|---|
| À la **quincaillerie** | hardware store |
| J'aime **bricoler (faire du bricolage)**. | do handiwork |
| Il y a toujours quelque chose à **réparer**, et je dois aller à la quincaillerie. | repair |
| J'ai besoin d'**écrous** et de **verrous**. | nuts, bolts |
| Il faut **verrouiller** ça. | bolt |
| Il faut **enfoncer** le **clou** dans le mur. | hammer in, nail |

**1.** Complete.
1. Pour couper le bois, il faut une _____.
2. Pour faire un trou dans le mur, il faut une _____.
3. Pour planter un clou dans un morceau de bois, il faut un _____.
4. Pour mettre une vis dans le bois, il faut un _____.
5. Pour ouvrir le robinet, il faut une _____ ou des _____.

**2.** You are good at handiwork. Decide what project you are going to do and then say what tools you need to complete it.

# CHAPTER 24: At the camera store

## *CHAPITRE 24: Au magasin des appareils photographiques*

| | |
|---|---|
| J'ai besoin de **pellicules** pour mon **appareil photo**. | films, camera |
| J'ai besoin d'un film de **35 millimètres**, de 36 **poses**. | 35 millimeter, exposures |
| Je voudrais deux pellicules en **noir et blanc** et deux en **couleur**. | black and white, color |
| Je voudrais un film pour **diapositives**. | slides |
| Le **développement** est-il **compris dans le prix**? | development, included in the price |
| Je voudrais faire **développer** ce film. | develop |
| **faire faire des tirages**. | have prints made |
| **agrandir** ce **négatif**. | enlarge, negative |
| Je voudrais acheter un **appareil photo numérique (digitale)**. | digital camera |
| J'ai besoin d'une **carte-mémoire**. | memory card |
| J'insère ma carte-mémoire dans mon **ordinateur** pour voir mes photos sur l'ordinateur. | computer |
| Je voudrais un **caméscope**. | camcorder |
| Mon appareil **est bloqué**. | doesn't work (is jammed) |
| L'**obturateur** ne marche pas. | shutter |
| La **cellule photoélectrique** ne marche pas. | light meter |
| L'**enrouleur** (le **levier d'avancement**) ne marche pas. | film winder |
| L'**exposimètre** / le **posemètre** ne marche pas. | exposure meter |
| le **compte-poses** | exposure counter |
| la **glissière du flash** | flash attachment |
| le **flash** | flash |
| le flash **intégré** | built-in |
| le **télémètre** | rangefinder |
| le **zoom** | zoom |
| Oh! J'ai oublié d'**enlever le capuchon d'objectif**. | remove the lens cap |
| J'ai besoin de **filtres** (UV). | filters (ultraviolet) |

**1.** Complete.
  1. Pour prendre des photos, il faut avoir un _____ _____ .
  2. Vous pouvez acheter des pellicules en _____ ou en noir et _____ .
  3. Pour prendre des photos dans une maison, il faut prendre les photos au _____ .
  4. Je veux faire développer ce film. Est-ce que le _____ est _____ dans le prix?
  5. J'ai besoin d'une pellicule de 35 _____ , de 36 _____ .
  6. Je voudrais faire _____ ces négatifs.
  7. Je voudrais faire faire des _____ .
  8. Le _____ d'objectif protège l'objectif.

9. La _____ règle l'ouverture.
10. Je ne peux pas enrouler le film. L'_____ ne marche pas.
11. Je ne peux pas avancer le film. Le _____ _____ ne marche pas.
12. Le _____ - _____ vous indique le nombre de photos déjà prises.
13. Il y a une _____ - _____ pour garder les photos dans mon appareil photographique.

2. You are in a camera store. Your camera is broken. Tell the clerk what you think is wrong. Tell the clerk you also want some film developed and some prints made. You also need some more film.

# CHAPTER 25:   At the florist's
# CHAPITRE 25:   *Chez le / la fleuriste*

Je voudrais offrir un **bouquet de fleurs** pour **Pâques**.　　　　bouquet of flowers, Easter
　　　　　　　　　　　　pour son **anniversaire**　　　his / her birthday
　　　　　　　　　　　　　(Canada: pour sa
　　　　　　　　　　　　　**fête**[1]).
　　　　　　　　　　　　pour son **anniversaire de**　　wedding anniversary
　　　　　　　　　　　　　**noce**.
　　　　　　　　　　　　pour ses **fiançailles**.　　　engagement
Je voudrais des **roses**.　　　　　　　　　　　　　roses
　　　　des roses **rouges, jaunes, blanches, roses**.　red, yellow, white, pink
　　　　des **violettes**.　　　　　　　　　　　　violets
　　　　des **œillets** rouges, blancs et roses.　　　carnations
　　　　des **chrysanthèmes** roses, jaunes et blancs.　chrysanthemums
　　　　des **lis (lys)** blancs.　　　　　　　　　lilies
　　　　des **primevères blanches, bleues, roses,**　white primroses, blue, pink
　　　　　**violettes, rouges, jaunes pâles**.　　　purple, red, pale yellow
　　　　des **muguets** blancs.　　　　　　　　　lilies of the valley
　　　　des **coquelicots** rouges.　　　　　　　poppies
　　　　des **glaïeuls** bleus, roses, jaunes et violets.　gladioli
　　　　des **hortensias** bleus ou roses.　　　　hydrangea
　　　　des **jacinthes** bleues, jaunes, roses ou blanches.　hyacinths
　　　　des **lilas**.　　　　　　　　　　　　　lilacs
　　　　des **jonquilles** jaunes.　　　　　　　　daffodils
　　　　des **marguerites** blanches, roses ou rouges.　marguerites (daisies)
　　　　des **pâquerettes** blanches.　　　　　　daisies
　　　　des **myosotis** bleus.　　　　　　　　　forget-me-nots
　　　　des **pensées** multicolores.　　　　　　pansies
　　　　des **pivoines** multicolores.　　　　　　peonies
　　　　des **tulipes** rouges, oranges et jaunes.　　tulips

1. Complete.
    1. Les _____ sont rouges, jaunes, blancs (blanches) ou roses.
    2. Les _____ sont violettes.
    3. Les _____ sont rouges.
    4. Les _____ sont multicolores.
    5. Les _____ sont blancs.
    6. Les _____ sont blanches.

---

[1] In France **une fête** is a saint's day (feast day). There is a saint for every day of the year. In addition to celebrating a birthday, **un anniversaire**, the French also celebrate the day of the saint after whom they were named.

2.  You are arranging for flowers to be delivered to a friend who is getting married. What flowers will you send? Give the type and color.

3.  On what occasions do you send flowers?

# CHAPTER 26:   At the pharmacy
# CHAPITRE 26:   À la pharmacie

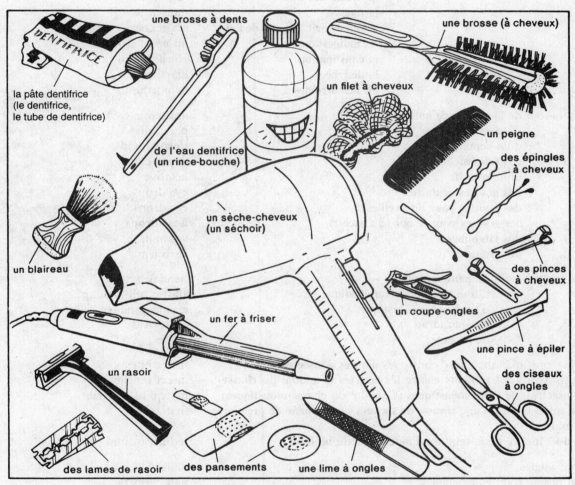

une brosse à dents

une brosse (à cheveux)

la pâte dentifrice
(le dentifrice,
le tube de dentifrice)

un filet à cheveux

un peigne

de l'eau dentifrice
(un rince-bouche)

des épingles
à cheveux

un sèche-cheveux
(un séchoir)

un blaireau

des pinces
à cheveux

un coupe-ongles

un fer à friser

une pince à épiler

un rasoir

des ciseaux
à ongles

des lames de rasoir          des pansements          une lime à ongles

Fig. 26-1

| | |
|---|---|
| Je dois aller à la **pharmacie**.[1] | pharmacy (drugstore) |
| Je dois **faire remplir une ordonnance**. | fill a prescription |
| Je dois acheter du **sirop pour la gorge** (contre la **toux**) | cough syrup |
| et des **pastilles**. | lozenges |

---

[1] Although many pharmacies in France sell only pharmaceutical products, there are more and more drugstores
(**les drogueries, les parapharmacies**) where personal-care items may be purchased. These items can also be purchased
in department stores.

| | |
|---|---|
| Je voudrais des **cachets d'aspirine**. | aspirin tablets |
| des **comprimés**. | tablets |
| des **capsules**. | capsules |
| des **ampoules**. | capsules with liquid medicine |
| J'ai besoin de quelque chose contre le **rhume**. | cold |
| la **grippe**. | flu |
| le **rhume des foins**. | hay fever |
| la **nausée**. | nausea |
| le **mal de mer** / le **mal de l'air**. | seasickness / airsickness |
| les **indigestions**. | an upset stomach |
| la **constipation**. | constipation |
| la **diarrhée**. | diarrhea |
| les **hémorroïdes**. | hemorrhoids |
| | |
| J'ai besoin de la **pommade antiseptique**. | antiseptic cream |
| d'un **analgésique**. | pain killer |
| d'un **somnifère**. | sleeping pill |
| d'un **désinfectant**. | disinfectant |
| d'un **laxatif**. | laxative |
| des **gouttes oculaires**. | eye drops |
| des **gouttes pour les oreilles**. | ear drops |
| des **gouttes pour le nez** (du **pschit**). | nose drops |
| des **vitamines**. | vitamins |
| des **tisanes**. | herb tea |
| | |
| J'ai aussi besoin de **pansements**. | bandages |
| d'une **bande de tissu élastique**. | elastic roll bandage |
| d'un **bandage élastique**. | elastic bandage |
| du **sparadrap**. | Band-Aids |
| de la **gaze**. | gauze |
| | |
| Avez-vous quelque chose contre les **piqûres d'insectes**? | insect bites |
| Nous avons des **produits contre les insectes** (Canada: du **chasse-insectes**), de l'**anti-moustiques** (Canada: du **chasse-moustiques**). | insect repellent / mosquito repellent |
| J'ai aussi besoin d'une **trousse de secours** (une **trousse de premiers soins**). | first-aid kit |
| Je dois mettre de la **teinture d'iode** sur cette **blessure**. | iodine, wound (injury) |
| | |
| Pour **ongles** | nails |
| J'ai besoin d'un **coupe-ongles**. | nail clippers |
| d'une **lime à ongles**. | nail file |
| d'une **brosse à ongles**. | nail brush |
| de **ciseaux à ongles**. | nail scissors |
| d'une **pince à épiler**. | tweezers |
| de **vernis à ongles**. | nail polish |
| de **dissolvant**. | nail polish remover |
| | |
| Pour hommes | |
| J'ai besoin d'un **rasoir** (**de sûreté**). | razor (safety) |
| de **lames de rasoir**. | razor blades |
| d'un **blaireau**. | shaving brush |
| de **crème à raser**. | shaving cream |
| de **mousse à raser**. | shaving foam |
| de **lotion après-rasage**. | after-shave lotion |

| | |
|---|---|
| **Maquillage** pour femmes | make-up |
| Je voudrais un **bâton** (**tube**) **de rouge à lèvres**. | tube of lipstick |
| du **beurre de cacao** (Canada: du **baume à lèvres**, du **baume pour les lèvres**). | lip balm |
| un **contour des lèvres** / un **crayon à lèvres**, (un **crayon pour les lèvres**). | lip liner / lip pencil |
| un **pinceau à lèvres** (un **pinceau pour les lèvres**). | lip brush |
| du **fard à paupières** (Canada: de l'**ombre à paupières**). | eye shadow |
| un **crayon à sourcils** (un **crayon pour les sourcils**). | eyebrow pencil |
| un **peigne à sourcils** / **cils** (un **peigne pour les sourcils** / **cils**). | eyebrow / eyelash comb |
| un **eye-liner**. | eyeliner |
| un **crayon pour les yeux**. | eye pencil |
| une **crème anti-cernes**. | concealer for undereye circles |
| du **mascara**. | mascara |
| un **fond de teint**. | foundation liquid |
| de la **poudre de riz**. | face powder |
| de la **poudre libre**. | loose powder |
| de la **poudre compacte transparente**. | transparent compact powder |
| un **pinceau à poudre**. | powder brush |
| une **houpette**. | powder puff |
| une **éponge**. | sponge |
| du **fard à joues** (un **blush**). | rouge (blush) |
| du **démaquillant**. | make-up remover |
| de la **crème démaquillante** (de la **crème pour le démaquillage**). | cleansing cream (make-up removing cream) |
| du **gel démaquillant**. | cleansing gel |
| des **disques démaquillants**. | make-up remover pads |
| un **exfoliant**. | exfoliant |
| un **astringent**. | astringent |
| de la **crème pour le visage**. | beauty (face) cream |
| de la **crème pour le corps** / **les mains** / **les pieds**. | body / hand / foot cream |
| des **traitements anti-âge**. | anti-age treatments |
| des **produits avec le Rétynaldéhyde**. | Retin A |
| de la crème avec **acides de fruits** contrôlés. | fruit acids |
| d'un **soin** / de la **crème anti-rides**. | anti-wrinkle cream |
| d'un **hydratant** / de l'**hydratation pour le corps**. | moisturizer |
| de la **crème** / de la **lotion** / de l'**émulsion hydratante**. | moisturizing cream / lotion |
| de la **crème de nuit**. | night cream |
| de la crème contre les **pattes d'oie**. | crow's feet |
| des **produits pour peaux sensibles** / **sèches**. | products for sensitive / dry skin |
| du **parfum**. | perfume |
| de l'**eau de cologne**. | cologne |
| des **coton-tiges**. | cotton pads |

| | |
|---|---|
| Pour les **cheveux**[2] | hair |
| Je voudrais une **brosse** (**à cheveux**). | hairbrush |
| un **peigne**. | comb |

---

[2] For other hair care products, see Chapter 11, *At the hairdresser's*, pages 90–91.

| | |
|---|---|
| des **pinces à cheveux**. | hairclips (bobby pins) |
| des **épingles à cheveux**. | hairpins |
| un **fer à friser**. | curling iron |
| un **séchoir à cheveux** (un **sèche-cheveux**). | hair dryer |
| un **filet à cheveux**. | hairnet |
| un **shampooing**. | shampoo |
| un **flacon de** shampooing. | bottle of |
| un shampooing pour cheveux **gras**. | oily |
| **secs**. | dry |
| du **gel coiffant** (**fixant, structurant**). | hair gel |
| **revitalisant** | conditioner |

| | |
|---|---|
| **Contre le soleil** | sun |
| Je voudrais de la **lotion solaire**. | suntan lotion |
| de la **crème solaire**. | suntan cream |
| de la **lotion de bronzage progressif**. | tanning lotion |
| de l'**huile solaire**. | suntan oil |
| un **écran solaire FPS 30**. | SPF 30 sunscreen |

| | |
|---|---|
| **Produits de tous les jours** | everyday |
| Je voudrais un **déodorant** (un **désodorisant**; Canada: | deodorant |
| un **antisudorifique**). | |
| du **savon** (**de toilette**). | soap (toilet) |
| du savon pour **peau sèche**. | dry skin |
| **peau grasse**. | oily skin |
| des **mouchoirs de papier**. | tissues |
| du **papier hygiénique**. | toilet paper |
| du **bain de mousse**. | bubble bath |
| des **sels de bain**. | bath salts |
| des **épingles de sûreté**. | safety pins |
| des **serviettes hygiéniques** / **tampons hygiéniques**. | sanitary napkins / tampons |
| un **rince-bouche** (de l'**eau dentifrice**). | mouthwash |
| une **brosse à dents**. | toothbrush |
| de la **pâte dentifrice** (du **dentifrice**). | toothpaste |
| de la **soie dentaire**. | dental floss |

**1.** Complete.

1. Je dois acheter des produits de beauté. Je voudrais du _____ _____ _____ pour mes lèvres, du _____ pour mes yeux, du _____ _____ pour mes ongles, un _____ _____ _____ pour mes sourcils, un _____-_____ , une _____ à _____ et des _____ _____ _____ pour mes ongles.

2. Pour les petites blessures, je dois acheter de la _____ _____ et des _____ .

3. Pour éviter d'attraper un coup de soleil, j'ai besoin de _____ _____ ou d'_____ _____ .

4. Pour me raser, j'ai besoin de _____ _____ _____ et de _____ à raser, de lotion _____-_____ et d'un _____ .

5. Pour éviter les piqûres de moustiques, j'ai besoin d'_____-_____ .

6. Pour me brosser les dents, j'ai besoin d'une _____ à dents, de _____ _____ et d'un _____ - _____ .

7. Si j'ai mal à la gorge, je vais acheter du _____ pour la gorge et des _____ .

**2.** Make a list of things you need to buy in the pharmacy.

# UNIT 5:   Medical care

# UNITÉ 5:   *Les soins médicaux*

# CHAPTER 27: At the doctor's office
# CHAPITRE 27: Chez le médecin (dans le cabinet du médecin)

## AN OFFICE VISIT

### EAR, NOSE, THROAT

| | |
|---|---|
| Un **rendez-vous chez le médecin**[1] | doctor's appointment |
| Le **malade** attend dans la **salle d'attente**. | patient, waiting room |
| Le (la) **malade** parle: | patient |
| **Je ne me sens pas très bien.** | I don't feel well. |
| Je suis **malade**. | sick (ill) |
| **Je suis enrhumé(e). (J'ai un rhume.)** | I have a cold. |
| Je crois que j'**ai attrapé la grippe**. | caught the flu |
| **J'ai mal à la gorge.** | I have a sore throat. |
| **J'ai mal à l'oreille.** | I have an earache. |
| **J'ai mal aux oreilles.** | My ears hurt. |
| **J'ai mal à la tête.** | I have a headache. |
| **J'ai mal au nez.** | My nose hurts. |
| J'ai de la **fièvre**. | fever |
| **J'ai pris ma température.** C'était **39,2°**.[2] | I took my temperature. 39.2° |
| **J'éternue.** | I'm sneezing. |
| Je suis **enroué(e)**. | hoarse |
| Je **frissonne**. | have a chill |
| J'ai un **refroidissement**. | chill |
| J'ai des **frissons**. | chills |
| J'ai le **torticolis**. | stiff neck |
| J'ai une **angine**. | throat infection |
| J'ai **du mal (de la peine) à respirer**. | difficulty breathing |
| à avaler. | swallowing |
| J'ai la **toux**. | cough |
| **Je tousse.** | I'm coughing. |
| J'ai les **glandes enflées**. | swollen glands |
| **Je suis très congestionné(e).** | I am very congested. |
| **J'ai des vertiges.** | I'm dizzy. |

---

[1] When speaking about a medical doctor, **le docteur** or **le médecin** is used. When addressing the doctor directly, **docteur** is used. **Le médecin (le docteur) vient**. **Bonjour, docteur**. A female doctor is **une femme médecin**. You may also hear **une doctoresse**. In Quebec, you will near **une docteure** for a female physician.

[2] Note that the metric system is used in France for taking temperatures. 39,2°C = 102.6°F.

Le médecin parle:

| | |
|---|---|
| Quels sont vos **symptômes**? | symptoms |
| **Où avez-vous mal?** | Where does it hurt? |
| Avez-vous la **nausée**? | nausea |
| **Avez-vous le vertige?** | Are you dizzy? |
| **Ouvrez la bouche.** | Open your mouth. |
| Je voudrais **examiner** votre gorge. | examine |
| **Déshabillez-vous.** | Take off your clothes. |
| **Enlevez votre chemise.** | Take off your shirt. |
| **Allongez-vous**, s'il vous plaît. | Lie down. |
| Je vais **écouter (ausculter) votre cœur**. | listen to your heart |
| **Respirez à fond.** | Take a deep breath. |
| **Montrez-moi votre langue. (Tirez la langue.)** | Show me your tongue. (Stick your tongue out.) |
| **Respirez (inspirez).** | Breath in. |
| **Soufflez (expirez).** | Breath out. |
| **Est-ce que cela vous fait mal?** | Does that hurt? |
| **Est-ce que vous avez mal à la poitrine?** | Does your chest hurt? |
| Je vais **prendre votre température**. | take your temperature |
| Vous avez une **infection bactérienne** / une **angine**. | bacterial infection / strep throat |
| une **bronchite**. | bronchitis |
| une **pneumonie**. | pneumonia |
| la **grippe**. | flu |
| Êtes-vous **allergique** à la pénicilline? | allergic |
| Je vais **vous faire une piqûre**. | give you an injection |
| **Retroussez votre manche.** | Roll up your sleeve. |
| Je vais vous **prescrire** des **antibiotiques**. | prescribe, antibiotics |
| Je vais vous donner une **ordonnance** pour des **médicaments**. | prescription, medicine |
| Prenez ces **pilules** trois fois par jour. | pills |
| **Restez** quelques jours **au lit**. | stay in bed |
| Prenez ce **sirop contre la toux**. | cough syrup |
| **Ce n'est pas grave.** | It's not serious. |
| Vous allez **guérir**. | get well (be cured) |

## DIGESTIVE UPSETS

| | |
|---|---|
| — Je souffre de **douleurs abdominales**. | abdominal upsets |
| J'ai des **crampes**. | cramps |
| — J'ai **mal au ventre**. | stomach (belly) ache |
| **mal à l'estomac (au foie)**.[3] | stomach ache (liver) |
| **mal aux reins**. | backache (kidneys) |
| J'ai une **indigestion**. | indigestion |
| **Je n'ai pas d'appétit.** | I have no appetite. |
| **J'ai une intoxication alimentaire.** | food poisoning |
| — Souffrez-vous de la **constipation**? (Êtes-vous **constipé**?) | constipation, constipated |
| — Non. | |
| — Avez-vous la **diarrhée**? | diarrhea |
| — Oui, docteur. | |
| — Avez-vous la **nausée**? | nausea |
| — Oui, **j'ai des nausées** et **j'ai eu des vomissements**. | I'm nauseated, I vomited |

---

[3] Many French people complain of having **mal au foie** (liver) when they have a stomach ache.

— **Déshabillez-vous.**                                         Undress. (Take your clothes off.)
  **Allongez-vous** sur la table.                               lie down
— Vous avez probablement un **virus intestinal** ou une **gastrite**.   intestinal virus, gastritis
  Ce n'est pas trop grave. Restez quelques jours au lit. Prenez ce
  médicament et appelez-moi si **vous ne vous sentez pas mieux**   you do not feel better
  dans quelques jours.

**1.** Complete.

Le pauvre M. Leroi ne se sent pas très bien. Il est _____ . Il a la _____
                                                            1                                   2
très rouge et il a du mal à avaler. Quelquefois il a très froid et quelquefois il a très chaud. Il a de la

_____ et des _____ . Il a les glandes _____ , la _____ et
          3                          4                                              5                               6
il est très _____ . Il ne sait pas s'il a seulement un _____ ou s'il a attrapé la
                  7                                                              8
_____ . Il doit aller chez le médecin.
          9

**2.** Complete.

**Dans le _____ du médecin**
                    1
— Bonjour, docteur.

— Bonjour. Où avez-vous mal?

— Je ne sais pas si j'ai un _____ ou si j'ai la _____ .
                                          2                                   3
— Quels sont vos symptômes?

— J'ai mal à la _____ et j'ai du mal à _____ . J'ai mal aux _____
                          4                                      5                                      6
aussi.

— Ouvrez la _____ , s'il vous plaît. Je voudrais examiner la _____ . Oui, c'est
                      7                                                                   8
très rouge. Vous avez les glandes _____ aussi. _____ à fond, s'il vous plaît.
                                                9                              10
Maintenant _____ . Est-ce que cela vous fait mal quand vous respirez?
                      11
— Un peu, mais pas beaucoup.

— _____-vous?
          12
— Oui, je tousse beaucoup.

— Ouvrez la bouche encore une fois. Je vais prendre votre _____ . Vous avez 39°C.
                                                                              13
Un peu élevé. Vous avez de la _____ . Êtes-vous _____ à quelque médica-
                                          14                              15
ment?

— Pas que je sache.

— Très bien. Retroussez votre _____ . Je vais vous faire une _____ de
                                          16                                              17
pénicilline et je vais vous donner une _____ pour un antibiotique. Vous devez
                                                  18
prendre ces _____ trois fois par jour. Ce n'est pas _____ . Vous allez
                      19                                                  20
vous sentir mieux dans quelques jours.

**3.** Complete.

1. Quand vous avez un _____ , en général vous n'avez pas de fièvre. Mais en général vous avez de la _____ quand vous avez la _____.

2. Quand on a de la fièvre, on a froid à un moment et on a chaud à un autre. Quand on a froid, il est possible qu'on ait aussi des _____ .

3. Le malade doit ouvrir la _____ quand le médecin lui _____ la gorge.

4. Quand le médecin va faire une piqûre au malade, le malade doit retrousser sa _____ .

5. J'ai un rhume. Je suis _____.

6. J'ai mal à l'estomac. J'ai des _____ .

7. Avant que le médecin puisse examiner le malade, il lui demande de _____ et de _____ sur la table.

8. J'ai très mal au ventre. Je ne sais pas si j'ai seulement une _____ , si j'ai une _____ ou si j'ai un _____ .

9. Quand j'ai mal au ventre, je souffre de _____ abdominales.

10. Le médecin va me _____ un médicament.

**4.** You have respiratory symptoms and you don't know whether you have a cold or the flu. Describe your symptoms to your doctor.

**5.** After eating in a restaurant, you begin to have intestinal symptoms. Describe your symptoms to your doctor and tell him or her what you have eaten.

## A PHYSICAL EXAMINATION

| | |
|---|---|
| Un **bilan médical** (Un **bilan de santé**) | medical check up |
| **Passée médicale** | medical history |
| Avez-vous jamais souffert de ou est-ce que quelqu'un dans votre famille a souffert d'**allergies**? | allergies |
| d'**asthme**? | asthma |
| d'**arthrite**? | arthritis |
| d'une **maladie rhumatismale**? | rheumatic disease |
| d'un **cancer**? | cancer |
| de **diabète** | diabetes |
| du **cœur**? | heart trouble |
| d'une **crise cardiaque** (d'un **infarctus**)? | heart attack |
| de **maladies de la peau**? | skin diseases |
| de **maladies mentales**? | mental illness |
| de **maladies vénériennes**? | venereal diseases |
| de **maladies sexuellement transmises** (**MST/MTS**)? | sexually transmitted diseases (STDs) |
| du **syndrome immunodéficitaire acquis** (**SIDA**)? | acquired immune deficiency syndrome (AIDS) |
| de **rhume des foins**? | hay fever |
| d'**épilepsie**? | epilepsy |
| de **tuberculose**? | tuberculosis |
| Quand vous étiez petit, avez-vous eu la **poliomyélite**? | polio |
| la **rougeole**? | measles |
| la **rubéole**? | German measles |
| les **oreillons**? | mumps |

| | |
|---|---|
| la **varicelle**? | chicken pox |
| la **coqueluche**?[4] | whooping cough |
| Quels **médicaments** prenez-vous? | medicine |
| Prenez-vous des **somnifères**? | sleeping pills |
| des **remontants** (des **antidépresseurs neuroleptiques**)? | antidepressants |
| des **calmants**? | pain pills |
| des **tranquillisants**? | tranquilizers |
| Quel est votre **groupe sanguin**? | blood type |
| Avez-vous des problèmes avec vos **règles**? | menstrual periods |
| Avez-vous des règles **douloureuses**? | painful |
| Avez-vous **subi une opération**? | had an operation |
| Avez-vous été **opéré(e) des amygdales**? | operated on (to remove) your tonsils |
| Avez-vous **fait enlever vos amygdales**? | had your tonsils out |
| Avez-vous eu une **amygdalectomie**? | tonsilectomy |
| Avez-vous été opéré(e) de l'**appendicite**? | appendicitis |
| Avez-vous fait enlever votre **appendice**? | appendix |
| Avez-vous eu une **appendicectomie**? | appendectomy |
| J'ai l'**appendicite**. | appendicitis |

## EXAMINATION OF THE VITAL ORGANS (Fig. 27-1)

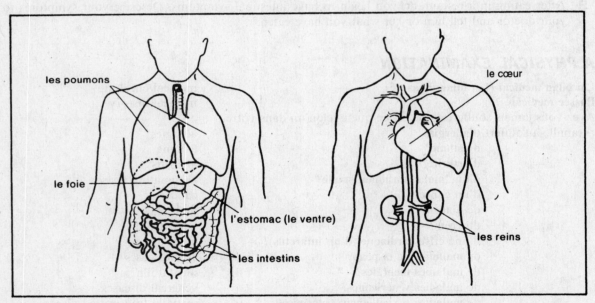

les poumons

le cœur

le foie

l'estomac (le ventre)

les reins

les intestins

Fig. 27-1

| | |
|---|---|
| **Déshabillez-vous.** | Undress. |
| **Étendez-vous** sur la table. | Lie down |
| Je vais examiner vos **organes vitaux**. | vital organs |

---

[4] Other illnesses of which you may wish to know the names for travel purposes are **la variole** (small pox), **le paludisme** (malaria), **la fièvre jaune** (yellow fever), **le choléra** (cholera), **le tétanos** (tetanus), **la typhoïde** (typhoid).

| | |
|---|---|
| **Retroussez votre manche**, s'il vous plaît. | roll up your sleeve |
| Je voudrais prendre votre **tension artérielle**. | blood pressure |
| La tension est **trop élevée**. | too high |
| **trop basse**. | too low |
| Je vais **prendre votre pouls (vous tâter le pouls)**. | take your pulse |
| Je vais **écouter (ausculter)** votre cœur avec le **stéthoscope**. | listen to, stethoscope |
| Je vais tâter votre **foie**, vos **intestins** et votre **rate**. | liver, intestines, spleen |
| Je vais examiner votre **peau**. | skin |
| Je vais **faire une radiographie de vos poumons**. | x-ray your lungs |
| Je vais vous faire un **électrocardiogramme**. | electrocardiogram |
| Je vais faire faire une **prise de sang**. | blood sample |
| Je voudrais faire faire des **analyses de sang**. | blood test |
| **d'urine**. | urine |
| **de matières fécales** / | of the feces / |
| de **vos selles**. | stools |
| J'ai besoin d'un **échantillon (spécimen, prélèvement) de vos urines**. | urine sample |
| **de votre sang**. | blood |
| **de vos selles**. | stool |

6. Complete.
    1. Une personne qui a une _____ _____ élevée peut avoir une crise cardiaque.
    2. Elle ne peut pas supporter la pénicilline. Elle a une _____. Elle est _____ à la pénicilline.
    3. Dans le passé, beaucoup d'enfants ont souffert de la _____, des _____ et de la _____. Toutes ces maladies sont des maladies contagieuses. Aujourd'hui il y a des vaccins d'immunisation contre ces _____.
    4. Une personne qui souffre d'_____ a des problèmes pour respirer.
    5. Le cœur, les poumons et les reins sont des _____ _____.
    6. Si vous perdez du sang, il est important de savoir votre _____ _____.
    7. Les psychiatres traitent les _____ _____.
    8. Le _____, le _____, les _____, les _____, les _____, et l'_____ sont des organes vitaux.
    9. Je n'ai jamais _____ d'épilepsie.
    10. La tuberculose est une infection des _____.
    11. Elle va prendre un échantillon de mon sang parce qu'elle veut faire des _____ _____ _____.
    12. S'il y a la moindre possibilité d'une maladie de cœur, le médecin va faire un _____.
    13. Bien des fois, si une personne a mal à l'_____, elle vomit ou elle a la diarrhée.
    14. Je vais faire une _____ de vos poumons.

7. Select the normal procedures for a medical or physical exam.
    1. Le médecin lui prend la température.
    2. Le médecin lui prend la tension artérielle.
    3. Le médecin lui fait une opération.
    4. Le médecin lui fait une radiographie des poumons.
    5. Le médecin lui prend un spécimen de sang pour faire des analyses de sang.
    6. Le médecin lui tâte le pouls.
    7. Le médecin lui fait une piqûre de pénicilline.
    8. Le médecin lui fait un électrocardiogramme.
    9. Le médecin lui donne une ordonnance pour des antibiotiques.
    10. Le médecin écoute (ausculte) son cœur.

11. Le médecin prend un échantillon de ses urines.
12. Le médecin examine certains organes vitaux.

## ACCIDENTS AND OTHER PROBLEMS (Fig. 27-2)

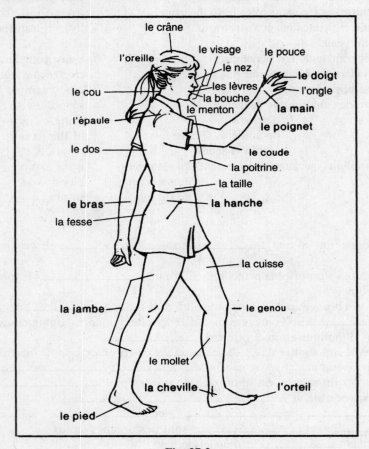

le crâne
le visage
l'oreille
le nez
le pouce
le doigt
les lèvres
l'ongle
le cou
la bouche
le menton
la main
l'épaule
le poignet
le dos
le coude
la poitrine
la taille
le bras
la hanche
la fesse
la cuisse
la jambe
le genou
le mollet
la cheville
l'orteil
le pied

Fig. 27-2

| | |
|---|---|
| J'ai fait une chute. | I fell. |
| Je me suis cassé le doigt. | broke my finger |
| le bras. | arm |
| la main. | hand |
| le poignet. | wrist |
| la jambe. | leg |
| le pied. | foot |
| la cheville. | ankle |
| la hanche. | hip |
| le gros orteil. | big toe |
| Je me suis foulé le poignet. | sprained my wrist |
| J'ai une foulure. | sprain |
| Je me suis tordu la cheville. | sprained my ankle |
| le dos. | back |
| J'ai mal au coude. J'ai la synovite du coude. | elbow, tendinitis (tennis elbow) |
| J'ai mal à la hanche. J'ai la bursite. | hip, bursitis |

| | |
|---|---|
| **J'ai mal au dos.** | My back hurts. |
| J'ai un **bleu** (une **contusion**). | bruise |
| **Je saigne.** | I'm bleeding. |
| J'ai **perdu du sang.** | lost blood |
| **Cela me fait mal ici.** | It hurts here. |
| **C'est douloureux.** | It's painful. |
| J'ai une **ampoule.** | blister |
| **J'ai des démangeaisons.** | I itch. |
| J'ai une **insolation.** | sunstroke |
| Le médecin veut **faire une radiographie de l'os.** | x-ray the bone |
|         **faire radiographier votre jambe.** | x-ray your leg |
| Il a une **fracture compliquée.** | compound fracture |
| Le médecin (le **chirurgien orthopédiste**) | orthopedic surgeon |
|   doit **réduire la fracture** (**réparer l'os**). | set the bone |
| Ensuite il va **mettre la jambe dans le plâtre.** | put the leg in a cast |
| Le malade doit utiliser des **béquilles.** | crutches |
| Je **me suis coupé le pied.** | cut my foot |
| Je **me suis blessé** (**fait mal**) **à la joue.** | hurt my cheek |
|             **à la tête.** | head |
| Le médecin va **suturer** à la tête. | stitch |
| Il va **faire des points de suture.** | take stitches |
| Ensuite il va **bander** (**mettre un pansement sur**) la **blessure.** | bandage, wound |
| Il va **enlever les points de suture** dans cinq jours. | take out the stitches |
| Il y aura de petites **cicatrices.** | scars |

## PARTS OF THE BODY

| | |
|---|---|
| la **cheville** | ankle |
| l'**appendice** *m.* | appendix |
| le **bras** | arm |
| l'**artère** *f.* | artery |
| le **dos** | back |
| la **vessie** | bladder |
| le **corps** | body |
| l'**os** *m.* | bone |
| les **intestins** *m. pl.* | bowels |
| le **cerveau** | brain |
| le **sein** | breast |
| la **fesse** | buttock |
| la **joue** | cheek |
| la **poitrine** | chest |
| le **menton** | chin |
| la **clavicule** | collarbone |
| le **côlon** | colon |
| l'**oreille** *f.* | ear |
| le **coude** | elbow |
| l'**œil** *m.* (*pl.* les **yeux**) | eye (eyes) |
| le **sourcil** | eyebrow |
| la **paupière** | eyelid |
| la **figure** (le **visage**) | face |
| le **doigt** | finger |
| le **pied** | foot |

| le **front** | forehead |
| la **vésicule biliaire** | gallbladder |
| la **glande** | gland |
| la **gencive** | gum |
| la **main** | hand |
| la **tête** | head |
| le **cœur** | heart |
| le **talon** | heel |
| la **hanche** | hip |
| les **intestins** *m. pl.* | intestines |
| la **mâchoire** | jaw |
| l'**articulation** *f.* (la **jointure**) | joint |
| le **rein** | kidney |
| le **genou** | knee |
| la **rotule** | kneecap |
| la **jambe** | leg |
| la **lèvre** | lip |
| le **foie** | liver |
| le **poumon** | lung |
| la **bouche** | mouth |
| le **muscle** | muscle |
| l'**ongle** *m.* | nail |
| le **cou** | neck |
| le **nerf** | nerve |
| le **système nerveux** | nervous system |
| le **nez** | nose |
| le **pancréas** | pancreas |
| la **côte** | rib |
| l'**épaule** *f.* | shoulder |
| la **peau** | skin |
| l'**estomac** *m.* (le **ventre**) | stomach |
| la **tempe** | temple |
| le **tendon** | tendon |
| la **cuisse** | thigh |
| la **gorge** | throat |
| le **pouce** | thumb |
| l'**orteil** *m.* | toe |
| la **langue** | tongue |
| les **dents** *f. pl.* | teeth |
| les **amygdales** *f. pl.* | tonsils |
| la **veine** | vein |

**8.** Complete.

La pauvre Hélène a eu un accident. Elle est tombée et elle s'est fait mal à la _____ .
⠀⠀⠀⠀⠀⠀⠀⠀⠀⠀⠀⠀⠀⠀⠀⠀⠀⠀⠀⠀⠀⠀⠀⠀⠀⠀⠀⠀⠀⠀⠀⠀⠀⠀⠀⠀⠀⠀⠀⠀⠀⠀⠀⠀⠀⠀⠀⠀1

Ses parents l'ont emmenée à l'hôpital. Le médecin leur a dit qu'il voudrait faire _____ la
⠀⠀⠀⠀⠀⠀⠀⠀⠀⠀⠀⠀⠀⠀⠀⠀⠀⠀⠀⠀⠀⠀⠀⠀⠀⠀⠀⠀⠀⠀⠀⠀⠀⠀⠀⠀⠀⠀⠀⠀⠀⠀⠀⠀⠀⠀⠀⠀⠀⠀⠀⠀2

jambe pour savoir si Hélène avait une _____ ou une foulure. La radiographie a indiqué
⠀⠀⠀⠀⠀⠀⠀⠀⠀⠀⠀⠀⠀⠀⠀⠀⠀⠀⠀⠀⠀⠀⠀⠀⠀⠀⠀⠀⠀⠀3

qu'elle avait une _____ . Donc, le _____ orthopédiste a dû
⠀⠀⠀⠀⠀⠀⠀⠀⠀⠀⠀⠀⠀⠀⠀⠀⠀⠀⠀4⠀⠀⠀⠀⠀⠀⠀⠀⠀⠀⠀⠀⠀⠀⠀⠀⠀⠀⠀5

_____ la fracture, et ensuite il a dû mettre la jambe dans le _____ . La pauvre
⠀⠀⠀⠀⠀6⠀⠀⠀⠀⠀⠀⠀⠀⠀⠀⠀⠀⠀⠀⠀⠀⠀⠀⠀⠀⠀⠀⠀⠀⠀⠀⠀⠀⠀⠀⠀⠀⠀⠀⠀⠀⠀⠀⠀⠀⠀7

Hélène devra marcher avec des _____ pendant plusieurs semaines.
⠀⠀⠀⠀⠀⠀⠀⠀⠀⠀⠀⠀⠀⠀⠀⠀⠀⠀⠀8

**9.** Identify each item in Fig. 27-3.

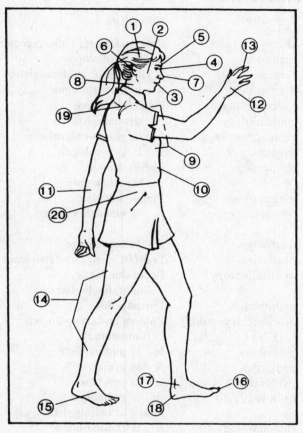

**Fig. 27-3**

**10.** Complete.
1. Je me suis coupé le doigt. Le médecin ne va pas mettre le doigt dans le _____ , mais il va mettre un _____ sur la blessure.
2. Avant de bander le doigt, il doit faire quelques _____ _____ _____ parce que c'est une blessure très profonde.
3. Je me suis _____ la cheville.
4. Quand vous tombez, quelquefois vous avez un _____ au genou.
5. Quand vous êtes blessé, vous _____ du sang.
6. Quand j'ai des piqûres d'insectes, j'ai des _____ .
7. Le joueur de tennis a mal au coude. Il souffre probablement de la _____ du coude.
8. Je me suis foulé le poignet. J'ai une _____ .

**11.** You have recently moved to a new town or city and are visiting a new doctor. Explain to the doctor that you have recently had a complete physical exam. Tell the doctor what your doctor checked during this exam. Tell the doctor about any medical conditions you may have.

**12.** You are traveling in France and you have broken your ankle. Write a dialogue between you and the doctor regarding this situation.

## MEDICAL SPECIALTIES
## SPÉCIALISATIONS MÉDICALES

| Spécialité | Specialty | Spécialiste | Specialist |
|---|---|---|---|
| l'allergologie | allergy | l'allergologiste, l'allergologue[5] | allergist |
| la cardiologie | cardiology | le / la cardiologue | cardiologist |
| la chirurgie | surgery | le chirurgien, la chirurgienne | surgeon |
| la dermatologie | dermatology | le / la dermatologue | dermatologist |
| l'endocrinologie | endocrinology | l'endocrinologue | endocrinologist |
| l'epidémiologie | epidemiology | l'épidémiologiste | epidemiologist |
| la gastro-entérologie | gastroenterology | le / la gastro-entérologue | gastroenterologist |
| la gynécologie | gynecology | le / la gynécologue | gynecologist |
| l'hématologie | hematology | l'hématologue, l'hématologiste | hematologist |
| l'immunologie | immunology | l'immunologiste | immunologist |
| la kinésithérapie (la rééducation) | physiotherapy | le / la kinésithérapeute | physiotherapist |
| la neurologie | neurology | le / la neurologue | neurologist |
| l'obstétrique | obstetrics | l'obstétricien, l'obstétricienne | obstetrician |
| l'ophtalmologie | ophthalmology | l'ophtalmologue, l'ophtalmologiste | ophthalmologist |
| l'orthopédie | orthopedics | l'orthopédiste | orthopedist |
| l'oto-rhino-laryngologie (l'oto-rhino) | otorhinolaryngology (ENT) | l'oto-rhino-laryngologiste (l'oto-rhino) | otorhinolaryngologist (ENT) |
| la pathologie | pathology | le / la pathologiste | pathologist |
| la pédiatrie | pediatrics | le / la pédiatre | pediatrician |
| la psychiatrie | psychiatry | le / la psychiatre | psychiatrist |
| la radiologie | radiology | le / la radiologue, le / la radiologiste | radiologist |
| la rhumatologie | rheumatology | le / la rhumatologue | rheumatologist |
| l'urologie | urology | l'urologue | urologist |

## ALTERNATIVE MEDICINE
## MÉDECINE PARALLÈLE / MÉDECINE DOUCE

| | | | |
|---|---|---|---|
| l'acupuncture | acupuncture | l'acupuncteur / l'acupunctrice | acupuncturist |
| la chiropractie (la chiropraxie; Canada: la chiropratique) | chiropractic | le chiropracteur / la chiropractrice (le chiropracticien, la chiropracticienne) | chiropractor |
| l'homéopathie | homeopathy | l'homéopathe | homeopath (homeopathist) |
| le massage thérapeutique | massage therapy | le masseur / la masseuse, le / la massothérapeute | massage therapist |

---

[5] The medical specialties are named after the medical science and are almost always similar to English since both the English and the French terms have Greek and Latin roots. The **-y** in English becomes **-ie** in French; thus "radiology" becomes **radiologie**. Other examples are **neurologie, urologie, cardiologie, gynécologie**. For the doctor who is a specialist in a particular field, the English **-gist** sometimes becomes **-gue**: **radiologue, urologue, cardiologue, gynécologue**.

| la **naturopathie** /<br> la **naturothérapie** | naturopathy | le / la **naturopathe** | naturopath |
| l'**ostéopathie** | osteopathy | l'**ostéopathe** | osteopath |
| la **réflexothérapie** | reflexology | le / la **réflexothérapeute** | reflexologist |

**13.** Complete.

1. Le _____ est le médecin qui soigne les enfants. Ce médecin est spécialiste en _____.

2. L'_____ est le médecin qui soigne les malades qui ont des allergies. Il est spécialiste en _____.

3. La _____ fait des opérations. Elle est spécialiste en _____.

4. La _____ traite les maladies des femmes. Elle est spécialiste en _____.

5. Les maladies intestinales sont traitées par le _____ qui est spécialiste en _____.

6. Le _____ traite les maladies mentales. Il est spécialiste en _____.

7. Le _____ fait des radiographies. Il est spécialiste en _____.

8. La _____ traite les arthritiques. Elle est spécialiste en _____.

9. La _____ traite les maladies de la peau. Elle est spécialiste en _____.

10. L'_____ traite les maladies de la vision. Il est spécialiste en _____.

**14.** You have a specific illness. Say what the illness is and what specialist you must consult. Describe the symptoms.

# CHAPTER 28:   At the hospital
# CHAPITRE 28:   À l'hôpital

## ADMITTANCE

| | |
|---|---|
| Remplissez ce **formulaire** / cette **feuille malade**, s'il vous plaît. | form / health insurance form |
| Indiquez votre **compagnie d'assurances**. | insurance company |
| Écrivez aussi le numéro de la **police** et le nom de l'**assuré(e)**. | policy, insured |

## EMERGENCY ROOM

| | |
|---|---|
| Le malade arrive à l'hôpital en **ambulance**. | ambulance |
| Le malade est sur un **brancard** (une **civière**). | stretcher |
| Il n'est pas assis dans un **fauteuil roulant**. | wheelchair |
| On l'emmène à la **salle des urgences**. | emergency room |
| Un **infirmier** (une **infirmière**) **prend son pouls** (**lui tâte le pouls**). | nurse, takes his or her pulse |
| Il (elle) lui prend la **tension artérielle** aussi. | blood pressure |
| Le **médecin** l'examine. | doctor |
| Un **interne** l'examine dans la salle des urgences. | intern |
| Le malade a des **douleurs abdominales**. | abdominal pains |
| Le médecin veut **faire faire une radiographie de** l'estomac / de l'abdomen. | take an X-ray of |
| Il emmène le patient au **service de radiologie**. | X-ray room |
| Le **technicien de radiologie** / **de laboratoire** va faire la radiographie. | radiology / laboratory technician |
| La radiographie aide le médecin à faire un **diagnostic**. | diagnosis |

**1.** Answer.

1. Comment le malade arrive-t-il à l'hôpital?

2. Est-ce qu'il peut marcher?

3. Comment entre-t-il à l'hôpital?

4. Qu'est-ce qu'un infirmier lui tâte?

5. Qui examine le malade?

6. Où l'examine-t-il?

7. Qu'est-ce que le malade a?

8. Que veut faire le médecin?

9. Où est-ce qu'on emmène le malade?

10. Qui fait la radiographie?

**2.** Complete.

En général, quand un malade arrive à l'hôpital, lui ou un membre de sa famille doit remplir un

_____ à la réception. Sur le _____ il faut écrire le nom de la compagnie
   1          2

d'_____ , le numéro de la _____ et le nom de l'_____ .
  3         4         5

**3.** Complete.

1. Beaucoup de malades arrivent à l'hôpital en _____ .

2. Si le patient ne peut pas marcher, on le met sur un _____ ou dans un
   _____ _____ .

3. Quand un malade arrive à l'hôpital en ambulance, en général, il va tout de suite à la
   _____ _____ _____ .

4. Presque toujours, une infirmière lui tâte le _____ et lui prend la _____
   _____ .

5. Si le médecin ne sait pas ce qu'a le malade, il lui fait faire une _____ .

## SURGERY (Fig. 28-1)

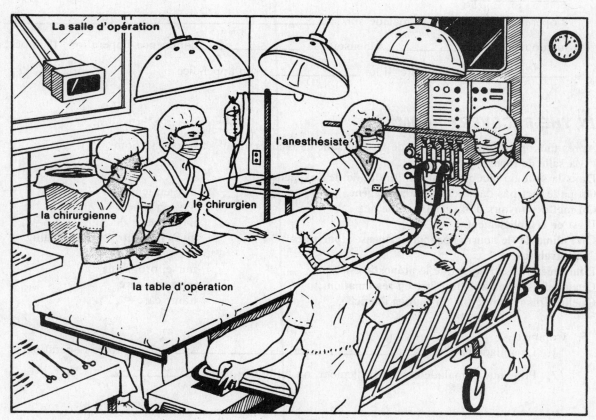

La salle d'opération

l'anesthésiste

la chirurgienne

le chirurgien

la table d'opération

**Fig. 28-1**

| | |
|---|---|
| Le malade va **subir une intervention chirurgicale**. | undergo surgery |
| On va l'**opérer** (**faire une opération**). | operate |
| On fait une **piqûre** (une **injection**) | injection |
| de **tranquillisant** (**calmant**) au malade. | tranquilizer |
| On l'emmène à la **salle d'opération** sur un brancard. | operating room |
| On le met sur la **table d'opération**. | operating table |
| **L'anesthésiste** lui donne un **anesthésique**. | anesthesiologist, anesthetic |
| Il lui donne du **penthotal**. | pentothal |
| Le **chirurgien** (la **chirurgienne**) l'opère. | surgeon |
| Il opère le malade **d'une appendicite**.[1] | for appendicitis |
| Il va **enlever l'appendice**. | take out the appendix |
| Le malade a souffert d'une **crise** d'appendicite. | attack |
| Pendant l'opération, il est quelquefois nécessaire de faire une | |
| **transfusion sanguine**. | blood transfusion |

**4. Complete.**

Le médecin décide que le malade a besoin d'une _____ . Il va l'_____ .
                                                    1                                  2

Avant de l'emmener à la _____ _____ , on lui fait une piqûre de
                                          3

_____ parce qu'on veut le calmer. On l'emmène à la salle d'opération sur un
       4

_____ parce que le malade ne peut pas y aller à pied. Quand ils arrivent à la salle
       5

d'opération, ils mettent le malade sur la _____ _____ . L'_____
                                                              6                              7

lui donne un _____ et ensuite le _____ commence l'opération. Il l'opère
                     8                              9

_____ appendicite. Il lui _____ son appendice.
       10                                 11

## IN THE RECOVERY ROOM

| | |
|---|---|
| Après une opération, le / la malade va à la **salle de récupération** | recovery room |
| (la **salle de repos**). | |
| Dans la salle de récupération, on lui donne de l'oxygène. | |
| On ne le met pas dans une **tente à oxygène**. | oxygen tent |
| On met des **tuyaux d'oxygène** dans le nez. | oxygen tubes |
| Il est **en rétablissement**. | in recovery |
| On **l'alimente** (**le nourrit**) **par intraveineuses** (**par voies** | gives him intravenous feeding |
| **intraveineuses**). | |
| **L'infirmière** lui explique que le **pronostic** est bon. | nurse, prognosis |
| Quelquefois le malade doit être en **réanimation**. | intensive care |
| Quelquefois il doit avoir un **soutien domicile**. | home care |

**5. Complete.**

1. Le malade va à la _____ _____ _____ après l'opération.

2. Pour que le malade respire facilement, on lui donne de l'_____ .

---

[1] Other terms or surgical procedures you may want to know are: **un ulcère** (ulcer), **un kyste** (cyst), **les hémorroïdes** (hemorrhoids), **un polype** (polyp), **une tumeur** (tumor), **un ovaire** (ovary), **une cataracte** (cataract), **des amygdales** (tonsils), **une hystérectomie** (hysterectomy) **la chirurgìe à cœur ouvert** (open heart surgery).

3. Quelquefois on le nourrit par _____ .

4. Le malade est content parce qu'on lui a dit que le _____ est bon.

5. Si le malade a besoin de soins spéciaux, on le met en _____ .

6. Si un malade a besoin d'aide à la maison il faut lui donner un _____ _____ .

## IN THE DELIVERY ROOM

| | |
|---|---|
| La dame est **enceinte**. | pregnant |
| Elle va **accoucher**. | give birth |
| Elle est **en travail**. | in labor |
| Elle a des **douleurs de travail**. | labor pains |
| Elle est dans la **salle de délivrance** (la **salle d'accouchement**). | delivery room |
| L'**obstétricien** (l'**obstétricienne**) **soigne** la malade. | obstetrician, takes care of |

**6.** Complete.

La dame est _____ . Bientôt, elle va _____ . En ce moment, elle est en
                    1                                    2
_____ . L'_____ soigne la dame dans la _____ _____ .
         3                    4                                              5

### À l'hôpital

Un jour Pierre avait très mal à l'estomac. Il ne pouvait pas se lever de son lit. Il ne savait pas quoi faire, et enfin il a décidé d'appeler une ambulance. L'ambulance est arrivée en quelques minutes. Les infirmiers ont mis Pierre sur un brancard et ils l'ont emmené à l'hôpital. En cinq minutes il s'est trouvé dans la salle des urgences. Une infirmière a pris son pouls et une autre a pris sa tension artérielle. Un médecin est entré et lui a demandé quels étaient ses symptômes. Pierre les a décrits au médecin. Le médecin a voulu savoir s'il vomissait ou s'il avait la diarrhée. Pierre lui a dit que non, qu'il avait seulement des douleurs abdominales. Le médecin l'a examiné et lui a dit qu'il voulait faire faire une radiographie. Une infirmière a aidé Pierre à s'asseoir dans un fauteuil roulant et l'a emmené au service de radiologie où le technicien lui a fait faire quelques radiographies. Une heure plus tard le médecin lui a expliqué qu'il souffrait d'une crise d'appendicite et qu'il serait nécessaire de faire une opération. On lui a fait une piqûre de tranquillisant et presque tout de suite le malade s'est trouvé sur la table d'opération dans la salle d'opération. L'anesthésiste lui a fait une piqûre de penthotal au bras gauche et lui a demandé de compter jusqu'à dix. Le chirurgien l'a opéré de l'appendicite et ensuite il a fait quelques points de suture. Après l'opération, Pierre s'est trouvé dans la salle de récupération avec des tuyaux d'oxygène dans le nez. On l'a nourri par intraveineuses. Le pauvre Pierre ne savait pas où il était quand une infirmière est venue lui dire que tout allait bien. Ils avaient terminé l'opération et le chirurgien a donné un bon pronostic. Dans deux jours il pourrait quitter l'hôpital, ni sur un brancard, ni dans un fauteuil roulant, mais à pied.

**7.** Complete, based on the story above.

1. Pierre avait des _____ d'estomac.

2. Il est allé à l'hôpital en _____ .

3. Il n'était pas assis dans l'ambulance. On l'avait mis sur un _____ .

4. À l'hôpital on l'a emmené à la _____ _____ _____ .

5. Là, on a pris son _____ et sa _____ _____ .

6. Il a décrit ses _____ au médecin.

7. On a emmené le patient au service de _____ où on a fait faire quelques _____.

8. Le médecin a décidé d'_____.

9. Avant de l'emmener à la salle d'opération, on lui a fait une _____ de _____.

10. Dans la salle d'opération, on l'a mis sur la _____.

11. L'_____ lui a donné de l'anesthésique.

12. Le _____ l'a opéré de l'_____.

13. Après l'opération, le chirurgien a fait quelques _____ _____ _____.

14. Quand Pierre s'est réveillé, il était dans la _____ _____ _____.

15. Pour pouvoir respirer sans problème, il avait des _____ dans le nez.

16. On l'a aussi alimenté par _____.

17. Pierre était content parce que le chirurgien lui a donné un bon _____.

**8.** You have just had an appendectomy. Describe what happened to you in the hospital, from the emergency room treatment to recovery.

## MEDICAL TESTS AND TREATMENTS

| | |
|---|---|
| Les **malades externes** sont des malades qui doivent subir des **traitements externes**—**dialyse** ou **chimiothérapie** ou **chirurgie ambulatoire**. | outpatients outpatient treatment, dialysis chemotherapy, outpatient surgery |
| Les médecins peuvent soumettre leurs malades aux tests suivants: l'**imagerie cérébrale** la **tomodensitométrie ou scanographie** | brain scan CT scan (computerized tomography scan) / CAT scan (computerized axial tomography) |
| la **scintigraphie** | scintigraphy |
| la **scintigraphie osseuse** | bone scan |
| la **scintigraphie du foie** | liver scan |
| la **mammographie** | mammography |
| l'**échographie** | ultrasound |
| l'**arthrographie** | arthrogram |
| la **radiothérapie** | radiation therapy |
| l'**imagerie par résonance magnétique—IRM** | magnetic resonance imagery—MRI |
| Une IRM (Imagerie par résonance magnétique) utilise un **champ magnétique** pour prendre des **clichés** des **tissus mous**, des organes et des **os**. | magnetic field photographs, soft tissues bones |
| Avant l'examen il faut **retirer** les objets comme des **épingles à cheveux**, des **bijoux**, des **pièces de monnaie**, des **dentiers**, des **clés** ou des **cartes de crédit**. | remove, hairpins jewelry, coins, dentures keys, credit cards |

Pendant l'examen **vous serez allongé(e)** sur une table au milieu d'une machine qui ressemble à un grand tube.   you will be stretched out

La table entrera dans **l'ouverture** de la machine.   the opening

Pendant l'examen, vous pourrez parler au personnel médical par un **haut-parleur**.   loudspeaker

La machine **émet un fort bruit de martelage** pendant l'examen.   emits a loud banging (hammering) noise

On vous donnera des **bouchons d'oreilles** et quelquefois vous pourrez écouter de la musique.   ear plugs

**9.** Complete.

1. Les malades _____ sont des malades qui doivent subir des traitements à l'hôpital, mais ils ne passent pas la nuit à l'hôpital.

2. Quand on veut examiner le cerveau, on fait une _____ _____.

3. Pour examiner les os, on peut faire une _____ _____.

4. Quand on a le cancer du sein, bien des fois, il faut recevoir des traitements à la _____ et à la _____.

5. Pendant un IRM, vous serez _____ sur une table au milieu d'une machine et pendant l'examen, vous pourrez parler au personnel médical par un _____ - _____.

6. Si le bruit est trop intense, on vous donnera des _____ - _____.

7. Les os sont durs, mais les muscles sont des _____ - _____.

8. Si on n'a pas de dents, il faut porter des _____.

9. Pendant une IRM la table entrera dans une _____ qui ressemble à un grand tube.

# CHAPTER 29:   At the dentist's office
# CHAPITRE 29:   *Chez le / la dentiste*

## VISITING THE DENTIST (Fig. 29-1)

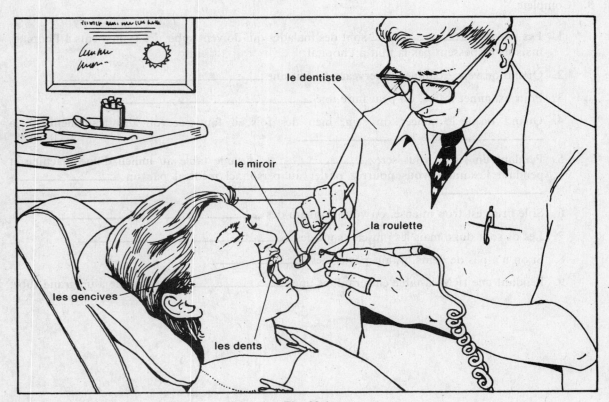

le dentiste

le miroir

la roulette

les gencives

les dents

Fig. 29-1

| | |
|---|---|
| J'ai mal à une dent. | I have a toothache. |
| J'ai mal aux dents. | My teeth hurt. |
| J'ai mal à une dent **en haut**. | on the top |
| **en bas**. | on the bottom |
| **devant**. | in the front |
| **au fond**. | in the back |
| Je dois **prendre rendez-vous** avec le / la **dentiste**. | make an appointment, dentist |
| J'ai **perdu un plombage**. | lost a filling |
| Pourriez-vous **plomber la dent**? | fill the tooth |
| Il faut **arracher** vos **dents de sagesse**. | extract, wisdom teeth |
| Je **me suis cassé une dent**. | broke a tooth |
| Pourriez-vous **faire un traitement provisoire**? | fix it temporarily |

| | |
|---|---|
| J'ai cassé mon **dentier**. | denture |
| Vous avez une **carie** à la **molaire**. | cavity, molar |
| à la **canine**. | eye tooth |
| **Insensibilisez-moi la dent** d'abord. | give me an anesthetic |
| Donnez-moi une **anesthésie locale**. | local anesthetic |
| Mes **gencives** sont **enflées**. | gums, swollen |
| Mes gencives **saignent**. | are bleeding |
| **Rincez-vous la bouche**. | Rinse out your mouth. |
| Le dentiste travaille avec une **roulette**. | drill |
| Je vais **faire une radiographie de** vos dents. | x-ray |
| Vous avez un **abcès**. | abscess |

**1.** Complete.

Oh! là là! J'ai mal à cette _____ . Il faut prendre _____ - _____
$\quad\quad\quad\quad\quad\quad\quad\quad\quad\quad\quad\quad 1 \quad\quad\quad\quad\quad\quad\quad\quad\quad\quad\quad\quad\quad\quad 2$

avec le _____ le plus tôt possible.
$\quad\quad\quad\quad 3$

**Chez le dentiste**

J'explique au dentiste que j'ai perdu un _____ et je lui demande de _____
$\quad\quad\quad\quad\quad\quad\quad\quad\quad\quad\quad\quad\quad\quad\quad\quad\quad\quad\quad\quad 4 \quad\quad\quad\quad\quad\quad\quad\quad\quad\quad\quad\quad\quad\quad\quad\quad 5$

la dent. Le dentiste prend sa _____ et commence à travailler. Il fait aussi une
$\quad\quad\quad\quad\quad\quad\quad\quad\quad\quad\quad\quad\quad 6$

_____ de mes dents parce que la dernière fois que je suis allé(e) chez lui c'était il y a
$\quad\quad\quad 7$

deux ans. Oh, non! Il trouve une _____ dans une autre dent. Il faut plomber cette
$\quad\quad\quad\quad\quad\quad\quad\quad\quad\quad\quad\quad\quad 8$

_____ aussi. Heureusement, il va _____ la dent d'abord. Ensuite, il voit
$\quad\quad 9 \quad\quad\quad\quad\quad\quad\quad\quad\quad\quad\quad\quad\quad\quad\quad\quad 10$

que mes _____ sont un peu enflées et il y met un peu de médicament. Je n'aime pas
$\quad\quad\quad\quad 11$

aller chez le dentiste, mais heureusement, il n'a pas fallu _____ de dent.
$\quad\quad\quad\quad\quad\quad\quad\quad\quad\quad\quad\quad\quad\quad\quad\quad\quad\quad\quad\quad\quad 12$

**2.** You have a toothache. Write a dialogue between you and the dentist. Discuss any other tooth problems you may have.

# UNIT 6:   Home life

# *UNITÉ 6:   La vie à la maison*

# CHAPTER 30:   The kitchen
# CHAPITRE 30:   La cuisine

## KITCHEN EQUIPMENT AND APPLIANCES (Fig. 30-1)

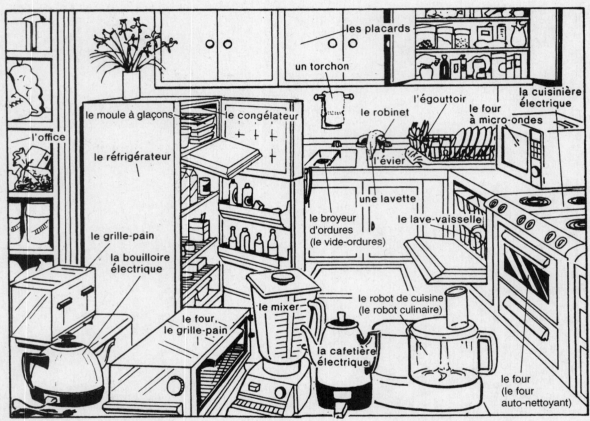

les placards

un torchon

l'égouttoir

le robinet

la cuisinière électrique

le four à micro-ondes

le moule à glaçons

le congélateur

l'office

le réfrigérateur

l'évier

une lavette

le broyeur d'ordures (le vide-ordures)

le lave-vaisselle

le grille-pain

la bouilloire électrique

le mixer

le four, le grille-pain

le robot de cuisine (le robot culinaire)

la cafetière électrique

le four (le four auto-nettoyant)

Fig. 30-1

| | |
|---|---|
| Je **lave la vaisselle** dans l'**évier**. | wash the dishes, sink |
| Je mets le **bouchon** dans l'évier. | plug |
| Je **bouche (ferme) l'évier**. | plug the drain |
| Ensuite, j'**ouvre le robinet** et je **remplis** l'évier d'eau chaude. | turn on the faucet, fill |
| Je mets un peu de **détergent liquide** dans l'évier. | liquid detergent |
| Je **lave** la vaisselle avec une **lavette**. | wash, dishcloth |
| Puis, je **rince** la vaisselle. | rinse |
| Puis, je mets la vaisselle sur l'**égouttoir**. | drain board (dish drainer) |
| Ensuite, je **sèche** la vaisselle avec un **torchon**. | dry, dish towel |
| Il est plus facile de laver la vaisselle si vous avez un **lave-vaisselle**. | dishwasher |

1. Complete.

    J'ai beaucoup de vaisselle sale. Je dois la laver. D'abord je mets un _____ dans
    $_1$

    l'_____ . Ensuite, j'ouvre le _____ et je _____ l'_____
    $_2$                    $_3$            $_4$         $_5$

    d'eau chaude. Je mets un peu de _____ _____ dans l'évier et je commence
    $_6$

    mon travail. Je lave la vaisselle avec une _____ et ensuite je mets la vaisselle sur
    $_7$

    l'_____ . Ensuite, il faut la _____ . Je la sèche avec un _____ . Il
    $_8$                        $_9$                              $_{10}$

    est plus facile d'utiliser un _____ - _____ .
    $_{11}$

2. Indicate the appliance that you need.
    1. Je vais faire bouillir de l'eau dans la _____ _____ .
    2. Je vais faire cuire le rôti très rapidement dans le _____ _____
        _____ - _____ .
    3. Je dois mettre des aliments surgelés dans le _____ .
    4. Je vais mélanger des légumes dans le _____ .
    5. Je vais faire du café dans la _____ _____ .
    6. Je vais faire des toasts (du pain grillé, des rôties) dans le _____ - _____ .
    7. Je dois mettre le lait dans le _____ .
    8. Je vais faire cuire le bœuf dans le four de la _____ .

## COOKING (Fig. 30-2, p. 188)

| | |
|---|---|
| Je dois **faire la cuisine**.[1] | cook |
| Je dois **préparer le repas**. | prepare the meal |
| Je dois préparer le **petit déjeuner** (le **déjeuner**).[2] | breakfast |
| Je dois préparer le **déjeuner** (le **dîner**).[2] | lunch |
| Je dois préparer le **dîner** (le **souper**).[2] | dinner |
| J'ai une **cuisinière électrique**. | electric stove |
|          **à gaz**. | gas |
| Je vais **poser** la **casserole**[3] sur le feu. | put, pot |
|             sur la **cuisinière**. | stove top |
| Je vais **retirer** la casserole du feu. | take off |
| Je vais **allumer** le feu / le four. | light (turn on) |
| Je vais **réchauffer le four** sur thermostat 7–8 (220°C). | preheat the oven |
| Je vais **éteindre** le feu / le four. | put out (turn off) |
| Je mets la casserole **au feu doux**. | on low |
|                 **moyen (modéré)**. | medium |
|                 **fort**. | high |
| Je vais **faire cuire la viande au four**. | cook the meat in the oven |

---

[1] See Appendix 6 for foods mentioned in this section.

[2] Note the difference between the names of the meals in France and in French Canada.

| | *France* | *French Canada* |
|---|---|---|
| breakfast | **le petit déjeuner** | **le déjeuner** |
| lunch | **le déjeuner** | **le dîner** |
| dinner | **le dîner** | **le souper** |

[3] The general term for pots and pans, including cake pans, saucepans, frying pans, etc., is **la batterie de cuisine**.

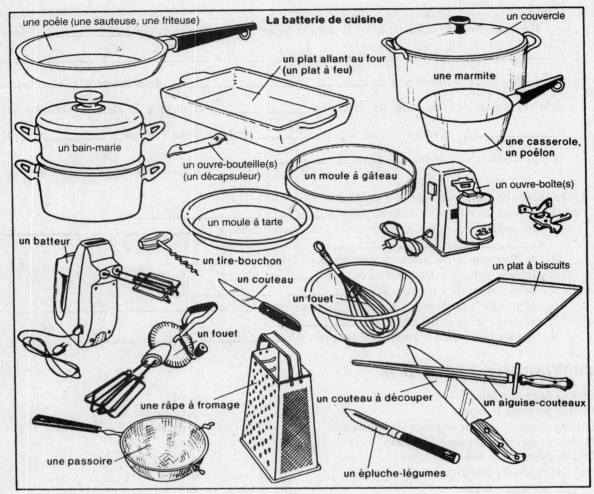

**La batterie de cuisine**

une poêle (une sauteuse, une friteuse)
un couvercle
un plat allant au four (un plat à feu)
une marmite
un bain-marie
une casserole, un poêlon
un ouvre-bouteille(s) (un décapsuleur)
un moule à gâteau
un ouvre-boîte(s)
un moule à tarte
un batteur
un tire-bouchon
un plat à biscuits
un couteau
un fouet
un fouet
une râpe à fromage
un couteau à découper
un aiguise-couteaux
une passoire
un épluche-légumes

Fig. 30-2

| | |
|---|---|
| Je vais faire cuire les œufs dans la **poêle**. | frying pan |
| Je vais **faire bouillir** de l'eau dans la **bouilloire**. | boil, kettle |
| Je vais **faire frire** les pommes de terre dans la poêle. | fry |
| Je vais **faire rôtir** le bœuf dans le four. | roast |
| Je vais **faire griller** le bifteck sur le **gril**. | grill, grill |
| **sur le grilloir.** | on the grill pan (under the broiler) |
| Je vais **faire raidir** le bifteck. | sear |
| Je vais **gratiner** le plat. | brown |
| Je vais **faire sauter** le poulet dans de l'**huile d'olive**, d'**arachide**, de **maïs** ou de **soja**. | sauté, olive oil peanut, corn, soya |
| Je vais **faire dorer** le poulet. | brown |
| Je vais **faire pocher** le **saumon**. | poach, salmon |
| Je vais **faire fondre** le beurre. | melt |
| Je vais **faire chauffer** de l'eau. | heat |
| Je vais la **faire chauffer jusqu'à ébullition**. | bring to boil |
| Je vais la **mener (porter) jusqu'à ébullition**. | bring to boil |

| | |
|---|---|
| Je vais **faire mijoter (mitonner)** le ragoût. | cook slowly over a low flame (simmer—soup, stew) |
| Je vais **écumer** le **gras** avec une **écumoire**. | skim, fat, skimmer |
| Je vais **faire frémir / laisser frémir** la sauce. | simmer / let simmer (sauce, water, milk) |
| Je vais **faire réduire (concentrer)** la sauce à **moitié**. | reduce, half |
| Je vais la **laisser épaisser**. | let thicken |
| Je vais **allonger** la sauce. | thin down |
| Je vais **saler** et **poivrer** la sauce **au goût**. | salt, pepper, to taste |
| Je vais l'**assaisonner**. | season |
| Je vais **parsemer le plat de fromage râpé**. | scatter grated cheese on the dish |
| Je vais **garnir** le plat avec du **persil**. | garnish, parsley |
| Je vais servir le plat avec une **garniture** de fleurs / de persil. | garnish |
| Je vais **mariner** la viande avant de la faire cuire. | marinate |
| Je vais **brider** la dinde. | truss |
| Je vais **macérer** le poisson dans du jus de citron. | steep |
| les fruits dans du **sirop**. | syrup |
| Je dois **couper** les oignons en **morceaux** avec un couteau. | cut (dice), pieces |
| Je dois les **couper en dés**. | dice |
| Je vais **éplucher**[4] les fruits et les pommes de terre. | peel |
| Je vais **peler**[4] une pomme. | peel |
| Je vais **écraser** les **noix** / le chocolat. | grind, nuts |
| Je vais **hacher** la viande. | grind (meat) |
| Je vais **hacher** les fines herbes / les légumes. | chop |
| Je vais **parer** la viande. | trim |
| Je vais **râper** le fromage. | grate |
| Je vais **décortiquer** les noix. | hull, shell |
| Je vais **émietter** le pain. | crumb |
| Je vais **écailler** le poisson. | scale |
| Je vais **paner** le poisson **à l'anglaise**. | bread |
| Je dois **découper** la viande avec un **couteau à découper** (un **couteau tranchant**). | cut, carving knife |
| Je vais faire un **blanc**. | mixture of water and flour |
| Je vais faire un **beurre manié**. | mixture of kneaded butter and flour |
| Il faut **passer** (**égoutter, essorer**) le riz dans une **passoire**. | strain (drain), strainer (collander) |
| Je vais **passer le café**. | pour water over coffee (in drip pot) |

## BAKING

| | |
|---|---|
| Il faut **mesurer la farine**. | measure the flour |
| Il faut **casser** les œufs. | break |
| Il faut **battre** les œufs. | beat |
| Il faut **séparer le jaune du blanc**. | separate the yolk from the white |
| Il faut **monter** les blancs **en neige**. | beat until stiff |
| Il faut **tourner** les blancs dans la **pâte**. | fold, batter |
| Il faut **incorporer** les ingrédients **secs** dans les ingrédients **mouillés**. | mix (blend), dry / wet |

---

[4] There are two verbs meaning "to peel." **Éplucher** is used with potatoes and fruit. **Peler** is used with fruit.

Il faut **beurrer** le **moule** avant d'y mettre la pâte.  butter, mold (pan)
Il faut **fouetter** la crème.  whip
Il faut du sucre et du beurre pour faire un **glaçage**.  icing
Il faut **pétrir (malaxer)** la **pâte à pain**.  knead, bread dough
Il faut **laisser lever** la **pâte**.  let rise, dough (pastry)
Il faut **monder (blanchir)** les amandes.  blanch

**3.** Indicate what pot or container you need.
  1. Je vais faire rôtir de la viande et des légumes au four.
  2. Je vais faire frire des pommes de terre.
  3. Je vais faire une tarte.
  4. Je vais faire bouillir de l'eau pour les spaghettis.
  5. Je vais faire cuire des biscuits.
  6. Je vais faire cuire le chocolat, et je vais éviter de le mettre directement sur le feu.

**4.** Indicate what utensil you need.
  1. Je vais découper la viande.
  2. Je vais éplucher les pommes de terre.
  3. Je vais peler les fruits.
  4. Je vais battre les œufs.
  5. Je vais passer le riz.
  6. Je vais ouvrir une bouteille de vin.
  7. Je vais ouvrir une boîte de thon.
  8. Je vais ouvrir une bouteille de coca.
  9. Je vais râper le fromage.
  10. Je vais aiguiser le couteau.

**5.** Select one of the following verbs to complete each sentence: **battre, beurrer, bouillir, casser, couper, cuire, écumer, éteindre, frire, gratiner, griller, lever, mariner, mener, peler, pétrir, pocher, poivrer, retirer, rôtir, sauter.**
  1. Je vais _____ les oignons et ensuite je vais les faire _____ à l'huile dans une poêle.
  2. Je vais préparer les œufs à la coque. Je vais les faire _____ .
  3. Je vais faire _____ le bifteck dans la poêle.
  4. Avant de faire _____ le riz, il faut _____ l'eau à ébullition.
  5. Je vais _____ la pêche.
  6. Je vais mettre du saumon dans l'eau. Je vais le faire _____ .
  7. Je vais _____ le gras de la soupe.
  8. La casserole est faite. Je vais _____ la casserole du feu.
  9. J'ai retiré les biscuits du four. Maintenant je vais _____ le four.
  10. Je vais saler et _____ la sauce au goût.
  11. Avant d'y mettre la pâte, il faut _____ le moule.
  12. Il faut _____ les œufs pour séparer le jaune du blanc.
  13. Je vais faire _____ le bœuf dans le four.
  14. Je vais faire _____ la viande sur un grilloir.
  15. Je vais mettre du fromage sur le plat; ensuite, je vais _____ le plat.
  16. Il faut _____ la pâte à pain et puis la laisser _____ .
  17. Pour faire ce gâteau, il faut _____ les œufs.
  18. Avant de le faire cuire, je vais _____ le bifteck dans du vin.

**6.** Give the appropriate verbal expression for each of the following.

1. bake something in the oven
2. fry something in a frying pan
3. sauté something in butter
4. boil something like potatoes
5. roast pork in the oven
6. melt butter
7. peel potatoes
8. peel apples
9. simmer milk or water
10. simmer the stew
11. bread meat or fish
12. grate cheese
13. steep tea
14. marinate fish
15. garnish a dish
16. shell nuts
17. make breadcrumbs
18. scale a fish
19. grind nuts
20. whip cream
21. beat egg whites until stiff

**7.** Answer on the basis of Fig. 30-3.

1. Est-ce qu'il y a un lave-vaisselle dans la cuisine?
2. Combien de robinets l'évier a-t-il?
3. Est-ce qu'il y a des assiettes sur l'égouttoir?
4. Est-ce qu'il y a un office à côté de la cuisine?
5. Est-ce qu'il y a des aliments dans les placards?
6. Est-ce qu'il y a une cuisinière à gaz ou une cuisinière électrique?
7. Combien de fours est-ce qu'il y a?
8. Est-ce qu'il y a des glaçons dans le réfrigérateur?
9. Dans quelle partie du réfrigérateur est-ce qu'il y a des glaçons?

**Fig. 30-3**

8. You are having people for a simple dinner of grilled meat marinated in wine and herbs, potatoes, vegetables, a salad, and a simple cake. Tell what steps you have to take to make your dinner. Example: **Je dois mariner la viande dans du vin**, etc.

9. Write a simple recipe for something that you can cook.

# CHAPTER 31:   The bathroom
# CHAPITRE 31:   La salle de bains

## BATHROOM FIXTURES (Fig. 31-1)[1]

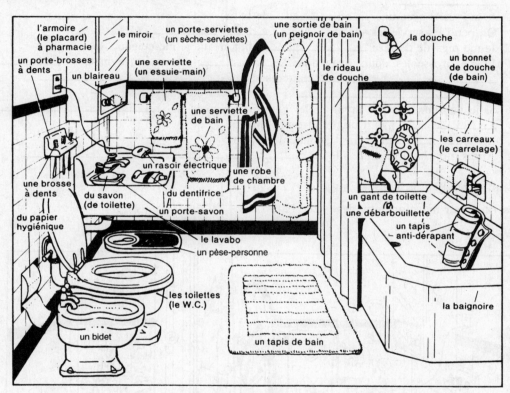

Fig. 31-1

## IN THE BATHROOM

Le matin je **me baigne (prends un bain)**.                              take a bath
    je **prends une douche**.                        take a shower
    je **me lave les cheveux**.                      wash my hair
    je **me lave la figure** avec un **gant de toilette**   wash my face, washcloth
    (Canada: une **débarbouillette**).[2]
    je **me sèche**.                                 dry myself
    je **me brosse les dents**.                      brush my teeth
    je **me rase** avec du **savon à barbe** ou de la **crème à raser**.   shave, shaving soap, shaving
        cream

---

[1] The toilet is often referred to as the **W.C.** (water-closet). When referring to the toilet, **les toilettes** (plural) is used. **La toilette** (singular) refers to washing up and is used in the expression **faire sa toilette**.

[2] The term for "washcloth" in France is **un gant de toilette**. It is often in the shape of a mitten. In French Canada the word **une débarbouillette** is used.

Le matin je **me maquille**.               put on makeup
       je **me brosse les cheveux**.        brush my hair
       je **me peigne (me coiffe)**.        comb my hair

**1.** Complete.

   1. Je me lave les mains dans le _____ . Quand je me lave les mains, j'utilise du
      _____ .

   2. Après avoir utilisé le savon, je le mets dans le _____ - _____ .

   3. De temps en temps je me baigne dans la _____ et quelquefois je prends une
      _____ .

   4. Je me sèche avec une _____ de bain.

   5. On pend les serviettes sur un _____ - _____ .

   6. Je me regarde dans le _____ pendant que je me peigne.

   7. Je me brosse les dents avec du _____ et ensuite je mets la _____
      _____ _____ dans le _____ - _____
      _____ _____ .

   8. Si je ne veux pas me mouiller les cheveux, je mets un _____ _____
      _____ avant de prendre une douche.

   9. Les _____ sont à gauche du lavabo.

   10. Après mon bain, je mets une _____ .

**2.** Identify each item in Fig. 31-2.

**3.** Describe your morning activities in the bathroom.

**Fig. 31-2**

# CHAPTER 32:   The dining room
# CHAPITRE 32:   La salle à manger

## TABLE SETTINGS AND DISHES (Figs. 32-1 and 32-2, page 196)

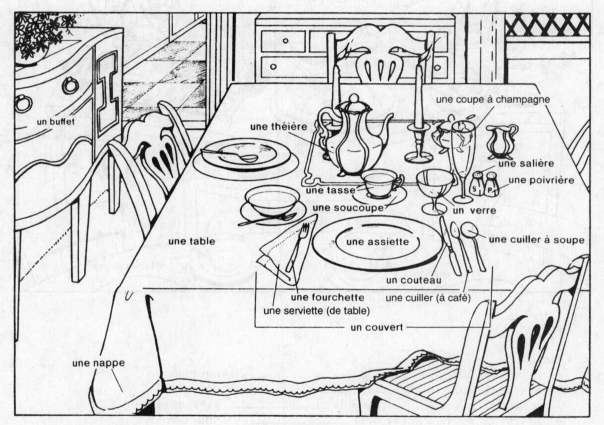

Fig. 32-1

## IN THE DINING ROOM

| | |
|---|---|
| La dame **met le couvert**[1] (**la table**). | sets the table |
| Les **convives se mettent à table**. | diners (guests) sit down |
| Quelqu'un les **sert**. | serves |
| Après le dessert et le café, les convives **se lèvent de** table. | get up from |
| L'homme **débarrasse** la table. | clears |
| Il met tout sur un **plateau**. | tray |

---

[1] **Le couvert** includes all items needed to set the table.

**Fig. 32-2**

1. Complete.
    1. Je veux du sucre. Passez-moi le _____ , s'il vous plaît.
    2. Je veux du beurre. Passez-moi le _____ , s'il vous plaît.
    3. Je veux encore du sel. Passez-moi la _____ , s'il vous plaît.
    4. Je veux du poivre. Passez-moi la _____ , s'il vous plaît.
    5. Je veux encore de la sauce. Passez-moi la _____ , s'il vous plaît.

2. Complete.
    1. On sert la salade dans un _____ .
    2. On sert de la soupe dans une _____ _____ _____ ou un _____ _____ .
    3. On présente le café sur un _____ .
    4. Vous pouvez tenir les assiettes chaudes sur un _____ - _____ .
    5. Vous pouvez vous servir de la soupe avec une _____ .

**Fig. 32-3**

3. Identify each item in Fig. 32-3.

4. You are shopping for dining room furniture and dishes. Say what things you will buy.

# CHAPTER 33: The living room and the family room

## CHAPITRE 33: Le salon et la salle de séjour

**LIVING ROOM FURNITURE (Fig. 33-1)**

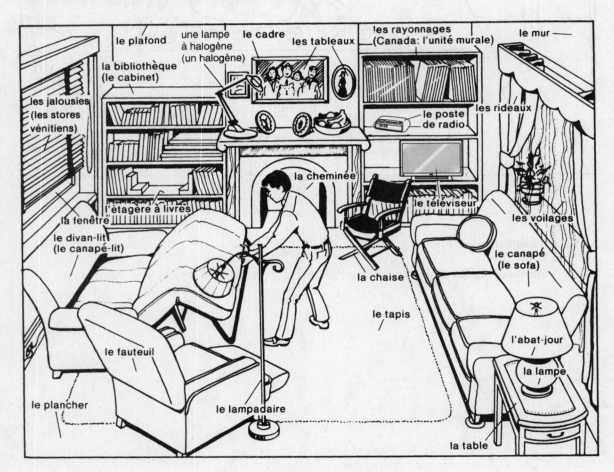

Fig. 33-1

## ACTIVITIES IN THE LIVING ROOM

| | |
|---|---|
| La famille s'assied (s'assoit) dans le **salon** / la **salle de séjour**. | living room / family room |
| Ils **causent** (**parlent**; Quebec: **jasent**). | chat |
| Ils **regardent** la télévision.[1] | watch |
| Ils **écoutent** la radio.[1] | listen to |
| Ils écoutent les **actualités** (les **informations**). | news |
| Ils lisent le **journal** / les **revues** (les **magazines**). | newspaper / magazines |
| Ils écoutent des **CD**. | CDs (compact disks) |
| Ils **reçoivent des invités**. | have guests |

1. Complete.
   1. Il y a des _____ ou des _____ _____ ou des _____ aux fenêtres.
   2. Il y a beaucoup de livres sur les _____ de la _____.
   3. Quand il fait froid, je me mets près de la _____ dans un _____.
   4. La lampe est sur la table près du _____.
   5. Le tableau a un _____ en bois.
   6. Le soir, nous regardons la _____ et nous _____ la radio.
   7. Un _____ couvre une partie du plancher.
   8. Seulement une personne peut s'asseoir dans un _____, mais trois ou quatre personnes peuvent s'asseoir sur un _____.
   9. Le soir, je vais dans le salon où je lis un _____ ou une _____ et où j'écoute des _____.
   10. Ce soir, je vais être tout seul à la maison. Je ne _____ pas d'_____.

2. Draw a plan of your living room or family room. Show the placement of the furniture. Tell what furniture you have in your living room or family room and tell what activities you do there.

---

[1] When referring to the television set or the radio as an appliance, the words **le poste de télévision** (le **téléviseur**) and **le poste de radio** are used. When you want to talk about watching television or listening to the radio, the words **la télévision** and **la radio** are used.

# CHAPTER 34: The bedroom
# CHAPITRE 34: La chambre à coucher

## BEDROOM FURNITURE (Fig. 34-1)

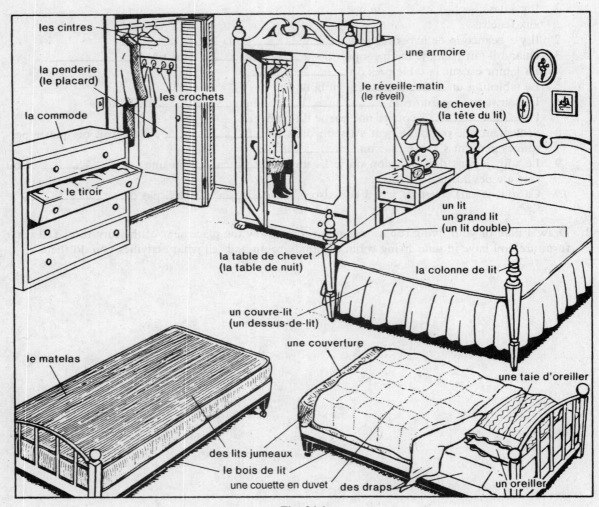

les cintres
la penderie (le placard)
les crochets
la commode
le tiroir
une armoire
le réveille-matin (le réveil)
le chevet (la tête du lit)
un lit
un grand lit
(un lit double)
la table de chevet (la table de nuit)
la colonne de lit
un couvre-lit (un dessus-de-lit)
une couverture
le matelas
une taie d'oreiller
des lits jumeaux
le bois de lit
une couette en duvet
des draps
un oreiller

Fig. 34-1

## IN THE BEDROOM

| | |
|---|---|
| Je **vais me coucher**. | go to bed |
| Je dois **mettre le réveille-matin**. | set the alarm clock |
| **Je vais dormir** (je **dors**) huit heures. | I will sleep (I sleep) |

| | |
|---|---|
| Je vais **m'endormir** tout de suite. | go to sleep |
| Je **me lève** à huit heures. | get up |
| Je **fais mon lit**. | make my bed |

**1.** Complete.

1. Il y a deux lits dans la chambre. Sur la _____ _____ _____ entre les deux lits, il y a une lampe et un _____ - _____.
2. Un lit à deux personnes est un _____ lit.
3. Sur un grand lit, il y a normalement deux _____. Pour recouvrir les oreillers, je mets des _____ _____.
4. Quand je fais mon lit, je mets d'abord les _____ , ensuite les _____ et finalement le _____ - _____.
5. Il y a cinq _____ dans la commode.
6. Je ne peux rien mettre dans l'armoire parce qu'il n'y a pas de _____.

**2.** Give five items that go on a bed.

**3.** Answer.

1. À quelle heure t'endors-tu?
2. Mets-tu le réveille-matin avant de t'endormir?
3. Combien d'heures dors-tu chaque nuit?
4. Est-ce que tu t'endors tout de suite?
5. À quelle heure te lèves-tu?
6. Fais-tu ton lit tout de suite?

# CHAPTER 35:  Housework
# CHAPITRE 35:  Le ménage

## DOING HOUSEWORK

| | |
|---|---|
| Je **fais le ménage**. | clean house |
| Je dois laver le **linge sale** dans la **buanderie** / la **lingerie**. | dirty clothes, laundry room / utility room |
| Je dois **faire le lavage** (**la lessive**). | do the laundry |
| J'utilise de la **poudre à laver** (de la **lessive**, du **détergent en poudre**). | detergent (soap powder) |
| Je vais mettre le linge dans la **machine à laver**.[1] | washing machine |
| Ensuite, je le mets dans le **séchoir** (**sèche-linge**).[1] | dryer |
| Quelquefois, je le pends sur une **corde à linge** avec des **pinces à linge**. | clothesline clothespins |
| Je le **sèche sur un fil**. | do line-drying |
| Je dois **repasser** le linge. | iron |
| Je dois **donner un coup de fer à** ce linge. | iron |
| Où sont le **fer** (**à repasser vapeur** / **sec**) et la **planche à repasser**? | iron (steam / dry), ironing board |
| Il faut **épousseter** les **meubles**. | dust, furniture |
| Il faut **donner un coup de chiffon aux** meubles. | dust |
| Où est le **chiffon à épousseter**? | dust cloth |
| Je dois **passer l'aspirateur**. | vacuum |
| Où est l'**aspirateur**? | vacuum cleaner |
| le **balai électrique**? | electric broom |
| Je dois **cirer** les meubles et les **faire briller**. | wax, polish |
| Je dois **balayer** le **plancher** (le **sol**). | sweep, floor |
| Je dois **cirer** le plancher avec de la **cire**. | polish (wax), wax |
| Où est le **balai** / la **balayette**? | broom / small broom (brush) |
| Je dois **frotter** (**nettoyer**) **à la brosse** (**faire un nettoyage à la brosse**). | scrub |
| Où sont les **chiffons**? | rags |
| Où est la **pelle à ordures**? | dustpan |
| Où sont les **sacs à ordures**? | garbage bags |
| Où est le **balai à laver le sol**? | mop |
| Où est l'**éponge**? | sponge |
| Je dois **vider** la **poubelle**. | empty, wastebasket |
| Je dois **jeter** les **ordures**. | empty (throw out), garbage |
| Où est la **poubelle** / la **boîte à ordures**? | wastebasket / garbage can |
| Elle est dans la **cave** / le **sous-sol**.[2] | cellar / basement |

---

[1] In Canada you will hear the words **lessiveuse** or **laveuse** for "washing machine" and **sécheuse** for "dryer."

[2] Other rooms and parts of a house you may wish to know are **le grenier** (attic) and **le toit** (roof). **Le sous-sol** is used in Canada and France for "basement." **La cave** is used in France for a cool place without windows (cellar). In Canada you will also hear **un soubassement**.

**1.** Complete.

Je vais faire le ménage aujourd'hui. J'ai beaucoup de linge sale. D'abord, il faut faire le

_____ . Heureusement, j'ai une _____ _____ _____
    1                                                                                        2

qui facilite le travail. Quand mon linge sera lavé, je le mettrai dans le _____ ou je le
                                                                                         3

pends sur une _____ _____ _____ . Ensuite, je dois le
                                                            4

_____ . Je vais prendre le _____ et la _____ _____
    5                                   6                                      7

_____ et les mettre dans la cuisine. Après avoir lavé et repassé mon linge, je dois aller

dans le salon pour _____ les meubles avec un _____ _____
                            8                                                 9

_____ . Je dois _____ le sol de la cuisine avec un _____ . Ensuite,
                                10                                         11

je dois passer l'_____ pour faire le dépoussiérage des planchers. Je vais _____
                           12                                                13

les meubles avec de la cire, et je vais vider les _____ . Je vais tout mettre dans la
                                                           14

_____ .
    15

**2.** Match the activity in the first column with the appropriate equipment in the second column.

1. épousseter les meubles — (*a*) une éponge
2. faire le dépoussiérage du tapis — (*b*) un balai
3. repasser les vêtements — (*c*) un aspirateur
4. laver le linge — (*d*) un chiffon
5. faire sécher le linge — (*e*) une machine à laver
6. balayer le plancher — (*f*) de la cire
7. essuyer le comptoir — (*g*) un fer
8. cirer le plancher — (*h*) un séchoir

**3.** Complete.

Après avoir préparé un grand repas, l'on a souvent beaucoup d'_____ . Je mets les
                                                                            1

_____ dans la _____ et ensuite je _____ la poubelle.
    2                                       3                                     4

## SOME MINOR PROBLEMS

| | |
|---|---|
| Je vais **allumer la lumière**. | turn on the light |
| La lumière **ne marche pas**. | doesn't work |
| L'**ampoule** est **grillée**. | light bulb, burned out |
| Oh! non! J'ai oublié de **la brancher**. | plug it in |
| J'ai oublié de mettre le **fil électrique** dans la **prise** (**prise murale**, **prise femelle**). | cord, outlet |
| Voici la **prise** (**prise mâle**). | plug |
| Les lumières **se sont éteintes**. | have gone out |
| Je n'**ai** pas **éteint** les lumières. | put out (turned off) |
| Un **fusible a sauté**. | fuse blew |
| Je dois vérifier la **boîte à fusibles** / le **disjoncteur**. | fusebox / circuit breaker |
| Où est l'**interrupteur**? | light switch |
| Il faut appeler l'**électricien**. | male electrician |
| l'**électricienne**. | female electrician |

Je ne peux pas **vider l'évier**.          empty the sink
J'ai perdu le **bouchon**.                 plug (stopper)
L'évier est **bouché**.                     clogged up
Le robinet **fuit**.                        leaks
Il faut appeler le **plombier**.           plumber
Les **tuyaux** (**conduits**) sont vieux.  pipes
La **plomberie** (**tuyauterie**) est vieille.   plumbing

**4.** Complete.

Je ne peux pas allumer la lampe. Je ne sais pas ce qui ne va pas. Est-ce que l'_____ de

1

la lampe est _____ ? Oh! non! Regarde! L'ampoule n'est pas _____ . Je dois

2                                                          3

brancher le fil dans la _____ .

4

**5.** Complete.

Il n'y a pas de lumière. Qu'est-ce qui s'est passé? Je n'ai pas _____ la lumière.

1

Peut-être un fusible a-t-il _____ . Je dois vérifier la _____ _____

2                                                          3

_____ . Si je ne peux pas remplacer le fusible facilement, je dois téléphoner à

l'_____ .

4

**6.** Complete.

— Le lavabo est plein d'eau et je ne peux pas le _____ .

1

— Avez-vous le _____ ?

2

— Non. Je ne l'ai pas enlevé.

— L'évier est bouché. Il faut appeler le _____ . Bientôt il faudra remplacer tous les

3

_____ dans la maison.

4

**7.** You are having company and your house is a mess. You haven't done the laundry or the cleaning. The kitchen sink is stopped up. Tell what chores you must do to get your house in shape.

# UNIT 7:  Entertainment
## UNITÉ 7:  Les divertissements

# CHAPTER 36:   At the theater
# CHAPITRE 36:   Au théâtre

## SEEING A SHOW OR PLAY

| | |
|---|---|
| Je veux aller au **théâtre**. | theater |
| Y a-t-il un **guide des spectacles**? | entertainment guide |
| Qu'est-ce qu'on **joue** au théâtre? | play |
| Je voudrais **retenir** deux **places** pour jeudi soir. | reserve, seats |
| Est-ce qu'il y a des places **disponibles**? | available |
| Quel **genre de spectacle** voudrais-tu voir? | type of show |
| Je voudrais voir un **drame**. | drama |
| une **tragédie**. | tragedy |
| une **comédie**. | comedy |
| une **comédie dramatique**. | dramatic comedy (situation comedy) |
| une **pièce d'avant-garde**. | avant-garde play |
| un **opéra**. | opera |
| un **opéra comique**. | light (comic) opera |
| une **opérette**. | light opera (musical comedy) |
| un **vaudeville**. | vaudeville |
| une **revue musicale**. | musical revue |
| La Comédie Française va **monter une pièce** de Molière. | put on a play |
| Qui sont les **interprètes**? | interpreters (actors) |
| Qui est l'**acteur** (l'**actrice**)? | actor (actress) |
| Qui **joue le rôle** de Cyrano? | plays the part (takes the role) |
| Qui est la **vedette**? | star (lead) |
| Qui est le **protagoniste**? | protagonist (lead) |
| Qui a fait la **mise en scène**? | staging |
| Qui est responsable de l'**éclairage**? | lighting |
| Qui est responsable du **décor** et des **costumes**? | scenery, costumes |
| Le **régisseur** travaille **derrière les scènes** avec les **machinistes**. | stage manager, behind the scenes, stagehands |
| Le spectacle a trois **actes**. | acts |
| Chaque acte a trois **scènes**. | scenes |
| Il y a un **entracte** après le deuxième acte. | intermission |
| L'acteur (l'actrice) **entre en scène**. | enters (comes on stage) |
| Les **spectateurs applaudissent**. | spectators applaud |
| Le **public** applaudit. | public |
| Ils aiment la **pièce** (le **spectacle**). | play (show) |
| La **pièce** (le **spectacle**) leur **plaît**. | play (show), pleases |
| Le **rideau se lève**. | curtain goes up |
| Le **lever du rideau** est à 20 heures. | curtain goes up (curtain time is) |
| Le rideau **tombe**. | goes down |

| | |
|---|---|
| **Au baisser du rideau**, la pièce se termine. | when the curtain goes down |
| Il y a trois **rappels** (**rappels sur scène**). | curtain calls |
| La **salle** est **complète**. | hall, full |

**1.** Complete.

1. Je voudrais voir un spectacle. Allons au _____.
2. Je ne veux pas voir une tragédie. Je préfère voir une _____.
3. L'_____ Gérard Giroudon tient le rôle de Valère et l'_____ Florence Viala tient le rôle de Mariane.
4. Elle joue le rôle le plus important. Elle est la _____.
5. La pièce est assez longue. Elle a cinq _____ et chacun d'eux a trois _____.
6. Entre le troisième acte et le quatrième acte il y a un _____ de quinze minutes.
7. Le _____ tombe après chaque acte.
8. Tous les spectateurs applaudissent quand la vedette _____ _____ _____ pour la première fois.
9. Les spectateurs applaudissent parce qu'ils aiment le _____.
10. Si les spectateurs ont beaucoup aimé la pièce, il y a plusieurs _____ à la fin.
11. Les _____ travaillent derrière les scènes.

**2.** Give the opposite.

1. une comédie
2. un acteur
3. au baisser du rideau

## BUYING TICKETS (Fig. 36-1, page 208)

| | |
|---|---|
| Au **guichet** | ticket window (box office) |
| Je voudrais **retenir** (**prendre**) deux **places** pour le **spectacle de ce soir**. | reserve, seats, tonight's performance |
| **Tout est complet** pour cette **représentation**. | we're sold out, performance |
| Est-ce qu'il y a des places pour demain? | |
| Je voudrais des **places à l'orchestre**. | orchestra seats |
| des **fauteuils d'orchestre**. | orchestra seats |
| des places **au premier balcon** (**à la corbeille**). | in the mezzanine |
| des places **au balcon**. | in the (front) balcony |
| des places **au deuxième balcon**. | in the rear balcony |
| des places **à la galerie** (**au paradis, au poulailler**). | in the peanut gallery (up in the gods) |
| une **loge**. | box |
| une **baignoire**. | ground floor box |
| une **loge au parterre**. | parterre box |
| des places **à la première rangée** (**au premier rang**). | in the first row |
| des places **au milieu**. | in the center |
| des places **en avant**. | in the front |
| des places **en arrière**. | in the back |
| Il y a des **places debout seulement**. | standing room only |
| Il est bon de **retenir des places à l'avance**. | book in advance |
| **Combien valent** les places? | how much are |
| Quel est le **prix d'entrée**? | admission price |

**Fig. 36-1**

| | |
|---|---|
| Vous avez les **sièges** 15 et 16 de la **rangée** F. | seats, row |
| **Le lever du rideau est à quelle heure?** | What time does the curtain go up? |
| **À quelle heure commence le spectacle (la représentation)?** | What time does the performance start? |
| Vous pouvez laisser votre manteau au **vestiaire**. | cloakroom |
| **L'ouvreuse** va vous donner un **programme**. | usher, program |
| Il faut donner un **pourboire** à l'ouvreuse. | tip |

3. Complete.

Au _____ du théâtre
            1

— Je voudrais _____ deux _____ pour le spectacle de ce soir. Avez-vous des
                         2                      3

_____ pour le _____ de ce soir?
       4                      5

— Non, Madame. Tout est _____ pour cette représentation. Mais nous avons des
                                    6

_____ pour demain.
       7

— D'accord.

— Préférez-vous être à l'_____ , au premier _____ ou au _____
                                    8                            9                       10

balcon?

— Je voudrais deux places à l'orchestre, s'il vous plaît.

— Ah! excusez-moi! Les fauteuils d'orchestre sont pris pour demain. Mais il me reste deux places

au premier _____.
                11

— Très bien. Quel est le prix d'_____ ?
                                          12

— 20 euros, chacune.

— D'accord.

— Voici vos _____. Vous avez les sièges 16 et 17 de la _____ A au premier
                     13                                                          14

balcon.

— Merci. Oh! pardon! À quelle heure _____ le spectacle?
                                                  15

— Le _____ du rideau est à 20 heures précises.
           16

**4.** Read the following dialogue and answer the questions.

Marie-Claire:  Êtes-vous allée au guichet de réservations du théâtre aujourd'hui?
Martine:       Oui, j'y suis allée.
Marie-Claire:  Et allons-nous au théâtre ce soir?
Martine:       Ce soir, non. Il n'y avait pas de places. Tout était complet, mais j'ai deux billets
               pour demain soir.
Marie-Claire:  Bon. Avons-nous des fauteuils d'orchestre?
Martine:       Non, mais il y avait quelques places dans la première rangée du premier balcon.
               Nous avons des places au premier balcon.
Marie-Claire:  Bon. On voit très bien de ces places. Je n'aime pas être au deuxième balcon parce
               que ces places ne sont pas bonnes. Là, on ne voit pas bien et l'acoustique est
               mauvaise. Et quant à la galerie, nous ferions aussi bien de prendre des places au
               paradis. Je préfère les fauteuils d'orchestre ou au premier balcon.

1. Où Martine est-elle allée aujourd'hui?
2. Est-ce que Marie-Claire et Martine vont au théâtre ce soir?
3. Pourquoi ne vont-elles pas au théâtre ce soir?
4. Est-ce que tout était complet pour le lendemain aussi?
5. Combien de billets est-ce que Martine a pris pour le lendemain?
6. Est-ce que les places sont à l'orchestre? Pourquoi pas?
7. Où sont les places?
8. Pourquoi est-ce que Marie-Claire n'aime pas être au deuxième balcon?
9. Où préfère-t-elle être?

**5.** Correct each false statement.
   1. On peut prendre des billets pour le théâtre au vestiaire.
   2. Le guichet montre les places aux spectateurs.
   3. À l'entrée du théâtre, on peut laisser son manteau au guichet.
   4. Le rideau tombe quand le spectacle commence.
   5. Au théâtre, on entend mieux du deuxième balcon.

**6.** You are at a theater box office. You want to get tickets to a theater production. Say what kind of
show you want to see and where you want to sit.

# CHAPTER 37:   At the movie theater
# CHAPITRE 37:   Au cinéma

## AT THE MOVIES

| | |
|---|---|
| Quel film **joue-t-on** en ce moment? | is playing (showing) |
| Au **cinéma** (Dans une **salle de cinéma**) | movie theater |
| Au **ciné-parc** | drive-in |
| On **passe un film** de . . . | show a film |
| Qui **joue** dans le film? | is playing (acting) |
| Qui est la **vedette?** | star |
| **Prenons** des places pour ce soir. | let's get |
| Je ne veux pas être trop près de l'**écran.** | screen |
| C'est un film en **version originale** ou un **doublage**? | original version, dubbing |
| C'est un film français, mais il est **doublé en** anglais. | dubbed in |
| Il y a des **sous-titres** en anglais. | subtitles |
| Où **a-t-on tourné** le film? | did they shoot |
| C'est la **version française**. | French version |
| Qui est le **réalisateur**? | director |
| On **a réalisé le film** à Toronto. | made the film |
| Le **tournage** d'un film prend beaucoup de temps. | shooting |
| Qui est le **preneur de son**? | sound technician |
|     le **cascadeur**? | stunt artist |
|     le **scénariste** ou le **dialoguiste**? | scriptwriter |
|     le **metteur en scène**? | director, producer |
|     l'**opérateur** / l'**opératrice de prises de vues**? | cameraman / camerawoman |
|     responsable des **trucages**? | special effects |

1. Complete.
   1. On _____ un nouveau _____ de Claude Lelouche au cinéma.
   2. C'est un film français qui a été _____ dans le sud de la France.
   3. Je ne comprends pas très bien le français. Est-ce que le film est _____ en anglais?
   4. Allons-y ce soir s'il y a des _____ .
   5. Au cinéma, je n'aime pas me mettre trop près de l'_____ .
   6. Le _____ dirige le film.
   7. Le _____ écrit le dialogue.
   8. Quand il est nécessaire de faire une action dangereuse, le _____ prend la place de l'acteur.
   9. Le _____ _____ _____ est responsable du son.
   10. Les _____ dans des films de science-fiction sont formidables.
   11. Juliette Binoche est une grande _____ française.

## TYPES OF FILMS

| **Genres** de films | types |
|---|---|
| C'est une **comédie** (un **film comique**). | comedy |
| un **dessin animé**. | cartoon |
| un **documentaire**. | documentary |
| un **court-métrage**. | short film |
| un **film d'amour**. | love story |
| un **film d'aventures**. | adventure film |
| un **film de guerre**. | war story |
| un **drame** (**psychologique**). | drama (psychological) |
| un **film d'espionnage**. | spy story |
| un **film policier**. | police story |
| un **western**. | western |
| un **film d'horreur** (**d'épouvante**). | horror film |
| un **film de science-fiction**. | science fiction |

2. Classify, in French, films you have seen.

# CHAPTER 38: Television
# CHAPITRE 38: La télévision

## WATCHING TELEVISION

| | |
|---|---|
| Il y a trois **chaînes**[1] à la télévision. | channels |
| **L'horaire de grande écoute** | prime-time scheduling |
| Les **heures de grande écoute** sont entre 18 h et 23 h. | prime time |
| Avec les **télécommandes** il n'est pas nécessaire de quitter votre fauteuil. | remote control |
| Les **émissions** sont **diverses**. | programs, varied |
| J'aime les **courts-métrages** (les **documentaires**). | documentaries (short films) |
| les **causeries**. | talk shows |
| les **feuilletons** (Canada: **téléromans**). | soap operas (serials) |
| les **actualités** (le **journal télévisé**). | news |
| les **reportages sportifs**. | sportscasts |
| les **émissions culturelles**. | cultural programs |
| le **bulletin météorologique**. | weather report |
| les **spectacles de variétés**. | variety shows |
| les **débats télévisés**. | televised debates |
| les **films**, les **téléfilms**. | movies, made for TV movies |
| les **comédies**. | comedies |
| les **pièces de théâtre**. | plays |
| les **séries**. | series |
| les **dessins animés**. | cartoons |
| les **jeux télévisés**. | game shows |
| la **publicité**. | advertising |
| la **téléverité** | reality TV |
| Le **présentateur** / la **présentatrice** présente les actualités. | anchorman / anchorwoman |

1. Complete.
    1. Le _____ donne les nouvelles à la télévision.
    2. Le _____ _____ vous indiquera le temps qu'il fera.
    3. La _____ essaie de vous encourager à acheter certains produits.
    4. Les _____ vous invitent à appeler la chaîne et à discuter avec l'hôte.
    5. J'ai un _____ pour pouvoir choisir une chaîne.
    6. Les _____ _____ vous donnent les résultats des matchs sportifs.

2. Quelles émissions de télévision aimez-vous? Dites quel type d'émission.

---

[1] There are three national television stations in France: **TF1—télévision française 1**, **A2—Antenne 2**, and **FR3—France régions 3**.

# CHAPTER 39:   At a concert
# CHAPITRE 39:   Au concert

## TYPES OF MUSIC AND INSTRUMENTS

| | |
|---|---|
| Je voudrais des billets pour le **concert**. | concert |
| J'aime le **concert symphonique**. | symphony |
| L'**orchestre** est excellent. | orchestra |
| Le **chef d'orchestre dirige** bien. | conductor, conducts |
| J'aime la **musique classique**. | classical music |
| **country**. | country |
| le **jazz**. | jazz |
| le **rock**. | rock |
| J'aime les **symphonies** de Beethoven. | symphonies |
| les **sonates**. | sonatas |
| les **concertos**. | concertos |
| les **chansons** de Georges Brassens. | songs |
| Ce **chanteur** / cette **chanteuse** chante bien. | singer |
| **instruments de musique** | musical instruments |
| **instruments à vent** | wind instruments |
| **instruments à cordes** | stringed instruments |
| **instruments à percussion** | percussion |
| **la batterie** | drums |
| Il joue du **violon**. | violin |
| du **violoncelle**. | cello |
| de l'**alto**. | viola |
| de la **contrebasse**. | double-bass (contrabass) |
| de la **basse**. | bass |
| de la **harpe**. | harp |
| de la **guitare**. | guitar |
| des **timbales**. | timpani |
| du **tambour**. | drum |
| du **xylophone**. | xylophone |
| de la **trompette**. | trumpet |
| du **piano**. | piano |
| du **hautbois**. | oboe |
| de la **flûte**. | flute |

**1.** Complete.

1. Le _____ , le _____ , la _____ et l'_____ sont des instruments à cordes.
2. Les _____ , le _____ et le _____ font partie des instruments à percussion.
3. La _____ , la _____ et le _____ sont des instruments à vent.

4. La trompette est un instrument à _____.
5. Le violon est un instrument à _____.
6. Le tambour fait partie de la _____.
7. Le _____ _____ dirige bien.
8. J'aime les _____ de Beethoven.

**2.** Answer.
1. Quel type de musique aimez-vous?
2. Jouez-vous d'un instrument? Duquel jouez-vous?

# UNIT 8:   Sports and leisure activities
## *UNITÉ 8:   Les sports et les loisirs*

# CHAPTER 40: Sports
# *CHAPITRE 40: Les sports*

## SOCCER

| | |
|---|---|
| Le **football** (Canada: le **soccer**)[1] | soccer |
| C'est une **équipe** de football | team |
| Il y a onze **joueurs** dans chaque équipe. | players |
| Les spectateurs regardent le **match**[2] au **stade**. | game, stadium |
| Ils sont dans les **tribunes**. | grandstand |
| Les joueurs sont sur le **terrain**. | field |
| Les joueurs **lancent le ballon** avec les pieds. | toss the ball |
| Le **gardien de but** garde la **porte**. | goalie, goal |
| Le gardien de but **arrête** le ballon. | stops (blocks) |
| Il y a deux **ailiers**, l'ailier **gauche**, l'ailier **droit**. | wings, left, right |
| Il y a trois **arrières**, l'arrière gauche, l'arrière central et l'arrière droit. | backs |
| L'**ailier gauche** passe le ballon à un membre de son équipe. | left winger |
| Le **demi** reçoit le ballon. | halfback |
| Le joueur marque (**compte**) un but. | makes a goal |
| Il **marque un point**. | scores a point |
| Il **score** (Canada). | scores |
| Un joueur **donne le coup d'envoi**. | kicks off |
| Un joueur **donne un coup de pied** au ballon. | kicks |
| L'**arbitre donne un coup de sifflet**. | referee blows his whistle |
| Il déclare un **penalty** (une **faute**, un **coup de déloyal**). | a foul |
| C'est la fin de la première **période**. (C'est la **mi-temps**.) | period (half time) |
| Le score (la marque) est **à égalité**. | tied |
| L'équipe B a **gagné**. | won |
| On peut voir les scores au **tableau**. | scoreboard |

1. Answer.
   1. Combien de joueurs y a-t-il dans une équipe de football?
   2. Combien d'équipes jouent dans un match de football?
   3. Où jouent les joueurs?
   4. Qui garde la porte?
   5. Avec quoi est-ce que les joueurs lancent le ballon?
   6. Qu'est-ce que le gardien de but veut faire avec le ballon?
   7. Si un joueur marque un but, est-ce qu'il gagne un point pour son équipe?
   8. Qui déclare un penalty (une faute, un coup de déloyal)?
   9. Que fait l'arbitre?

---

[1] In France **le football** is "soccer." In Canada it is "football." In Canada, "soccer" is **le soccer**.

[2] The word **match** is used for a football, soccer, baseball, or basketball game. The words **partie** and **match** are used for a tennis game. The word **match** or **partie** is used for a hockey game.

10. Est-ce que le score à la fin de la première période (à la mi-temps) est à égalité?
11. Qui gagne le match?

2. Complete.

Le match commence. Les deux _____ sont sur le _____ de football.
                                    1                                    2
Au total, il y a 22 _____ . Un joueur donne le coup d'_____ . L'autre équipe
                           3                                              4
essaie d'intercepter le ballon. Le joueur _____ le ballon à un membre de son équipe.
                                                5
Il arrive à la porte, mais le ballon n'entre pas. Le _____ _____
                                                                                      6
_____ _____ le ballon. C'est presque la fin de la première _____
                        7                                                                  8
et aucune équipe n'a _____ de but. Aucune équipe n'a _____ .
                            9                                              10

3. Identify each item in Fig. 40-1.

Fig. 40-1

## BASKETBALL

Le **basket-ball** (Canada: le **ballon-panier**)                    basketball
Les joueurs sont sur le **terrain de basket-ball (ballon-panier)**.   basketball court
Ils sont dans le **gymnase**.                                         gymnasium
Un joueur **lance** le ballon.                                        shoots

| | |
|---|---|
| L'autre **le met dans le panier**. | puts it in the basket |
| Il faut mettre le ballon dans le panier dans le **territoire** de l'équipe **adverse**. | territory opposing |
| Si on lance le ballon, mais ne réussit pas à le mettre dans le panier, on **perd**. | misses |
| Si le joueur met le ballon dans le panier, il **marque deux points** (Canada: il **score**). | scores two points |

**Fig. 40-2**

**4.** Answer on the basis of Fig. 40-2.
   1. Où se passe le match de basket-ball?
   2. Qui joue?
   3. Qui lance le ballon?
   4. Où met-il le ballon?
   5. A-t-il perdu ou non?
   6. Est-ce que le joueur marque un point?

## HOCKEY

| | |
|---|---|
| C'est un **match** (une **partie**)[3] de hockey. | hockey game |
| Les joueurs sont sur la **patinoire**. | rink |
| Ils ont des **patins**. | skates |

---

[3] See note 2, page 216.

| | |
|---|---|
| Ils portent des **casques**. | helmets |
| Ils portent des **chandails** (**maillots**). | sweaters |
| Il y a trois **avants**, un **avant centre**, un **avant droit** (un **ailier** droit) et un avant **gauche** (un ailier gauche). | forwards, center forward, right forward (wing), left |
| Il y a deux **arrières**, un **arrière droit** (un **joueur de défense droit**) et un arrière gauche (un joueur de défense gauche). | backs, right back (right defense) |
| Le **gardien de but** arrête le **disque** (la **rondelle**, le **palet**)[4] avec son patin. | goal tender, puck |
| Le **match** (le **score**) est **à égalité**. | tied |
| Une **passe** à l'**ailier gauche**. | pass, left wing |
| Une passe de l'ailier droit. | |
| L'ailier gauche **tire**. | shoots |
| Il **marque** (**compte**) **un but**. | makes a goal |
| Il **score**. | scores |
| Les joueurs **lèvent** leur **bâton** en l'air. | raise, sticks |
| Il y a trois **périodes** dans un match de hockey. | periods |
| Le joueur **reçoit** une **pénalité mineure**. | receives, minor penalty |
| Il a deux minutes sur le **banc de punition**. | penalty bench |
| L'**arbitre** annonce une pénalité **majeure**. | referee, major |
| Le joueur a cinq minutes sur le banc. | |
| Le joueur reçoit une pénalité de **méconduite**. | misconduct |
| Il a dix minutes sur le banc. | |
| C'est une pénalité de match. On **renvoie** le joueur au **vestiaire** pour le reste de la partie. | send back, locker room |
| L'**entraîneur** travaille avec les joueurs. | coach |

5. Complete.
   1. La personne qui entraîne les joueurs est _____.
   2. Pour éviter des coups sur la tête, les joueurs portent des _____.
   3. Le joueur marque un _____. Il _____.
   4. Il a deux minutes sur le banc de _____. Il reçoit une _____.
   5. L'_____ gauche tire.
   6. Une _____ de l'ailier droit au centre.
   7. Le _____ _____ _____ arrête le _____.
   8. On joue au hockey avec un _____ et un _____. Il faut aussi avoir des _____ et porter des _____.
   9. L'_____ annonce une pénalité.
   10. Les joueurs de hockey jouent sur la _____.

## BASEBALL (Fig. 40-3, page 220)

| | |
|---|---|
| Le **base-ball**[5] | baseball |
| C'est un **match** (une **partie**) de base-ball. | baseball game |
| Il y a neuf **joueurs** dans une **équipe** de base-ball. | players, team |
| Les joueurs portent des **gants**. | gloves |
| Le **receveur** porte un **gant de receveur** (une **mitaine**), un **casque protecteur** et un **masque**. | catcher, catcher's mitt, helmet mask |

---

[4] You will hear both **un disque** and **la rondelle** for "puck" if you go to a hockey game in Canada where the commentary is in French. The word **un palet** is used in France.

[5] The baseball terminology here is that used in Canada. The words in parentheses are alternative words given in French dictionaries.

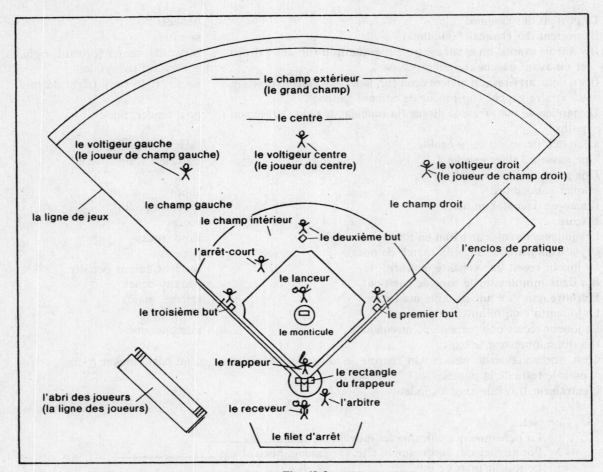

**Fig. 40-3**

| | |
|---|---|
| Le **voltigeur** porte un **gant de voltigeur**. | outfield player, outfielder's glove |
| Le **lanceur lance** la balle. | pitcher, pitches |
| Le **frappeur frappe** la balle avec le **bâton** (la **batte**). | batter, hits, bat |
| L'**arbitre** crie « **Prise!** » « **Mort!** ». | umpire (referee), strike, out |
| Au **bas** (en **haut**) de la troisième **manche**, le **score** est **à égalité**. | bottom (top), inning, score, tied |
| Le joueur **fait un circuit**. | makes a home run |

*D'autre termes de base-ball*

| | |
|---|---|
| La **marque** | score |
| un **simple (double, triple) but** | single (double, triple) play |
| un **circuit** | home run |
| un **grand chelem** | grand slam |
| un **point** | run |
| un **point produit** | run batted in |

*la technique du lanceur*

| | **pitcher's tactics** |
|---|---|
| une **balle** | ball |
| une **prise** | strike |
| une **balle rapide** | fast ball |
| une **balle courbe** | curve ball |
| une **balle tombante** | sinker ball |

| une **balle jointure** | knuckle ball |
| une **balle mouillée** | spitball |
| un **mauvais lancer** | wild pitch |
| *la technique du frappeur* | **batter's tactics** |
| un **coup sûr** | hit |
| un **coup retenu** | bunt |
| un **but sur balles** | base on balls |
| un **but sur balles intentionnel** | intentional walk |
| un **coup en flèche** | liner |
| un **roulant** | grounder |
| une **chandelle** | pop fly |
| un **ballon sacrifice** | sacrifice fly |
| une **fausse balle** | foul ball |
| *la technique de défense* | **defense tactics** |
| un **retrait** | out |
| un **double jeu** | double play |
| une **erreur** | error |

**6.** Complete.

1. Dans une équipe de base-ball, il y a neuf _____.
2. Il y a trois _____ , le premier, le deuxième et le troisième.
3. Il y a deux champs, le champ _____ et le champ _____.
4. Le _____ lance la balle.
5. Le _____ frappe la balle.
6. L'arbitre crie « _____ » quand le joueur ne réussit pas à frapper la balle la troisième fois.
7. Les joueurs de base-ball jouent sur un _____ de base-ball.
8. Le joueur frappe la balle avec un _____.
9. L'endroit où les joueurs attendent leur tour est l'_____ _____ _____.
10. Le joueur entre le deuxième but et le troisième but s'appelle l'_____-_____.
11. Le _____ attrape la balle derrière le frappeur.
12. Il y a trois _____ , droit, centre et gauche.
13. Si le joueur réussit à courir jusqu'au troisième but, c'est un _____.
14. Si un joueur réussit à faire les quatre buts, c'est un _____.
15. Si le joueur réussit à frapper la balle dans la bonne direction, c'est un _____ _____.
16. Le joueur peut marcher au but s'il réussit à frapper quatre _____.
17. Une balle qui est lancée sur le terrain est un _____.
18. Une balle qui est frappée à une très courte distance est un _____ _____.

## TENNIS

| Le **tennis** | tennis |
| C'est un **tournoi** / une **partie**[6] de tennis. | tournament / game (match) |
| Les deux joueurs sont sur le **court (terrain) de tennis**. | tennis court |
| Chacun a une **raquette**. | racket |
| C'est une **partie en simple**. | singles match |

---

[6] See note 2, page 216.

| | |
|---|---|
| C'est un **court de simple**. | singles court |
| C'est une **partie en double**. | doubles match |
| Un joueur **sert**. | serves |
| L'autre **renvoie** la balle. | returns |
| C'est une **partie en revanche**. | return match |
| Elle lance la balle **au-dessus du filet**. | over the net |
| La balle est **hors des limites (du terrain)**. | out of bounds |
| Le score est à quinze-**zéro**. | love |
| C'était une **balle de filet** (un **net**). | net ball |
| C'est un **jeu blanc**. | no-score game |
| Elle a gagné deux des trois **matchs**. | sets |

**7.** Complete.

1. Il y a deux _____ dans une partie en simple et il y en a quatre dans une partie en _____.
2. Pour jouer au tennis, il faut avoir une _____ et plusieurs _____.
3. On joue au tennis sur un _____ de tennis.
4. Dans une partie de tennis, il faut lancer la _____ au-dessus du _____.
5. Si la balle est envoyée sur la partie rouge, la balle est _____ _____ _____.
6. Un joueur _____ la balle et l'autre la _____.
7. Quand un joueur a marqué et l'autre n'a pas marqué, le score est quinze-_____.

## SKIING

les montagnes

un anorak

la station de ski

la piste de ski

les bottes de ski

les bâtons

les skis

**Fig. 40-4**

| | |
|---|---|
| Le **ski** | skiing |
| Je vais **passer** deux semaines au mois de février dans une **station de ski**. | spend, ski resort |
| J'ai besoin de **bâtons** et de **skis**. | poles, skis |
| J'ai besoin de **bottes de ski** aussi. | ski boots |
| J'ai besoin de **lunettes** et de **gants** ou de **mitaines**. | goggles, gloves, mittens |
| J'ai des skis en **fibre de verre**. | fiberglass |
| J'aime le **ski alpin** et le **ski de fond** (le **ski de randonnée**). | downhill skiing, cross-country skiing |
| Il faut avoir de bonnes **fixations** pour les skis. | bindings |
| Il y a plusieurs **pistes de ski**. | ski runs |
| Voici la **piste pour débutants**. | beginners' run |
| La neige est **poudreuse**. | powdery |
| Les **conditions** sont excellentes. | conditions |
| Je vais vite quand je **descends la piste**. | go down the run |
| Pour monter, il faut prendre un **remonte-pente**. | lift |
| Il y a plusieurs remonte-pentes, des **télésièges** (des **téléphériques**), des **bennes** et des **tire-fesses** (**barres**). | chair lifts, gondolas, T-bars |

8. Complete.

**Dans une _____ de ski**
                    1

J'aime beaucoup faire du ski. J'aime faire du ski _____ et du ski _____
                                                        2                          3
_____ . Je dois avoir du bon équipement, des _____ , des _____ et
                                                          4                    5
des _____ . Il faut ajuster les _____ sur les skis pour vos chaussures. S'il fait
        6                                    7
froid, il faut porter des _____ ou des _____ . S'il y a du soleil, il faut porter
                              8                      9
des _____ aussi. Vous pouvez descendre plusieurs _____ dans cette station de
        10                                                      11
ski. La piste pour _____ est pour les skieurs qui n'ont jamais fait du ski. Pour monter la
                        12
montagne il faut prendre un _____-_____ .
                                              13

## SWIMMING[8]

| | |
|---|---|
| On peut **faire de la natation** dans les **piscines**, dans les **lacs** ou dans l'**océan**. | go swimming, swimming pools, lakes, ocean |
| On peut nager en faisant le **crawl**. | crawl |
| la **brasse papillon**. | butterfly |
| la **brasse sur le ventre**. | breaststroke |
| la **nage indienne**. | sidestroke |
| le **dos crawlé**. | backstroke |
| la **planche** (en **flottant**). | floating (on back) |
| Le **plongeur** est **prêt à plonger** dans la piscine. | diver, ready to dive |
| Il est sur le **plongeoir**. | diving board |
| Le plongeur entre dans l'eau la **tête première**. | head first |
| Il fait un **somersault**. | flip |

[8] See Chapter 41, *The beach*, for other water sports.

**9.** Look at Fig. 40-5 and tell what swimming strokes the swimmers are using.

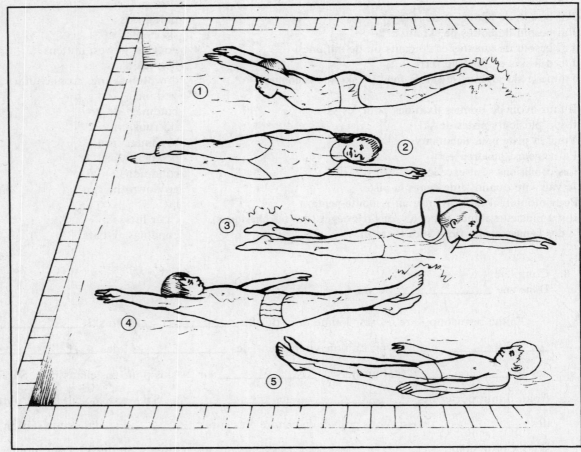

**Fig. 40-5**

**10.** Answer.
1. Quel mouvement employez-vous pour nager?
2. Aimez-vous plonger?
3. Où nagez-vous? Dans la piscine? Dans un lac? Dans l'océan?
4. Quel nageur ou quelle nageuse olympique admirez-vous?

## OTHER SPORTS AND LEISURE ACTIVITIES

| | |
|---|---|
| **faire du vélo, faire de la bicyclette** | to go cycling, to cycle |
| **faire de la natation, nager** | to go swimming, to swim |
| **faire du patinage sur glace, patiner** | to go ice-skating, to skate |
| **faire du patinage artistique** | to figure-skate |
| **faire du cheval** | to go horseback riding |
| **faire de l'alpinisme** | to go mountain climbing, to mountain climb |
| **faire de la gymnastique** | to exercise or to do gymnastics |
| **faire de l'athlétisme** | to practice track and field |
| **faire de l'aviron, ramer** | to go rowing, to row |

| | |
|---|---|
| **faire des arts martiaux** | to practice martial arts |
| **faire de l'escrime** | to go fencing, to fence |
| **faire de la boxe** | to box, to do boxing |
| **faire de la lutte** | to do wrestling, to wrestle |
| **faire de la marche à pied** | to go walking, to walk |
| **faire du jogging** | to go jogging, to jog |
| **faire de la course automobile** | to go race-car driving |
| **faire de la course à pied** | to run, to go running |
| **participer aux marathons** | to run marathons |
| **faire des randonnés à pied** | to go hiking |
| **à cheval** | to go trail riding |
| **faire du saut à l'élastique** | to go bungee jumping, to bungee jump |
| **faire du saut à la perche** | to pole vault |
| **faire du deltaplane** | to go hang-gliding |
| **faire de la parapente** | to go parasailing |
| **faire du rafting** | to go white-water rafting |
| | |
| **jouer à la pétanque** | to go lawn bowling |
| **jouer au badminton** | to play badminton |
| **jouer au racquetball** | to play racketball |
| **jouer au squash** | to play squash |
| **jouer au golf** | to golf, to play golf |
| | |
| **aller à la pêche, faire de la pêche, pêcher** | to go fishing, to fish |
| **aller à la chasse, faire de la chasse, chasser** | to go hunting, to hunt |

**11.** Answer.

1. Quels sports aimez-vous? Quels matchs regardez-vous à la télévision? Décrivez un de ces matchs.
2. Préférez-vous être spectateur (spectatrice) ou participer aux sports?
3. Quel(le) champion(ne) de sport aimez-vous?
4. Aimez-vous regarder les jeux Olympiques à la télévision? Lesquels?
5. Décrivez un match sportif que vous avez regardé à la télévision.

## AT THE FITNESS OR HEALTH CLUB (Fig. 40-6, page 226)

| | |
|---|---|
| Pour **se mettre en forme**, beaucoup de gens fréquentent les **salles d'entraînement** (les **centres sportifs**, un **club de gymnastique**) pour faire **un programme d'entraînement physique**. | get in shape / fitness centers / fitness training program |
| Il y a des **moniteurs / monitrices** qui **surveillent** les clients. | trainers, supervise |
| Beaucoup de ces centres sont **bien équipés** d'une **gamme d'appareils** pour vous aider à **améliorer** votre condition cardio-vasculaire, à maintenir votre flexibilité, à **raffermir** (**tonifier**, **fortifier**) vos muscles, à **perdre du poids** et à **garder votre ligne**. | well equipped, range of equipment, improve strengthen (tone) lose weight, watch your weight (waistline) |
| Il y a des **appareils de nautilus**. | nautilus equipment |
| des **manèges** (des **manèges de discipline**, des **tapis de jogging**; Canada: des **tapis roulants**). | treadmills |
| des **appareils de step**. | step machines, stair climbers |
| des **rameurs** (des **ergomètres à ramer**). | rowing machines, rowing ergometers |

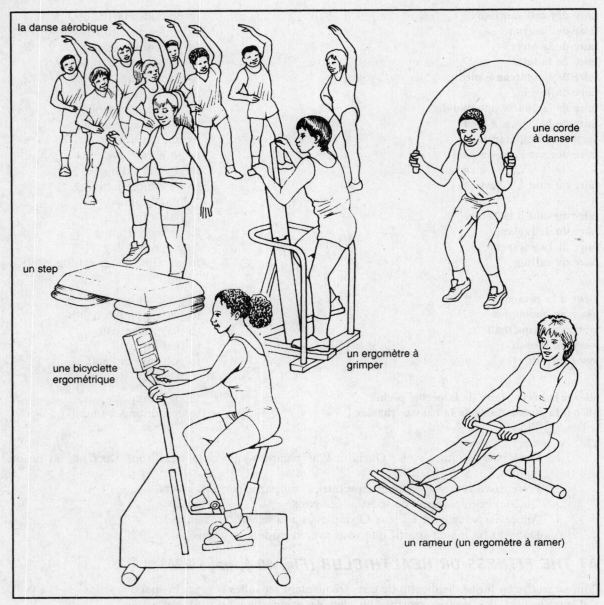

**Fig. 40-6**

| | |
|---|---|
| des **vélos d'appartement** / des **bicyclettes ergométriques**. | stationary bicycles / ergometric bicycles |
| des cours de **danse aérobique** | aerobic classes |
| des **cours de danse aérobique à l'eau**. | water fitness classes |
| une **piscine**. | swimming pool |
| On peut y faire de l'**entraînement aux haltères**. | weight training |
| On peut **faire des redressements assis**. (**faire des abdominaux, faire des abdom'**). | do sit ups |
| On peut **soulever des lests** et des **haltères** (des **poids**). | lift (free) weights |
| Il y a aussi des **bandaux** qu'on peut mettre aux **poignets** ou aux **chevilles**. | handweights (bands), wrists ankles |

Dans les salles d'entraînement, les femmes portent des **maillots de gym**, des **shorts**, des **léotards** (des **bodys**), des **collants**, des **jambières** et un **bandeau**.

Vous pouvez faire la **marche**, le **jogging** et la **natation** ou de la **bicyclette** sans être obligé d'être membre d'un club.

gym (workout) clothes
shorts, leotards, tights
leg warmers, sweatband
walking, jogging, swimming
cycling

**12.** Complete.

1. Les centres sportifs sont équipés d'une gamme d'_____ pour vous aider à garder la _____ , à _____ vos muscles et à _____ votre condition cardiovasculaire.

2. Quand vous marchez, vous faites de la _____ ; quand vous courez, vous faites du _____ ; quand vous nagez dans l'eau, vous faites de la _____ .

3. Pour tonifier les muscles, vous pouvez soulever des _____ ou mettre des _____ aux _____ ou aux _____ quand vous faites de l'exercice.

4. Vous pouvez faire de la bicyclette avec un _____ d'_____ ou une _____ _____ .

5. Quand je fais de la danse aérobique, je porte un _____ , des _____ et un _____ autour de la tête.

**13.** Answer.

1. Que faites-vous pour vous mettre en forme?
2. Que portez-vous quand vous faites du sport? des exercices?
3. Quels sports ou exercices sont les meilleurs pour améliorer votre condition cardiovasculaire?
4. Quels sports ou exercices sont les meilleurs pour raffermir (tonifier, fortifier) vos muscles?
5. Quels sports ou exercices sont les meilleurs pour perdre du poids?
6. Soulevez-vous des haltères? De quel poids? Utilisez-vous des bandaux? Où?

# CHAPTER 41:  The beach
# CHAPITRE 41:  La plage

## THE OCEAN

| | |
|---|---|
| Aujourd'hui la **mer** est **calme**. | sea (ocean), calm |
| Hier la mer était **mauvaise**. | rough |
| Les **vagues** sont très **fortes** et très grandes. | waves, strong |
| Les vagues **se brisent** contre les **rochers**. | break, rocks |
| Quand est la **marée haute**? | high tide |
| Quand est-ce que la marée **monte**? | comes in |
| Quand est la **marée basse**? | low tide |
| Quand est-ce que la marée **descend**? | goes out |
| Le **courant** est **violent** ici. | current, strong |
| C'est **profond**. | deep |
| Il y a un **courant sous-marin** fort (une **contre-marée** forte). | undertow |

**1.**  Complete.

1.  Aujourd'hui il n'y a pas de vagues fortes. La mer est _____.
2.  Hier il y avait des vagues fortes. La mer était _____.
3.  Aujourd'hui, la marée monte le matin et la _____ _____ _____ l'après-midi.
4.  De temps en temps les vagues _____ _____ _____ contre les rochers.
5.  Il est dangereux de se baigner dans la mer quand il y a un _____ violent.
6.  La marée monte; c'est la marée _____. La marée descend; c'est la marée _____.

## ON THE BEACH (Fig. 41-1, page 229)

| | |
|---|---|
| Je vais **passer l'été** sur la **plage**. | spend the summer, beach |
| C'est une **station balnéaire**. | seaside resort |
| On peut louer des **cabines**. | cabins |
| J'aime **nager (faire de la natation)**. | swim |
|     jouer dans le **sable**. | sand |
|     **flotter**. | float |
|     **faire de la plongée sous-marine**. | scuba dive |
|     **me laisser bercer par les vagues**. | ride the waves |
|     **faire de la voile**. | go sailing |
|     **faire de la planche**. | go surfboarding |
|     **faire de la planche à voile**. | windsurf |
|     **faire du ski nautique**. | water-ski |
|     **faire de la pêche sous-marine**. | go deep-sea fishing |

les labels dans l'image:

le phare

un bateau à voile (un voilier)

une planche à voile

des skis nautiques

un bateau à moteur

le garde-plage (le sauveteur)

un aquaplane

un gilet de sauvetage

un matelas gonflable (pneumatique)

un bateau à rames

une chaise-longue

une chaise pliante

un parasol

**Fig. 41-1**

| | |
|---|---|
| **me promener le long de la plage**. | walk along the beach |
| **au bord de la mer**. | on the shore |
| **me baigner** dans la mer. | bathe |
| **me bronzer**. | get a suntan |
| **prendre des bains de soleil**. | sunbathe |
| Vous **avez attrapé un coup de soleil**. | got sunburned |
| Vous **vous êtes brûlé(e)**. | got burned |
| Vous **êtes bien bronzé(e)**. | have a good tan |
| Quelle **marque** de **lotion solaire** avez-vous? | brand, sun lotion |
| de **crème solaire** | suncream |
| de **lotion de bronzage** | tanning lotion |
| d'**huile solaire** | suntan oil |
| Quel **FPS**? 15? 30? | SPF |
| J'aime votre **maillot de bain** (Canada: **costume de bain**). | bathing suit |
| votre **bonnet de bain**. | bathing cap |
| votre **peignoir (sortie) de bain**. | beach robe |
| vos **sandales (espadrilles) de plage**. | beach sandals |
| votre **chapeau de paille**. | sunhat (straw hat) |
| vos **lunettes de soleil** (Canada: **lunettes solaires**). | sunglasses |
| Est-ce qu'il y a une **piscine** ici? | swimming pool |
| Y a-t-il des **douches**? | showers |
| Est-ce que la piscine a de l'**eau douce** ou de l'**eau salée**? | freshwater, saltwater |
| Je voudrais louer un **tuba** et des **palmes**. | snorkel, flippers |

**2.** Complete.
1. Il me semble que vous avez attrapé un coup de soleil. Il faut vous mettre sous le _____ et mettre de la _____ .
2. J'aime beaucoup _____ dans la mer et ensuite _____ _____ _____ de soleil.
3. Je n'aime pas m'asseoir dans une _____ . Je préfère m'asseoir sur une _____ - _____ .
4. Pourquoi ne nous promenions-nous pas le _____ de la plage au _____ de la mer?
5. Je vais flotter sur ce _____ _____ .
6. Je vais louer un bateau pour faire de la _____ .
7. Je vais changer de vêtements et mettre mon _____ _____ _____ avant de nager.
8. Je préfère nager dans une _____ . Je n'aime pas l'eau _____ de la mer.
9. Le _____ montre le chemin aux bateaux.
10. Pour éviter de se noyer si on tombe d'un bateau dans l'eau, il faut avoir un _____ _____ _____ .
11. Le _____ surveille les gens qui nagent.

**3.** Say the following in a different way.
1. Je vais faire de la natation.
2. Je vais prendre un bain de soleil.
3. Je vais prendre un bain.
4. Je me suis brûlé(e).

**4.** Complete. Say what you are going to rent when you are at the beach.
1. Je n'aime pas me mettre directement au soleil. Je vais louer un _____ .
2. Je veux faire du ski. Je vais louer des _____ _____ .
3. Je n'aime pas m'asseoir directement sur le sable. Je vais louer une _____ - _____ .
4. Je veux flotter dans l'eau. Je vais louer un _____ .
5. Je vais faire de la planche. Je vais louer un _____ .
6. Je vais pêcher. Je vais louer un _____ _____ _____ .
7. Je vais faire de la plongée sous-marine. Je vais louer un _____ et des _____ .

# CHAPTER 42:  Camping and fishing
# *CHAPITRE 42:  Le camping et la pêche*

**CAMPING (Fig. 42-1)**

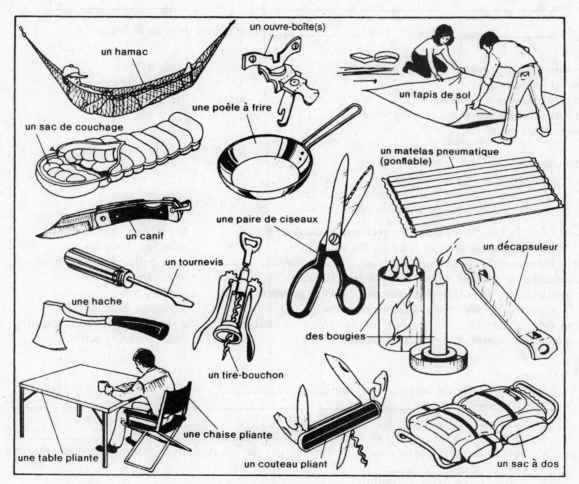

**Fig. 42-1**

| | |
|---|---|
| Est-ce qu'on peut **faire du camping** ici? | camp |
| C'est un **terrain de camping** officiel? | campsite |
| Où peut-on **stationner** la **roulotte** (la **remorque**, la **caravane**) / l'**autocaravane**? | park, trailer / recreational vehicle (RV) |
| Quels sont les **services** offerts? | facilities |

| | |
|---|---|
| Où sont les **salles de bains**? | baths |
| les **douches**? | showers |
| les **toilettes**? | toilets |
| Où peut-on trouver de l'**eau potable**? | drinking water |
| Je vais mettre de l'eau dans le **thermos**. | thermos |
| Où puis-je **vider les ordures**? | throw out the garbage |

**1.** Complete.

C'est un _____ de camping officiel. Beaucoup de gens viennent ici en été pour
$\phantom{x}$1

_____ _____ _____. Il y a un parking où les gens peuvent sta-
$\phantom{xxxxxx}$2

tionner leur _____. Le terrain de camping offre beaucoup de _____. Il y a des
$\phantom{xxx}$3 $\phantom{xxxxxxxxxxxxx}$4

_____ _____ _____, des _____ et des
$\phantom{xxxxxx}$5 $\phantom{xxxxxxxx}$6

_____. Il y a de l'eau _____ pour mettre dans les thermos.
$\phantom{x}$7 $\phantom{xxxx}$8

| | |
|---|---|
| Je vais **monter la tente**. | pitch the tent |
| Où est le **marteau**? | hammer |
| Je vais **enfoncer** ces **piquets**. | drive in, stakes |
| Je vais **attacher** les **cordes** aux piquets. | tie, cords (ropes) |
| Où sont les **mâts**? | poles |

**2.** Answer.
1. Qu'est-ce qu'il faut monter?
2. Qu'est-ce qu'il faut enfoncer dans la terre?
3. Qu'est-ce qu'il faut utiliser pour enfoncer les piquets?

| | |
|---|---|
| Pour faire du **feu**, j'ai besoin d'un **réchaud de camping à gaz**. | fire, butane gas burner |
| J'ai besoin d'**allumettes** pour faire un **feu de camp**. | matches, campfire |
| Pour trouver mon **chemin** sur le **sentier**, j'ai une **boussole**. | way, path (trail), compass |
| Je cherche le **produit contre les insectes** (Canada: le **chasse-insectes**) dans ma **trousse de soins médicaux (de premiers soins)**. | insect repellent first-aid kit |
| Il faut mettre des **piles** dans la **lampe de poche**. | batteries, flashlight |
| Pour faire la vaisselle, j'ai besoin d'une **lavette**, d'un **torchon**, de **tampons à récurer** et de **poudre à récurer**. | dishcloth, dishtowel, scouring pads, scouring powder |

**3.** Complete.
1. Je vais préparer le repas dans une _____.
2. J'ai besoin d'un _____ _____ _____ _____.
3. Si je n'ai pas de gaz, je vais faire un _____ _____ _____.
4. Si la table et les quatre chaises ne rentrent pas dans la roulotte, il faut acheter une table et des chaises _____.
5. Pour allumer le feu, il faut des _____.
6. Quand je fais du camping, je n'apporte pas de valise. Je mets mes vêtements dans un _____ _____ _____.
7. Il n'y a pas de lumière électrique. Il faut mettre des _____ sur la table.
8. Avez-vous un _____? Je voudrais couper quelque chose.
9. La lampe de poche ne marche pas. J'ai besoin de _____.
10. J'ai des aspirines et du produit contre les insectes dans ma _____ de _____ _____.

11. Quand nous faisons du camping, nous pouvons dormir sur un _____ , dans un _____ ou dans un _____ _____ _____ .

12. Il faut ouvrir cette boîte de thon avec un _____ - _____ .

13. Il faut ouvrir cette bouteille avec un _____ .

14. Je coupe le bois avec une _____ .

15. Pour m'aider à trouver mon chemin, j'ai une _____ .

**4.** Answer the following questions by referring to Fig. 42-2.

1. Est-ce que c'est un terrain de camping officiel?
2. Est-ce que les roulottes sont stationnées à côté des tentes?
3. Qu'est-ce que le jeune homme monte?
4. Qu'est-ce qu'il enfonce?
5. Avec quoi enfonce-t-il les piquets?
6. Qu'est-ce que le jeune homme prépare?
7. Dans quoi fait-il la cuisine?
8. Où dort le jeune homme?

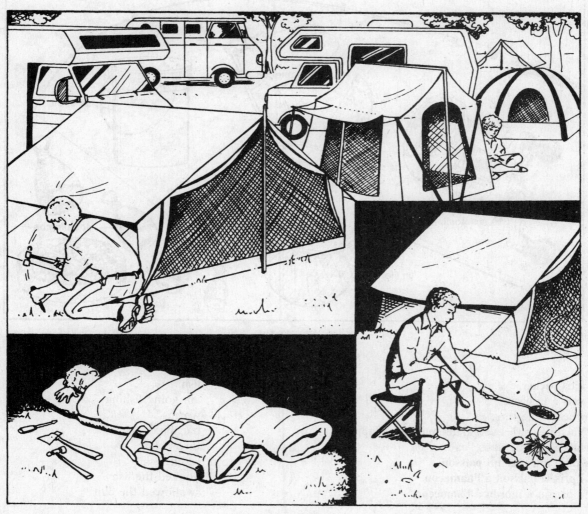

**Fig. 42-2**

9.  Qu'est-ce qu'il y a à côté de son sac de couchage?
10. Quels outils y a-t-il sur le sol?

5.  Complete.
    1.  Comme il n'y a pas d'électricité, il faut utiliser une _____ _____ _____ ou des _____ si nous voulons voir.
    2.  Nous pouvons préparer le repas dans une _____ après avoir allumé un _____ _____ _____.
    3.  Je vais mettre mes vêtements dans un _____ _____ _____ et je ne dois pas oublier de prendre un _____ d'eau potable.
    4.  Pour faire la vaisselle, nous avons besoin d'une _____ , d'un _____ et de _____ _____ _____.

## FISHING (Fig. 42-3)

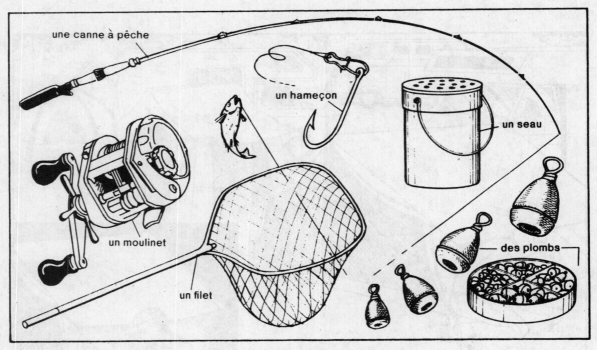

une canne à pêche

un hameçon

un seau

un moulinet

des plombs

un filet

Fig. 42-3

| | |
|---|---|
| Je vais **pêcher**. | fish |
| Je **vais à la pêche**. | am going fishing |
| J'ai besoin de **vers**. | worms |
| Je vais mettre les vers dans ma **boîte d'appât**. | bait box |
| Je **lance** la **ligne** dans l'eau. | throw, line |
| J'espère **attraper** un **poisson**. | catch, fish |
| J'ai **pris le poisson à l'hameçon**. | hooked the fish |
| Le poisson **a mordu à l'hameçon**. | swallowed the bait |

**6.** Complete.

Pour aller à la _____ , il faut avoir une _____ à _____ et un
                    1                              2              3

_____ . Avant de _____ la _____ dans l'eau, il faut mettre de
     4                      5              6

l'_____ sur l'_____ . Je cherche des _____ dans ma
       7              8                              9

_____ d'_____ . Je lance la ligne dans l'eau et j'attends patiemment. Enfin,
     10         11

j'ai pris le poisson à l'_____ . J'ai _____ un gros poisson.
                            12                 13

**7.** Identify each item in Fig. 42-4.

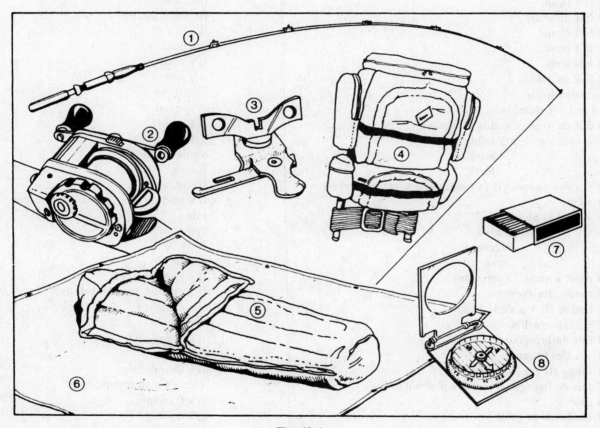

**Fig. 42-4**

**8.** Describe a camping or fishing trip that you have taken.

# CHAPTER 43:   The weather
# CHAPITRE 43:   Le temps

|  |  |
|---|---|
| La **météorologie** (La **météo**) | weather report, forecast |
| **Quel temps fait-il?** | What's the weather like? |
| **Il fait beau.** | It's nice. |
| **Il fait mauvais.** | Its nasty (bad). |
| **Il fait chaud.** | It's hot. |
| **Il fait froid.** | It's cold. |
| **Il fait frais.** | It's cool. |
| **Il fait du soleil.** | It's sunny. |
| Le soleil **brille.** | is shining |
| Le **ciel** est **clair.** | sky, clear |
| **Il fait du vent** (Canada: **Il vente**). | It's windy. |
| Il y aura des vents **faibles.** | light |
|                       **modérés.** | moderate |
|                       **forts.** | strong |
| **Il y a des nuages** (Il fait nuageux, C'est nuageux). | It's cloudy. |
| **Il pleut.** | It's raining. |
| Il y a de la **pluie.** | rain |
| Il y a des pluies **fortes.** | heavy |
|                  **légères.** | light |
|                  **fines.** | drizzle |
| **Il pleut à verse (à torrents).** | It's raining hard. |
| **Il tombe des cordes.** | It's raining cats and dogs. |
| **Il bruine** (Il y a de la bruine). | It's drizzling. |
| Il y a du **crachin.** | drizzle |
| **Il fait du brouillard.** | It's foggy. |
| Il y a des **brumes.** | fog |
| **Il tonne** (Il y a du tonnerre). | It's thundering. |
| **Il fait de l'orage** (Il y a des pluies d'orage). | There's a thunderstorm. |
| **Il gèle.** | It's freezing. |
| **Il tombe de la grêle.** | It's hailing. |
| **Il y a des éclairs.** | It's lightning. |
| **Il y a de la gelée.** | There is frost. |
| **Il y a du verglas.** | Roads are slippery (glazed frost). |
| **Il y a du permagel (pergélisol).** | There is permafrost. |
| **Il dégèle.** | It's thawing. |
| **On dirait qu'il va pleuvoir / neiger.** | It looks like rain / snow. |
| **Le ciel se couvre.** | The sky is becoming cloudy. |
| **Le ciel est couvert.** | The sky is cloudy. |
| **D'où vient le vent?** | Which way is the wind blowing? |
| **Le vent vient du sud.** | The wind is from the south. |
| **Le vent change.** | The wind is changing. |
| **Le ciel est variable.** | The sky is partly cloudy (partly sunny). |

| | |
|---|---|
| Il y aura des **éclaircies**. | clearing, sunny breaks |
| Le temps est **agréable**. | nice |
| **chaud**. | warm |
| **clair**. | clear |
| **humide**. | humid |
| **pluvieux**. | rainy |
| **nuageux**. | cloudy |
| **variable**. | unsettled |
| **orageux**. | stormy |
| C'est une journée **ensoleillée**. | sunny |
| **nuageuse**. | cloudy |
| **pluvieuse**. | rainy |
| **brumeuse**. | foggy |
| Il y a une **chute de neige**. | snowfall |
| Il y a une **tempête de neige**. | snowstorm |
| une **rafale**. | storm |
| des **orages** (des **pluies d'orages**). | thunderstorms |
| des **tempêtes de vent**. | windstorms |
| Il y a des **tornades**. | tornadoes |
| des **averses** (**giboulées**). | showers |
| C'est un **temps à ondées**. | showery weather |
| Voyons le **thermomètre**. | thermometer |
| **Combien y a-t-il de degrés?** | What's the temperature? |
| **Il fait 5°C, 20°C (La température est de 5°C, 20°C).** | It's 5 degrees Celsius, 20 degrees Celsius. |
| **Il fait moins trois (trois degrés au-dessous de zéro).** | It's 3 degrees below zero (below freezing). |
| température **minimale** (Canada: **minimum**) de 5° | minimum |
| **maximale** (Canada: **maximum**) de 10° | maximum |
| Les températures sont **inférieures aux normales saisonnières**. | below seasonal normal |
| **aujourd'hui** | today |
| **demain** | tomorrow |
| **après-demain** | the day after tomorrow |
| **pour les jours prochains** | for the following days |

| | |
|---|---|
| *Saisons* | **Seasons** |
| l'**été**, **en** été | summer, in |
| l'**automne**, **en** automne | fall, in |
| l'**hiver**, **en** hiver | winter, in |
| le **printemps**, **au** printemps | spring, in |

**1.** Complete.

1. En été, il fait _____ et il y a beaucoup de _____ .
2. En hiver il fait _____ et il y a beaucoup de _____ .
3. Il fait du soleil. Le ciel est _____ .
4. Il y a des _____ . Il fait nuageux.
5. Il ne fait ni froid ni chaud. Il fait _____ .
6. Je ne peux rien voir. Il fait du _____ .
7. De temps en temps pendant des orages, il y a des _____ et du _____ .
8. Il ne _____ pas en été, mais il _____ en hiver. Quelquefois il _____ en hiver aussi.
9. Il ne pleut pas beaucoup. Il _____ seulement.

**2.** Complete.
1. Pendant un _____ il pleut.
2. Pendant une _____ _____ _____ , il neige beaucoup.
3. Il y a du tonnerre pendant un _____ .
4. Il y a beaucoup de vent pendant une _____ .
5. La _____ est de 5°C.

**3.** Tell more about the weather.
1. Le temps est variable.
2. Le temps est clair.
3. Le temps est orageux.
4. Le temps est agréable.

**4.** Give a word related to each of the following.
1. neiger
2. pleuvoir
3. venter
4. humidité
5. chaleur
6. froidure
7. nuageux
8. pluvieux
9. ensoleillé

**5.** Complete.
1. Il pleut à verse. Il y a un _____ .
2. Hier il faisait chaud. Nous avions une journée _____ .
3. Il fait tantôt beau tantôt mauvais. Le temps est _____ .
4. Hier il faisait du soleil. Nous avons profité d'un temps _____ .
5. Il ne gèle plus; il _____ .

**6.** Write true or false.
1. Quand le ciel est clair, il y a des nuages.
2. Quand le ciel est clair, il n'y a pas de nuages, le soleil brille et il fait du beau temps.
3. Quand il fait très froid et que le ciel est nuageux, il est possible qu'il neige ou pleuve.
4. Pendant un orage, il pleut.
5. Pendant un orage de pluie, il y a beaucoup de neige.

**7.** Read the following weather reports and answer the questions.

### La météo

Montréal. Neige. Vents modérés. Précipitations de près de 5 cm. Minimum près de moins 3. Maximum près de moins 1. Probabilité de chutes de neige 90%. Demain neige et froid.

1. Est-ce qu'il fait beau?
2. Comment sont les vents?
3. Combien de neige va-t-il y avoir?
4. Quelle est la probabilité de chutes de neige?
5. Quelle sera la température maximum?

6. Quelle sera la température minimum?
7. Comment sera le temps demain?

Une importante perturbation à la frontière du Québec et de l'Ontario se déplace lentement vers l'est. Elle sera près de Québec ce soir, puis sur le Bas-du-Fleuve demain. De la pluie et de la bruine précèdent ce système. À l'arrière de la perturbation, l'air se refroidira sensiblement et on prévoit quelques chutes de neige. Demain nuageux et froid.

8. D'où vient la perturbation?
9. Quand sera-t-elle près de Québec?
10. Qu'est-ce qui précède ce système?
11. Est-ce qu'il y aura beaucoup de neige?
12. Est-ce que le ciel sera ensoleillé demain?
13. Fera-t-il chaud demain?

Région parisienne. Le temps sera très nuageux et brumeux le matin, puis de belles éclaircies se développeront dans l'après-midi. La température maximale prévue sera de 24°.

14. Comment sera le temps le matin?
15. Qu'est-ce qui se développera dans l'après-midi?
16. Quelle est la température maximale prévue?

**8.** Look in the newspaper for a weather map for your area. Give the weather report for today, tomorrow, and the day after tomorrow.

# UNIT 9:  Education
## *UNITÉ 9:  L'enseignement*

# CHAPTER 44: Education
# CHAPITRE 44: L'enseignement

## PRIMARY (ELEMENTARY) EDUCATION

En France, les petits enfants vont à l'**école maternelle**. — nursery school

Ils **ont de deux à six ans**. — are from two to six years old

Les enfants de six à onze ans vont à l'**école primaire (élémentaire)**. — primary (elementary) school

L'**institutrice** (l'**instituteur**, la **maîtresse**, le **maître**)[1] leur — teacher
    **fait un cours**. — teaches

Les **élèves**[1] **apprennent**. — pupils, learn

L'institutrice **donne un cours de géographie**. — gives a geography lesson

Elle leur **enseigne** la géographie. — teaches

Elle écrit quelque chose au **tableau** (**tableau noir**). — chalkboard

Les élèves ont des **livres** dans les **pupitres**. — books, desks

L'institutrice leur lit une **histoire** de son **livre de lecture**. — story, reader

Le **directeur** (la **directrice**) entre dans la **salle de classe**. — principal, classroom

**1.** Match.

| | | | |
|---|---|---|---|
| 1. | l'élève | (a) | une école pour les petits enfants de deux à six ans |
| 2. | une école maternelle | (b) | donne une leçon |
| 3. | une école primaire | (c) | ce que les élèves font à l'école |
| 4. | l'institutrice | (d) | l'enfant qui va à l'école |
| 5. | apprennent | (e) | ce que les élèves lisent |
| 6. | un livre de lecture | (f) | une école pour les enfants de six à onze ans |
| 7. | la salle de classe | (g) | l'endroit où les élèves apprennent |
| 8. | le directeur | (h) | le chef de l'école |

**2.** Complete.

Une école pour les petits enfants de deux à six ans est une _____ .
                            1

Une école pour les enfants de six à onze ans est une _____ . Ces enfants
                          2

sont des _____ . La personne qui leur fait un cours est _____ . Il/elle leur
        3                                4

_____ beaucoup de leçons. Il/elle leur enseigne à lire dans leur livre de _____ .
    5                                                  6

De temps en temps il/elle écrit quelque chose au _____ .
                                           7

## SECONDARY EDUCATION

Après avoir terminé leurs **études** à l'école élémentaire, les **élèves** — studies, students
    vont à l'**école secondaire** (dans les **collèges**). — secondary school

---

[1] The word l'**institutrice** (l'**instituteur**) or la **maîtresse** (le **maître**) is used for a primary (elementary) school teacher. **Le professeur** is used for secondary school and university teachers. The word **un** / **une élève** is used for primary (elementary) and secondary school pupils, and the word **un étudiant** / **une étudiante** is used for university students.

| | |
|---|---|
| De onze à quinze ans, ils vont au **collège** pour le premier cycle de l'**enseignement** secondaire. | secondary school<br>education |
| En France, le premier cycle de l'enseignement secondaire est comparable au « junior high ». | |
| À l'âge de onze à douze ans ils sont en **sixième**. | sixth |
| À l'âge de douze à treize ans ils sont en **cinquième**. | fifth |
| À l'âge de treize à quatorze ans ils sont en **quatrième**. | fourth |
| À l'âge de quatorze à quinze ans ils sont en **troisième**. | third |
| À la fin du premier cycle, ils reçoivent un brevet d'études du premier cycle (BEPC) qui est **facultatif.** | optional |
| Après la troisième année, on peut entrer au **lycée** ou au LEP (lycée d'enseignement professionnel), à une école spécialisée où l'on peut faire un stage de formation professionnelle.[2] | lycée (secondary school) |
| À l'âge de quinze à seize ans ils sont en **seconde**. | second |
| À l'âge de seize à dix-sept ans ils sont en **première**. | first |
| À l'âge de dix-sept à dix-huit ans ils sont en **terminale**. | last year |
| À la fin de leurs études au lycée, les élèves ont leur **baccalauréat**. | diploma |
| Dans beaucoup de ces écoles, il y a des **pensionnaires** (des **internes**) et des **demi-pensionnaires** (des **externes**). | boarders<br>day students |
| Ils **portent leurs livres** dans un **cartable**. | carry their books, book bag |
| Ils mettent leurs livres dans un **casier**. | locker |
| Ils suivent un **programme d'études**. | course of study |
| Ils étudient beaucoup de **matières**. | subjects |
| Chaque jour ils doivent suivre **un emploi du temps**. | schedule |
| Pendant que le professeur parle, les élèves **prennent des notes**. | take notes |
| Ils prennent des notes dans leur **cahier à spirale**. | spiral notebook |
| Ils écrivent avec un **crayon**.[3] | pencil |
| un **stylo**. | pen |
| un **stylo à bille**. | ball-point pen |
| Tout le monde veut **réussir aux examens**. | pass the exams |
| Ils ne veulent pas **échouer** aux examens. | fail |
| Ils veulent avoir de bonnes **notes**. | grades |
| Quelques qualifications sont **excellent**. | excellent |
| **très bien**. | very good |
| **bien (bon)**. | good |
| **passable**. | passing |
| **insuffisant**. | failing |
| Sur les **bulletins scolaires**, les notes sont sur vingt: 10/20, 18/20, etc. | report cards |

| *Matières* | **Subjects** |
|---|---|
| l'**histoire** | history |
| la **géographie** | geography |
| les **sciences expérimentales** qui comprennent les **sciences physiques** et les **sciences naturelles** | laboratory sciences<br>physical sciences, natural sciences (biology and botany) |
| les **sciences sociales** | social science (studies) |

---

[2] While still in the **lycée**, students choose a major field from one of the following: **littéraire** (humanities), **économique sociale** (social science), or **scientifique** (sciences).

[3] For other items students may need, see Chapter 21, *At the stationer's.*

| économie (sciences économiques; Canada: économique) | economics |
| la chimie | chemistry |
| la physique | physics |
| la biologie | biology |
| les langues vivantes | foreign languages |
| l'anglais | English |
| le français | French |
| l'espagnol | Spanish |
| l'allemand | German |
| le latin | Latin |
| les mathématiques (les maths) | mathematics (math) |
| l'algèbre | algebra |
| le calcul | calculus |
| la trigonométrie | trigonometry |
| la musique | music |
| l'éducation manuelle | shop |
| l'éducation physique | physical education |

3. Answer.
   1. Comment s'appellent les personnes qui vont à l'école secondaire?
   2. Qui leur fait les cours?
   3. Comment s'appellent les élèves qui habitent à l'école?
   4. Comment s'appellent les élèves qui viennent à l'école chaque jour?
   5. Dans quoi les élèves portent-ils leurs livres?
   6. Où mettent-ils leurs livres quand ils n'en ont plus besoin?
   7. Que comprend le programme d'études?
   8. Que font les élèves pendant que le professeur parle?
   9. Où écrivent-ils leurs notes?
   10. Avec quoi écrivent-ils?
   11. Est-ce que les élèves veulent réussir ou échouer aux examens?
   12. Qu'est-ce qu'ils veulent avoir?

4. Select.
   1. _____ vont à l'école secondaire. (*a*) Les élèves (*b*) Les étudiants
   2. _____ enseignent à l'école secondaire. (*a*) Les professeurs (*b*) Les institutrices
   3. _____ ne retournent pas chez eux tous les jours. (*a*) Les externes (*b*) Les pensionnaires
   4. L'histoire et les mathématiques sont des _____. (*a*) matières (*b*) sujets
   5. L'étudiant prend des notes dans son _____. (*a*) cahier (*b*) casier

5. Give words for the equivalent grades in the United States.
   1. A+
   2. B
   3. C
   4. F

6. Complete.
   1. Un _____ est un autre nom pour une école secondaire.
   2. La plupart des élèves portent leurs livres dans un _____.
   3. Les élèves ne veulent pas être obligés à quitter l'école. Ils veulent avoir de bonnes _____.
   4. Il ne veut pas échouer aux examens. Il veut _____.

## UNIVERSITY[4]

| | |
|---|---|
| Il/elle veut **s'immatriculer (s'inscrire)** à l'université. | register |
| Le baccalauréat (le bac) est **obligatoire** pour entrer à l'université. | required (mandatory) |
| Il espère avoir une **bourse**. Il veut être **boursier**. | scholarship, on scholarship |
| Les **frais d'inscription** et les **frais de scolarité**[5] ne sont pas élevés. | registration fees, tuition fees |
| La **rentrée** est le 27 septembre. | beginning of the term |
| Il/elle veut **s'inscrire** pour cinq **cours**. | enroll, courses |
| Un autre veut être **auditeur libre**. | auditor |
| Le professeur **donne (fait) un cours magistral**.[6] | gives a lecture |
| Les **étudiants (étudiantes) suivent un cours**. | students take a course |
| Ils **assistent aux** cours magistraux et aux **conférences**[6] dans un **amphithéâtre (un amphi)**. | attend, lectures lecture hall |
| Ils **font des recherches** à la **bibliothèque**. | do research, library |
| L'université a plusieurs **facultés**.[7] | schools (faculties) |
| Il y a la faculté des **lettres**. | liberal arts |
| des **sciences**. | science |
| de **médecine**. | medicine |
| de **droit**. | law |
| des **sciences économiques**. | economics |
| des **sciences politiques**. | political science |
| Les étudiants (étudiantes) habitent dans la **Cité Universitaire** ou dans une **maison d'étudiants** (Canada: une **résidence des étudiants**). | university residence student residence |
| Ils prennent des repas à la **cantine** (à la **cafétéria**, au **restaurant universitaire**, au **Restau U**). | cafeteria |
| Il/elle veut **se spécialiser en littérature**. | major in |
| Il/elle veut **avoir son diplôme**.[8] | get a diploma |
| Il/elle veut **avoir une licence**. | get a bachelor's degree |
| Il/elle veut **avoir sa maîtrise**. | get a master's degree |
| Il/elle veut **avoir son doctorat**. | get a doctor's degree |

**7.** Give the word being defined.
1. ce qu'il faut payer pour étudier à l'université
2. s'inscrire pour des cours à l'université

---

[4] Universities and university life are quite different in France than in the United States. Generally the universities are located in the larger cities. The smaller type of U.S. college does not exist. In addition to the **université**, France has several elite **grandes écoles** where the brightest students specialize in certain areas. The most famous are **École Normale Supérieure** and **École Polytechnique**. Others are, for example, **HEC** and **HECJF** (**Hautes Études Commerciales** and **Hautes Études Commerciales Jeunes Filles**), **ESSEC** (**École Supérieure de Sciences Économiques et Commerciales**) and **École Supérieure de l'Électricité**.

[5] Tuition is generally free in France.

[6] Note that **une conférence** means "a lecture" in the sense of occasional lectures, not "a conference." A regular lecture as part of a course is **un cours magistral**. Students call these lectures **un amphi** (short for **amphithéâtre**, the place where lectures are held). **Une lecture** means "a reading." A conference, reunion, or convention is **un congrès**.

[7] Note that the word **faculté** does not mean "faculty" or "teaching staff" but rather school in the sense of "school of medicine."

[8] At the university level, the first two years of study, or **le premier cycle**, lead to a **DEUG** (**Diplôme d'études universitaires générales**). Three years of study or **le deuxième cycle** lead to a **licence**. One year after **la licence** is **la maîtrise**. One year later is **le DEA** (**Diplôme d'études approfondies**) ou **le DESS** (**Diplôme d'études supérieures spécialisées**). Two to five years after **la maîtrise** is **le doctorat**. University credits are called **unités de valeur** (UV).

3. le jour où les classes commencent
4. où dorment les étudiants qui habitent à l'université
5. ce qu'un étudiant peut recevoir pour l'aider à payer les frais
6. avoir son Ph.D.
7. ce que donnent les professeurs
8. une personne qui assiste à un cours sans recevoir de note
9. ce qu'on a à la fin des études
10. les différentes écoles d'une université

**8.** Complete.
1. Si quelqu'un veut aller à l'université, il lui faut _____ .
2. Elle veut être médecin. Elle va à la _____ de médecine.
3. Elle étudie la littérature. Elle est à la faculté des _____ .
4. Pour s'immatriculer à l'université, il faut payer les _____ _____ .
5. Je veux _____ seulement cinq cours.
6. En général, la _____ des classes aux États-Unis et au Canada est au début du mois de septembre.
7. Le professeur de littérature française donne une _____ sur Gide.
8. Le cours du niveau 100 est _____ pour continuer dans le cours du niveau 200.

**9.** Answer.
1. Est-ce qu'il faut s'immatriculer pour entrer à l'université?
2. Quelle est la condition préalable pour entrer à l'université?
3. Aux États-Unis, est-ce que les frais de scolarité sont élevés?
4. Quand est la rentrée des classes aux États-Unis?
5. Est-ce que les étudiants doivent se spécialiser dans une matière?
6. Est-il possible d'être auditeur libre de certains cours?

**10.** Tell in which school one would enroll if one wished to become the following.
1. médecin
2. professeur de littérature
3. avocat
4. biologiste
5. ingénieur chimiste

## EDUCATIONAL SYSTEM IN QUEBEC

| | |
|---|---|
| Les petits enfants de cinq ans vont au **jardin d'enfants**. | kindergarten |
| De six ans à onze ans ils vont à l'**école élémentaire**. | elementary school |
| À l'âge de douze ou treize ans ils vont à l'**école secondaire**. | secondary school |
| Ils vont à l'**école polyvalente**.[9] | comprehensive secondary school |
| Les **études** secondaires **durent** cinq ans. | studies, last |
| À la fin du secondaire V, les élèves ont leur diplôme d'études secondaires. | |
| Certains élèves entrent directement à l'université. | |
| D'autres vont au **CEGEP** (**collège d'enseignement général et professionnel**). | general and vocational college |

_____

[9] The **école polyvalente** is so called because of the various options it offers students. Everyone has courses in their native languages, a second language, math, history, and physical education. Students can then choose from other courses.

Au CEGEP, quelques élèves suivent des cours qui durent trois ans.

Les élèves qui vont aller à l'université après le CEGEP suivent un programme de deux ans.

À la fin des études au CEGEP, les étudiants ont un **diplôme d'études collégiales**.                 Diploma of College Studies

Les cours à l'université durent au moins trois ans.

Les étudiants à l'université se spécialisent dès la première année.

**11.** Complete.

    1. Au Québec les enfants de cinq ans vont au _____ _____ .

    2. De six à onze ans ils vont à l'_____ _____ .

    3. À l'âge de douze ans ils vont à l'_____ _____ ou à l'_____ _____ .

    4. À la fin du secondaire V, les élèves reçoivent leur _____ _____ _____ .

    5. À la fin des études au CEGEP, les étudiants ont un _____ _____ _____ .

**12.** Answer the following personalized questions.

    1. À l'école secondaire êtes-vous (étiez-vous) pensionnaire? Portez-vous (Portiez-vous) un uniforme? Quels cours suivez-vous (suiviez-vous)? Quelles sont (étaient) vos matières favorites? Où prenez-vous (preniez-vous) le déjeuner?

    2. Si vous êtes à l'université, quelle est votre spécialité? Comptez-vous continuer vos études pour obtenir une licence? une maîtrise? un doctorat?

**13.** Explain the educational system of your country to a French exchange student.

# UNIT 10:   At work

# *UNITÉ 10:   Au travail*

# CHAPTER 45:   Jobs and professions
## *CHAPITRE 45:   Professions et métiers*

### SOME OCCUPATIONS[1]

| Masculine | Feminine | |
|---|---|---|
| un **acteur** | une **actrice** | actor, actress |
| un **agent de change** (Canada: un **courtier en valeurs mobilières**) | une **femme agent de change** (Canada: une **courtière en valeurs mobilières**) | stockbroker |
| un **agent de police** | une **femme agent de police** (Quebec: une **agente de police**) | police officer |
| un **agent de voyage** | une **femme agent de voyage** (Quebec: une **agente de voyage**) | travel agent |
| un **agent immobilier** | une **femme agent immobilier** (Quebec: une **agente immobilière**) | real estate agent |
| un **agriculteur** | une **femme agriculteur** (Quebec: une **agricultrice**) | farmer |
| un **architecte** | une **architecte** | architect |
| un **artisan** | une **artisane** | artisan |
| un **artiste** | une **artiste** | artist |
| un **avocat** | une **avocate** | lawyer |
| un **banquier** | une **banquière** | banker |
| un **bibliothécaire** | une **bibliothécaire** | librarian |
| un **biologiste** | une **biologiste** | biologist |
| un **boulanger** | une **boulangère** | baker |
| un **cadre** | une **femme cadre** (Quebec: une **cadre**) | executive (manager) |
| un **chanteur** | une **chanteuse** | singer |
| un **chef de cuisine** | une **femme chef de cuisine** (Quebec: une **chef de cuisine**) | chef |
| un **chef d'orchestre** | une **femme chef d'orchestre** (Quebec: une **chef d'orchestre**) | orchestra conductor |
| un **chimiste** | une **chimiste** | chemist |
| un **cinéaste** | une **cinéaste** | film-maker (director) |
| un **coiffeur** | une **coiffeuse** | hairdresser |
| un **gros (petit) commerçant** | une **grosse (petite) commerçante** | big (small) businessman / businesswoman |
| un **compositeur** | une **compositrice** | composer |

---

[1] Note that many masculine nouns ending in **-ier** change **-ier** to **-ière** to form the feminine; many masculine nouns ending in **-eur** change **-eur** to **-euse** or **-rice** to form the feminine. For those professions with no feminine form, the word **femme** is placed before the masculine form. **L'Office de la langue française** in Quebec recommends feminine forms for all professions by following rules for forming the feminine of nouns and adjectives. For an English–French list of professions, see pages 261–263.

| | | |
|---|---|---|
| un **comptable** | une **comptable** | accountant |
| un **cuisinier** | une **cuisinière** | cook |
| un **dactylo** | une **dactylo** | typist |
| un **décorateur (d'intérieur)** | une **décoratrice (d'intérieur)** | interior decorator |
| un **dentiste** | une **dentiste** | dentist |
| un **dépanneur** | une **dépanneuse** | convenience store owner |
| un **dessinateur** | une **dessinatrice** | designer (draftsperson) |
| un **diplomate** | une **diplomate** | diplomat |
| un **directeur d'entreprise** | une **directrice d'entreprise** | business executive |
| un **domestique** | une **domestique** | domestic worker, maid |
| un **douanier** | une **douanière** | customs officer |
| un **écrivain** | une **femme écrivain** (Quebec: une **écrivaine**) | writer |
| un **électricien** | une **électricienne** | electrician |
| un **employé (de bureau)** | une **employée (de bureau)** | employee (office worker) |
| un **enseignant** | une **enseignante** | elementary (primary) school teacher |
| un **esthéticien** | une **esthéticienne** | esthetician |
| un **expert-conseil (un conseiller)** | une **femme expert-conseil (une conseillère)** (Canada: une **experte-conseil**) | consultant |
| un **facteur** | une **factrice** | letter carrier |
| un **fonctionnaire** | une **fonctionnaire** | civil servant |
| un **garagiste** | une **garagiste** | garage mechanic |
| un **garçon** | une **serveuse** | waiter, waitress |
| un **guide** | une **guide** | guide |
| un **homme d'affaires** | une **femme d'affaires** | businessman, businesswoman |
| un **infirmier** | une **infirmière** | nurse |
| un **informaticien** | une **informaticienne** | computer programmer (data processor) |
| un **ingénieur** | une **femme ingénieur** (Quebec: une **ingénieure**) | engineer |
| un **instituteur** | une **institutrice** | elementary school teacher |
| un **interprète** | une **interprète** | interpreter |
| un **jardinier** | une **jardinière** | gardener |
| un **journaliste** | une **journaliste** | journalist |
| un **maître** | une **maîtresse** | primary, elementary school teacher |
| un **maître d'hôtel** | une **maître d'hôtel** | maître d' |
| un **masseur** | une **masseuse** | masseur, masseuse |
| un **mécanicien** | une **mécanicienne** | mechanic |
| un **médecin (un docteur)** | une **femme médecin (une femme docteur, une doctoresse**; Canada: une **médecin)** (Quebec: une **docteure**) | doctor |
| un **messager** | une **messagère** | messenger |
| un **militaire** | une **militaire** | military personnel |
| un **musicien** | une **musicienne** | musician |
| un **ouvrier** | une **ouvrière** | worker, laborer |
| un **ouvrier agricole** | une **ouvrière agricole** | farmworker |
| un **peintre** | une **peintre** | painter |
| un **pharmacien** | une **pharmacienne** | pharmacist |
| un **photographe** | une **photographe** | photographer |
| un **pilote** | une **pilote** | pilot |

| | | |
|---|---|---|
| un **plombier** | une **femme plombier** (Quebec: une **plombière**) | plumber |
| un **pompier** | une **femme pompier** (Quebec: une **pompière**) | fire fighter |
| un **président directeur général (PDG)** | une **présidente directrice générale (PDG)** | President and Chief Executive Officer (CEO) |
| un **professeur** | une **femme professeur** (Quebec: une **professeure**) | secondary school teacher (professor) |
| un **programmeur** | une **programmeuse** | computer programmer |
| un **psychologue** | une **psychologue** | psychologist |
| un **publicitaire** (un **publiciste**) | une **publicitaire** (une **publiciste**) | advertising agent, public relations expert |
| un **rédacteur** | une **rédactrice** | editor (writer) |
| un **routier** | une **routière** | truck driver |
| un **savant** | une **savante** | scientist |
| un **secrétaire** | une **secrétaire** | secretary |
| un **serveur** | une **serveuse** | waiter, waitress |
| un **steward** | une **hôtesse de l'air** | flight attendant |
| un **technicien** | une **technicienne** | technician |
| un **traducteur** | une **traductrice** | translator |
| un **vendeur** | une **vendeuse** | salesperson |
| un **vétérinaire** | une **vétérinaire** | veterinarian |
| des **cols blancs** | | white-collar workers |
| des **cols bleus** | | blue-collar workers |

| | |
|---|---|
| L'ouvrier agricole travaille dans les **champs**. | fields |
| L'infirmier travaille à l'**hôpital**. | hospital |
| L'artiste travaille dans son **atelier**. | studio |
| La secrétaire travaille dans un **bureau**. | office |
| Le fonctionnaire travaille à la **mairie**. | city hall |
| L'ingénieur travaille dans une **usine**. | factory |
| L'agent de change travaille à la **bourse**. | stock exchange |
| Les rédacteurs travaillent pour les **maisons d'édition**. | publishing houses |

| | |
|---|---|
| Le professeur travaille dans le domaine de la **pédagogie** / de l'**enseignement**. | teaching |
| L'agent de voyage travaille dans le domaine du **tourisme**. | tourism |
| Le médecin travaille dans le domaine de la **médecine**. | medicine |
| L'informaticien travaille dans le domaine de l'**informatique**. | computer science, information technology |
| Le publiciste travaille dans le domaine de la **publicité**. | advertising |
| C'est un expert-conseil dans le domaine du **marketing**. | marketing |
| L'homme d'affaires travaille dans le domaine du **commerce**. | business |
| Le banquier travaille dans le domaine des **finances**. | finance |
| Le comptable travaille dans le domaine de la **comptabilité**. | accounting |
| L'agent de police travaille dans le domaine de la **criminologie**. | criminology |
| L'avocat travaille dans le domaine du **droit**. | law |
| L'artisan travaille dans le domaine de l'**artisanat**. | arts and crafts |

**1.** Tell where the different people work. Match.

| | | |
|---|---|---|
| 1. un banquier | (*a*) | dans un salon de beauté |
| 2. un professeur | (*b*) | dans un garage |
| 3. un artiste | (*c*) | dans un hôpital |

4. une hôtesse de l'air
5. un coiffeur
6. une infirmière
7. un mécanicien
8. un vendeur
9. un agriculteur
10. une secrétaire
11. un fonctionnaire

(d) dans un bureau
(e) à la mairie
(f) dans une banque
(g) dans un magasin
(h) dans son atelier
(i) dans un avion
(j) dans une école
(k) sur une ferme

2. Complete the sentences with the correct profession or occupation.
   1. Elle fait des peintures. Elle est _____.
   2. Il examine le contenu des valises à l'aéroport. Il est _____.
   3. Elle soigne les malades. Elle est _____.
   4. Il distribue le courrier. Il est _____.
   5. Il vend des actions à la bourse. Il est _____ _____ _____.
   6. Il éteint les flammes d'un incendie. Il est _____.
   7. Elle écrit des articles pour le journal. Elle est _____.
   8. Il fait des programmes pour les ordinateurs. Il est _____.
   9. Il arrête les criminels. Il est _____ _____ _____.
   10. Elle joue dans un orchestre. Elle est _____.
   11. Il soigne les animaux. Il est _____.
   12. Il travaille dans un laboratoire. Il est _____.
   13. Il cultive le blé. Il est _____ _____.
   14. Il répare les tuyaux. Il est _____.
   15. Elle vend des maisons. Elle est _____ _____ _____.

3. What do the following people study? Match.
   1. l'actrice
   2. le médecin
   3. l'artiste
   4. le musicien
   5. le comptable
   6. l'avocat
   7. l'interprète
   8. l'agriculteur
   9. le savant
   10. un jardinier

   (a) les finances et la comptabilité
   (b) le droit
   (c) l'horticulture
   (d) la médecine
   (e) la traduction
   (f) la musique
   (g) les sciences
   (h) les arts dramatiques
   (i) la peinture
   (j) l'agriculture

4. You are in charge of hiring for new businesses. Choose professionals or workers whom you would hire to do the following. Choose from the list in this chapter. See also pages 261–263.
   1. pour travailler dans un restaurant
   2. pour travailler dans un hôpital
   3. pour construire une maison
   4. pour cultiver le blé
   5. pour travailler pour une compagnie d'aviation
   6. pour travailler dans une usine pétrochimique
   7. pour travailler dans une école secondaire
   8. pour travailler dans un bureau

# CHAPTER 46:   A job application
# CHAPITRE 46:   *Une demande d'emploi*

## LOOKING FOR A JOB

| | |
|---|---|
| Jean regarde les **petites annonces**. | classified ads |
| Il cherche un **emploi à temps complet** (Canada: un **emploi à plein temps**). | full-time employment |
| un **job**. | job |
| un **travail**. | job |
| un **poste**. | position (job) |
| un emploi **à mi-temps** / un **emploi à temps partiel**. | half-time / part-time |
| un **emploi d'été** (un **job d'été**). | summer job |
| un **emploi de courte durée** (un **emploi temporaire**). | temporary (short-term) employment |
| Il va au **bureau de placement** (à l'**agence de placement**; Canada: un **centre de main-d'œuvre**). | employment bureau, manpower center |
| Il veut **faire une demande d'emploi**. | apply for a job |
| Il **remplit une demande d'emploi**. | fills in a job application |
| Il veut travailler dans une **grande entreprise** (une **grande société**, une **société anonyme [SA]**). | large company |
| une **société multinationale**. | multinational company |
| une **entreprise moyenne**. | medium sized firm (company) |
| une **petite entreprise**. | small firm (company) |
| une **entreprise de marketing**. | marketing company |
| une **usine pétrochimique**. | petrochemical factory |
| un **bureau d'études**. | engineering firm |
| L'entreprise (la société) **recherche** un ingénieur. | is looking for |
| Marie veut **poser sa candidature à** ce **poste**. | apply for, position |
| Elle veut **lancer sa carrière**. | launch her career |
| Elle veut **exercer la profession (le métier) d'ingénieur**. | practice the engineering profession |
| Elle **pose sa candidature au poste** d'ingénieur. | apply for the position of |
| Elle doit soumettre son **curriculum vitae (CV)**, une liste des **références** (des **recommandations**) et ses **diplômes**. | résumé (curriculum vitae), references, diplomas |
| Elle va **solliciter un entretien (une entrevue)**[1] avec le **directeur du personnel**. | ask for an interview, director of personnel |
| Elle a les **qualifications requises**. | qualifications required |

---

[1] The word **interview** in French is used when a journalist is interviewing someone. An employment interview is **un entretien / une entrevue**.

| | |
|---|---|
| Dans l'ère de la **mondialisation**, il est bon qu'elle parle trois langues. | globalization |
| Elle a cinq ans d'expérience. | |
| Elle a son **diplôme d'université**. | university diploma |
| Elle est aussi diplômée d'une **école supérieure de commerce**. | business school |
| Elle est diplômée en **gestion**. | management |
| Elle a les **aptitudes** et les **compétences** (les **capacités**) nécessaires pour ce poste. | aptitudes, skills |
| Elle a fait un **stage** dans une **succursale** (une **filiale**) de la société XYZ. | internship training, branch |
| Elle veut recevoir un **salaire** suffisant. | salary |
| La compagnie lui fait une **offre d'emploi**. | offer of employment |
| Le directeur du personnel est responsable de l'**engagement** (l'**embauchement**) du personnel. | hiring |
| Il **engage** (**embauche**) du personnel. | employs (hires) |
| Marie va travailler dur. | |
| Si nécessaire, elle va faire des **heures supplémentaires**. | overtime |
| Il faut qu'elle s'entende bien avec son **patron**, sa **patronne** (son **supérieur**, sa **supérieure**). | boss |
| Elle ne veut pas être **renvoyée** (**mise à la porte**, **congédiée**, **licenciée**; Quebec: **remerciée**). | fired |
| Quelquefois les employés **démissionnent** (**donnent leur démission**). | resign |
| Pendant une récession, beaucoup d'ouvriers sont **en chômage**. | unemployed |
| Ils sont **mis à pied**. | laid off temporarily |
| Il sont des **chômeurs** et ils **touchent le chômage** (l'**allocation de chômage**). | unemployed, collect unemployment |

UNE DEMANDE D'EMPLOI

Monsieur (Madame),

J'ai lu votre annonce dans l'Express du 3 février et je voudrais poser ma candidature au poste d'ingénieur.

Comme l'indique mon curriculum vitae, je suis diplômée d'une école supérieure de commerce et j'ai fait un stage à la compagnie pétrochimique XYZ. Je suis compétente en trois langues, le français, l'anglais et l'allemand.

Vous trouverez ci-joint mon curriculum vitae et une liste de recommandations. Je serai disponible à partir de la fin du mois de juin, et je serai heureuse de vous rencontrer lors d'un entretien à la date qui vous conviendra.

Dans l'attente de votre réponse, je vous prie, Monsieur (Madame), d'agréer l'expression de mes sentiments distingués.

Sylvie Lapointe

---

CURRICULUM VITAE

NOM: ・ TÉLÉPHONE:

ADRESSE:

CITOYENNETÉ:

LANGUES PARLÉES:

DISPONIBILITÉ:

(Date à laquelle on pourra commencer le travail)

FORMATION (ÉTUDES ET DIPLÔMES):

(Études secondaires et universitaires, cours spécialisés, diplômes)

EXPÉRIENCE PROFESSIONNELLE (EMPLOIS ANTÉRIEURS):

(Liste des emplois, dates de l'emploi, stages, travaux d'été, etc.)

RÉFÉRENCES:

---

## BUSINESS LETTERS

| | |
|---|---|
| *Salutation*[2] | **Salutation** |
| (to a person in an important position, use the job title:) | (formally:) |
| **Monsieur le directeur / Madame la directrice,** | Sir, / Madam, |
| (to a person you don't know or don't know well:) | (less formally:) |
| **Monsieur, / Madame, / Mademoiselle,**[3] | Dear Sir, / Dear Madam, |
| (to a person you know well:) | (to a person you know:) |
| **Cher Monsieur, / Chère Madame, / Chère Mademoiselle,** | Dear Mr. Smith, / Dear Mrs. Smith, / Dear Ms. Smith, |
| (to a person you know well in the same profession:) | (to a colleague and friend:) |
| **Cher collègue, / Cher confrère,** | Dear John, / Dear Pamela, |
| | |
| *Le début de la lettre* | **Opening, beginning** |
| **Nous accusons bonne réception** de votre lettre du . . . | We acknowledge receipt |
| **En réponse à** votre lettre du . . . | In answer to |
| Nous avons bien reçu votre lettre du 3 avril nous disant / nous informant . . . | |
| **Comme suite à** votre lettre du 3 avril, . . . | As a follow-up to . . . |
| J'ai le plaisir / l'honneur de vous informer **par la présente** que . . . | with this letter |
| **En réponse à votre annonce** du 20 janvier . . . | In response to your advertisement |
| **J'accuse réception de** votre lettre du . . . | I acknowledge receipt of |

---

[2] In French, if the person you are addressing is important, the person's job title is used: e.g., **Monsieur le directeur**. **Monsieur** is used when writing to someone you don't know or don't know well. It is not as abrupt a beginning as it might be in the English equivalent "Sir." **Cher Monsieur** is more cordial and is used for someone you know. "Dear Sir" is polite and formal and not as cordial as **Cher Monsieur**. The addressee's surname, as in **Cher Monsieur Leblanc**, is never used in France, but it is used in Quebec. In English, "Dear Mr. Smith" is more cordial than "Sir" or "Dear Sir." **Cher collègue** and **Cher confrère** are used with people you know very well in the same profession.

[3] In addressing a woman it is current usage to use **Madame** whether the woman is married or not. **Mademoiselle** is used only when addressing a very young girl or a woman who states that she wishes to be so addressed.

*Salutations finales*
(to a person in an important position:)
**Je vous prie d'agréer, Monsieur le directeur (Madame la
directrice), l'assurance de mes salutations distinguées.**[4]
(to a person you do not know or do not know well:)
**Veuillez agréer, Monsieur (Madame, Mademoiselle),
mes salutations distinguées.**
**Veuillez agréer, Monsieur (Madame, Mademoiselle), l'expression
de mes sentiments les meilleurs.**
**En attendant le plaisir de vous lire (Dans l'attente de vous lire),
je vous prie d'agréer, chère Madame (chère Mademoiselle),
l'expression de mes sentiments distingués.**[4]
**En vous remerciant d'avance de vos soins, nous vous prions
d'agréer . . .**[4]
(if relations are not cordial:)
**Agréez, Monsieur, mes salutations distinguées.**[4]
(to a person you know, use the previous examples plus:)
**Croyez, cher Monsieur (chère Madame, chère Mademoiselle),
à l'expression de mes sentiments les meilleurs.**
**Voulez-vous croire, cher Monsieur (chère Madame, chère
Mademoiselle), à l'assurance de mes sentiments dévoués.**

**Closings**

Yours sincerely (Sincerely yours,
Yours truly),

Sincerely (Yours sincerely,
Yours truly),

I hope to hear from you soon.
Sincerely,

Thanking you in advance for
your consideration, . . .

Sincerely,

Cordially,

1. Complete.
   1. L'étudiant a terminé ses études pour cette année. Il va rentrer au mois de septembre. Il cherche un _____ _____ .
   2. D'habitude il travaille huit heures par jour, mais quelquefois il _____ _____ _____ _____ pour augmenter son salaire.
   3. Je ne veux pas travailler à temps complet. Je cherche un emploi _____ _____ .
   4. Après avoir terminé ses études, elle veut _____ sa carrière.
   5. Il a les _____ nécessaires pour le poste.
   6. Elle _____ _____ _____ à ce poste en envoyant une lettre et son _____ _____ à l'employeur.
   7. Sa candidature a réussi. On a décidé de l'_____ .
   8. Si elle ne travaille pas bien, elle risque d'être _____ _____ _____ _____ .

2. Answer.
   1. Quels métiers ou professions exercent vos parents? Quel métier ou profession voulez-vous exercer? Pourquoi?
   2. Quels métiers ou professions demandent les talents artistiques?
   3. Quels métiers ou professions nécessitent un apprentissage (apprenticeship)?
   4. Quels métiers ou professions nécessitent un diplôme d'université?
   5. Quels métiers ou professions nécessitent la connaissance de langues étrangères?
   6. Cherchez-vous un job d'été? Quel genre?
   7. Quelles professions demandent les compétences en mathématiques?
   8. Quels métiers ou professions demandent les compétences verbales?

---

[4] The French closings given here are only some of many possibilities. In English, you will usually see short closings such as "Sincerely," "Yours truly," or "Cordially."

  9.  Quels métiers ou professions demandent les compétences en écriture?

10.  Quelles sont vos qualités personnelles?

11.  Quelle est votre formation scolaire?

**3.**  Write a letter asking for employment. Talk about your education, experience, and qualifications and mention that you are available for an interview.

**4.**  Write a curriculum vitae in French.

# CHAPTER 47:  Pay and benefits
# CHAPITRE 47:  *La rémunération et les bénéfices*

## SALARY / PAY

| | |
|---|---|
| Il aura une **rémunération** / une **rétribution** / des **appointements** / des **traitements** de 30 000 euros / 45 000 dollars. | salary (remuneration) |
| Elle va **toucher un salaire** de . . . | get a salary |
| Le **salaire fixe** est de . . . | base salary |
| Le **salaire prime** est de . . . | overtime pay |
| Il y a un **horaire flottant** (**variable**, **flexible**). | flex time |
| Il va être payé 20 **dollars de l'heure**. | dollars an hour |
|        35 euros. | |
|        75 euros **par semaine**. | a week |
|        3.000 euros **par mois**. | a month |
|        35 000 euros **par an**. | a year |
| Il va être payé **à l'heure**. | by the hour |
|        **au mois**. | by the month |
|        **à la quinzaine**. | every two weeks |
|        **à l'année**. | yearly |
| Il pourra recevoir une **augmentation de salaire** chaque année. | salary increase |
| S'il fait un bon travail, il va obtenir une **promotion** (un **avancement**, un **réajustement**). | promotion |
| Les **employé(e)s**, les **cadres** / **les cadres supérieurs** / **les cadres moyens** et les ouvriers reçoivent un **salaire** (une **paye**).[1] | management, senior management / middle management / salary |
| Ils sont des **travailleurs salariés**. | salaried workers |
| Les artisans ont leur **bénéfice**.[1] | pay |
| Les médecins et les avocats reçoivent des **honoraires**.[1] | fee (honorarium) |
| Les **fonctionnaires**[2] reçoivent un **traitement**.[1] | civil servants, salary |
| Les militaires reçoivent la **solde**.[1] | salary |
| Les domestiques reçoivent les **gages**.[1] | salary |
| Les **retraités** ou les personnes qui sont **en retraite** reçoivent leur **pension**. | retired persons, in retirement / pension |

## TAXES AND BENEFITS

| | |
|---|---|
| Les ouvriers doivent payer des **impôts** / **taxes**. | income taxes / taxes |
| Les ouvriers **cotisent à la sécurité sociale**. | contribute to social security |
| Ils ont droit aux diverses **prestations**. | benefits |

---

[1] Note the different words for "pay," depending on the type of work.

[2] **Fonctionnaires** or civil servants are divided into **les hauts fonctionnaires** or senior civil servants and **les petits fonctionnaires** or junior civil servants.

| | |
|---|---|
| Ils cotisent à une **assurance-maladie** (Canada: une **assurance-santé**). | health insurance |
| une **assurance-invalidité**. | disability insurance |
| **assurance-vie**. | life insurance |
| **assurance-chômage**. | unemployment insurance |
| **assurance-vieillesse**. | old-age security |
| On **prélève** sur le salaire **les cotisations** pour les **régimes de retraite** (les **caisses de retraite**) et les **régimes d'assurance**. | deduct contributions, retirement (retirement funds), insurance plans |
| Ceux qui travaillent ont une assurance fournie par le gouvernement: la **SECU**, plus une assurance-maladie. | social security |
| En général, les ouvriers en France ont 5 semaines de **congé** (de vacances). | holidays |
| Les ouvriers sont membres du **syndicat**. Ils ont le droit de **se syndiquer**. | union, form a union |
| Ils ont le droit de **faire la grève**. | to go on strike |
| Si les ouvriers ne travaillent pas, ils sont **en grève**. | on strike |
| S'il n'y a pas assez de travail, les ouvriers sont **en (au) chômage**. | unemployed |
| Les **chômeurs** n'ont pas de travail. | unemployed |
| Quelquefois les ouvriers veulent prendre ou sont obligés de **prendre une retraite précoce** (Canada: **anticipée**). | to take early retirement |

**1.** Answer.

1. Elle va _____ un salaire de 30 000 de l'an. Elle aura une _____ de 30 000 dollars.
2. Si elle fait un bon travail, elle pourra recevoir une _____ _____ _____ chaque année.
3. Les ouvriers doivent payer les _____ au gouvernement chaque année.
4. Les employés ont droit aux diverses _____ comme l'assurance-santé et l'assurance-vie.
5. On _____ _____ une assurance-vieillesse.
6. Les employés cotisent à une _____ _____ au cas où ils n'auront plus de travail et qu'ils seront _____ _____.
7. On _____ _____ _____ pour les régimes de retraite et les régimes d'assurance sur les salaires.
8. Si un employé prend sa retraite avant la date obligatoire, il prend une _____ _____.
9. Si les membres d'un syndicat votent en faveur de la cessation du travail, ils sont _____ _____. Ils _____ _____ _____.
10. Un ouvrier qui a le droit de décider quand il va travailler a un _____ _____.
11. Il va être payé _____ l'heure, ou _____ l'année.
12. Elle va être payée 800 euros _____ semaine ou 41 600 euros _____ an.

**2.** Complete the following with the word for remuneration for a job.

1. Le sculpteur reçoit un _____.
2. Les avocats reçoivent des _____.
3. Un employé de bureau reçoit un _____.
4. Les retraités reçoivent leur _____.
5. Un fonctionnaire reçoit son _____.
6. Le soldat reçoit sa _____.
7. Le femme de chambre reçoit des _____.

3.   You are an employer. Talk to a new employee about taxes, social security, insurance plans, vacations, legal holidays, etc.

## ENGLISH—FRENCH REFERENCE LIST FOR OCCUPATIONS

| | Masculine | Feminine |
|---|---|---|
| accountant | un **comptable** | une **comptable** |
| actor, actress | un **acteur** | une **actrice** |
| advertising agent, public relations expert | un **publicitaire** (un **publiciste**) | une **publicitaire** (une **publiciste**) |
| architect | un **architecte** | une **architecte** |
| artisan | un **artisan** | une **artisane** |
| artist | un **artiste** | une **artiste** |
| baker | un **boulanger** | une **boulangère** |
| banker | un **banquier** | une **banquière** |
| biologist | un **biologiste** | une **biologiste** |
| businessman / businesswoman | un **homme d'affaires** | une **femme d'affaires** |
| big (small) businessman / businesswoman | un **gros (petit) commerçant** | une **grosse (petite) commerçante** |
| business executive | un **cadre** | une **femme cadre** (Quebec: une **cadre**) |
| chef | un **chef de cuisine** | une **femme chef de cuisine** (Quebec: une **chef de cuisine**) |
| civil servant | un **fonctionnaire** | une **fonctionnaire** |
| composer | un **compositeur** | une **compositrice** |
| computer programmer (data processor) | un **informaticien** | une **informaticienne** |
| computer programmer | un **programmeur** | une **programmeuse** |
| conductor (orchestra) | un **chef d'orchestre** | une **femme chef d'orchestre** (Quebec: une **chef d'orchestre**) |
| consultant | un **expert-conseil** (un **conseiller**) | une **femme expert-conseil** (une **conseillère**) (Quebec: une **experte-conseil**) |
| convenience store owner | un **dépanneur** | une **dépanneuse** |
| cook | un **cuisinier** | une **cuisinière** |
| customs officer | un **douanier** | une **douanière** |
| dentist | un **dentiste** | une **dentiste** |
| designer (draftsperson) | un **dessinateur** | une **dessinatrice** |
| diplomat | un **diplomate** | une **diplomate** |
| doctor | un **médecin** (un **docteur**) | une **femme médecin** (une **femme docteur**, une **doctoresse**) (Quebec: une **docteure**, une **médecin**) |
| domestic worker, maid | un **domestique** | une **domestique** |
| editor (writer) | un **rédacteur** | une **rédactrice** |
| electrician | un **électricien** | une **électricienne** |
| employee (office worker) | un **employé** (de bureau) | une **employée** (de bureau) |
| engineer | un **ingénieur** | une **femme ingénieur** (Quebec: une **ingénieure**) |
| esthetician | un **esthéticien** | une **esthéticienne** |
| executive (manager) | un **cadre** | une **femme cadre** (Quebec: une **cadre**) |

| | | |
|---|---|---|
| farmer | un **agriculteur** | une **femme agriculteur** (Quebec: une **agricultrice**) |
| farmworker | un **ouvrier agricole** | une **ouvrière agricole** |
| film-maker (director) | un **cinéaste** | une **cinéaste** |
| fire fighter | un **pompier** | une **femme pompier** (Quebec: une **pompière**) |
| flight attendant | un **steward** | une **hôtesse de l'air** |
| garage mechanic | un **garagiste** | une **garagiste** |
| gardener | un **jardinier** | une **jardinière** |
| guide | un **guide** | une **guide** |
| hairdresser | un **coiffeur** | une **coiffeuse** |
| interior decorator | un **décorateur (d'intérieur)** | une **décoratrice (d'intérieur)** |
| interpreter | un **interprète** | une **interprète** |
| journalist | un **journaliste** | une **journaliste** |
| laborer | un **ouvrier** | une **ouvrière** |
| lawyer | un **avocat** | une **avocate** |
| letter carrier | un **facteur** | une **factrice** |
| librarian | un **bibliothécaire** | une **bibliothécaire** |
| maître d' | un **maître d'hôtel** | une **maître d'hôtel** |
| masseur, masseuse | un **masseur** | une **masseuse** |
| mechanic | un **mécanicien** | une **mécanicienne** |
| messenger | un **messager** | une **messagère** |
| military personnel | un **militaire** | une **militaire** |
| musician | un **musicien** | une **musicienne** |
| nurse | un **infirmier** | une **infirmière** |
| painter | un **peintre** | une **peintre** |
| pharmacist | un **pharmacien** | une **pharmacienne** |
| photographer | un **photographe** | une **photographe** |
| physician | un **médecin** | une **femme médecin** (Quebec: une **médecin**) |
| pilot | un **pilote** | une **pilote** |
| plumber | un **plombier** | une **femme plombier** (Quebec: une **plombière**) |
| police officer | un **agent de police** | une **femme agent de police** (Quebec: une **agente de police**) |
| President and Chief Executive Officer (CEO) | un **président directeur général (PDG)** | une **présidente directrice générale (PDG)** |
| professor | un **professeur** | une **femme professeur** (Quebec: une **professeure**) |
| psychologist | un **psychologue** | une **psychologue** |
| public relations expert | un **publiciste** | une **publiciste** |
| real estate agent | un **agent immobilier** | une **femme agent immobilier** (Quebec: une **agente immobilière**) |
| salesperson | un **vendeur** | une **vendeuse** |
| scientist | un **savant** | une **savante** |
| secretary | un **secrétaire** | une **secrétaire** |
| singer | un **chanteur** | une **chanteuse** |
| stockbroker | un **agent de change** (Canada: un **courtier en valeurs mobilières**) | une **femme agent de change** (Canada: une **courtière en valeurs mobilières**) |

| | | |
|---|---|---|
| teacher (elementary, primary) | un **enseignant** (un **instituteur**, un **maître**) | une **enseignante** (une **institutrice**, une **maîtresse**) |
| teacher (secondary school, university) | un **professeur** | une **femme professeur** (Quebec: une **professeure**) |
| technician | un **technicien** | une **technicienne** |
| translator | un **traducteur** | une **traductrice** |
| travel agent | un **agent de voyage** | une **femme agent de voyage** (Quebec: une **agente de voyage**) |
| truck driver | un **routier** | une **routière** |
| typist | un **dactylo** | une **dactylo** |
| veterinarian | un **vétérinaire** | une **vétérinaire** |
| waiter, waitress | un **garçon** | une **serveuse** |
| worker | un **ouvrier** | une **ouvrière** |
| writer | un **écrivain** | une **femme écrivain** (Quebec: une **écrivaine**) |
| blue-collar workers | des **cols bleus** | des **femmes cols bleus** |
| white-collar workers | des **cols blancs** | des **femmes cols blancs** |

# APPENDIXES
## *APPENDICES*

# APPENDIX 1:  Numbers
# *APPENDICE 1:  Les chiffres, les numéros, les nombres[1]*

## *CARDINAL NUMBERS*

| | |
|---|---|
| un | 1 |
| deux | 2 |
| trois | 3 |
| quatre | 4 |
| cinq | 5 |
| six | 6 |
| sept | 7 |
| huit | 8 |
| neuf | 9 |
| dix | 10 |
| onze | 11 |
| douze | 12 |
| treize | 13 |
| quatorze | 14 |
| quinze | 15 |
| seize | 16 |
| dix-sept | 17 |
| dix-huit | 18 |
| dix-neuf | 19 |
| vingt | 20 |
| vingt et un[2] | 21 |
| vingt-deux | 22 |
| vingt-trois | 23 |
| vingt-quatre | 24 |
| vingt-cinq | 25 |
| vingt-six | 26 |
| vingt-sept | 27 |
| vingt-huit | 28 |
| vingt-neuf | 29 |
| trente | 30 |
| trente et un | 31 |
| trente-deux | 32 |

---

[1] **Un chiffre** is the sign that is used to express a number (**un nombre**). 57 is **un chiffre**. **Cinquante-sept** is **un nombre**. The number (**le nombre**) 535 is written with **chiffres** 5, 3, and 5. **Le numéro** is used to refer to a specific number, such as a street number, a room number. **L'immeuble numéro (n°) 14. Il habite au numéro 45.**

[2] Note that in numbers 21, 31, 41, 51, 61, 71 the conjunction **et** is used; there is no hyphen: **vingt et un**. **Et** is not used in 81, 91, 101; a hyphen is used in 81 and 91: **quatre-vingt-un**, **quatre-vingt-onze**, **cent un**.

| | |
|---|---|
| quarante | 40 |
| quarante et un | 41 |
| quarante-deux | 42 |
| cinquante | 50 |
| cinquante et un | 51 |
| cinquante-deux | 52 |
| soixante | 60 |
| soixante et un | 61 |
| soixante-deux | 62 |
| soixante-dix | 70 |
| soixante et onze | 71 |
| soixante-douze | 72 |
| soixante-treize | 73 |
| soixante-quatorze | 74 |
| soixante-quinze | 75 |
| soizante-seize | 76 |
| soixante-dix-sept | 77 |
| soixante-dix-huit | 78 |
| soixante-dix-neuf | 79 |
| quatre-vingts[3] | 80 |
| quatre-vingt-un[4] | 81 |
| quatre-vingt-deux | 82 |
| quatre-vingt-dix | 90 |
| quatre-vingt-onze | 91 |
| quatre-vingt-douze | 92 |
| quatre-vingt-dix-neuf | 99 |
| cent | 100 |
| cent un | 101 |
| cent deux | 102 |
| cent vingt | 120 |
| cent quatre-vingt-dix-neuf | 199 |
| deux cents[3] | 200 |
| deux cent un[4] | 201 |
| deux cent deux | 202 |
| trois cents | 300 |
| quatre cents | 400 |
| cinq cents | 500 |
| six cents | 600 |
| sept cents | 700 |
| huit cents | 800 |
| neuf cents | 900 |
| mille | 1000 |
| mille un | 1001 |
| mille cent (onze cents) | 1100 |
| mille deux cents (douze cents) | 1200 |
| mille neuf cents (dix-neuf cents) | 1900 |

---

[3] When **vingt** and **cent** are multiplied, they become plural.

[4] When **vingt** and **cent** are followed by another number, they are singular.

| | |
|---|---|
| **mil**[5] **(mille) neuf cent soixante-douze** **(dix-neuf cent soixante-douze)** | 1972 |
| **deux mille** | 2000 |
| **un million**[6] | 1 000 000 |
| **un milliard** | 1 000 000 000 |
| **un billion** | 1 000 000 000 000 |

## *ORDINAL NUMBERS*

| | |
|---|---|
| **premier, première** | first |
| **deuxième, second, seconde**[7] | second |
| **troisième** | third |
| **quatrième** | fourth |
| **cinquième** | fifth |
| **sixième** | sixth |
| **septième** | seventh |
| **huitième** | eighth |
| **neuvième** | ninth |
| **dixième** | tenth |

───────────────

[5] **Mil** is only used in dates. **Mille** is used in all other instances as well as in dates.

[6] **Million** is preceded by the indefinite article: **un million de touristes**. Note that **un million** is like a noun of quantity and takes **de** before the following noun: **un million d'hommes**. In France and Quebec a comma is used in place of the decimal point used with numbers in the United States and English Canada. Instead of a comma used with numbers in the United States and English Canada, a period or a space is used in France and a space is used in Quebec. In France, it is becoming more common to use a space instead of a period.

| France | Quebec | United States and English Canada |
|---|---|---|
| 1.121.000 or 1 121 000 | 1 121 000 | 1,121,000 |
| 3,50 | 3,50 | 3.50 |
| 1.360,50 or 1 360,50 | 1 360,50 | 1,360.50 |

[7] **Second** is usually used when there are only two in a series.

# APPENDIX 2:   Weights and measures
# APPENDICE 2:   Les poids et les mesures

## FRENCH–ENGLISH

| France and French Canada | English Canada | US |
|---|---|---|
| *Measurements* | | |
| **un millimètre (1 mm)** | one millimetre (1 mm)[1] | 0.039 inches (in) |
| **un centimètre (1 cm)** (= 10 m) | one centimetre (1 cm) | 0.0394 inches (in) |
| **un mètre (1 m)** (= 100 cm) | one metre (1 m) | 1,094 yards (yd) or 3,280 feet (ft) |
| **un kilomètre (1 km)** (= 1000 m) | one kilometre (1 km) | 0.621 miles (mi) |
| *Weights* | | |
| **une gramme (1 g)** | one gramme (1 g) | 0.035 ounces (oz) |
| **une kilogramme (1 kg)** | one kilogramme (1 kg) | 2.205 pounds (lb) |
| **une tonne (1 t)** | one tonne (1 t) | 0.984 ton (t) (2 qt 20 lb) |
| *Volume* | | |
| **un millitre (1 ml)** (= 0.001 l) | one millilitre (1 ml) | 0.035 195 fluid ounces (fl oz) |
| **dix millitres (10 ml)** | ten millitres (10 ml) | 0.352 fluid ounces (fl oz) |
| **un litre (1 l)** (1000 ml) | one litre (1 l) | 0.21998 gallon (gal) or 1.759 8 pints (1 pt) |

## ENGLISH–FRENCH

| US | English Canada | France and French Canada |
|---|---|---|
| *Measurements* | | |
| one inch (1 in) | 2.540 centimetres (cm) | **2,540 centimètres (cm)** |
| one foot (1 ft) (= 12 inches) | 30.480 centimetres (cm) | **30,480 centimètres (cm)** |
| one yard (1 yd) (= 3 feet) | 0.914 metre (m) | **0,914 mètre (m)** |
| one mile (1 mi) | 1.609 kilometres (km) | **1,609 kilomètres (km)** |
| *Weights* | | |
| one ounces (1 oz) | 28.35 grammes (g) | **28,35 grammes (g)** |
| one pound (1 lb) | 453.6 grammes (g) | **453,6 grammes (g)** |
| one ton (1 t) | 1.016 kilogrammes (kg) | **1,016 kilogrammes (kg)** |

---

[1]You will also see the American spelling centimeter, millimeter, kilometer, gram, kilogram, ton, liter and milliliter.

| US | English Canada | France and French Canada |
|---|---|---|
| *Volume* | | |
| one fluid ounce (1 fl oz) | 28.41 millilitres (ml) | **28,41 millilitres (ml)** |
| one pint (1pt) (=16 fluid ounces) | 0.5681 litres (l) | **0.5681 litres (1 l)** |
| one gallon (1 gal) (=8 pints) | 4.546 litres (l) | **4.546 litres (1 l)** |

## TEMPERATURE

**Degrés Celsius**          **Degrees Farenheit**

0 °C                         32° F
0 °C = (F−32) × 5/9
0 °F = (C+32) × 9/5

# APPENDIX 3:  Days of the week
## APPENDICE 3:  Les jours de la semaine

| | |
|---|---|
| **lundi**[1] | Monday |
| **mardi** | Tuesday |
| **mercredi** | Wednesday |
| **jeudi** | Thursday |
| **vendredi** | Friday |
| **samedi** | Saturday |
| **dimanche** | Sunday |
| Lundi est le **premier** jour de la semaine. | first |
| Le **deuxième** est mardi. | second |
| Nous allons à l'école **le lundi**.[2] | on Mondays |
| Jules va revenir **lundi**.[2] | on Monday |
| la **fin de semaine** (le **week-end**) | weekend |
| un **jour de semaine** | weekday |
| un **jour férié** (un **jour de fête**) | holiday |
| un **jour de travail** | workday |
| une **fête** | saint's day |
| un **anniversaire** (Canada: une **fête**) | birthday |

## HOLIDAYS

| | | |
|---|---|---|
| le 1er janvier | le **jour de l'An** | New Year's Day |
| | le **Vendredi Saint** | Good Friday |
| | **Pâques** *m.* | Easter |
| | le **lundi de Pâques** | Easter Monday |
| | l'**Ascension** | sixth Thursday after Easter (Ascension Day) |
| | la **Pentecôte** | Pentecost (Whit Sunday) |
| | le **lundi de Pentecôte** | Whit Monday |
| le 1er mai | la **fête du Travail** | Labor Day (France) |
| le 8 mai | la **fête de la Victoire** (1945) | VE Day |
| le 24 juin | la **fête nationale** | Saint-Jean Baptiste Day (Quebec) |
| le 14 juillet | la **fête nationale** | Bastille Day (France) |
| le 15 août | l'**Assomption** | Assumption of the Virgin |
| le 1er novembre | la **Toussaint** | All Saints' Day |

---

[1] Note that the days of the week are not capitalized. In French the week starts on Monday.

[2] When something happens on a regular day on a regular basis, the definite article is used. We go to work every Monday: **Nous allons au bureau le lundi**. When something happens once, the article is not used. He will return on Monday: **Il reviendra lundi**.

272

| le 11 novembre | l'**anniversaire de l'Armistice** (1918) | Armistice Day |
| le 24 décembre | la **veille de Noël** (le **réveillon**) | Christmas Eve |
| le 25 décembre | le **jour de Noël** | Christmas Day |
| le 26 décembre | le **lendemain de Noël** | Boxing Day (day after Christmas) |
| le 31 décembre | la **veille du jour de l'An** (Quebec: la **nuit de la Saint-Sylvestre**) | New Year's Eve |

# APPENDIX 4: Months of the year and dates

## APPENDICE 4: Les mois de l'année et les dates

| | |
|---|---|
| Quelle est la date aujourd'hui? | What day is it today? |
| Quel jour est-ce aujourd'hui? | What's today's date? |
| Quel jour sommes-nous aujourd'hui? | |
| C'est aujourd'hui le samedi 25 mars.[1] | Today is Saturday, March 25. |
| Nous sommes le samedi 25 mars. | |
| C'est aujourd'hui le premier[2] mai. | Today is the first of May. |
| Nous sommes le premier mai. | |
| au mois de juin | in the month of June |
| en juin | in June |
| le premier[2] juin | June 1 |
| le deux juin | June 2 |
| janvier[3] | January |
| février | February |
| mars | March |
| avril | April |
| mai | May |
| juin | June |
| juillet | July |
| août | August |
| septembre | September |
| octobre | October |
| novembre | November |
| décembre | December |

[1] The construction **samedi, le 25 mars** is only correct when speaking about the next Saturday or the previous Saturday.

[2] Note that the cardinal numbers are used for expressing the date, with the exception of the first of the month, in which case the ordinal number **premier** is used.

[3] The months of the year are not capitalized in French.

# APPENDIX 5:   Time and expressions of time

## APPENDICE 5:   *L'heure et les expressions de temps*

### TELLING TIME

| | |
|---|---|
| **Quelle heure est-il?** }<br>**Quelle heure est-ce?** } | What time is it? |
| **Il est une heure.** | It is one o'clock. |
|     **deux heures.** | two o'clock |
|     **trois heures.** | three o'clock |
|     **quatorze heures.**[1] | two o'clock in the afternoon |
|     **une heure cinq.** | 1:05 |
|     **deux heures dix.** | 2:10 |
|     **trois heures et quart.**[2] | 3:15 (a quarter past three) |
|     **treize heures quinze.** | 1:15 P.M. |
|     **quatre heures et demie.**[2,3] | four thirty |
|     **seize heures trente.** | 4:30 P.M. |
|     **une heure moins cinq.**[4] | five to one |
|     **trois heures moins dix.** | ten to three |
|     **quatorze heures cinquante.** | 2:50 P.M. |
|     **huit heures moins le quart (moins un quart).** | a quarter to eight |
| **Je vais partir à une heure.** | at one o'clock |
|            **à cinq heures et demie.** | at five thirty |
| **Le train part à quatorze heures dix.** | at 2:10 P.M. |
| **Nous serons là à huit heures précises.** | at exactly eight o'clock |
|            **à peu près à huit heures (à huit heures environ).** | at about eight o'clock |
|            **un peu après huit heures.** | a little after eight o'clock |
| **Arrivez à l'heure, s'il vous plaît.** | on time |
| **N'arrivez pas en retard.** | late |
| **N'arrivez pas trop tôt.** | early |

---

[1] Note that the 24-hour clock is used in France and in French-speaking Canada for theater, airline, and train schedules. In these schedules minutes are always added to the hour. **Le train part à 15 h 40 (quinze heures quarante).** **The train leaves at 15:40 (3:40 in the afternoon).**

[2] There are two ways of expressing (a) the half hour and (b) 15 minutes before or after the hour:
  (a)  **Il est trois heures et demie** or **Il est quinze heures trente.**
  (b)  **Il est une heure et quart** or **Il est treize heures quinze.**

[3] The word **demi** is feminine when it follows the noun: **une heure et demie.** It is hyphenated and does not agree when it precedes the noun: **une demi-heure.**

[4] When it is more than 30 minutes past the hour, the number of minutes is subtracted from the next hour, except in the 24-hour time system, where minutes are added to the hour.

| Nous allons arriver **le matin**.[5] | in the morning |
| **l'après-midi**. | in the afternoon |
| **la nuit**. | at night |
| **le soir**. | in the late afternoon (evening) |
| Nous allons arriver à cinq heures **du matin**.[6] | in the morning |
| **de l'après-midi**. | in the afternoon |
| **du soir**. | in the evening |

## DIVISIONS OF TIME

| une **seconde** | second |
| une **minute** | minute |
| l'**heure** | hour |
| une **demi-heure**[3] | half hour |
| un **quart d'heure** | quarter hour |
| le **jour** | day |
| la **semaine** | week |
| **deux semaines (la quinzaine)** | two weeks |
| le **mois** | month |
| l'**année (l'an)** | year |
| le **siècle** | century |

## OTHER IMPORTANT TIME EXPRESSIONS

| l'**aube** *f.* (l'**aurore** *f.*) | dawn |
| **au point du jour** | at dawn |
| le **crépuscule** | dusk (twilight) |
| le **lever du soleil** | sunrise |
| le **coucher du soleil** | sunset |
| le **matin**, la **matinée** | morning |
| **dans la matinée** | in the morning |
| le **soir** | evening |
| la **nuit** | night |
| **de nuit** | by (at) night |
| **de jour** | by day |
| **midi** | noon |
| **à midi** | at noon |
| **minuit** | midnight |
| **cette nuit** | last night |
| **aujourd'hui** | today |
| **demain** | tomorrow |
| le **lendemain** | the next day |
| le **surlendemain** | the day after next |
| **après-demain** | the day after tomorrow |
| **demain matin** | tomorrow morning |
| **demain soir** | tomorrow evening |
| **hier** | yesterday |
| **hier matin** | yesterday morning |
| **hier soir** | yesterday evening |

[5] Note that the definite articles (**le**, **la**, **l'**) are used when the time expression has no definite hour stated.

[6] Note that the preposition **de** plus the definite article is used when the time expression is preceded by a definite hour.

| | |
|---|---|
| **avant-hier** | the day before yesterday |
| **à lundi** | until Monday |
| **jusqu'à** | until |
| **l'année dernière (passée)** | last year |
| **l'année prochaine (l'année qui vient)** | next year |
| **il y a un an (une année)** | a year ago |
| **il y a huit jours** | a week ago |
| **dans huit jours** | in a week |
| **tous les quinze jours** | every two weeks |
| **tous les trois ans** | every three years |
| **le mois dernier** | last month |
| **le mois prochain** | next month |
| **le deux du mois courant (le deux de ce mois)** | the second of this month |
| **au début de ce siècle** | at the beginning of this century |
| **au milieu de l'année dernière** | in the middle of last year |
| **à la fin de cette année (de l'année)** | at the end of this year |
| **à la fin du mois** | at the end of this month |

# APPENDIX 6: Foods
# APPENDICE 6: *Les aliments*

## ENGLISH–FRENCH

**Vegetables** *Les légumes*
artichoke **l'artichaut** *m.*
asparagus **les asperges** *f. pl.*
beans **les haricots secs** *m. pl.*, **les fèves** *f. pl.* (broad), **les flageolets** *m. pl.* (green kidney)
 green beans **les haricots verts**
 red kidney beans **les haricots rouges**
 white kidney beans **les haricots blancs**
beet **la betterave**
broccoli **le brocoli**
Brussels sprouts **les choux de Bruxelles** *m. pl.*
cabbage **le chou**
carrot **la carotte**
cauliflower **le chou-fleur**
celery **le céleri**
chanterelle **la chanterelle**
chestnut **le marron**
chick peas **les pois chiches** *m. pl.*
chicory **la chicorée, l'endive** *f.*
corn **le maïs**
cucumber **le concombre**
eggplant **l'aubergine** *f.*
endive **la chicorée, l'endive** *f.*
 curly endive **la chicorée frisée**
garlic **l'ail** *m.*
hearts of palm **les cœurs de palmier** *m. pl.*
leeks **les poireaux** *m. pl.*
lentils **les lentilles** *f. pl.*
lettuce **la laitue**
 Boston lettuce **la laitue; la laitue de mâche** (Canada)
lima beans **les fèves de Lima** *f. pl.*
morrel **le cèpe**
mushroom **le champignon**
onion **l'oignon** *m.*
palm hearts **les cœurs de palmier** *m. pl.*
parsnip **le panais**
peas **les pois, les petits pois** *m. pl.* (green)
 string peas, sugar snap peas, snow peas **les pois mange-tout**
pepper **le piment, le poivron**
potato **la pomme de terre**
 boiled potatoes **les pommes de terre nature**
 mashed potatotes **la purée de pommes de terre**

potato (*cont.*)
 new potatoes **les pommes de terre nouvelles**
 sweet potatoes **les patates douces**
pumpkin **la citrouille; le potiron** (small)
radish **le radis**
rice **le riz**
sauerkraut **la choucroute**
shallot **l'échalote** *f.*
spinach **les épinards** *m. pl.*
squash **la courge, la courgette**
sweet potato **la patate douce**
truffle **la truffe**
turnip **le navet**
watercress **le cresson**
zucchini **la courgette**

**Fruit** *Les fruits*
almond **l'amande** *f.*
apple **la pomme**
apricot **l'abricot** *m.*
avocado **l'avocat** *m.*
banana **la banane**
blackberry **la mûre**
blueberry **la myrtille; le bleuet** (Canada)
cherry **la cerise**
chestnut **le marron**
coconut **la noix de coco**
currant **la groseille** (red)
 black currant **le cassis**
date **la datte**
fig **la figue**
filbert **la noisette**
fruit **le fruit**
 dried fruit **les fruits secs**
gooseberry **la groseille à maquereau**
grape **le raisin**
grapefruit **le pamplemousse**
guava **la goyave**
hazelnut **la noisette**
lemon **le citron**
lime **le limon, la lime, la limette; le petit citron** (France only); **le citron vert** (Martinique)
melon **le melon**

nectarine   **la nectarine, le brugnon** (white)
olive   **l'olive** *f.*
orange   **l'orange** *f.*
papaya   **la papaye**
peach   **la pêche**
peanut   **la cacahouète, la cacahuète, l'arachide** *f.*
pear   **la poire**
pineapple   **l'ananas** *m.*
pine nut   **le pignon**
plum   **la prune**
pomegranate   **la grenade**
prune   **le pruneau**
raisin   **le raisin sec**
raspberry   **la framboise**
rhubarb   **la rhubarbe**
strawberry   **la fraise**
   wild strawberry   **la fraise des bois**
tangerine   **la tangerine**
tomato   **la tomate**
walnut   **la noix**
watermelon   **la pastèque**

**Meats   *Les viandes***
bacon   **le lard, le bacon**
beef   **le bœuf, le bifteck**
   beef chuck   **la macreuse**
blood pudding   **le boudin**
bologna sausage   **la mortadelle**
brains   **les cervelles** *f. pl.*
cold cuts   **l'assiette anglaise** *f.*
corned beef   **le corned beef; le bœuf salé** (Canada)
filet mignon   **le filet mignon**
goat   **la chèvre**
ham   **le jambon**
heart   **le cœur**
kidneys   **les rognons** *m. pl.*
knuckle   **le jarret**
   pig's knuckle   **le jambonneau**
   veal knuckle   **le jarret de veau**
lamb   **l'agneau** *m.*
   lamb chop   **la côtelette d'agneau**
   lamb shoulder   **l'épaule d'agneau** *f.*
   leg of lamb   **le gigot d'agneau**
   rack of lamb   **le carré d'agneau**
   saddle of lamb   **la selle d'agneau**
liver   **le foie**
meatballs   **les boulettes de viande** *f. pl.*
mutton   **le mouton**
oxtail   **la queue de bœuf**
ox tongue   **la langue de bœuf**
pig's knuckle   **le jambonneau**
pork   **le porc**
   pork chop   **la côtelette de porc**
rib steak   **l'entrecôte** *f.*
sausage   **la saucisse, le saucisson** (salami)
spare ribs   **les basses-côtes** *f. pl.*

suckling pig   **le cochon de lait**
sweetbreads   **les ris de veau** *m. pl.*
T-bone steak   **la côte de bœuf**
tongue   **la langue**
tripe   **les tripes** *f. pl.*
veal   **le veau**
   veal cutlet   **la côtelette de veau**
   veal knuckle   **le jarret de veau**
   veal rump   **le gîte à la noix**
   veal scallopini   **l'escalope de veau** *f.*

**Fowl and game   *La volaille et le gibier***
boar, wild   **le sanglier**
capon   **le chapon**
chicken   **le poulet**
   spring chicken   **le poussin**
   stewing chicken   **la poule**
duck   **le canard**
   filet of duck   **le magret de canard**
   wild duck   **le canard sauvage**
duckling   **le caneton**
goose   **l'oie** *f.*
guinea fowl   **la pintade**
hare   **le lièvre**
partridge   **le perdreau, la perdrix**
pheasant   **le faisan**
pigeon   **le pigeon**
quail   **la caille**
rabbit   **le lapin**
squab   **le pigeonneau**
turkey   **la dinde; le dindon**
   young turkey   **le dindonneau**
venison   **le chevreuil** (roe deer); **le cerf** (red deer);
      **la venaison** (generically)

**Fish and shellfish   *Les poissons et les crustacés***
      ***(fruits de mer)***
anchovy   **l'anchois** *m.*
angler-fish   **la lotte**
barnacle   **la bernacle, la bernache**
bass (freshwater) **la perche; l'achignan** *m.* (Algonquin
      term in Canada)
   sea bass   **le bar, le loup, la perche de mer**
carp   **la carpe**
char   **l'omble** *m.*, **le chevalier**
clam   **la palourde**
cod   **la morue**
codfish   **le cabillaud**
crab   **le crabe**
crayfish   **les écrevisses** *f. pl.*, **les langoustes** *f. pl.*
eel   **l'anguille** *f.*
fish steak   **la darne**
flounder   **le carrelet; la plie** (Canada)
frogs' legs   **les cuisses de grenouille** *f. pl.*
grouper   **le mérou**

haddock   **l'aiglefin** *m.*
hake   **le colin, la merluche**
halibut   **le flétan**
herring   **le hareng**
lobster   **le homard**
  rock lobster   **la langouste**
mackerel   **le maquereau**
monkfish   **la lotte**
mullet   **le mulet**
  red mullet   **le rouget**
mussel   **la moule**
octopus   **la pieuvre, le poulpe**
oyster   **l'huître** *f.*
perch   **la perche**
pickerel   **le doré**
pike   **le brochet**
plaice   **le carrelet**
prawns   **les langoustines** *f. pl.*
red snapper   **la perche rouge**
salmon   **le saumon**
sardine   **la sardine**
scallops   **les coquilles Saint-Jacques** *f. pl.*; **les
      pétoncles** *m. pl.* (Canada / U.S.)
sea bass   **la loup (de mer), le bar, la perche de mer**
sea bream   **la dorade**
sea urchin   **l'oursin** *m.*
shrimp   **la crevette**
skatefish   **la raie**
smelts   **les éperlans** *m. pl.*
snail   **l'escargot** *m.*
sole   **la sole**
squid   **le calmar**
swordfish   **l'espadon** *m.*
trout   **la truite**
tuna   **le thon**
turbot   **le turbot, le turbotin**
walleye   **le doré**
whiting   **le merlan**

**Eggs**   *Les œufs*
deviled eggs   **les œufs à la diable**
fried eggs   **les œufs sur le plat** *m. pl.*, **les œufs (frits) à la
      poêle** (Canada)
hard-boiled eggs   **les œufs durs**
poached eggs   **les œufs pochés**
scrambled eggs   **les œufs brouillés**
soft-boiled eggs   **les œufs à la coque**
omelette   **l'omelette** *f.*
  plain omelette   **l'omelette nature**
  with cheese   **l'omelette au fromage**
  with herbs   **l'omelette aux fines herbes**
  with mushrooms   **l'omelette aux champignons**

**Sweets and desserts**   *Les sucreries et les desserts*
apple turnover   **le chausson aux pommes**

baked Alaska   **l'omelette norvégienne**
cake   **le gâteau**
  chocolate cake   **le gâteau au chocolat**
  layer cake   **la torte**
candy   **le bonbon**
caramel custard   **la crème caramel**
compote   **la compote**
cookie   **le biscuit, le petit gâteau**
cream puff   **le chou à la crème, la religieuse**
custard   **la crème renversée**
custard tart   **la dariole, le flan**
doughnut   **le beignet**
honey   **le miel**
ice (sherbet)   **le sorbet**
ice cream   **la glace, la crème glacée** (Canada)
  vanilla ice cream   **la glace à la vanille**
  ice cream cake   **le vacherin glacé**
jam   **la confiture**
jello   **la gélatine**
jelly   **la gelée (de fruits)**
meringue   **la meringue**
mousse   **la mousse**
pancakes   **les crêpes** *f. pl.*
pastry   **la pâtisserie**
pie   **la tarte**
rice pudding   **le riz au lait**
soufflé   **le soufflé**
sponge cake   **le biscuit de Savoie**
syrup   **le sirop**
  maple syrup   **le sirop d'érable**
tart   **la tarte, la tartelette**
turnover   **le chausson**
waffle   **la gaufre**
whipped cream   **la crème Chantilly**

**Beverages**   *Les boissons*
after-dinner drink   **le digestif**
aperitif   **l'apéritif** *m.*
beer   **la bière, le demi**
  bottled beer   **la bière en bouteille**
  dark beer   **la bière brune**
  light beer   **la bière blonde**
  tap beer   **la bière (à la) pression; la bière en fût** (Canada)
brandy   **le cognac**
champagne   **le champagne**
chocolate   **le chocolat**
  hot chocolate   **le chocolat chaud**
cider   **le cidre, le cidre mousseux**
coca-cola   **coca** *m.*
cocktail   **l'apéritif** *m.*
coffee   **le café**
  black coffee   **le café noir**
  coffee with milk   **le café au lait, le café-crème**
  decaffeinated coffee   **le café décaféiné**
  espresso   **le café express**
coke   **le coca**

drink **la boisson; le breuvage** (Canada)
gin and tonic **le gin-tonic**
ice **la glace**
   ice cubes **les glaçons** *m. pl.*
   on the rocks **avec des glaçons**
infusion (mint) **l'infusion de menthe** *f.*
juice **le jus**
   apple juice **le jus de pommes**
   fruit juice **le jus de fruits**
   lemonade **le citron pressé; la limonade** (soft drink)
liqueur **la liqueur**
milk **le lait**
milkshake **le lait frappé, le frappé**
mineral water **l'eau minérale** *f.*
   carbonated **gazeuse**
   noncarbonated **non-gazeuse**
orangeade **l'orangeade** *f.*
port **le porto**
rum **le rhum**
sherry **le xérès; le sherry** (Canada)
soda **le soda**
soft drink **la boisson gazeuse; le soda, la liqueur douce** (Canada)
tea **le thé, le thé nature** (regular tea)
   camomile tea **la camomille**
   herb tea **l'infusion** *f.*, **la tisane**
   iced tea **le thé glacé**
   lime blossom **le tilleul**
   mint tea **le thé à la menthe, le thé menthe**
   with lemon **le thé (au) citron**
vermouth **le vermouth**
vodka **la vodka**
water **l'eau** *f.*
   carbonated water **l'eau gazeuse**
   ice water **l'eau glacée**
   mineral water **l'eau minérale**
   still (noncarbonated) water **l'eau non-gazeuse**
wine **le vin**
   dry wine **le vin sec**
     very dry wine **le vin brut**
   fullbodied wine **le vin corsé**
   light wine **le vin léger**
   red wine **le vin rouge**
   rosé wine **le vin rosé**
   sparkling wine **le vin mousseux**
   sweet wine **le vin doux**
   white wine **le vin blanc**

**Condiments, herbs, and spices** *Les condiments, les herbes et les épices*
anise **l'anis** *m.*
basil **le basilic**
bay leaf **la feuille de laurier**
capers **les câpres** *f. pl.*
caraway **le carvi, le cumin**
   caraway seeds **les graines de carvi** *f. pl.*

chervil **le cerfeuil**
chives **la ciboulette**
cinnamon **la cannelle**
cloves **les clous de girofle** *m. pl.*
coriander **la coriandre**
cumin **le cumin**
dill **l'aneth** *m.*
fennel **le fenouil**
garlic **l'ail** *m.*
ginger **le gingembre**
ketchup **le ketchup, la sauce de tomate**
marjoram **la marjolaine**
mayonnaise **la mayonnaise**
mint **la menthe**
mustard **la moutarde**
nutmeg **la muscade, la noix de muscade**
oregano **l'origan** *m.*
paprika **le paprika**
parsley **le persil**
pepper **le piment, le poivre**
rosemary **le romarin**
saffron **le safran**
sage **la sauge**
salt **le sel**
savory **la sarriette**
sea salt **le sel marin**
sesame **le sésame**
sorrel **l'oseille** *f.*
syrup **le sirop**
   maple syrup **le sirop d'érable**
tarragon **l'estragon** *m.*
thyme **le thym**
vanilla **la vanille**

**Miscellaneous food items** *Divers produits alimentaires*
baking power **la levure artificielle, la levure chimique; la poudre à pâte** (Canada)
baking soda **le bicarbonate de sodium, le bicarbonate de soude**
bran **le son (de blé)**
bread **le pain**
   bran bread **le pain de son de blé**
   breadcrumbs **la chapelure**
   bread with caraway seeds **le pain au cumin**
   bread with poppy seeds **le pain aux pavots**
   brown bread **le pain bis**
   rye bread **le pain de seigle**
   white bread **le pain blanc**
   whole wheat bread **le pain complet; le pain à blé entier** (Canada)
butter **le beurre**
cereal **les céréales** *f. pl.*
cheese **le fromage**
   melted cheese **le fromage fondu**
cornstarch **la farine de maïs, la fécule de maïs**

cream   **la crème**
  whipped cream   **la crème Chantilly; la crème fouettée** (Canada)
  cream soup   **le velouté**
egg white   **le blanc d'œuf**
egg yolk   **le jaune d'œuf**
flour   **la farine**
gravy   **la sauce**
lard   **le lard, le saindoux**
noodles   **les nouilles** *f. pl.*, **les pâtes** *f. pl.*
nut   **la noix**
oil   **l'huile** *f.*
  olive oil   **l'huile d'olive**
pasta   **les pâtes** *f. pl.*
peanut   **la cacahuète, la cacahouète, l'arachide** *f.*
  peanut butter   **le beurre de cacahuètes, le beurre de cacahouètes, le beurre d'arachide**
pickles   **les cornichons** *m. pl.*, **les conserves au vinaigre** *f. pl.*
rice   **le riz**
roll   **le petit pain**
sandwich   **le sandwich**
snack   **le casse-croûte**
spaghetti   **les spaghetti(s)** *m.*
stock   **le bouillon**
sugar   **le sucre**
  brown sugar   **le sucre roux**
  light brown sugar   **la cassonade**
sugar substitute   **sucaryl** *m.*
toast   **le pain grillé, les biscottes** *f. pl.*, **des toasts** *m. pl.*; **des rôties** *f. pl.* (Canada)
vinegar   **le vinaigre**
yeast   **la levure**
yoghurt   **le yaourt**

**Methods of cooking**   *Les méthodes de préparation*
in aspic   **en gelée**
baked   **au four**
barbecued   **à la broche**
in beaten egg   **doré, -e**
boiled   **bouilli, -e**
braised   **braisé, -e**
breaded   **pané, -e**
broiled   **grillé, -e**
in butter   **au beurre**
caramelized   **caramelisé, -e**
in a casserole   **à la casserole, en cocotte**
in cheese   **au gratin**
cut, sliced thinly   **émincé, -e**
deviled   **à la diable**
in foil   **en papillotte**
fried   **frit, -e**
garnished   **garni, -e**
grated   **râpé, -e**
grilled   **grillé, -e**
ground   **hâché, -e**

house style   **maison**
in their jackets (potatoes)   **en robe de champ**
in juices   **au jus**
julienne   **une chiffonnade**
marinated   **mariné, -e**
mashed   **en purée**
in oil   **à l'huile**
with parsley   **persillé, -e**
in a pastry   **en croûte**
poached   **poché, -e**
puréed   **en purée; en coulis** (liquid)
raw   **cru, -e**
roast   **rôti, -e**
sautéed   **sauté, -e**
simmered   **mitonné, -e, mijoté, -e**
on a skewer   **en brochette**
smoked   **fumé, -e**
steamed   **à l'étuvée, à l'étouffée**
steeped   **infusé, -e**
stewed   **mijoté, -e, en ragoût**
  stewed in cream sauce   **une blanquette de**
in thin strips   **julienne, une chiffonnade**
stuffed   **farci, -e**

## FRENCH–ENGLISH

*Les légumes*   Vegetables
**ail** *m.*   garlic
**artichaut** *m.*   artichoke
**asperges** *f. pl.*   asparagus
**aubergine** *f.*   eggplant
**betterave** *f.*   beet
**brocoli** *m.*   broccoli
**carotte** *f.*   carrot
**céleri** *m.*   celery
**cèpe** *m.*   flat (root) mushroom, morrel
**champignon** *m.*   mushroom
**chanterelle** *f.*   chanterelle (yellow mushroom)
**chicorée** *f.*   endive, chicory
  **la chicorée frisée**   curly endive
**chou** *m.* (*pl.* **choux**)   cabbage
  **les choux de Bruxelles**   Brussels sprouts
  **le chou frisé**   Savoy cabbage
**choucroute** *f.*   sauerkraut
**chou-fleur** *m.*   cauliflower
**citrouille** *f.*   pumpkin
**cœur** *m.*   heart
  **les cœurs de palmier**   hearts of palm
**concombre** *m.*   cucumber
**cornichon** *m.*   pickle
**courge** *f.*   squash
**courgette** *f.*   zucchini
**cresson** *m.*   watercress
**échalote** *f.*   shallot
**endive** *f.*   endive, chicory

**épinards** *m. pl.* spinach
**fenouil** *m.* fennel
**fève** *f.* bean (broad)
**flageolet** *m.* green kidney bean, lima bean
**haricot** *m.* bean
  **les haricots blancs** white kidney beans
  **les haricots rouges** red kidney beans
  **le haricot sec** bean
  **les haricots verts** green beans
**laitue** *f.* lettuce, Boston lettuce
  **la laitue de mâche** (Canada) Boston lettuce
**lentille** *f.* lentil
**maïs** *m.* corn
**marron** *m.* chestnut
**navet** *m.* turnip
**oignon** *m.* onion
**panais** *m.* parsnip
**patate douce** *f.* sweet potato
**piment** *m.* pepper (hot)
**poireau** *m.* leek
**pois** *m. pl.* peas
  **les petits pois** green peas
  **les pois chiches** chick peas
  **les pois mange-tout** string peas, sugar snap peas, snow peas
**poivron** *m.* pepper (sweet)
**pomme de terre** *f.* potato
  **les pommes de terre nature** boiled potates
  **les pommes de terre nouvelles** new potatoes
  **la purée de pommes de terre** mashed potatoes
**potiron** *m.* small pumpkin
**radis** *m.* radish
**riz** *m.* rice
**truffe** *f.* truffle

*Les fruits* Fruit
**abricot** *m.* apricot
**amande** *f.* almond
**ananas** *m.* pineapple
**arachide** *f.* peanut
**avocat** *m.* avocado
**banane** *f.* banana
**bleuet** *m.* blueberry (Canada)
**brugnon** *m.* nectarine (white)
**cacahouète** *f.*, **cacahuète** *f.* peanut
**cassis** *m.* black currant
**cerise** *f.* cherry
**citron** *m.* lemon
**citrouille** *f.* pumpkin
**datte** *f.* date
**figue** *f.* fig
**fraise** *f.* strawberry
**fruits secs** *m. pl.* dried fruit
**goyave** *f.* guava
**grenade** *f.* pomegranate

**groseille** *f.* red currant
  **la groseille à maquereau** gooseberry
**lime** *f.* lime
**limette** *f.* lime
**limon** *m.* lime
**mandarine** *f.* tangerine
**marron** *m.* chestnut
**melon** *m.* melon
**mûre** *f.* blackberry, mulberry
**myrtille** *f.* blueberry
**nectarine** *f.* nectarine
**noisette** *f.* hazelnut
**noix** *f.* walnut
  **la noix de coco** coconut
**olive** *f.* olive
**orange** *f.* orange
**nectarine** *f.* nectarine
**pamplemousse** *m.* grapefruit
**papaye** *f.* papaya
**pastèque** *f.* watermelon
**pêche** *f.* peach
**pignon** *m.* pine nut
**poire** *f.* pear
**pomme** *f.* apple
**prune** *f.* plum, Italian prune
**pruneau** *m.* prune
**raisin** *m.* grape
  **le raisin sec** raisin
**rhubarbe** *f.* rhubarb
**tomate** *f.* tomato

*Les viandes* Meat
**agneau** *m.* lamb
  **le carré d'agneau** rack of lamb
  **la côtelette d'agneau** lamb chop
  **l'épaule d'agneau** *f.* lamb shoulder
  **le gigot d'agneau** leg of lamb
  **la selle d'agneau** saddle of lamb
**andouillette** *f.* sausage
**assiette anglaise** *f.* cold cuts
**bacon** *m.* bacon
**basses-côtes** *f. pl.* spare ribs
**bifteck** *m.* beef, steak
**bœuf** *m.* beef
  **le bœuf salé** (Canada) corned beef
  **la côte de bœuf** T-bone steak
  **la langue de bœuf** ox tongue
  **la queue de bœuf** oxtail
**boudin** *m.* blood pudding, blood sausage
**boulettes de viande** *f. pl.* meatballs
**cervelles** *f. pl.* brains
**chèvre** *f.* goat
**cochon de lait** *m.* suckling pig
**cœur** *m.* heart
**corned beef** *m.* corned beef

côte de bœuf *f*.　T-bone steak
côtelette *f*.　cutlet
　la côtelette d'agneau　lamb chop
　la côtelette de porc　pork chop
　la côtelette de veau　veal chop
entrecôte *f*.　ribsteak
épaule d'agneau *f*.　lamb shoulder
escalope de veau *f*.　veal scallopini
filet mignon *m*.　beef tenderloin, filet mignon
foie *m*.　liver
gigot d'agneau *m*.　leg of lamb
gîte à la noix *m*.　veal rump
jambon *m*.　ham
jambonneau *m*.　pig's knuckle
jarret *m*.　knuckle
　le jarret de veau　knuckle of veal
lard *m*.　bacon
macreuse *f*.　beef chuck
mortadelle *f*.　bologna sausage
mouton *m*.　mutton
porc *m*.　pork
　la côtelette de porc　pork chop
queue de bœuf *f*.　oxtail
rillettes *f. pl*.　potted meat
ris de veau *m. pl*.　sweetbreads
rognon *m*.　kidney
saucisse *f*.　sausage
saucisson *m*.　sausage (salami type)
tripes *f. pl*.　tripe
veau *m*.　veal
　la côtelette de veau　veal chop
　l'escalope de veau *f*.　veal scallopini
　le jarret de veau　knuckle of veal
　les ris de veau *m. pl*.　sweetbreads

*La volaille et le gibier*　Fowl and game
caille *f*.　quail
canard *m*.　duck
　le canard sauvage　wild duck
　le magret de canard　filet of duck
caneton *m*.　duckling
cerf *m*.　red deer, stag
chapon *m*.　capon
chevreuil *m*.　venison
dinde *f*.　turkey
dindonneau *m*.　young turkey
faisan *m*.　pheasant
lapin *m*.　rabbit
lièvre *m*.　hare
oie *f*.　goose
perdreau *m*.　partridge
perdrix *f*.　partridge
pigeon *m*.　pigeon
pigeonneau *m*.　squab
pintade *f*.　guinea fowl
poule *f*.　stewing chicken

poulet *m*.　chicken
poussin *m*.　spring chicken
sanglier *m*.　wild boar

*Les poissons et les crustacés*　Fish and shellfish
aiglefin *m*.　haddock
anchois *m*.　anchovy
anguille *f*.　eel
bar *m*.　sea bass
bernache *f*., bernacle *f*.　barnacle
brochet *m*.　pike
cabillaud *m*.　codfish
calmar *m*.　squid
carpe *f*.　carp
carrelet *m*.　flounder, plaice
chevalier *m*.　char
colin *m*.　hake
coquilles Saint-Jacques *f. pl*.　scallops
crabe *m*.　crab
crevette *f*.　shrimp
cuisses de grenouille *f. pl*.　frog's legs
darne *f*.　fish steak (salmon, tuna, etc.)
dorade *f*.　sea bream
doré *m*.　pickerel, walleye
écrevisse *f*.　crayfish
éperlans *m*.　smelts
escargot *m*.　snail
espadon *m*.　swordfish
flétan *m*.　halibut
hareng *m*.　herring
homard *m*.　lobster
huître *f*.　oyster
langouste *f*.　lobster, rock lobster
langoustine *f*.　prawn
lotte *f*.　monkfish, angler-fish
loup *m*.　sea bass
maquereau *m*.　mackerel
merlan *m*.　whiting
merluche *f*.　hake
mérou *m*.　grouper
morue *f*.　cod
moule *f*.　mussel
mulet *m*.　mullet
omble *m*.　char
oursin *m*.　sea urchin
palourde *f*.　clam
perche *f*.　bass (freshwater), perch
　la perche de mer　sea bass
　la perche rouge　red snapper
pétoncle *m*.　scallop (Canada and U.S.)
pieuvre *f*.　octopus
plie *f*. (Canada)　flounder, plaice
poulpe *m*.　octopus
raie *f*.　skatefish
rouget *m*.　red mullet
sardine *f*.　sardine

**saumon** *m.*  salmon
**sole** *f.*  sole
**thon** *m.*  tuna
**truite** *f.*  trout
**turbot** *m.*  turbot
**turbotin** *m.*  turbot

*Les œufs*  **Eggs**
**œuf** *m.*  egg
  **les œufs brouillés**  scrambled eggs
  **les œufs à la coque**  soft-boiled eggs
  **les œufs à la diable**  deviled eggs
  **les œufs durs**  hard-boiled eggs
  **les œufs sur le plat**  fried eggs
  **les œufs pochés**  poached eggs
  **les œufs (frits) à la poêle** (Canada)  fried eggs
**omelette** *f.*  omelette
  **l'omelette aux champignons**  omelette with mushrooms
  **l'omelette aux fines herbes**  omelette with herbs
  **l'omelette au fromage**  cheese omelette
  **l'omelette nature**  plain omelette

*Les sucreries et les desserts*  **Sweets and desserts**
**beignet** *m.*  doughnut
**biscuit** *m.*  cookie
  **biscuit de Savoie** *m.*  sponge cake
**bonbon** *m.*  candy
**chausson** *m.*  turnover
  **le chausson aux pommes**  apple turnover
**chou à la crème** *m.*  cream puff
**compote** *f.*  compote, stewed fruit
**confiture** *f.*  jam
**crème caramel** *f.*  caramel custard
**crème Chantilly** *f.*  whipped cream
**crème glacée** *f.* (Canada)  ice cream
**crème renversée** *f.*  custard
**crêpe** *f.*  pancake, crepe
**dariole** *f.*  custard tart
**flan** *m.*  custard tart
**gâteau** *m.*  cake
  **le gâteau au chocolat**  chocolate cake
  **le petit gâteau**  cookie
**gaufre** *f.*  waffle
**gélatine** *f.*  jello
**glace** *f.*  ice cream
  **la glace à la vanille**  vanilla ice cream
**meringue** *f.*  meringue
**miel** *m.*  honey
**mousse** *f.*  mousse
**omelette norvégienne** *f.*  baked Alaska
**pâtisserie** *f.*  pastry
**religieuse** *f.*  cream puff
**riz au lait** *m.*  rice pudding
**sirop** *m.*  syrup
  **le sirop d'érable**  maple syrup
**sorbet** *m.*  ice (fruit)

**soufflé** *m.*  soufflé
**tarte** *f.*  tart, pie
**tartelette** *f.*  tart
**torte** *f.*  layer cake
**vacherin glacé** *m.*  ice cream cake

*Les boissons*  **Beverages**
**apéritif** *m.*  aperitif, cocktail
**bière** *f.*  beer
  **la bière blonde**  light beer
  **la bière en bouteille**  bottled beer
  **la bière brune**  dark beer
  **la bière (à la) pression**  tap beer
  **la bière en fût** (Canada)  tap beer
**boisson** *f.*  drink
  **la boisson gazeuse**  soft drink
**breuvage** *m.* (Canada)  drink
**café** *m.*  coffee
  **le café-crème**  coffee with milk
  **le café décaféiné**  decaffeinated coffee
  **le café express**  espresso
  **le café au lait**  coffee with milk
  **le café noir**  black coffee
**camomille** *f.*  camomile tea
**champagne** *m.*  champagne
**chocolat** *m.*  chocolate
  **le chocolat chaud**  hot chocolate
**cidre** *m.*  cider
  **le cidre mousseux**  cider
**citron pressé** *m.*  lemonade
**coca** *m.*  coca-cola, coke
**cognac** *m.*  brandy, cognac
**cola** *f.*  soda
**demi** *m.*  beer
**digestif** *m.*  after-dinner drink
**eau** *f.*  water
  **l'eau gazeuse**  carbonated water
  **l'eau glacée**  ice water
  **l'eau minérale**  mineral water
  **l'eau non-gazeuse**  still (noncarbonated) water
**gin-tonic** *m.*  gin and tonic
**glace** *f.*  ice
**glaçons** *m. pl.*  ice cubes
  **avec des glaçons**  on the rocks
**infusion** *f.*  herb tea, infusion
  **l'infusion de menthe**  mint tea
**jus** *m.*  juice
  **le jus de pommes**  apple juice
  **le jus de fruits**  fruit juice
**lait** *m.*  milk
  **le lait frappé, le frappé**  milkshake
**limonade** *f.*  lemonade (usually carbonated), lemon soda
**liqueur** *f.*  liqueur
  **la liqueur douce** (Canada)  soft drink
**orangeade** *f.*  orangeade
**porto** *m.*  port
**rhum** *m.*  rum

soda *m.* soda, soft drink
thé *m.* tea
  le thé au citron tea with lemon
  le thé glacé iced tea
  le thé à la menthe mint tea
  le thé nature regular tea
tilleul *m.* lime-blossom tea
tisane *f.* herb tea
vin *m.* wine
  le vin blanc white wine
  le vin brut very dry wine
  le vin corsé full-bodied wine
  le vin léger light wine
  le vin mousseux sparkling wine
  le vin rosé rosé wine
  le vin rouge red wine
  le vin sec dry wine
vodka *f.* vodka
xérès *m.* sherry

*Les condiments, les herbes et les épices* Condiments,
  herbs and spices
ail *m.* garlic
aneth *m.* dill
anis *m.* anise
basilic *m.* basil
cannelle *f.* cinnamon
câpres *f. pl.* capers
carvi *m.* caraway
  les graines de carvi *f. pl.* caraway seeds
cerfeuil *m.* chervil
ciboulette *f.* chives
clous de girofle *m. pl.* cloves
coriandre *f.* coriander
cumin *m.* cumin, caraway
estragon *m.* tarragon
fenouil *m.* fennel
feuille de laurier *f.* bay leaf
gingembre *m.* ginger
ketchup *m.* ketchup
marjolaine *f.* marjoram
mayonnaise *f.* mayonnaise
menthe *f.* mint
moutarde *f.* mustard
muscade *f.* nutmeg
noix de muscade *f.* nutmeg
origan *m.* oregano
oseille *f.* sorrel
paprika *m.* paprika
persil *m.* parsley
piment *m.* pepper
poivre *m.* pepper
romarin *m.* rosemary
safran *m.* saffron
sarriette *f.* savory
sauge *f.* sage

sel *m.* salt
  sel marin sea salt
sésame *m.* sesame
sirop *m.* syrup
  le sirop d'érable maple syrup
thym *m.* thyme
tomate *f.* tomato
  la sauce de tomate ketchup, tomato sauce
vanille *f.* vanilla

*Divers produits alimentaires* Miscellaneous food items
arachide *f.* peanut
  le beurre d'arachide peanut butter
beurre *m.* butter
  le beurre de cacahouètes, le beurre de cacahuètes, le
    beurre d'arachide peanut butter
bicarbonate de sodium *m.* baking soda
bicarbonate de soude *m.* baking soda
biscotte *f.* toast
bouillon *m.* stock for soup
cacahouète *f.*, cacahuète *f.* peanut
  le beurre de cacahouète, le beurre de cacahuète
    peanut butter
casse-croûte *m.* snack
cassonade *f.* light brown sugar
céréales *f. pl.* cereal
chapelure *f.* breadcrumbs
conserve au vinaigre *f.* pickle
cornichon *m.* pickle
crème *f.* cream
  la crème Chantilly whipped cream
  la crème fouettée (Canada) whipped cream
farine *f.* flour
  la farine de maïs cornstarch
fromage *m.* cheese
huile *f.* oil
  l'huile d'olive olive oil
lard *m.* lard, bacon
levure *f.* yeast
  la levure artificielle, la levure chimique baking
    powder
maïs *m.* corn
  la farine de maïs, la fécule de maïs cornstarch
noix *f.* nut
nouille *f.* noodle
œuf *m.* egg
  le blanc d'œuf egg white
  le jaune d'œuf egg yolk
pain *m.* bread
  le pain grillé toast
  le pain bis brown bread
  le pain blanc white bread
  le pain complet whole wheat bread
  le pain au cumin bread with caraway seeds
  le pain aux pavots bread with poppy seeds
  le pain de seigle rye bread

**pain** (*cont.*)
   **le pain de son de blé**  bran bread
   **le petit pain**  roll
**pâtes** *f. pl.*  pasta, noodles
**poudre** *f.*  powder
   **la poudre à pâte** (Canada)  baking powder
**rôties** *f. pl.* (Canada)  toast
**saindoux** *m.*  lard
**sandwich** *m.* (*pl.* **sandwiches** or **sandwichs**)  sandwich
**sauce** *f.*  gravy
**spaghetti(s)** *m.*  spaghetti
**sucre** *m.*  sugar
   **le sucre roux**  brown sugar
**sucaryl** *m.*  sugar substitute
**tartine** *f.*  slice of bread with spread
**velouté** *m.*  cream soup
**vinaigre** *m.*  vinegar
**yaourt** *m.*  yoghurt

*Les méthodes de préparation*  **Methods of cooking**
**au beurre**  in butter
**une blanquette de**  stewed in a cream sauce
**bouilli, -e**  boiled
**braisé, -e**  braised
**en brochette**  on a skewer
**caramelisé, -e**  caramelized, sugar cooked until it turns to caramel
**une chiffonnade**  julienne, in thin strips
**en coulis**  puréed (liquid)
**en croûte**  in a pastry
**cru, -e**  raw
**à la diable**  deviled

**doré, -e** (à l'œuf)  in beaten egg
**émincé, -e**  cut, sliced thinly
**à l'étouffée**  steamed
**à l'étuvée**  steamed
**farci, -e**  stuffed
**au four**  baked
**frit, -e**  fried
**fumé, -e**  smoked
**garni, -e**  garnished
**en gelée**  in aspic
**au gratin**  in cheese
**grillé, -e**  grilled
**haché, -e**  ground (beef), chopped
**à l'huile**  in oil
**julienne**  in thin strips
**au jus**  in natural juices
**maison**  house style
**mariné, -e**  marinated
**mijoté, -e**  stewed
**mitonné, -e**  simmered
**pané, -e**  dipped in breadcrumbs and fried
   **pané à l'anglaise**  dipped in beaten egg, oil, and breadcrumbs and fried
**en papillotte**  wrapped in foil
**persillé, -e**  with parsley
**poché, -e**  poached
**en purée**  mashed, puréed
**en ragoût**  stewed
**râpé, -e**  grated
**en robe de champ**  in their jackets (potatoes)
**rôti, -e**  roast
**sauté, -e**  sautéed

# Appendix 7:   Clothing and shoe sizes
# *Appendice 7:   Tailles et pointures*

## CLOTHING

### Men's suits

| | | | | | | |
|---|---|---|---|---|---|---|
| American | 36 | 38 | 40 | 42 | 44 | 46 |
| French | 46 | 48 | 50 | 52 | 54 | 56 |

### Men's shirts

| | | | | | | | |
|---|---|---|---|---|---|---|---|
| American | 14 | $14\frac{1}{2}$ | 15 | $15\frac{1}{2}$ | 16 | $16\frac{1}{2}$ | 17 |
| French | 36 | 37 | 38 | 39 | 41 | 42 | 43 |

### Women's clothing

| | | | | | | | | | |
|---|---|---|---|---|---|---|---|---|---|
| American | 6 | 8 | 10 | 12 | 14 | 16 | 18 | 20 | 22 |
| French | 34 | 36 | 38 | 40 | 42 | 44 | 46 | 48 | 50 |

## SHOES

| American | | French |
|---|---|---|
| Men | Women | |
| | 5 | 36 |
| | 6 | 37 |
| $6\frac{1}{2}$ | 7 | 38 |
| 7 | 8 | 39 |
| $7\frac{1}{2}$ | 9 | 40 |
| 8 | | 41 |
| $8\frac{1}{2}$ | | 42 |
| 9 | | 43 |
| 10 | | 44 |
| 11 | | 45 |
| 12 | | 46 |

# APPENDIX 8: Family relationships
## APPENDICE 8: La famille

| | |
|---|---|
| les parents | parents, relatives |
| la mère | mother |
| le père | father |
| le mari | husband |
| la femme | wife |
| | |
| les enfants | children |
| le fils | son |
| la fille | daughter |
| le frère | brother |
| la sœur | sister |
| l'oncle | uncle |
| la tante | aunt |
| le cousin | male cousin |
| la cousine | female cousin |
| le neveu | nephew |
| la nièce | niece |
| les grands-parents | grandparents |
| le grand-père | grandfather |
| la grand-mère | grandmother |
| le petit-fils | grandson |
| la petite-fille | granddaughter |
| le parrain | godfather |
| la marraine | godmother |
| les arrière-grands-parents | great grandparents |
| l'arrière-grand-père | great grandfather |
| l'arrière-grand-mère | great grandmother |
| les arrière-petits-enfants | great grandchildren |
| l'arrière-petite-fille | great granddaughter |
| l'arrière-petit-fils | great grandson |
| l'arrière-grand-oncle | great uncle |
| l'arrière-grand-tante | great aunt |
| l'arrière-neveu | great nephew |
| l'arrière-nièce | great niece |
| | |
| La belle-famille | In-laws |
| les beaux-parents | in-laws, stepparents |
| le beau-père | father-in-law, stepfather |
| la belle-mère | mother-in-law, stepmother |
| le beau-fils | son-in-law, stepson |

| | |
|---|---|
| **la belle-fille** | daughter-in-law, stepdaughter |
| **le beau-frère** | brother-in-law |
| **la belle-sœur** | sister-in-law |
| **le demi-frère** | stepbrother |
| **la demi-sœur** | stepsister |

# APPENDIX 9: Personal correspondence

## APPENDICE 9: *La correspondance personnelle*

### *LETTER WRITING*

*Salutations*

*To someone you don't know (formal)*
**Monsieur, Madame, Mademoiselle**                    Sir, Madam, Miss

*To someone you know but not well (less formal)*
**Cher Monsieur, Chère Madame, Mademoiselle**         Dear Sir, Dear Madam,
                                                        Mademoiselle

*To friends and relatives*
**Cher ami, Chère amie, Chers amis, Chères amies**     Dear friend (m.), Dear friend (f.),
                                                        Dear friends

**Chère Marie, Ma chère Marie, Cher Jean, Mon cher Jean**   Dear Mary, My dear Mary,
                                                        Dear John, My dear John

### *Closings*

*To someone you don't know*
**Je vous prie d'agréer, Monsieur, l'expression de mes sentiments**   Sincerely, (Sincerely yours,
  **les plus respectueux.**                             Yours truly)
**Croyez, cher Madame, à l'expression de mes sentiments les plus**   Sincerely (Yours truly, Yours
  **distinguès.**                                       sincerely)

*To a friend or relative.*
**Recevez, ma chère amie, mon meilleur souvenir.**      Best wishes
**Affectueusement,**                                    Affectionately
**Gros baisers (grosses bises),**                       Love and kisses
**Amicalement,**                                        Cordially

# APPENDIX 10: The francophone world

# APPENDICE 10: Le monde francophone

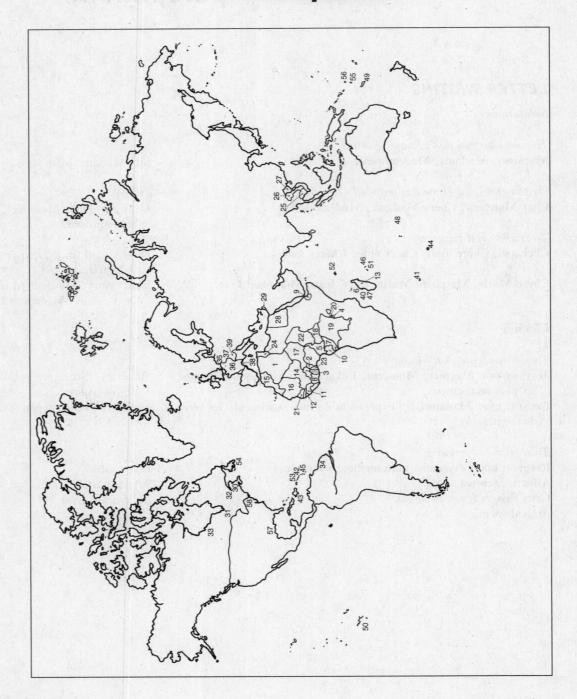

## Afrique / Africa

1 l'Algérie [3] — Algeria
2 le Bénin [2] — Benin
3 le Burkina Faso [2] — Burkina Faso
4 le Burundi [2] — Burundi
5 le Cameroun [2] — Cameroon
6 les Comores [4] — Comoros
7 le Congo [2] — Congo
8 la Côte-d'Ivoire [2] — Ivory Coast
9 Djibouti [2] — Djibouti
10 le Gabon [2] — Gabon
11 la Guinée [2] — Guinea
12 la Guinée-Bissau [2] — Guinea-Bissau
13 le Madagascar [2] — Madagascar
14 le Mali [2] — Mali
15 le Maroc [2] — Morocco
16 la Mauritanie [2] — Mauritania
17 le Niger [2] — Niger
18 la République Centrafricaine [2] — Central African Republic
19 la République démocratique du Congo [2] — Democratic Republic of the Congo
20 la Ruanda [2] — Rwanda
21 le Sénégal [2] — Senegal
22 le Tchad [2] — Chad
23 le Togo [2] — Togo
24 la Tunisie [3] — Tunisia

## Asie / Asia

25 le Cambodge [3] — Cambodia
26 le Laos [3] — Laos
27 le Viet-nam [3] — Vietnam

## Moyen-orient / Middle east

28 l'Egypte [3] — Egypt
29 le Liban [3] — Lebanon

## Amérique / America

le Canada [1,2] — Canada
30 le Nouveau-Brunswick [1,2] — New Brunswick
31 l'Ontario [1,2] — Ontario
32 le Québec [1,2] — Quebec
33 le Manitoba [1,2] — Manitobia
34 la Guyane française [2] — French Guiana

## Europe / Europe

35 la Belgique (Communauté française de Belgique) [1] — Belgium
36 la France [1] — France
37 le Luxembourg [1] — Luxembourg
38 Monaco [1] — Monaco
39 la Suisse [1] — Switzerland

## Iles / Islands

40 les Comores [4] — Comoros
41 l'Archipel Crozet [4] — Crozet Islands
42 la Guadeloupe [1] — Guadeloupe
43 Haïti [1] — Haiti
44 les îles Kerguelen [1] — Kerguelen Islands
45 la Martinique [1] — Martinique
46 l'île Maurice [4] — Mauritius
47 Mayotte [4] — Mayotte Island
48 la Nouvelle-Amsterdam [4] — Amsterdam Island
49 la Nouvelle-Calédonie [1] — New Caledonia
50 la Polynésie française [4] — French Polynesia
51 la Réunion [4] — Reunion
52 les Seychelles [4] — Seychelles Islands
53 Saint-Barthélemy [1] — Saint Bart's
54 Saint-Pierre-et-Miquelon [1] — Saint Pierre and Miquelon
55 Vanuatu [4] — Vanuatu
56 Wallis et Futuna [4] — Wallis and Futuna

## Communautés francophones / Francophone communities

57 la Louisiane — Louisiana
58 la Nouvelle-Angleterre — New England

[1] Le français est la langue maternelle et officielle. — French is the mother tongue and official language.
[2] Le français est la langue officielle ou administrative. — French is the official or administrative language.
[3] Le français est une langue culturelle et / ou d'enseignement. — French is a cultural and / or a teaching language.
[4] Îles où le français est la langue officielle ou maternelle. — Islands where French is the official language or mother tongue.

# Answers to exercises
## *Réponses aux exercices*

**CHAPTER 1: At the airport**

**1.**
1. autobus
2. service
3. autobus (autocars)
4. partent

**2.**
1. aérogare
2. vols
3. aérogare
4. intérieurs
5. aérogare

**3.**
1. comptoir
2. queue
3. billet
4. agent
5. vol
6. passeport
7. visa

**4.**
1. international
2. comptoir
3. passeport, visa
4. siège, non-fumeurs
5. rangée, non-fumeurs
6. bagages à main(s), bagages de cabine, mallette
7. étiquette
8. carte d'embarquement (carte d'accès à bord)
9. vol, destination, siège, rangée, cabine, non-fumeurs
10. talon (bulletin, ticket), réclamer
11. magasin hors-taxes
12. kiosque à journaux
13. sac de plastique, fermeture
14. ordonnance, vente libre

**5.**
1. Elle est au comptoir de la compagnie d'aviation (de la ligne aérienne).
2. Elle parle avec l'agent.
3. Elle donne son billet et son passeport à l'agent.
4. Elle veut un siège côté couloir dans la section non-fumeurs.
5. Elle a deux valises.
6. Oui, elle a des bagages à main.

7. Elle porte une mallette.
8. Oui, elle peut mettre sa mallette sous le siège.
9. L'agent lui donne sa carte d'embarquement (carte d'accès à bord).
10. Son numéro de vol est le 576.
11. Elle va à Paris.
12. Elle a le siège 4C.
13. Le siège donne sur l'allée (est côté couloir).
14. Elle a deux valises à faire enregistrer.
15. Elle peut réclamer ses bagages à Paris.

**6.**
1. *b*
2. *b*
3. *a*
4. *c*
5. *c*

**7.**
1. La compagnie d'aviation (la ligne aérienne)
2. départ
3. vol
4. à destination de
5. contrôle de sécurité
6. contrôle de sécurité
7. départ
8. porte

**8.**
1. départ
2. destination
3. contrôle de sécurité
4. porte, huit

**9.**
1. arrivée
2. vol
3. en provenance de

**10.**
1. le départ
2. en provenance de
3. le débarquement

**11.**
1. manqué (raté)
2. vol
3. complet
4. libres
5. tarif
6. supplément

7. endosser
8. arrêt (escale)
9. annuler

12. 1. terminaux (aérogares), vols, intérieurs
2. agent, comptoir, d'aviation
3. billet, passeport
4. bagages
5. bagages (valises), talon (bulletin, ticket)
6. mallette, main(s), sous, compartiment à bagages
7. couloir, section
8. complet, libres
9. carte d'embarquement, siège, rangée
10. escale, changer
11. départ, destination de
12. porte

13. 1. Elle arrive à l'aéroport.
2. Il y a trois terminaux à l'aéroport.
3. Il y a deux terminaux pour les vols internationaux et un terminal pour les vols intérieurs.
4. Elle va au comptoir de la compagnie d'aviation.
5. L'agent veut voir son billet et son passeport.
6. Elle a deux valises à enregistrer.
7. L'agent met les valises sur la balance.
8. Elle peut réclamer ses bagages à Paris.
9. Elle porte une mallette à bord.
10. Elle doit mettre ses bagages à main(s) sous le siège devant elle ou dans le compartiment à bagages au-dessus d'elle.
11. Oui, elle a une place réservée.
12. Il n'y a pas de problème parce que l'avion n'est pas complet et qu'il y a beaucoup de places libres.
13. Elle a le siège C dans la rangée 25.
14. Il faut passer par la porte numéro six.
15. Non, il y a une escale à Lyon.

14. 1. vol
2. destination de
3. escale
4. changer
5. siège
6. rangée
7. couloir
8. fumeurs

15. Answers will vary.

## CHAPTER 2: On the airplane

1. 1. équipage
2. agents de bord (hôtesses de l'air, stewards)

3. arrière, avant
4. arrière
5. cabine de pilotage (l'habitacle)
6. sécurité
7. décolle
8. atterrit

2. 1. équipage
2. bienvenue
3. décoller
4. durée de vol
5. approximativement
6. altitude
7. vitesse

3. 1. S'il y a un changement de pression de l'air dans l'avion, un masque à oxygène tombera.
2. Il y a deux sorties de secours dans le compartiment avant, deux dans le compartiment arrière et quatre sur les ailes.
3. Les gilets de sauvetage sont sous les sièges.
4. On peut gonfler les gilets de sauvetage sur l'ordre de l'équipage en cas d'amerrissage.
5. Il faut tirer sur le tuyau.
6. Le coussin du siège peut servir de bouée de sauvetage.

4. 1. décollage
2. atterrissage
3. assis
4. ceinture de sécurité
5. attachée
6. durée
7. turbulences
8. se produire

5. 1. section non-fumeurs, couloirs (allées), toilettes
2. Défense de fumer
3. consigne lumineuse, atterrissage

6. 1. couloirs (allées)
2. sous
3. siège
4. compartiments à bagages (coffres de rangement)
5. décollage
6. atterrissage
7. dossier (dos)
8. position
9. tablette

7. 1. repas
2. petit déjeuner
3. canaux
4. film
5. écouteurs

6. loués
7. couverture
8. oreiller

**8.**
1. couverture
2. oreiller
3. mal
4. sac
5. boissons
6. gratuites

**9.**
1. compartiments (cabines), avant, classe, compartiment, économique (touriste)
2. cartes d'embarquement
3. masque à oxygène
4. bagages à main, compartiments à bagages (coffres de rangement)
5. décollage, atterrissage
6. consigne lumineuse
7. dossier (dos), position, décollage, atterrissage
8. ceinture de sécurité
9. boissons, repas
10. écouteur, louer, prix

**10.**
1. *e, j*
2. *i*
3. *f*
4. *b*
5. *a*
6. *j*
7. *c*
8. *l*
9. *d, h*
10. *k*

**11.**
1. Les agents de bord souhaitent la bienvenue aux passagers et ils ramassent les cartes d'embarquement.
2. Il y a deux compartiments.
3. Les passagers doivent apprendre à utiliser les masques à oxygène et les gilets de sauvetage.
4. On doit mettre les bagages à main(s) sous le siège devant le passager ou dans les compartiments à bagages.
5. Il est défendu de fumer dans la section non-fumeurs, dans les toilettes et dans les couloirs (allées).
6. Ils doivent cesser de fumer; ils doivent mettre le dossier (dos) du siège dans la position verticale; ils doivent attacher leur ceinture de sécurité et redresser la tablette.
7. C'est une bonne idée de garder la ceinture de sécurité attachée pendant toute la durée du vol parce qu'on ne sait jamais quand des turbulences pourraient se produire.

8. Les agents de bord offrent des boissons et un repas aux passagers.
9. Ils offrent aussi des écouteurs, des couvertures et des oreillers.
10. Le pilote annonce la durée approximative du vol, l'itinéraire du vol, l'altitude et la vitesse de l'avion.

**12.** Answers will vary.

## CHAPTER 3: Passport control and customs; Baggage pick-up

**1.**
1. contrôle
2. passeport (visa, carte de touriste)
3. voici
4. comptez
5. une semaine (un mois, etc.)
6. séjour
7. affaires
8. touristique
9. affaires

**2.**
1. déclarer, flèche, flèche rouge
2. déclarer, droits (frais)
3. douanier, déclaration
4. effets

**3.**
1. chariots à bagages
2. bande
3. consigne
4. agence de location

**4.** Answers will vary.

## CHAPTER 4: At the train station

**1.**
1. dessert
2. départs, arrivées
3. obligatoires
4. billets
5. tableau des horaires
6. lignes de banlieue

**2.**
1. guichet
2. billet
3. billet aller-retour
4. billet aller (billet simple, aller-simple)

**3.**
1. billet
2. billet aller (billet simple, aller-simple)
3. billet aller-retour

**4.**
1. guichet
2. supplément
3. heures de pointe
4. omnibus
5. prix (tarif)
6. fériés
7. roule (circule, part) en semaine
8. dimanches
9. jours
10. rapide (express)
11. aller-retour
12. deuxième
13. Deuxième

**5.**
1. Le train pour Lyon devait partir à 15 h 30.
2. Non, il ne part pas à l'heure.
3. Le train va partir à 16 heures.
4. Oui, il y a un retard de trente minutes.
5. Le train a trente minutes de retard.
6. Les passagers attendent le train dans la salle d'attente.

**6.**
1. heure
2. retard
3. trente
4. de retard
5. salle d'attente

**7.**
1. bagages
2. porteur
3. déposer (mettre), consigne
4. bulletin de consigne
5. remettre, retirer

**8.**
1. bagages (valises)
2. porteur
3. porteur
4. déposer (mettre)
5. consigne
6. bulletin de consigne
7. remettre
8. retirer

**9.**
1. quai
2. place
3. compartiment, wagon
4. fumeurs
5. inclinables
6. repliable

**10.**
1. quai
2. composter, composteur
3. compartiments, sièges
4. wagon (voiture)
5. couloirs, couloirs

**11.**
1. contrôleur
2. wagon-lit, couchettes
3. wagon-restaurant (voiture-restaurant), wagon grill-express
4. supérieure, au milieu, inférieure

**12.**
1. F
2. F
3. F
4. F
5. F
6. T
7. F

**13.**
1. Mme Moulin va à la gare en taxi.
2. Elle a quatre valises.
3. Elle appelle un porteur.
4. Non, le train ne va pas partir à l'heure. Il a une heure et demie de retard.
5. Elle met ses valises à la consigne.
6. Elle achète son billet au guichet.
7. Elle achète un billet aller-retour en première classe.
8. Elle va voyager dans un train express.
9. Elle donne son bulletin de consigne à l'employé pour retirer ses bagages.
10. Le porteur apporte les valises sur le quai.
11. Avant de monter dans le train, elle composte son billet.
12. Elle cherche la voiture numéro 10.
13. Elle a le siège numéro six.
14. Elle n'a pas réservé de wagon-lit parce que le voyage n'est pas long.
15. Elle va manger dans le wagon-restaurant.

**14.**
1. *f*
2. *g*
3. *n*
4. *j*
5. *b*
6. *l*
7. *m*
8. *a*
9. *k*
10. *h*
11. *c*
12. *e*
13. *d*
14. *i*

**15.**
1. La SNCF est responsable du réseau ferroviaire en France.
2. Les grandes lignes desservent les grandes villes de la France et de l'Europe.

3. Les lignes les plus importantes partent de Paris.

4. Le TGV circule à une vitesse de 300 km/h.

5. Le TGV Nord dessert l'Eurotunnel.

6. On peut trouver les horaires de la SNCF dans les gares.

7. Non, les trains ne circulent pas tous les jours. Il y a des trains qui circulent seulement les dimanches, d'autres qui circulent tous les jours sauf samedi, dimanche ou fêtes, etc.

8. On peut faire des réservations par téléphone, par Minitel et aux bureaux de la SNCF en ville et à la gare.

9. Si l'on veut voyager par le TGV, il faut acheter une réservation et un billet.

10. Le TGV Est roule à une vitesse de 320 kilomètres à l'heure.

11. Les tarifs peuvent consister en quatre parties; le coût du voyage, un tarif de réservation, un supplément pour les heures de pointe et un supplément de gare.

12. La période bleue offre des prix avantageux et un voyage plus confortable.

13. Il y a des couchettes ou des voitures-lit dans les trains qui circulent la nuit.

14. Non, les trains en France ne sont pas souvent en retard. Ils sont presque toujours à l'heure.

**16.** Answers will vary.

**17.** Answers will vary.

**18.** Answers will vary.

## CHAPTER 5: The automobile

**1.**
1. louer
2. jour (semaine), par semaine (jour)
3. par, par
4. kilométrage, compris
5. l'essence
6. permis de conduire
7. assurance tous risques
8. carte verte
9. kilométrage illimité
10. montant de la caution

**2.**
1. louer
2. grande (petite)
3. prix
4. location
5. semaine
6. kilométrage
7. comprise
8. assurance tous risques

9. permis de conduire
10. dépôt
11. crédit
12. carte de crédit
13. carte grise
14. clés

**3.**
1. b
2. a
3. b
4. b
5. b
6. a
7. b
8. b
9. b
10. c
11. b

**4.**
1. changer de vitesses (passer les vitesses)
2. clignotants
3. boîte à gants
4. coffre

**5.** 2, 7, 6, 8, 5, 4

**6.**
1. réservoir, station-service
2. plein, litres
3. radiateur, batterie
4. pression, gonfler
5. pare-brise
6. niveau d'huile, freins
7. vidange, graissage
8. essence, plomb, plein
9. antigel

**7.**
1. panne
2. calé
3. démarrer
4. dépannage
5. essence
6. mécanicien

**8.**
1. cogne (tourne mal, a des ratés)
2. perd, chauffe
3. dépannage
4. rechange
5. réparer
6. démarrer
7. crevé
8. fuite
9. déchargée
10. mécanicien
11. usés
12. pincement
13. réglage

**9.**
1. code de la route
2. contravention
3. éthylotest (éthylomètre, analyseur d'haleine)
4. vous arrêter
5. doubler (dépasser)
6. ivre (soûl)
7. couloir (voie), clignotant
8. ralentir
9. bretelles d'accès
10. coller

**10.**
1. défense de doubler
2. stop (arrêt)
3. sens interdit
4. sens unique
5. défense de stationner
6. défense de tourner à gauche (virage à gauche interdit)
7. serrez à droite
8. passage pour piétons
9. dos d'âne
10. vitesse limite à 80 km/h

**11.**
1. horodateurs, pièces de monnaie
2. tableau de bord
3. stationner
4. contractuelle

**12.** Answers will vary.

**13.** Answers will vary.

**14.** Answers will vary.

## CHAPTER 6: Asking for directions

**1.**
1. égaré(e)
2. rue
3. loin
4. près
5. à pied
6. demi-tour
7. droit
8. rues
9. tournez
10. carrefour
11. feux (de circulation)

**2.**
1. loin
2. autobus
3. métro
4. à pied
5. arrêt
6. coin de rue
7. arrêt
8. ligne
9. Descendez

10. place des Invalides
11. conducteur
12. métro
13. correspondance

**3.**
1. les feux de circulation
2. la route à quatre voies
3. la voie (le couloir)
4. le péage (la barrière à péage)
5. l'autoroute à péage
6. la sortie
7. la bretelle d'accès (la voie d'approche, l'entrée)

**4.**
1. *f*
2. *g*
3. *i*
4. *c*
5. *h*
6. *a*
7. *d*
8. *b*
9. *e*

**5.** Answers will vary.

**6.** Answers will vary.

## CHAPTER 7: At the hotel

**1.**
1. lit
2. double (à deux lits, avec un grand lit)
3. lit, lits
4. donne, rue
5. mer
6. jardin
7. pension complète
8. service, taxes
9. demi-pension
10. chauffage, climatisée
11. salle de bains, douche
12. réservation, confirmation
13. retenu, acompte (dépôt-Canada)
14. réceptionniste (réceptionnaire)
15. ascenseur
16. complet, libres
17. fiche, inscription, passeport
18. chasseur (groom)
19. carte de crédit, comptant
20. service de blanchisserie (nettoyage)

**2.**
1. chambre
2. réservation
3. complet
4. chambres
5. grand
6. lits

7. jumeaux
8. donne
9. sur
10. rue (or other choice)
11. service
12. taxes
13. petit déjeuner
14. climatisée
15. salle de bains
16. remplissez
17. passeport
18. chasseur (groom)
19. ascenseur
20. coffre-fort

**3.**
1. *e*
2. *f*
3. *a*
4. *g*
5. *b*
6. *h*
7. *c*
8. *d*

**4.**
1. femme de chambre
2. nettoyage (blanchisserie)
3. faire
4. nettoyer (laver)
5. prise
6. couverture
7. un gant de toilette (une débarbouillette), serviette de bain (de douche)
8. glaçons
9. savon
10. aiguille, fil
11. cintres
12. papier hygiénique
13. oreiller (traversin), couverture, draps

**5.**
1. un lit
2. un oreiller
3. une couverture
4. un dessus de lit (un couvre-lit)
5. un cintre
6. le lavabo
7. les toilettes
8. une douche
9. une serviette (de bain, de douche)
10. un gant de toilette
11. la prise
12. le papier hygiénique
13. le bidet

**6.**
1. ampoule, grillée, interrupteur (le commutateur)
2. robinet

3. bouché
4. chaude
5. bouchon
6. chauffer
7. baisser
8. bruyante
9. sombre

**7.**
1. le lavabo
2. le robinet
3. le bouchon
4. les toilettes
5. la chasse d'eau
6. l'interrupteur (le commutateur)
7. une ampoule

**8.**
1. note
2. chambres
3. appels
4. note
5. service dans les chambres
6. cartes de crédit
7. carte

**9.**
1. réception, réceptionniste (réceptionnaire)
2. remplir, inscription, passeport
3. un lit, grand lit, lits jumeaux
4. service, taxes, petit déjeuner
5. donne sur
6. réservation, confirmation
7. libres, complet
8. chasseur (groom)
9. ascenseur
10. femme de chambre
11. serviettes, gants de toilette (débarbouillettes), papier hygiénique, savon, etc.
12. chauffées, climatisées
13. couverture, lit
14. cintres
15. nettoyage (blanchisserie)
16. service dans les chambres
17. quitter (libérer)
18. caisse
19. carte, crédit
20. standardiste
21. retenez
22. glaçons

**10.**
1. Non, la chambre donne sur la mer.
2. Oui, elle a un balcon.
3. La chambre a un grand lit (un lit double).
4. C'est une chambre pour deux personnes (une chambre double).
5. Oui, elle a une salle de bains privée.
6. Il y a une douche, un lavabo, une serviette, etc. dans la salle de bains.

7. La chambre contient un climatiseur.
8. Elle a du chauffage.

**11.**  1. F  Les gens sont à la réception.
2. F  Ils entrent dans (à) l'hôtel.
3. F  Ils parlent au réceptionniste.
4. F  L'homme remplit une fiche d'inscription.
5. T
6. F  La femme a un passeport et une carte de crédit à la main.

**12.**  1. C'est une chambre simple (à un lit).
2. Il y a un oreiller et une couverture sur le lit.
3. La femme de chambre travaille dans la chambre.
4. Elle fait la chambre.
5. Il y a des cintres dans l'armoire.
6. Oui, le lavabo est dans la même pièce que la douche.
7. Oui, il y a une douche dans la salle de bains.
8. Il y a deux serviettes.
9. Il y a un rouleau de papier hygiénique.

**13.**  Answers will vary.

## CHAPTER 8: At the bank

**1.**  1. argent
2. en
3. frais
4. banque
5. taux de change (cours du change, cours des devises)

**2.**  1. changer
2. chèques de voyage
3. liquide
4. le
5. hausse
6. caisse

**3.**  1. liquide
2. toucher (encaisser) un chèque

**4.**  1. monnaie
2. billets

**5.**  1. dollars
2. taux de change (cours du change, cours des devises)
3. le
4. caisse
5. billets
6. monnaie
7. billets
8. monnaie

9. monnaie
10. pièces

**6.**  1. compte d'épargne
2. déposer
3. dépôt (versement)
4. toucher
5. intérêts
6. bulletin de versement (bordereau de dépôt)
7. caisse
8. livret
9. caissier
10. économiser (épargner)
11. retirer
12. relevé

**7.**  1. solde
2. carnet de chèques
3. toucher (encaisser), compte-chèques
4. endosser
5. distributeurs automatiques de billets
6. carte bleue, confidentiel
7. chèque en bois (chèque sans provision)
8. barrer

**8.**  1. versements échelonnés
2. comptant
3. versement initial
4. faire un emprunt
5. taux d'intérêt
6. mensuels
7. échéance

**9.**  1. *b*
2. *m*
3. *u*
4. *l*
5. *a*
6. *d*
7. *g*
8. *j*
9. *r*
10. *c*
11. *q*
12. *f*
13. *w*
14. *s*
15. *p*
16. *h*
17. *o*

**10.**  1. changer
2. déposer
3. toucher (encaisser)
4. endosser
5. changer
6. faire

7. paie
8. faire
9. faire
10. touche
11. barre
12. remplis

**11.**
1. à, le
2. le
3. à (de), pour
4. en
5. à
6. le
7. en

**12.** Answers will vary.

**13.** Answers will vary.

**14.** Answers will vary.

## CHAPTER 9: At the post office

**1.**
1. boîte aux (à) lettres
2. poste
3. affranchissement
4. timbres
5. timbres
6. poste
7. distributeurs automatiques

**2.**
1. bureau
2. affranchir
3. affranchissement
4. avion
5. Par avion
6. affranchissement
7. timbre
8. recommandé

**3.**
1. L'affranchissement est de 0,90 (quatre-vingt-dix centimes).
2. On va envoyer la lettre par avion.
3. L'adresse du destinataire est: 45 West 94th Street, New York, New York 10025.
4. Le code postal est 10025.
5. L'adresse de l'expéditeur est: 15, rue de Prony, 75017 Paris, France.
6. Il y a trois timbres sur l'enveloppe.

**4.**
1. colis (paquet), pèse, balance
2. assurer (envoyer en valeur déclarée)
3. remplir une déclaration
4. avion, bateau, prendre, affranchissement

**5.**
1. poste
2. facteur
3. distribue
4. courrier
5. mandat
6. télégramme

**6.** Answers will vary.

**7.** Answers will vary.

## CHAPTER 10: A telephone call

**1.**
1. mobile (cellulaire)
2. appareil (poste) mains libres
3. répondeur
4. appareils (postes) à clavier (à touches)
5. sans fil

**2.**
1. coup
2. numéro
3. annuaire du téléphone (des téléphones)
4. communication locale
5. composer (faire)
6. décroche
7. tonalité
8. numéro
9. cadran (clavier)
10. sonne
11. raccroche
12. ligne
13. occupée

**3.**
1. communication interurbaine (internationale)
2. opératrice
3. indicatif régional, numéro, chiffres
4. PCV, à frais virés, virer
5. préavis, personne, personne
6. communication
7. indicatif, quittez (coupez, raccrochez)
8. numéros verts, frais, service 800
9. l'indicatif du pays, l'indicatif de zone (l'indicatif de ville)
10. facturer

**4.**
1. télécarte, pièces
2. introduire, écran, solde
3. composer
4. bouton
5. épuisée

**5.**
1. cabine
2. coup
3. téléphonique

4. décrocher
5. télécarte
6. récepteur (combiné)
7. télécarte
8. fente
9. tonalité
10. fais (compose)
11. appuie
12. bouton

**6.**
1. (name)
2. de la part de qui
3. De la part de (name)
4. moment (instant)
5. n'est pas ici pour le moment
6. lui laisser un message

**7.**
1. tonalité
2. fonctionne, en panne
3. défectueuse
4. occupée
5. trompé(e)
6. poste
7. rappeler
8. nous a coupé la ligne
9. standardiste (téléphoniste)
10. parasites

**8.**
1. La ligne était occupée.
2. Personne n'a répondu.
3. L'opératrice (la téléphoniste) s'est trompée de numéro.
4. On leur a coupé la ligne.

**9.** 4, 1, 5, 3, 6, 7, 2

**10.**
1. fonctionne
2. occupée
3. opératrice, téléphone
4. message
5. trompé(e)

**11.**
1. La dame va faire un appel avec préavis.
2. Il n'est pas nécessaire d'appeler le service des renseignements (l'assistance-annuaire) parce que la dame sait déjà le numéro.
3. Elle ne peut pas téléphoner directement parce qu'elle va faire un appel avec préavis.
4. Elle décroche le récepteur.
5. Elle attend la tonalité.
6. Elle compose le numéro 00, puis le 33, puis l'indicatif du pays (1).
7. L'opératrice (la téléphoniste) répond.
8. Elle veut obtenir le numéro (613) 879-3354.
9. L'indicatif régional est le 613.
10. Elle ne peut pas parler avec son amie parce que la ligne est occupée.

11. Elle ne peut pas parler avec son amie la deuxième fois qu'elle appelle parce que personne ne répond.
12. Oui, quelqu'un répond la troisième fois.
13. Non, ce n'est pas son amie.
14. L'opératrice (la téléphoniste) s'est trompée de numéro.
15. Oui, son amie répond la quatrième fois.
16. Oui, les deux amies parlent au téléphone.
17. Elles ne peuvent pas terminer la conversation parce qu'on leur a coupé la ligne.

**12.** Answers will vary.

**13.** Answers will vary.

**14.** Answers will vary.

**15.** Answers will vary.

## CHAPTER 11: At the hairdresser's

**1.**
1. coupe, faire couper
2. rafraîchir
3. shampooing
4. barbe, moustache
5. tailler
6. coupez
7. ciseaux, rasoir, tondeuse
8. côtés
9. raie
10. secs

**2.**
1. sur les côtés
2. la moustache
3. gras
4. la raie à gauche

**3.**
1. *c*
2. *e*
3. *a*
4. *b*
5. *d*
6. *f*

**4.**
1. shampooing
2. mise en plis
3. coupe
4. couleur
5. vernis à ongles

**5.**
1. frisés
2. gras
3. claire

**6.**
1. les tresses
2. les cheveux bouclés
3. une queue de cheval (une queue écourtée)
4. un chignon
5. les cheveux frisés

**7.**
1. peigne, brosse à cheveux
2. lisseur (fer à raidir)
3. chignon, épingles à cheveux
4. sèche-cheveux (séchoir)
5. rouleaux, fer à friser

**8.** Answers will vary.

## CHAPTER 12: At the dry cleaner's or laundry

**1.**
1. rétrécir, nettoyer à sec, teinturerie
2. sale, repasser
3. amidon
4. doublure, déchirée, recoudre (réparer)
5. raccommoder (tisser, réparer)
6. manque, remplacer
7. disparaître, tache
8. repriser
9. prêt

**2.**
1. laver
2. repasser
3. amidonnée
4. tache
5. rétrécir
6. nettoyer à sec
7. prêt

**3.** Answers will vary.

## CHAPTER 13: At the restaurant

**1.**
1. réservé, table
2. élégant
3. élégants (chers), ordinaires
4. terrasse
5. non-fumeurs

**2.**
1. réservation
2. réservé
3. table
4. nom
5. (any name)
6. coin

7. dehors
8. terrasse
9. apéritif

**3.**
1. garçon
2. apéritif
3. carte
4. menu

**4.**
1. C'est un restaurant élégant.
2. Il y a quatre personnes à table.
3. La table se trouve dans le coin.
4. Un (Le) garçon les sert.
5. Le garçon a la carte (le menu) à la main.

**5.**
1. menu du jour
2. mets (plats)
3. plats
4. entrée
5. plat principal
6. carte des vins
7. suggérer
8. plats végétariens
9. plats diabétiques

**6.**
1. grillé au charbon de bois
2. au jus
3. au four
4. en ragoût
5. rôtie
6. hachée
7. sautée

**7.**
1. un bifteck (un steak, une entrecôte)
2. une côtelette d'agneau
3. une côte de bœuf
4. un ragoût (de bœuf)
5. une côtelette de veau (une escalope de veau)

**8.**
1. saignante (bleue)
2. bien cuite
3. bifteck
4. agneau
5. veau (porc)
6. ragoût
7. poulet
8. poulet
9. poitrines (ailes)

**9.**
1. boulli
2. à l'étuvée (à l'étouffée)
3. sauté
4. frit
5. pané

6. grillé
7. poché

**10.**
1. salière, poivrière, sucre
2. fourchette, couteau, cuiller (cuillère), cuiller à soupe
3. salée
4. dure
5. tachée
6. aigre
7. sucrée
8. assiette à beurre

**11.**
1. une assiette
2. un couteau
3. une fourchette
4. une cuiller (cuillère) à café
5. une cuiller (cuillère) à soupe
6. une tasse
7. une soucoupe
8. un verre
9. un sucrier
10. une salière
11. une poivrière
12. un cendrier

**12.**
1. addition
2. compris
3. pourboire
4. cartes de crédit

**13.**
1. restaurant
2. coin
3. réservation
4. terrasse
5. apéritif
6. garçon
7. à prix fixe
8. plats

**14.**
1. Il manquait un verre, une cuiller à soupe, une petite cuiller, une fourchette, un couteau et une serviette.
2. Ils ont commandé une bouteille de vin blanc.
3. Le repas était délicieux.
4. On prépare bien et les poissons et les crustacés et les viandes et la volaille.
5. Tout le monde a commandé un café express après le repas.
6. Oui, le service était compris.
7. Les amis ont laissé un pourboire sur la table parce que le service avait été bon.

**15.** Answers will vary.

**16.** Answers will vary.

**17.** Answers will vary.

## CHAPTER 14: Shopping for food

**1.**
1. pâtisserie
2. boucherie
3. fruitier
4. crémerie
5. poissonnerie
6. boulangerie
7. charcuterie
8. épicerie
9. confiserie
10. marchand de légumes

**2.**
1. à la boucherie (chez le boucher, chez la bouchère)
2. à la pâtisserie (chez le pâtissier, chez la pâtissière)
3. à la fruiterie (chez le fruitier, chez la fruitière)
4. à la poissonnerie (chez le poissonnier, chez la poissonnière)
5. à la crémerie (chez le crémier, chez la crémière)
6. à la boulangerie (chez le boulanger, chez la boulangère)
7. à la fruiterie (chez le fruitier, chez la fruitière, chez le marchand de légumes, chez le primeur)
8. à la charcuterie (chez le charcutier, chez la charcutière)
9. à la boucherie (chez le boucher, chez la bouchère)
10. à la crémerie (chez le crémier, chez la crémière)
11. à la boucherie (chez le boucher, chez la bouchère)
12. à la crémerie (chez le crémier, chez la crémière)
13. à la crémerie (chez le crémier, chez la crémière)
14. au magasin de vins et spiritueux (chez le marchand de vin)

**3.**
1. charcutier
2. boulangère
3. poissonnier
4. crémière
5. boucher
6. pâtissière

7. fromager
8. confisière

**4.** 1. épicerie
2. supermarché
3. hypermarché

**5.** 1. combien
2. pied
3. gâtées
4. fraîches (mûres, bonnes)
5. fraîches (bonnes)
6. kilo
7. demi
8. sac

**6.** 1. *a*
2. *b*
3. *c*
4. *c*
5. *a*
6. *b*
7. *c*
8. *a*
9. *b*
10. *b*
11. *c*
12. *b*

**7.** 1. surgelé (congelé, avancé)
2. sacs
3. rendre
4. envelopper
5. conserve
6. avarié
7. gâtées
8. au régime
9. basses-calories
10. faux, faux
11. faible en matières grasses
12. rassi
13. rancit
14. biologiques

**8.** 1. kilo
2. grappe
3. pied
4. boîte (un paquet)
5. bouteille
6. paquet
7. tranches
8. botte
9. douzaine

10. morceaux
11. bouteille
12. paquet
13. paquet
14. pot
15. bouteille
16. rouleau
17. sachets
18. pot
19. bouquet
20. sac (boîte, paquet)

**9.** Answers will vary.

**10.** Answers will vary.

**11.** Answers will vary.

## CHAPTER 15: At the shoe store

**1.** 1. Ce sont des chaussures.
2. Les chaussures ont des semelles de caoutchouc.
3. Les talons sont bas.
4. Non, les souliers n'ont pas de lacets.

**2.** 1. chaussures (souliers)
2. pointure
3. chausse
4. talons
5. talons
6. talons hauts
7. ronds
8. cuir (chevreau, veau, etc.)
9. vont
10. mal
11. pieds (orteils)
12. étroite
13. ressemeler
14. lacets

**3.** Answers will vary.

## CHAPTER 16: At the clothing store

**1.** 1. une chemise sport
2. des caleçons
3. un costume (un complet)
4. un imperméable (un imper) avec doublure amovible
5. un gilet
6. un blouson

7. un nœud papillon
8. un foulard
9. des boutons de manchettes
10. des bretelles
11. une veste croisée
12. un maillot de corps

**2.**    Answers will vary.

**3.** 
1. à gros carreaux
2. imprimée
3. à rayures (rayée)
4. à manches longues, manchettes
5. à (avec) revers
6. à petits carreaux

**4.**
1. aider
2. synthétique
3. flanelle (laine)
4. laine (flanelle)
5. infroissable
6. taille
7. taille
8. manches
9. manches
10. rayures
11. rayures
12. carreaux
13. complet (costume)
14. cravate

**5.**
1. *c*
2. *c*
3. *b*
4. *d*

**6.**
1. carreaux
2. fermeture éclair
3. chapeau
4. imperméable (imper)
5. caleçons (slips, culottes), maillots de corps
6. chaussettes
7. mesures
8. synthétique
9. va
10. serré

**7.**
1. un collant (des collants; des bas-culottes)
2. une combinaison (un jupon)
3. une blouse (un chemisier)
4. une robe de chambre
5. une robe du soir
6. un ensemble pantalon (un complet pantalon, un tailleur pantalon)
7. une ceinture
8. un pull

9. un sac à main
10. un manteau
11. une jupe
12. un tricot (un pull)

**8.**    Answers will vary.

**9.**
1. col
2. manches
3. nœud
4. à rayures
5. à pois
6. châle
7. à pinces, fuselé
8. plissée

**10.**
1. *b*
2. *a*
3. *a*
4. *b*
5. *a*
6. *a*
7. *a*
8. *b*

**11.**
1. slips (culottes, bas, jarretelles), jupon (demi-jupon, collant, soutien-gorge), combinaison (gaine), collants (bas, bas-culottes)
2. mélange
3. carreaux
4. mesures
5. bord
6. lavables
7. boutiques
8. prêt-à-porter
9. retouches
10. garde-robe, indémodable

**12.**    Answers will vary.

**13.**    Answers will vary.

**14.**    Answers will vary.

## CHAPTER 17: At the jeweler's

**1.**
1. cassé
2. le verre (bracelet, ressort)
3. chaîne (breloque, griffe, etc.)
4. remplacer
5. pierre
6. percées

**2.**
1. avance
2. retarde
3. arrêtée
4. bague
5. collier (pendentif)
6. épingle de cravate
7. bracelet
8. or, argent, etc.

**3.** Answers will vary.

**4.** Answers will vary.

## CHAPTER 18: At the optician's

**1.**
1. myope
2. lentilles (verres) de contact
3. souples
4. presbyte
5. monture (branche)

**2.** Answers will vary.

## CHAPTER 19: At the electronic equipment store

**1.**
1. radio-réveil
2. lecteur de DVD
3. haut-parleurs
4. casque d'écoute
5. poste de radio, téléviseur
6. disques compacts (disques audionumériques)
7. plat

**2.** Answers will vary.

**3.** Answers will vary.

## CHAPTER 20: The computer

**1.**
1. imprimante
2. mémoire morte, mémoire vive (either order)
3. clavier
4. housse de protection
5. disque compact, lecteur de CD
6. souris
7. télécopieur
8. logiciel, traitement de texte
9. caractères gras, caractères en italique(s)
10. lecteur
11. tableaux (tableurs)
12. informaticien (informaticienne)
13. Toile
14. sites

15. ludiciel
16. enregistrer, sauvegarder

**2.** Answers will vary.

## CHAPTER 21: At the stationer's

**1.**
1. crayon
2. stylo à bille
3. gomme
4. règle
5. punaises
6. trombones
7. ruban adhésif
8. fiches
9. papier à lettres
10. cahier (carnet)
11. agrafeuse
12. pot de colle
13. mines
14. taille-crayon
15. calculatrice de poche
16. massicot

**2.** Answers will vary.

## CHAPTER 22: At the bookstore

**1.**
1. journaux, cartes postales
2. guide des spectacles
3. cartes postales
4. dictionnaire, grammaire
5. romans, poésie, pièces
6. œuvres
7. d'occasion

**2.** Answers will vary.

**3.** Answers will vary.

## CHAPTER 23: At the hardware store

**1.**
1. scie
2. perceuse
3. marteau
4. tournevis
5. clef, pinces

**2.** Answers will vary.

## CHAPTER 24: At the camera store

**1.**
1. appareil photographique
2. couleur, blanc
3. flash

4. développement, compris
5. millimètres, poses
6. agrandir
7. tirages
8. capuchon
9. cellule
10. enrouleur
11. levier d'avancement
12. compte-poses
13. carte-mémoire

2. Answers will vary.

## CHAPTER 25: At the florist's

1.
1. roses (œillets, tulipes, etc.)
2. violettes
3. coquelicots (roses, tulipes, etc.)
4. pensées (pivoines, etc.)
5. œillets (lys, muguets, etc.)
6. pâquerettes (roses, etc.)

2. Answers will vary.

3. Answers will vary.

## CHAPTER 26: At the pharmacy

1.
1. rouge à lèvres, mascara, vernis à ongles, crayon à sourcils, coupe-ongles, lime, ongles, ciseaux à ongles
2. teinture d'iode, pansements
3. lotion solaire (crème solaire), huile solaire
4. lames de rasoir, crème (mousse), après-rasage, blaireau
5. anti-moustiques
6. brosse, pâte dentifrice, rince-bouche
7. sirop, pastilles

2. Answers will vary.

## CHAPTER 27: At the doctor's office

1.
1. malade
2. gorge
3. fièvre
4. frissons
5. enflées
6. toux
7. congestionné

8. rhume
9. grippe

2.
1. cabinet
2. rhume
3. grippe
4. gorge
5. respirer (avaler)
6. oreilles
7. bouche
8. gorge
9. enflées
10. Respirez (Inspirez)
11. soufflez (expirez)
12. Toussez
13. température
14. fièvre
15. allergique
16. manche
17. piqûre
18. ordonnance
19. pilules
20. grave

3.
1. rhume, fièvre, grippe
2. frissons
3. bouche, examine
4. manche
5. enrhumé(e)
6. nausées (vomissements)
7. se déshabiller, s'allonger
8. indigestion, intoxication alimentaire, virus intestinal
9. douleurs
10. prescrire

4. Answers will vary.

5. Answers will vary.

6.
1. tension artérielle
2. allergie, allergique
3. rougeole, oreillons, varicelle, maladies
4. asthme
5. organes vitaux
6. groupe sanguin
7. maladies mentales
8. foie, cœur, poumons, reins, intestins, estomac
9. souffert
10. poumons
11. analyses de sang
12. électrocardiogramme

13. estomac
14. radiographie

**7.**   2, 4, 5, 6, 8, 10, 11, 12

**8.**   1. jambe
2. radiographier
3. fracture
4. fracture compliquée
5. chirurgien
6. réduire
7. plâtre
8. béquilles

**9.**   1. la tête
2. la joue
3. la bouche
4. l'œil
5. le sourcil
6. l'oreille
7. le nez
8. le cou
9. la poitrine
10. l'estomac (le ventre)
11. le bras
12. la main
13. le doigt
14. la jambe
15. le pied
16. l'orteil
17. la cheville
18. le talon
19. l'épaule
20. la hanche

**10.**   1. plâtre, pansement
2. points de suture
3. tordu
4. bleu
5. perdez
6. démangeaisons
7. synovite
8. foulure

**11.**   Answers will vary.

**12.**   Answers will vary.

**13.**   1. pédiatre, pédiatrie
2. allergologiste (allergologue), allergologie
3. chirurgienne, chirurgie
4. gynécologue, gynécologie
5. gastro-entérologue, gastro-entérologie

6. psychiatre, psychiatrie
7. radiologue, radiologie
8. rhumatalogue, rhumatologie
9. dermatologue, dermatologie
10. ophtalmologue (ophtalmologiste), ophtalmologie

**14.**   Answers will vary.

## CHAPTER 28: At the hospital

**1.**   1. Le malade arrive à l'hôpital en ambulance.
2. Non, il ne peut pas marcher.
3. Il entre à l'hôpital sur un brancard (une civière).
4. Un infirmier lui tâte le pouls.
5. L'interne l'examine.
6. Il l'examine dans la salle des urgences.
7. Il a des douleurs abdominales.
8. Le médecin veut faire faire une radiographie de l'estomac / de l'abdomen.
9. On emmène le malade au service de radiologie.
10. Le technicien de radiologie / de laboratoire fait la radiographie.

**2.**   1. formulaire
2. formulaire
3. assurances
4. police
5. assuré(e)

**3.**   1. ambulance
2. brancard (une civière), fauteuil roulant
3. salle des urgences
4. pouls, tension artérielle
5. radiographie

**4.**   1. opération
2. opérer
3. salle d'opération
4. tranquillisant (calmant)
5. brancard
6. table d'opération
7. anesthésiste
8. anesthésique
9. chirurgien
10. d'une
11. enlève

**5.**   1. salle de récuperation (salle de repos)
2. oxygène

3. intraveineuses
4. pronostic
5. réanimation
6. soutien domicile

**6.**  1. enceinte
2. accoucher
3. travail
4. obstétricien(ne)
5. salle de délivrance (salle d'accouchement)

**7.**  1. douleurs
2. ambulance
3. brancard
4. salle des urgences
5. pouls, tension artérielle
6. symptômes
7. radiologie, radiographies
8. opérer
9. piqûre, tranquillisant
10. table d'opération
11. anesthésiste
12. chirurgien, appendicite
13. points de suture
14. salle de récupération
15. tuyaux d'oxygène
16. intraveineuses
17. pronostic

**8.**  Answers will vary.

**9.**  1. externes
2. imagerie cérébrale
3. scintigraphie, osseuse
4. chimiothérapie, radiothérapie
(any order)
5. allongé(e), haut-parleur
6. bouchons d'oreille
7. tissus mous
8. dentiers
9. ouverture

## CHAPTER 29: At the dentist's office

**1.**  1. dent
2. rendez-vous
3. dentiste
4. plombage
5. plomber
6. roulette
7. radiographie
8. carie
9. dent
10. insensibiliser

11. gencives
12. arracher

**2.**  Answers will vary.

## CHAPTER 30: The kitchen

**1.**  1. bouchon
2. évier
3. robinet
4. remplis
5. évier
6. détergent liquide
7. lavette
8. égouttoir
9. sécher
10. torchon
11. lave-vaisselle

**2.**  1. bouilloire électrique
2. four à micro-ondes
3. congélateur
4. mixer (robot de cuisine, robot culinaire)
5. cafetière électrique
6. grille-pain
7. réfrigérateur
8. cuisinière électrique

**3.**  1. un plat allant au four
2. une poêle (une sauteuse, une friteuse)
3. un moule à tarte
4. une marmite
5. un plat à biscuits
6. un bain-marie

**4.**  1. un couteau à découper
2. un épluche-légumes
3. un épluche-légumes (un couteau)
4. un fouet (un batteur)
5. une passoire
6. un tire-bouchon
7. un ouvre-boîte
8. un ouvre-bouteille(s) (un décapsuleur)
9. une râpe à fromage
10. un aiguise-couteaux

**5.**  1. couper, frire (sauter)
2. bouillir
3. frire
4. cuire, mener
5. peler
6. pocher
7. écumer
8. retirer
9. éteindre

10. poivrer
11. beurrer
12. casser
13. rôtir
14. griller
15. gratiner
16. pétrir, lever
17. battre
18. mariner

**6.**
1. faire cuire au four
2. faire frire
3. faire sauter
4. faire bouillir
5. faire rôtir le porc
6. faire fondre le beurre
7. éplucher les pommes de terre
8. peler (éplucher) les pommes
9. faire frémir le lait ou l'eau
10. faire mijoter (mitonner) le ragoût
11. paner le poisson ou la viande à l'anglaise
12. râper le fromage
13. macérer le thé
14. mariner le poisson
15. garnir un plat
16. décortiquer les noix
17. émietter le pain
18. écailler un poisson
19. écraser les noix
20. fouetter la crème
21. monter les blancs en neige

**7.**
1. Oui, il y a un lave-vaisselle dans la cuisine.
2. L'évier a un seul robinet.
3. Oui, il y a des assiettes sur l'égouttoir.
4. Oui, il y a un office à côté de la cuisine.
5. Oui, il y a des aliments dans les placards.
6. Il y a une cuisinière électrique.
7. Il y a deux fours.
8. Oui, il y a des glaçons dans le réfrigérateur.
9. Il y a des glaçons dans le congélateur du réfrigérateur.

**8.** Answers will vary.

**9.** Answers will vary.

## CHAPTER 31: The bathroom

**1.**
1. lavabo, savon
2. porte-savon
3. baignoire, douche
4. serviette
5. porte-serviettes
6. miroir

7. dentifrice, brosse à dents, porte-brosses à dents
8. bonnet de douche (de bain)
9. toilettes
10. sortie de bain (robe de chambre)

**2.**
1. un blaireau
2. un rasoir électrique
3. une serviette de bain
4. une brosse à dents
5. du dentifrice
6. un rideau de douche
7. une armoire (un placard) à pharmacie
8. du papier hygiénique
9. un tapis anti-dérapant
10. les carreaux (le carrelage)
11. un pèse-personne

**3.** Answers will vary.

## CHAPTER 32: The dining room

**1.**
1. sucrier
2. beurrier
3. salière
4. poivrière
5. saucière

**2.**
1. saladier
2. assiette à soupe, bol à consommé
3. plateau
4. chauffe-assiettes
5. louche

**3.**
1. une nappe
2. une assiette
3. un couteau
4. une cuiller (à café)
5. une cuiller à soupe
6. une fourchette
7. une serviette
8. un verre
9. une tasse
10. une soucoupe
11. un buffet
12. une assiette à soupe
13. un bol (une coupe)
14. des chandelles (des bougies)
15. un chandelier

You could use the definite articles **le, la, l'**, or **les** instead of the indefinite articles **un, une**, or **des**.

**4.** Answers will vary.

## CHAPTER 33: The living room and the family room

1. 1. rideaux, stores vénitiens, jalousies (voilages)
   2. étagères, bibliothèque
   3. cheminée, fauteuil
   4. canapé (sofa)
   5. cadre
   6. télévision, écoutons
   7. tapis
   8. fauteuil, canapé (sofa)
   9. journal, revue, CD
   10. reçois, invités

2. Answers will vary.

## CHAPTER 34: The bedroom

1. 1. table de chevet (table de nuit), réveille-matin
   2. grand
   3. oreillers, taies d'oreiller
   4. draps, couvertures, couvre-lit
   5. tiroirs
   6. cintres

2. un oreiller, une taie d'oreiller, des draps, une couverture, un couvre-lit, un dessus-de-lit (un couvre-lit)

3. Answers will vary.
   1. Je m'endors à . . . heures.
   2. Oui, je mets (Non, je ne mets pas) le réveille-matin avant de m'endormir.
   3. Je dors . . . heures chaque nuit.
   4. Oui, je m'endors (Non, je ne m'endors pas) tout de suite.
   5. Je me lève à . . . heures.
   6. Oui, je fais (Non, je ne fais pas) mon lit tout de suite.

## CHAPTER 35: Housework

1. 1. lavage
   2. machine à laver
   3. séchoir
   4. corde à linge
   5. repasser
   6. fer
   7. planche à repasser
   8. épousseter
   9. chiffon à épousseter
   10. balayer
   11. balai

12. aspirateur
13. cirer
14. ordures
15. poubelle (boîte à ordures)

2. 1. *d*
   2. *c*
   3. *g*
   4. *e*
   5. *h*
   6. *b*
   7. *a*
   8. *f*

3. 1. ordures
   2. ordures
   3. poubelle
   4. vide

4. 1. ampoule
   2. grillée
   3. grillée
   4. prise

5. 1. éteint
   2. sauté
   3. boîte à fusibles
   4. électricien(ne)

6. 1. vider
   2. bouchon
   3. plombier
   4. tuyaux (conduits)

7. Answers will vary.

## CHAPTER 36: At the theater

1. 1. théâtre
   2. comédie
   3. acteur, actrice
   4. vedette
   5. actes, scènes
   6. entracte
   7. rideau
   8. entre en scène
   9. spectacle
   10. rappels
   11. machinistes

2. 1. une tragédie
   2. une actrice
   3. au lever du rideau

**3.**
1. guichet
2. retenir (prendre)
3. places
4. places
5. spectacle
6. complet
7. places
8. orchestre
9. balcon
10. deuxième
11. balcon
12. entrée
13. billets
14. rangée
15. commence
16. lever

**4.**
1. Aujourd'hui, Martine est allée au guichet de réservations du théâtre.
2. Non, Marie-Claire et Martine (elles) ne vont pas au théâtre ce soir.
3. Elles ne vont pas au théâtre ce soir parce qu'il n'y avait plus de places (tout était complet).
4. Non, tout n'était pas complet pour le lendemain.
5. Martine a pris deux billets pour le lendemain.
6. Non, les places ne sont pas à l'orchestre. Elles ne sont pas à l'orchestre parce qu'il n'y avait plus de places à l'orchestre.
7. Les places sont dans la première rangée du premier balcon.
8. Marie-Claire (Elle) n'aime pas être au deuxième balcon parce que les places au deuxième balcon ne sont pas bonnes (parce que l'acoustique est mauvaise).
9. Elle préfère être à l'orchestre ou au premier balcon.

**5.**
1. On peut prendre des billets pour le théâtre au guichet.
2. L'ouvreuse montre les places aux spectateurs.
3. À l'entrée du théâtre, on peut laisser son manteau au vestiaire.
4. Le rideau se lève quand le spectacle commence.
5. Au théâtre, on entend mieux de l'orchestre.

**6.** Answers will vary.

## CHAPTER 37: At the movie theater

**1.**
1. joue (passe), film
2. tourné
3. doublé
4. places
5. écran
6. réalisateur
7. scénariste (dialoguiste)
8. cascadeur
9. preneur du son
10. trucages
11. vedette

**2.** Answers will vary.

## CHAPTER 38: Television

**1.**
1. présentateur
2. bulletin météorologique
3. publicité
4. causeries
5. télécommande
6. reportages sportifs

**2.** Answers will vary.

## CHAPTER 39: At a concert

**1.**
1. violon, violoncelle, harpe, alto
2. timbales, tambour, xylophone
3. trompette, flûte, hautbois
4. vent
5. cordes
6. batterie
7. chef d'orchestre
8. symphonies

**2.** Answers will vary.

## CHAPTER 40: Sports

**1.**
1. Il y a onze joueurs dans une équipe de football.
2. Deux équipes jouent dans un match de football.
3. Les joueurs jouent sur le terrain (au stade).
4. Le gardien de but garde la porte.
5. Les joueurs lancent le ballon avec les pieds.
6. Le gardien de but veut arrêter le ballon.
7. Oui, si un joueur marque un but, il gagne un point pour son équipe.
8. L'arbitre déclare une penalty (une faute, un coup de déloyal).
9. L'arbitre donne un coup de sifflet.
10. Oui, le score à la fin de la première période (à la mi-temps) est à égalité.
11. L'équipe B gagne le match.

**2.**
1. équipes
2. terrain
3. joueurs
4. envoi
5. lance
6. gardien de but
7. arrête
8. période
9. marqué (compté)
10. gagné

**3.**
1. la porte
2. le gardien de but
3. le ballon
4. l'arbitre
5. le sifflet
6. le tableau

**4.**
1. Le match de basket-ball se passe au gymnase.
2. Les Rouges et les Blancs jouent.
3. Pierre lance le ballon.
4. Il met le ballon dans le panier.
5. Non, il n'a pas manqué.
6. Oui, il marque un point.

**5.**
1. l'entraîneur
2. casques
3. but, score
4. punition, pénalité
5. ailier
6. passe
7. gardien de but, disque (palet)
8. disque (palet), bâton, patins, casques
9. arbitre
10. patinoire

**6.**
1. joueurs
2. buts
3. intérieur, extérieur
4. lanceur
5. frappeur
6. Mort!
7. terrain
8. bâton
9. abri des joueurs
10. arrêt-court
11. receveur
12. voltigeurs
13. triple but
14. circuit
15. coup sûr
16. balles
17. roulant
18. coup retenu

**7.**
1. joueurs, double
2. raquette, balles
3. court (terrain)
4. balle, filet
5. hors des limites (hors du terrain)
6. sert, renvoie
7. zéro

**8.**
1. station
2. alpin
3. de fond (de randonnée)
4. skis
5. bâtons
6. chaussures (bottes)
7. fixations
8. gants
9. mitaines
10. lunettes
11. pistes
12. débutants
13. remonte-pente

Answers for 4, 5, and 6, and 8 and 9 can be in any order.

**9.**
1. la brasse papillon
2. la nage indienne
3. le crawl
4. le dos crawlé
5. la planche

**10.** Answers will vary.

**11.** Answers will vary.

**12.**
1. appareils, ligne, raffermir (tonifier, fortifier), améliorer
2. marche, jogging, natation
3. haltères (lests, poids), bandaux, poignets (chevilles), chevilles (poignets)
4. vélo, appartement, bicyclette ergométrique
5. léotard, jambières, bandeau

**13.** Answers will vary.

## CHAPTER 41: The beach

**1.**
1. calme
2. mauvaise
3. marée descend
4. se brisent
5. courant
6. haute, basse

**2.**
1. parasol, lotion (crème) solaire
2. nager, prendre un bain
3. chaise, chaise-longue
4. long, bord
5. matelas gonflable (pneumatique)
6. pêche
7. maillot de bain (costume de bain)
8. piscine, salée
9. phare
10. gilet de sauvetage
11. sauveteur (garde-plage)

**3.**
1. Je vais nager.
2. Je vais me bronzer.
3. Je vais me baigner.
4. J'ai attrapé un coup de soleil.

**4.**
1. parasol
2. skis nautiques
3. chaise-longue
4. matelas gonflable (pneumatique)
5. aquaplane
6. bateau à moteur
7. tuba, palmes

## CHAPTER 42: Camping and fishing

**1.**
1. terrain
2. faire du camping
3. roulotte (remorque, caravane, autocaravane)
4. services
5. salles de bains
6. douches
7. toilettes
8. potable
Answers for 6 and 7 can be in either order.

**2.**
1. Il faut monter la tente.
2. Il faut enfoncer les piquets dans la terre.
3. Il faut utiliser un marteau pour enfoncer les piquets.

**3.**
1. poêle
2. réchaud de camping à gaz
3. feu de camp
4. pliantes
5. allumettes
6. sac à dos
7. bougies
8. canif
9. piles
10. trousse, soins médicaux (premiers soins)
11. matelas, hamac, sac de couchage
12. ouvre-boîte(s)
13. décapsuleur

14. hache
15. boussole

**4.**
1. Oui, c'est un terrain de camping officiel.
2. Oui, les roulottes sont stationnées à côté des tentes.
3. Le jeune homme monte une tente.
4. Il enfonce les piquets.
5. Il enfonce les piquets avec un marteau.
6. Le jeune homme prépare le dîner (le repas).
7. Il fait la cuisine dans une poêle.
8. Le jeune homme dort dans un sac de couchage.
9. Il y a un sac à dos à côté de son sac de couchage.
10. Il y a une hache, un marteau et un tournevis sur le sol.

**5.**
1. lampe de poche, bougies
2. poêle, feu de camp
3. sac à dos, thermos
4. lavette, torchon, tampons (poudre) à récurer

**6.**
1. pêche
2. canne
3. pêche
4. moulinet
5. lancer
6. ligne
7. appât
8. hameçon
9. vers (appâts)
10. boîte
11. appâts
12. hameçon
13. attrapé

**7.**
1. une canne à pêche
2. un moulinet
3. un ouvre-boîte(s)
4. un sac à dos
5. un sac de couchage
6. un tapis de sol
7. des allumettes
8. une boussole

**8.** Answers will vary.

## CHAPTER 43: The weather

**1.**
1. chaud, soleil
2. froid, neige
3. ensoleillé
4. nuages
5. frais

6. brouillard
7. éclairs, tonnerre
8. neige, neige, pleut
9. bruine

**2.**
1. orage
2. tempête de neige
3. orage
4. tempête
5. température

**3.** Answers will vary. Examples:
1. Il y a du soleil et des nuages.
2. Il fait beau. Il y a du soleil. Il fait chaud.
3. Il fait du vent. Il pleut. Il y a du tonnerre et des éclairs.
4. Il fait beau et il fait chaud.

**4.**
1. la neige
2. la pluie
3. le vent
4. humide
5. chaud
6. le froid
7. les nuages
8. la pluie
9. le soleil

**5.**
1. orage
2. ensoleillée
3. variable
4. agréable
5. dégèle

**6.**
1. F
2. T
3. T
4. T
5. F

**7.**
1. Non, il ne fait pas beau.
2. Les vents sont modérés.
3. Il va y avoir près de 5 cm de neige.
4. La probabilité de chutes de neige est de 90%.
5. La température maximum sera près de moins 1.
6. La température minimum sera près de moins 3.
7. Demain il va neiger et il va faire froid.
8. La perturbation vient de la frontière du Québec et de l'Ontario.
9. Elle sera près de Québec ce soir.
10. De la pluie et de la bruine précèdent ce système.
11. Non, il n'y aura pas beaucoup de neige.

12. Non, le ciel ne sera pas ensoleillé demain. Il sera nuageux.
13. Non, il ne fera pas chaud demain. Il fera froid.
14. Le temps sera très nuageux et brumeux le matin.
15. De belles éclaircies se développeront dans l'après-midi.
16. La température maximale prévue sera de 24°.

**8.** Answers will vary.

## CHAPTER 44: Education

**1.**
1. *d*
2. *a*
3. *f*
4. *b*
5. *c*
6. *e*
7. *g*
8. *h*

**2.**
1. école maternelle
2. école primaire (élémentaire)
3. élèves
4. l'institutrice (l'instituteur, le maître, la maîtresse)
5. donne
6. lecture
7. tableau (noir)

**3.**
1. Les personnes qui vont à l'école secondaire s'appellent les élèves.
2. Le professeur leur fait les cours.
3. Les élèves qui habitent à l'école s'appellent des pensionnaires (des internes).
4. Les élèves qui viennent à l'école chaque jour s'appellent des demi-pensionnaires (externes).
5. Les élèves portent leurs livres dans un cartable.
6. Ils mettent leurs livres dans leur casier quand ils n'en ont plus besoin.
7. Le programme d'études comprend beaucoup de matières.
8. Les élèves prennent des notes pendant que le professeur parle.
9. Ils écrivent leurs notes dans un cahier.
10. Ils écrivent avec un crayon (un stylo, un stylo à bille).
11. Les élèves veulent réussir aux examens.
12. Ils veulent avoir de bonnes notes.

**4.**
1. *a*
2. *a*
3. *b*

4. *a*
5. *a*

**5.**
1. Excellent
2. Très bien
3. Bien
4. Insuffisant

**6.**
1. collège (lycée)
2. cartable
3. notes
4. réussir

**7.**
1. les frais d'inscription et les frais de scolarité
2. s'immatriculer
3. la rentrée
4. une cité universitaire, une maison d'étudiants (une résidence des étudiants)
5. une bourse
6. avoir son doctorat
7. des cours magistraux
8. un auditeur libre
9. un diplôme
10. les facultés

**8.**
1. s'immatriculer
2. faculté
3. lettres
4. frais d'inscription
5. suivre
6. rentrée
7. conférence
8. obligatoire

**9.**
1. Oui, il faut s'immatriculer pour entrer à l'université.
2. Le baccalauréat est la condition préalable pour entrer à l'université.
3. Oui, les frais de scolarité sont élevés aux États-Unis.
4. Aux États-Unis, la rentrée des classes est début septembre.
5. Oui, les étudiants doivent se spécialiser dans une matière.
6. Oui, il est possible d'être auditeur libre de certains cours.

**10.**
1. la faculté de médecine
2. la faculté des lettres
3. la faculté de droit
4. la faculté des sciences
5. la faculté des sciences

**11.**
1. jardin d'enfants
2. école élémentaire
3. école secondaire, école polyvalente
4. diplôme d'études secondaires
5. diplôme d'études collégiales

**12.** Answers will vary.

**13.** Answers will vary.

## CHAPTER 45: Jobs and professions

**1.**
1. *f*
2. *j*
3. *h*
4. *i*
5. *a*
6. *c*
7. *b*
8. *g*
9. *k*
10. *d*
11. *e*

**2.**
1. artiste
2. douanier
3. infirmière (femme médecin, femme docteur; Canada: docteure)
4. facteur
5. agent de change (courtier en valeurs mobilières)
6. pompier
7. journaliste
8. programmeur (informaticien)
9. agent de police
10. musicienne
11. vétérinaire
12. savant
13. ouvrier agricole
14. plombier
15. femme agent immobilier (Canada: agente immobilière)

**3.**
1. *h*
2. *d*
3. *i*
4. *f*
5. *a*
6. *b*
7. *e*
8. *j*
9. *g*
10. *c*

**4.**   1. un chef de cuisine (une femme chef de cuisine), un garçon (une serveuse), etc.
2. un médecin (une femme médecin), un infirmier (une infirmière), un cuisinier (une cuisinière), un savant (une savante), un pharmacien (une pharmacienne), un masseur (une masseuse), etc.
3. un architecte (une architecte), un électricien (une électricienne), un plombier (une femme plombier), etc.
4. un ouvrier agricole (une ouvrière agricole)
5. un pilote (une pilote), une hôtesse de l'air, un steward
6. un savant (une savante), un chimiste (une chimiste), un ingénieur (une femme ingénieur)
7. un professeur (une femme professeur), un (une) bibliothécaire
8. un employé (une employée) de bureau, un(e) secrétaire

## CHAPTER 46: A job application

**1.**   1. emploi d'été
2. fait des heures supplémentaires
3. à temps partiel (à mi-temps)
4. lancer
5. aptitudes (compétences, capacités)
6. pose sa candidature, curriculum vitae
7. engager (embaucher)
8. mise à la porte

**2.**   Answers will vary.

**3.**   Answers will vary.

**4.**   Answers will vary.

## CHAPTER 47: Pay and benefits

**1.**   1. toucher, rémunération (rétribution)
2. augmentation de salaire
3. impôts
4. prestations
5. cotise à
6. assurance-chômage, en chômage
7. prélève les cotisations
8. retraite précoce (anticipée)
9. en grève, font la grève
10. horaire flottant (flexible, variable)
11. à, à
12. par, par

**2.**   1. bénéfice
2. honoraires
3. salaire
4. pension
5. traitement
6. solde
7. gages

**3.**   Answers will vary.

# Glossary: French–English
## Glossaire: français–anglais

The definitions of the words in the glossaries are limited to meanings used in the text. The glossaries contain most of the key words except for those in the appendices and in alphabetical lists such as parts of the body, jobs and professions, medical tests, etc. In these cases only the words in these lists that are also used elsewhere in the presentations or exercises are included here.

**à** to, in, at
**abat-jour** *m.* lamp shade
**abcès** *m.* abscess
**abdominal, -e** abdominal
  **douleurs abdominales** *f. pl.* abdominal upsets
  **faire des abdominaux (faire des abdom')** to do sit-ups
**abonné** *m.*, **abonnée** *f.* subscriber
**abordable** affordable
**abri** *m.* shelter
**accélérateur** *m.* accelerator
**accélération** *f.* acceleration
  **voie d'accélération** continuation of the access ramp
**accélerer** to accelerate
**accepter** to accept
**accessibilité** *f.* ease of use
**accessoire** *m.* accessory
**accord** *m.* agreement
  **d'accord** O.K., all right
**accouchement** *m.* delivery (baby)
  **salle d'accouchement** *f.* delivery room
**accoucher** to give birth
**achat** *m.* buying, purchase
**acheter** to buy
**acide** *m.* acid
  **acides de fruits** fruit acids
**acompte** *m.* deposit
  **faire un acompte** to make a down payment
  **payer par acomptes** to pay in installments
**acquis, -e** acquired
**acrylique** *m.* acrylic
**acte** *m.* act
**acteur** *m.* actor
**action** *f.* stock (company)
**actrice** *f.* actress

**actualités** *f. pl.* news
**addition** *f.* check, bill
**adresse** *f.* address
  **adresse du destinataire** address of addressee
  **adresse de l'expéditeur** sender's address
**s'adresser à** to talk to, to go to (information)
**adverse** opposing
**aérien, -ne** aerial
**aérobique** aerobic
**aérogare** *f.* (Canada) airline terminal
**aéroport** *m.* airport
**affaires** *f. pl.* business
  **femme d'affaires** businesswoman
  **homme d'affaires** businessman
**affiche** *f.* sign, notice
**afficher** to post (a sign)
**affranchir** to stamp (mail)
  **À combien faut-il affranchir cette lettre?** How much postage does this letter require?
**affranchissement** *m.* postage
**âge** *m.* age
  **traitement anti-âge** *m.* anti-age treatment
**agence** *f.* agency
  **agence de location de voitures** car rental agency
  **agence de placement** employment agency
**agent de bord** *m.* flight attendant
**agent de change** *m.* stockbroker
**agent de police** *m.* police officer
**agent de voyage** *m.* travel agent
**agneau** *m.* lamb
  **carré d'agneau** *m.* rack of lamb
  **côtelette d'agneau** *f.* lamb chop
  **gigot d'agneau** *m.* leg of lamb
**agrafe** *f.* staple
**agrafeuse** *f.* stapler
**agrandir** to enlarge

**agréable** nice, pleasant
**agricole** agricultural
**agriculteur** *m.* farmer
**agriculture** *f.* agriculture
**aide** *f.* aid, help
  **à l'aide de** with the help of
**aider** to help
  **Est-ce que je pourrais vous aider?** May I help you?
**aigre** sour
**aigue-marine** *f.* (*pl.* **aigues-marines**) aquamarine
**aiguille** *f.* needle
**aiguise-couteaux** *m.* knife sharpener
**aile** *f.* wing; fender (car)
**ailier** *m.* wing (hockey); end (football); winger (soccer)
**aimer** to like, to love
  **aimeriez-vous** would you like
**air** *m.* air
  **filtre à air** *m.* air filter (car)
  **mal de l'air** *m.* airsickness
  **pression de l'air** *f.* air pressure
  **avoir l'air** to seem, to appear, to look
**ajouter** to add
**alcool** *m.* alcohol
**alcoolisé, -e** alcoholic
**algèbre** *f.* algebra
**alimentaire** pertaining to food
**alimentation** *f.* food
  **intoxication alimentaire** *f.* food poisoning
**alimenter** to feed
  **alimenter par (voies) intraveineuses** to give intravenous feeding
**aliments** *m. pl.* food
**allée** *f.* aisle
  **qui donne sur l'allée** on the aisle (seat)
**allégé, -e** lightened
  **produit allégé** *m.* light product (food)
**allemand** *m.* German (language)
**aller** to go
  **billet aller-retour** *m.* round trip ticket
  **aller avec** to match, to go with (clothes)
  **aller bien** to fit; to go with; to feel well
**allergie** *f.* allergy
**allergique** allergic
**allongé, -e** stretched out
**allonger** to thin down (a sauce)
*s'*allonger to lie down
**allumage** *m.* timing (car)
**allumé, -e** illuminated, lit up
**allumer** to light; to turn on (oven)
**allumette** *f.* match

**alpinisme** *m.* mountain climbing
  **faire de l'alpinisme** to mountain climb, to go mountain climbing
**alternateur** *m.* alternator
**altitude** *f.* altitude
**alto** *m.* viola
**ambulance** *f.* ambulance
**améliorer** to improve
**amende** *f.* fine
**amerrissage** *m.* sea landing
**améthyste** *f.* amethyst
**amidon** *m.* starch
**amidonné, -e** starched
**amortissement** *m.* amortization, extinction (debt)
  **période d'amortissement** *f.* duration (mortgage)
**amortisseur** *m.* shock absorber
**amour** *m.* love; **amours** *f. pl.* loves
**amovible** removable
**amphithéâtre** *m.* (*colloq.* **amphi**) lecture hall (university)
**ample** big, loose (clothes)
**ampli-syntoniseur** *m.* tuner (of stereo system)
**ampli-tuner** *m.* (*pl.* **amplis-tuners**) tuner, amplifier-tuner, receiver (stereo)
**ampoule** *f.* light bulb; blister; capsule
  **ampoule de flash** flash bulb
  **L'ampoule est grillée.** The light bulb is burned out.
**amuse-gueule** *m.* appetizer, palate-teaser
**amygdalectomie** *f.* tonsilectomy
**amygdales** *f. pl.* tonsils
**an** *m.* year
  **avoir . . . ans** to be . . . years old
  **. . . dollars par an . . .** dollars a year
**analgésique** *m.* pain killer
**analyse** *f.* analysis
**anesthésie** *f.* anesthetic
  **anesthésie locale** local anesthetic
**anesthésique** *m.* anesthetic
**anesthésiste** *m. & f.* anesthesiologist
**angine** *f.* throat infection, strep throat
**anglais, -e** English
**anglais** *m.* English (language)
**angora** *m.* angora
**animal** *m.* (*pl.* **animaux**) animal
**année** *f.* year
  **être payé à l'année** to be paid yearly
**anniversaire** *m.* birthday
  **anniversaire de noce** wedding anniversary
**annonce** *f.* advertisement
  **petites annonces** classified ads

**annoncer** to announce

**annuaire** *m.* directory

  **annuaire du téléphone / des téléphones / téléphonique** telephone directory, phone book

  **assistance-annuaire** *f.* (Canada) directory assistance

**annuler** to cancel

**anorak** *m.* ski jacket

**antérieur, -e** former, previous

**antibiotique** *m.* antibiotic

**antidépresseur** *m.*, **antidépresseur neuroleptique** *m.* anti-depressant

**anti-dérapant, -e** non-skid

**antigel** *m.* antifreeze

**anti-moustiques** *m.* mosquito repellent

**antiseptique** *f.* antiseptic

**antisudorifique** *m.* (Canada) deodorant

**apéritif** *m.* apéritif, before-dinner drink

**apparaître** to appear

**appareil** *m.* telephone receiver, phone; camera; equipment (sports)

  **appareil sans fil (Canada: sans cordon)** cordless phone

  **appareil mains libres** speaker phone

  **appareil de nautilus** nautilus equipment

  **appareil photographique, appareil photo** camera

  **appareil photo numérique (digitale)** digital camera

  **appareil sonore** audio equipment

  **appareil à touches / à touches musicales / à clavier** touch tone phone

  **Qui est à l'appareil?** Who's calling?

**appât** *m.* bait

  **boîte d'appât** *f.* bait box, tackle box

**appel** *m.* call, phone call

  **appel à frais virés** (Canada) collect call

  **appel interurbain** long-distance call

  **appel local** local call

  **appel de numéro à numéro** (Canada) station-to-station call

  **appel en PCV (payable à l'arrivée)** collect call

  **appel de personne à personne** (Canada) person-to-person call

  **appel avec préavis (PAV)** person-to-person call

  **appel téléphonique** telephone call

**appeler** to call

**appendice** *m.* appendix

**appendicectomie** *f.* appendectomy

**appendicite** *f.* appendicitis

**appétit** *m.* appetite

  **Bon appétit!** Enjoy your meal!

**applaudir** to applaud

**appoint** *m.* exact money, exact change

  **faire l'appoint** to give exact change

**appointements** *m. pl.* remuneration (pay)

**apporter** to bring

**apprendre** to learn

**apprentissage** *m.* apprenticeship

**approprié, -e** appropriate

**approximativement** approximately

**appui(e)-tête** *m.* headrest

**appuyer (sur)** to lean on; to push (a button)

**après** after

**après-demain** *m.* the day after tomorrow

**aptitude** *f.* aptitude

**aquaplane** *m.* surfboard

**arachide** *f.* peanut

**arbitre** *m.* referee

**arête** *f.* fish bone

**argent** *m.* money; silver

  **argent liquide** money, cash

  **lamé argent** silver spangled

  **plaqué d'argent** silver plated

**armoire** *f.* closet, wardrobe

  **armoire à pharmacie** medicine cabinet

**arracher** to extract, to pull out

**arrêt** *m.* stop

  **au prochain arrêt** at the next stop

  **faire un arrêt** to make a stop

**arrêt-court** *m.* shortstop (baseball)

**arrêter** to stop, to block (basketball); to arrest (criminal)

*s'***arrêter** to stop

**arrhes** *f. pl.* deposit

  **faire des arrhes** to make a down payment

**arrière** *m.* back (hockey, soccer)

**arrière** *n. m. & adj.* rear, back

  **en arrière, à l'arrière** in the back

  **en marche arrière** in reverse (car)

  **faire (engager la) marche arrière** to put the car in reverse

**arrivée** *f.* arrival

**arriver** to arrive, to come

**art** *m.* art

  **arts dramatiques** dramatic arts

  **arts martiaux** martial arts

**artère** *f.* artery

**artériel, -le** arterial

**arthrite** *f.* arthritis

**arthritique** *m. & f.* arthritic (person)

**article** *m.* article

**articulation** *f.* joint
**artisan** *m.* artisan
**artisanat** *m.* arts and crafts
**artiste** *m. & f.* artist
**ascenseur** *m.* elevator
**aspirateur** *m.* vacuum cleaner
  **passer l'aspirateur** to vacuum
**aspirine** *f.* aspirin
**assaisonner** to season (food)
*s'***asseoir** to sit down
**assiette** *f.* plate; dish
  **assiette à beurre** butter dish
  **assiette creuse** soup plate
  **assiette à soupe** soup dish
  **chauffe-assiettes** *m.* plate-warmer
**assis, -e** seated
  **rester assis** to remain seated
**assistance** *f.* assistance
  **assistance-annuaire** (Canada) directory
    assistance
**assister (à)** to attend
**assumer** to pay (charges)
**assurance** *f.* insurance
  **assurance-chômage** unemployment insurance
  **assurance-invalidité** disability insurance
  **assurance-maladie** health insurance
  **assurance-santé** (Canada) health insurance
  **assurance-vie** life insurance
  **assurance-vieillesse** old-age pension
  **assurance tous risques** full-coverage insurance
  **compagnie d'assurances** *f.* insurance company
**assuré, -e** insured (person)
**asthme** *m.* asthma
**astringent** *m.* astringent
**atelier** *m.* studio, workshop
**athlétisme** *m.* track and field
  **faire de l'athlétisme** to practice track and field
**attache** *f.* paper fastener
**attacher** to attach, to fasten
**atteindre** to attain
**attendre** to wait, to wait for
**attention** *f.* attention
  **Attention!** Look out!
**atterrir** to land (plane)
**atterrissage** *m.* landing (plane)
**attraper** to catch
**auditeur libre** *m.* auditor (of a course)
**augmentation** *f.* increase
**augmenter** to increase
**aujourd'hui** today
**ausculter** to listen to (heart)
**aussi** also

**auto** *f.* automobile, car
**autobus** *m.* bus
  **arrêt d'autobus** *m.* bus stop
  **service d'autobus** *m.* bus service
  **ticket d'autobus** *m.* bus ticket
  **prendre l'autobus** to take the bus
  **Quelle est la fréquence des autobus?** How
    often do the buses run?
**autocar** *m.* bus (usually to and from airports),
  motor coach
  **service d'autocars** *m.* bus service
**autocaravane** *f.* recreational vehicle (RV)
**autocollant, -e** self-adhesive
  **un bloc de feuillets autocollants** sticky notes
**automatique** automatic
**automatiquement** automatically
**automne** *m.* fall, autumn
  **en automne** in the fall
**automobile** *f.* automobile
**autoroute** *f.* expressway
  **autoroute de l'information** information
    highway
  **autoroute à péage** turnpike
  **prendre l'autoroute** to take the expressway
**autre** *m. & f.* another person
**avaler** to swallow
**avance** *f.* advance
  **à l'avance** in advance
**avancé, -e** spoiled (fish)
**avancement** *m.* promotion
**avancer** to go forward; to be fast (watch)
**avant** before
  **avant de** + *infinitive* before
  **à l'avant** at the front
  **en avant** in the front
  **avant-garde** avant-garde
**avant** *m.* forward (hockey)
**avarié, -e** spoiled (meat)
**avec** with
**avenue** *f.* avenue
**averse** *f.* shower (rain)
**avertisseur** *m.* horn (car)
**aviation** *f.* aviation
  **compagnie d'aviation** *f.* airline
**avion** *m.* airplane
  **billet d'avion** *m.* airline ticket
  **par avion** air mail
**aviron** *m.* rowing
  **faire de l'aviron** to row
**avocat** *m.* lawyer
**avoir** to have

**baccalauréat** *m.* baccalaureate diploma at the end of secondary school

**bacon** *m.* bacon

**bactérien, -ne** bacterial

**badminton** *m.* badminton

**bagages** *m. pl.* luggage, baggage

  **bagages à main(s), bagages de cabine** hand luggage, carry-on luggage

  **compartiment à bagages** *m.* baggage compartment

  **porte-bagages** *m.* luggage rack

  **récupération des bagages** *f.* baggage pick-up (airport)

  **descendre les bagages** to bring down the luggage

  **enregistrer les bagages** to check baggage

**bagagiste** *m.* porter

**bague** *f.* ring

*se* **baigner** to take a bath, to bathe

**baignoire** *f.* bathtub; box (on the ground floor in a theater)

**bain** *m.* bath

  **bain de mousse** bubble bath

  **costume de bain** *m.* (Canada) bathing suit

  **maillot de bain** *m.* bathing suit

  **salle de bains** *f.* bathroom

  **sortie de bain** *f.* beach robe, bathrobe

  **prendre un bain** to take a bath

  **prendre des bains de soleil** to sunbathe

**bain-marie** *m.* double boiler

**baisse** *f.* fall, lowering

**baisser** to lower, to turn down (heat)

  **le baisser du rideau** lowering of the curtain

  **au baisser du rideau** when the curtain goes down

  **Les ourlets baissent.** Hemlines are dropping.

**balai** *m.* broom

  **balai électrique** electric broom

  **balai à laver le sol** mop

**balance** *f.* scale (weight)

**balayer** to sweep

**balayette** *f.* small broom, brush

**balcon** *m.* balcony

  **deuxième balcon** second balcony

  **premier balcon** mezzanine

**balconnet** *m.* half-cup bra

**balle** *f.* ball (tennis, baseball)

  **balle courbe** curve ball (baseball)

  **balle de filet** net ball (tennis)

  **balle jointure** knuckle ball (baseball)

  **balle mouillée** spit ball (baseball)

  **balle rapide** fast ball (baseball)

  **balle tombante** sinker ball (baseball)

  **fausse balle** foul ball (soccer, basketball)

**ballerine** *f.* ballerina shoe, flat shoe

**ballon** *m.* ball (football, soccer, basketball)

  **ballon sacrifice** *m.* a sacrifice fly (baseball)

**ballon-panier** *m.* (Canada) basketball

**banane** *f.* banana

**banc** *m.* bench

**bancaire** pertaining to a bank

  **traite bancaire** *f.* cashier's check; bank draft (Canada)

**bandage** *m.* bandage

  **bandage élastique** elastic bandage

**bandau** *m.* bands (hand and ankle weights)

**bande** *f.* bandage

  **bande de tissu élastique** elastic roll bandage

**bandeau** *m.* hairband; sweatband; wide thong (shoe)

**bander** to bandage

**bande-vidéo** *f.* video cassette

**banlieue** *f.* suburbs

  **lignes de banlieue** *f. pl.* commuter lines (railway)

**banque** *f.* bank

  **banque de données** *f.* databank

  **compte banque, compte de banque, compte en banque** *m.* bank account

  **guichet automatique de banque** *m.* automatic window (bank)

**banquier** *m.*, **banquière** *f.* banker

**bar** *m.* bar

**barbe** *f.* beard

  **Veuillez me rafraîchir la barbe.** Please trim my beard.

**barre** *f.* bar, T-bar

**barrer** to void (a check)

**barrette** *f.* hair clip, barrette

**barrière de péage** *f.* tollbooth

**bas, -se** low

**bas** *m.* stocking; sock (Canada); bottom

  **bas de nylon** (nylon) stocking

  **bas à résilles** fishnet stockings

  **mi-bas** *m.* knee-hi's

  **en bas** at the bottom

  **au bas de** at the bottom of (inning—baseball)

**bas-culotte(s)** *m. pl.* (Canada) panty hose

**base** *f.* base

  **base de données** database

  **base pivotante et orientable** swivel tilt monitor base

**base-ball** *m.* baseball

**basket** *m.* jogging shoe

**basket-ball** *m.* basketball

**basse** *f.*   bass (instrument)

**bateau** *m.*   boat
- **bateau à moteur**   motor boat
- **bateau à rames**   rowboat
- **bateau à voile**   sailboat
- **en bateau**   by boat

**bâton** *m.*   stick; bat (baseball); hockey stick; ski pole

**batte** *f.*   bat (baseball)

**batterie** *f.*   battery (car); drums

**batteur** *m.*   electric mixer

**battre**   to beat

**baume** *m.*   balm
- **baume à lèvres, baume pour les lèvres** (Canada)   lip balm

**bavarder**   to chatter, to gossip

**beau, bel, belle, beaux, belles**   nice, pretty, beautiful, handsome
- **faire beau**   to be nice (weather)

**beaucoup de**   a lot of

**beauté** *f.*   beauty
- **salon de beauté** *m.*, **institut de beauté** *m.*   beauty salon

**beige**   beige

**bénéfice** *m.*   benefit

**benne** *f.*   gondola (skiing)

**béquille** *f.*   crutch

**bercer**   to cradle
- **se laisser bercer par les vagues**   to ride the waves

**béret** *m.*   beret

**bermuda** *m.*   bermuda shorts

**besoin** *m.*   need
- **avoir besoin de**   to need
- **J'en ai besoin pour . . .**   I need it for . . .

**beurre** *m.*   butter
- **assiette à beurre** *f.*   butter dish
- **beurre de cacao**   lip balm
- **beurre manié**   mixture of kneaded butter and flour
- **faux beurre**   butter substitute

**beurrer**   to butter, to put butter on

**beurrier** *m.*   butter dish

**bibliothécaire** *m. & f.*   librarian

**bibliothèque** *f.*   library; bookcase

**bicyclette** *f.*   bicycle
- **bicyclette ergométrique**   stationary, ergonomic bicycle, life cycle (equipment)
- **faire de la bicyclette**   to cycle, to go cycling

**bidet** *m.*   bidet

**bien**   well

**bienvenue** *f.*   welcome
- **souhaiter la bienvenue à**   to welcome

**bière** *f.*   beer

**bigoudi** *m.*   hair roller, curler

**bijou** *m.*   jewel, jewelry

**bijouterie** *f.*   jewelry store

**bijoutier** *m.*, **bijoutière** *f.*   jeweler

**bikini** *m.*   bikini

**bilan** *m.*   balance sheet
- **bilan médical**   medical exam

**billet** *m.*   ticket; bill (money)
- **billet aller**   one-way ticket
- **billet aller-retour, (d')aller et retour**   round-trip ticket
- **billet d'avion**   airline ticket
- **billet excursion**   excursion-fare ticket
- **billet simple**   one-way ticket
- **billet à tarif réduit**   reduced-fare ticket
- **distributeur automatique de billets** *m.*   automatic teller machine (distributes money only)
- **gros billets**   large bills
- **petits billets**   small bills
- **muni, -e de billets**   with tickets
- **prendre un billet**   to buy a ticket
- **vérifier le billet**   to check the ticket

**billeterie** *m.*   ticket machine
- **billeterie automatique**   automatic ticket machine

**biographie** *f.*   biography

**biographique**   biographical

**biologie** *f.*   biology

**biologique**   organic

**biscuit** *m.*   cookie
- **plat à biscuits** *m.*   cookie tray

**blaireau** *m.*   shaving brush

**blanc, blanche**   white

**blanc** *m.*   white (egg); mixture of water and flour
- **chèque en blanc** *m.*   blank check

**blanchir**   to bleach; to blanch

**blanchisserie** *f.*   laundry
- **service de blanchisserie** *m.*   laundry service

**blé** *m.*   wheat

*se* **blesser**   to hurt (oneself)

**blessure** *f.*   wound, injury

**bleu, -e**   blue; blue, very rare (meat)
- **bleu clair, bleue claire**   light blue
- **bleu foncé, bleue foncée**   dark blue
- **bleu marine, bleue marine**   navy blue

**bleu** *m.*   bruise

**bloc** *m.*   writing pad

**bloqué, -e**   blocked, jammed
- **Mon appareil est bloqué.**   My camera is jammed.

**blouse** *f.*   blouse, smock

**blouson** *m.*   windbreaker, short jacket

**blue-jean** *m.*, **blue-jeans** *m. pl.*   blue jeans
**body** *m.*   leotard (sport); body suit (Canada)
**bœuf** *m.*   beef
  **côte de bœuf** *f.*   prime rib
**bogue** *f.*   computer bug
**bois** *m.*   wood
  **chèque en bois** *m.*   bad check
**boisson** *f.*   drink, beverage
  **boisson alcoolisée**   alcoholic beverage
  **boisson gazeuse**   soft drink
  **service des boissons** *m.*   beverage service
**boîte** *f.*   box; can
  **boîte aux (à) lettres**   mailbox
  **boîte postale**   post office box
  **ouvre-boîte(s)** *m.*   can opener
**bol** *m.*   bowl
  **bol à consommé**   soup bowl
**bon, -ne**   good
**bonnet** *m.*   cap
  **bonnet de bain**   bathing cap
  **bonnet de douche**   shower cap
**bord** *m.*   border, edge; brim (hat)
  **à bord de**   on board
  **au bord de la mer**   on the shore
  **à large bord**   with a wide brim
**bordeaux**   red (color)
**bordereau** *m.* (Canada)   slip
  **bordereau de dépôt** (Canada)   deposit slip
**borne** *f.*   node, pole (battery)
  **borne de gonflage**   air pump
  **borne négative**   negative pole
  **borne positive**   positive pole
**botte** *f.*   boot; bunch (carrots)
  **bottes de cavalier** (Canada: **botte cavalière**)   cowboy boots
  **botte de ski**   ski boot
  **de grande bottes montantes lacee en cuir**   high lace-up leather boots
**bottillon** *m.*   ankle boot
**bottine** *f.*   low boot, ankle boot
**bouche** *f.*   mouth
**bouché, -e**   clogged up
**boucher** *m.*, **bouchère** *f.*   butcher
**boucher**   to plug (a drain)
**boucherie** *f.*   butcher shop
**bouchon** *m.*   stopper, plug (sink); cork (bottle)
  **bouchon d'oreille**   ear plug
  **tire-bouchon** *m.*   corkscrew
**boucle** *f.*   buckle
  **boucle d'oreille** *f.* (*pl.* **boucles d'oreille**)   earring
    **boucles d'oreille goutte dorée**   gold ball drop earrings

**bouclé, -e**   curly, wavy (hair)
**boucler** (Canada)   to fasten (seatbelt)
**bouée** *f.*   buoy
  **bouée de sauvetage**   life preserver
**bougie** *f.*   candle; spark plug (car)
**bouilli, -e**   boiled
**bouillir**   to boil
**bouilloire** *f.*   kettle
  **bouilloire électrique**   electric kettle
**boulanger** *m.*, **boulangère** *f.*   baker
**boulangerie** *f.*   bakery
**boulevard** *m.*   boulevard
**bouquet** *m.*   bouquet, bunch (parsley, flowers)
**bourse** *f.*   scholarship; stock exchange
**boussole** *f.*   compass
**bout** *m.*   end; toe (shoe)
  **à bouts carrés**   with square toes
  **à bouts ouverts**   open-toed
  **à bouts pointus**   with pointed toes
  **à bouts ronds**   with round toes
**bouteille** *f.*   bottle
  **ouvre-bouteille(s)** *m.*   bottle opener
  **une bouteille de**   a bottle of
  **une demi-bouteille de**   a half-bottle of
**boutique** *f.*   shop
**bouton** *m.*   button
  **bouton de manchette**   cuff link
  **bouton de remboursement**   coin return
**bouton-pression** *m.*   snap
**boxe** *f.*   boxing
  **faire de la boxe**   to box, to do boxing
**bracelet** *m.*   bracelet; watchband, strap (for a watch)
  **bracelet à breloques**   charm bracelet
**braguette** *f.*   fly (pants)
**brancard** *m.*   stretcher
**branche** *f.*   arm (eyeglasses)
**brancher**   to plug in (electric cord)
**bras** *m.*   arm
**brasse** *f.*   breaststroke (swimming)
  **brasse papillon**   butterfly stroke
  **brasse sur le ventre**   breaststroke
**breloque** *f.*   charm
**bretelle** *f.*   suspender; thin strap (of a woman's slip)
  **bretelle d'accès**   access ramp, access road
**brevet d'études** *m.*   diploma
**bricolage** *m.*   handiwork
  **faire du bricolage**   to do handiwork
**bricoler**   to do handiwork
**brider**   to truss
**briller**   to shine
  **faire briller**   to polish

*se* **briser** to break
**broche** *f.* brooch
**brodé, -e** embroidered
**bronchite** *f.* bronchitis
**bronzé, -e** tanned
*se* **bronzer** to get a suntan
**brosse** *f.* brush; hairbrush
  **brosse à cheveux** hairbrush
  **brosse à dents** toothbrush
  **brosse à ongles** nail brush
  **porte-brosse à dents** *m.* toothbrush holder
*se* **brosser** to brush (one's hair, teeth)
**brouillard** *m.* fog
  **faire du brouillard** to be foggy (weather)
**broyeur d'ordures** *m.* garbage disposal (in sink)
**bruine** *f.* drizzle, fog
**bruiner** to drizzle, to be drizzling
**bruit** *m.* noise
  **bruit de martelage** banging, hammering noise
**brûler** to burn
  **brûler un feu rouge** to run a red light
*se* **brûler** to burn oneself, to get a sunburn
**brume** *f.* fog
**brumeux, brumeuse** foggy
**brun, -e** brown
**brushing** *m.* blow dry
**bruyant, -e** noisy
**buffet** *m.* snack bar, buffet
  **buffet à salades** salad bar
**bulletin** *m.* stub, claim check; slip
  **bulletin météorologique** weather report
  **bulletin de retrait** withdrawal slip
  **bulletin scolaire** report card
  **bulletin de versement** deposit slip
**bureau** *m.* office
  **bureau de change** foreign exchange counter
  **bureau d'études** engineering firm
  **bureau de placement** employment office (bureau)
  **bureau de poste** post office
  **bureau de renseignements** information booth
**bus** *m.* bus
**bustier** *m.* bustier
**but** *m.* goal
  **but sur balles** base on balls (baseball)
  **but sur balles intentionnel** intentional walk (baseball)
  **deuxième but** second base; second baseman (baseball)
  **double but** double play (baseball)
  **premier but** first base; first baseman (baseball)
  **simple but** single play (baseball)

  **triple but** triple play (baseball)
  **troisième but** third base; third baseman (baseball)
  **compter / marquer un but** to score a goal

**cabine** *f.* cabin; booth
  **cabine de pilotage** cockpit
  **cabine téléphonique** telephone booth
  **personnel de cabine** *m.* flight attendants, flight crew
**cabinet** *m.* office; bookcase
  **cabinet du médecin** doctor's office
**câble** *m.* cable
  **câbles de démarrage** jumper cables
**cachemire** *m.* cashmere
**cachet** *m.* tablet (pill)
  **cachet d'aspirine** aspirin tablet
**caddie** *m.* cart
**cadeau** *m.* gift
**cadran** *m.* dial (phone)
  **appareil à cadran** *m.*, **poste à cadran** *m.* rotary dial telephone
**cadre** *m.* picture frame; manager, management
  **cadre moyen** middle management
  **cadre supérieur** senior management
**café** *m.* coffee
  **café en grains** coffee beans
  **café moulu** ground coffee
  **passer le café** to pour water over coffee in a drip pot
  **une tasse de café** a cup of coffee
**cafétéria** *f.* cafeteria
**cafetière électrique** *f.* percolator, electric coffee pot
**cahier** *m.* notebook
  **cahier à spirale** spiral notebook
**caisse** *f.* cashier's / teller's window; cash register; checkout
  **caisse d'épargne** savings bank
**caissier** *m.*, **caissière** *f.* cashier; teller
**calcul** *m.* calculus
**calculatrice** *f.* calculator
  **calculatrice de poche** pocket calculator
**calé, -e** stalled
**caleçon** *m.* trunks, drawers, briefs; jogging pants; leggings (France)
**calendrier** *m.* calendar; schedule (train)
**caler** to stall
**calmant** *m.* tranquilizer, painkiller
**calme** calm
**calorie** *f.* calorie
  **basses-calories** low-calorie
  **faible en calories** low-calorie

**caméscope** *m.* camcorder
**camisole** *f.* camisole
**camping** *m.* camping
   **terrain de camping** *m.* campsite
   **faire du camping** to go camping
**canal** *m.* (*pl.* **canaux**) channel (TV) (Canada)
**canapé** *m.* sofa
   **canapé-lit** *m.* sofabed
**cancer** *m.* cancer
**candidature** *f.* candidacy
   **poser sa candidature à une poste** to apply for
      a position / a job
**canif** *m.* penknife
**canine** *f.* eye tooth
**canne** *f.* cane, pole, rod
   **canne à pêche** fishing pole, rod
**cantine** *f.* cafeteria
**caoutchouc** *m.* rubber
**capacité** *f.* skill
**capot** *m.* hood (car)
**capuchon** *m.* cap
   **capuchon d'objectif** lens cap
**car** *m.* motor coach
**caractère** *m.* letter, type (printing)
   **caractère gras** bold face type
   **caractères en italique(s)** italic type
**carafe** *f.* carafe
**carburateur** *m.* carburetor
**cardiaque** cardiac
   **crise cardiaque** *f.* heart attack
**cardigan** *m.* cardigan sweater
**cardiovasculaire** cardiovascular
**carie** *f.* cavity (tooth)
**carnet** *m.* notebook; book of subway tickets
**carotte** *f.* carrot
   **botte de carottes** *f.* bunch of carrots
**carreau** *m.* check (on clothes); tile (bathroom)
   **à carreaux** checked
   **à gros carreaux** with large checks
   **à petits carreaux** with small checks
**carrefour** *m.* intersection
**carrelage** *m.* tiling, tiles (bathroom)
**carrière** *f.* career
**carrosserie** *f.* body (car)
**cartable** *m.* book bag
**carte** *f.* card, greeting card; list; map; menu
   **carte d'accès à bord** boarding pass
   **carte d'appel**[MC] (Canada) telephone calling
      card
   **carte bleue** bank card
   **carte de crédit** credit card
   **carte d'embarquement** boarding pass

   **carte France Télécom** telephone credit card
   **carte d'identité bancaire** bank card
   **carte-mémoire** memory card (camera)
   **carte postale** postcard
   **carte routière** road map
   **carte téléphonique** (Canada) phone credit
      card
   **carte des vins** wine list
   **porte-cartes** *m.* cardholder
**cartouche** *f.* carton; cartridge
**cas** *m.* case
   **en cas de** in case of
**cascadeur** *m.* stunt artist
**case postale** *f.* (Canada) post office box
**casier** *m.* locker
**casque** *m.* helmet
   **casque d'écoute** stereo headset
   **casque protecteur** helmet
**casquette** *f.* cap
**cassé, -e** broken
**casse-croûte** *m.* snack
**casser** to break
*se* **casser** to break
   **Je me suis cassé le / la / les . . .** I broke
      my . . .
**casserole** *f.* saucepan, pot
**cassette** *f.* cassette
   **enregistreur de cassettes** *m.* cassette recorder
   **lecteur de cassettes** *m.* cassette player
   **magnétophone à cassettes** *m.* cassette recorder
   **magnétoscope à cassettes** *m.* video cassette
      recorder
   **vidéo-cassette** *m.* videotape
**causer** to chat
**causerie** *f.* talk show
**caution** *f.* deposit; guarantee
   **montant de la caution** *m.* deposit amount
**cave** *f.* basement, cellar
**ce, cet, cette, ces** this, that, these, those
**ceci** this
**céder** to yield
**ceinture** *f.* belt
   **ceinture de sécurité** seatbelt
**cela** that
**céleri** *m.* celery
**cellulaire** cellular
   **téléphone cellulaire** *m.* cellular phone
**cellule** *f.* cell
   **cellule photoélectrique** light meter
**celui, celle** the one
**cendrier** *m.* ashtray
**centime** *m.* centime, cent

**centre** *m.*   center
  **centre sportif**   fitness center
**centre-ville** *m.*   downtown
**cernes** *m. pl.*   dark circles, rings (under eye)
**certificat** *m.*   certificate
**cerveau** *m.*   brain
**cessation** *f.*   stoppage
  **cessation du travail**   work stoppage
**chacun, -e**   each one
**chaîne** *f.*   channel (TV)
  **chaîne stéréo**   stereo system
**chair** *adj. invar.*   flesh color
**chaise** *f.*   chair
  **chaise pliante**   folding chair
  **chaise téléphérique**   chair lift
**chaise-longue** *f.*   lounge chair, reclining chair
**chambre** *f.*   room, bedroom
  **chambre à coucher**   bedroom
  **chambre à deux lits**   double room, room with twin beds
  **chambre double**   double room
  **chambre à un lit**   single room, room with one bed
  **chambre pour deux personnes**   double room
  **chambre pour une personne**   single room
  **chambre réservée**   reserved room
  **chambre simple**   single room
  **service dans les chambres** *m.*   room service
  **faire la chambre**   to make up the room
**champ** *m.*   field (baseball)
  **champ droit**   right field (baseball)
  **champ extérieur**   outfield (baseball)
  **champ gauche**   left field (baseball)
  **champ intérieur**   infield (baseball)
  **champ magnétique**   magnetic field
  **grand champ**   outfield (baseball)
  **joueur de champ droit** *m.*   right fielder
**champagne** *m.*   champagne
**chandail** *m.*   pullover sweater; hockey sweater
**chandelier** *m.*   candlestick
**chandelle** *f.*   tallow candle; pop fly (baseball)
**change** *m.*   change; exchange
**changer**   to change (trains, traveler's checks)
**chanson** *f.*   song
**chanter**   to sing
**chanteur** *m.*, **chanteuse** *f.*   singer
**chapeau** *m.*   hat
  **chapeau cloche**   bell-shaped hat
  **chapeau de feutre**   felt hat
  **chapeau à large bord**   wide-brimmed hat
  **chapeau de paille**   straw hat
  **chapeau de toile**   cloth hat

**chaque**   each
**charcuterie** *f.*   pork butcher shop; pork products
**charcutier** *m.*, **charcutière** *f.*   pork butcher
**chariot** *m.*   cart
**charrette** *f.*   cart
**chasse** *f.*   hunting
  **aller à la chasse**   to go hunting, to hunt
**chasse d'eau** *f.*   toilet flush
  **tirer la chasse d'eau**   to flush the toilet
  **La chasse d'eau ne fonctionne pas.**   The toilet won't flush.
**chasseur** *m.*   bellhop, page
**châssis** *m.*   chassis
**chaud, -e**   hot, warm
  **avoir chaud**   to be warm (people)
  **faire chaud**   to be hot, warm (weather)
**chauffage** *m.*   heat, heating; heater (car)
  **baisser le chauffage**   to turn down the heat
**chauffé, -e**   heated
**chauffer**   to heat; to overheat (car)
  **chauffer davantage**   to turn up the heat
  **faire chauffer jusqu'à ébullition**   to heat to bioiling
**chaussée** *f.*   roadway, pavement
  **chaussée glissante**   slippery road
**chausse-pied** *m.*   shoehorn
**chausser**   to wear (shoe size); to put on shoes
  **Je chausse du 39.**   I wear size 39.
  **Du combien chaussez-vous?**   What shoe size do you wear?
**chaussette** *f.*   sock
  **chaussette haute**   over-the-knee sock
**chaussure** *f.*   shoe
  **chaussures de (pour la) marche**   walking shoes
  **chaussures de sport** (Canada) jogging / running shoes
  **chaussures de tennis**   tennis shoes
**chef de cuisine** *m.*   chef
**chef d'orchestre** *m.*   conductor
**chelem** *m.*   slam (baseball)
  **grand chelem**   grand slam (baseball)
**chemin** *m.*   path, way
  **Est-ce bien le chemin pour . . . ?** Is this the way to . . . ?
**cheminée** *f.*   fireplace
**chemise** *f.*   shirt; file folder
  **chemise de nuit**   nightshirt
  **chemise sport**   sport shirt
**chemisier** *m.*   shirt blouse
  **veste-chemisier** *f.*   shirt jacket
**chèque** *m.*   check
  **carnet de chèques** *m.*   checkbook
  **chèque barré**   voided check

**chèque en blanc**  blank check
**chèque en bois**  bad check
**chèque sans provision**  bad check
**chèque de voyage**  traveler's check
**compte-chèques, compte de chèques** *m.*
  checking account
**barrer un chèque**  to void a check
**changer un chèque de voyage**  to cash
  a traveler's check
**encaisser / toucher un chèque**  to cash
  a check
**chéquier** *m.*  checkbook
**cher, chère**  expensive; dear
**cheval** *m.*  horse
**faire du cheval**  to go horseback riding
**chevet** *m.*  headboard
**table de chevet** *f.*  nightstand
**cheveux** *m. pl.*  hair
**épingle à cheveux** *f.*  hairpin
**pince à cheveux** *f.*  hair clip
**sèche-cheveux** *m.*  hair dryer
**se faire couper les cheveux**  to have one's hair
  cut
**se laver les cheveux**  to wash one's hair
**cheville** *f.*  ankle
**Je me suis tordu la cheville.**  I sprained my
  ankle.
**chevreau** *m.*  doeskin, kid
**chevreau doré**  gold kid
**chez**  at (someone's place)
**chiffon** *m.*  dustcloth, dustrag
**chiffon à épousseter**  dustcloth
**donner un coup de chiffon à**  to dust
**chiffre** *m.*  number (as in 1, 2)
**chignon** *m.*  bun (hairstyle)
**chimie** *f.*  chemistry
**chinois, -e**  Chinese
**chip** *m.*  chip (computer)
**chirurgical, -e**  surgical
**subir une intervention chirurgicale**  to undergo
  surgery
**chirurgien** *m.*, **chirurgienne** *f.*  surgeon
**chirurgien orthopédiste**  orthopedic surgeon
**cholestérol** *m.*  cholesterol
**chômage** *m.*  unemployment
**être en (au) chômage**  to be unemployed
**toucher le chômage, toucher l'allocation de**
  **chômage**  to collect unemployment
    insurance
**chômeur** *m.*  unemployed person
**chose** *f.*  thing
**quelque chose**  something

**chrysanthème** *m.*  chrysanthemum
**chute** *f.*  fall
**faire une chute**  to have a fall
**cicatrice** *f.*  scar
**ciel** *m.*  sky
**Le ciel est clair.**  The sky is clear.
**Le ciel se couvre.**  The sky is becoming
  cloudy.
**cigarette** *f.*  cigarette
**cil** *m.*  eyelash
**peigne à cils, peigne pour les cils** *m.*  eyelash
  comb
**cinéma** *m.*  movie theater
**salle de cinéma** *f.*  movie theater
**ciné-parc** *m.*  drive-in movie theater
**cintre** *m.*  hanger (clothes)
**circuit** *m.*  home run
**faire un circuit**  to make a home run
**circulation** *f.*  traffic
**circulation intense**  heavy traffic
**circuler**  to run (train)
**cire** *f.*  polish
**cirer**  to polish, to wax
**ciseaux** *m. pl.*  scissors
**cité universitaire** *f.*  university residence
**citron** *m.*  lemon
**jus de citron** *m.*  lemon juice
**civière** *f.*  stretcher
**clair, -e**  clear; light (color, tone)
**classe** *f.*  class
**classe affaires**  business / executive class
**classe économique**  economy class
**classe touriste**  tourist / economy class
**deuxième classe**  second class
**première classe**  first class
**classeur** *m.*  folder, binder
**classeur à anneaux**  ring binder
**classique**  classical
**clavicule** *f.*  collarbone
**clavier** *m.*  keyboard
**clé** *f.*, **clef** *f.*  key; wrench
**clé de contact**  ignition key
**clé en croix**  lug wrench
**porte-clés** *m.*  keycase
**cliché** *m.*  image, photograph
**client** *m.*, **cliente** *f.*  client; guest (hotel)
**clignotants** *m. pl.*  directional signals, blinkers
**Comment fonctionnent les clignotants?**
  How do the directional signals (blinkers)
    work?
**climatisation** *f.*  air-conditioning
**climatisé, -e**  air-conditioned

**climatiseur** *m.* air-conditioner
**cliqueter** to vibrate, to ping
**clou** *m.* nail
**club** *m.* club
  **club de gymnastique** fitness club, fitness center
**code** *m.* code
  **code confidentiel** password (for ATM machines in France)
  **code postal** postal code
  **code de la route** traffic regulations
  **rouler en code** to drive with low beams
**cœur** *m.* heart
  **ausculter / écouter le cœur** to listen to the heart
**coffre** *m.* trunk (car)
  **coffre de rangement** (Canada) luggage rack / compartment (in airplane)
**coffre-fort** *m.* safe, safety deposit box
**cogner** to knock
*se* **coiffer** to comb one's hair
**coiffeur** *m.*, **coiffeuse** *f.* hairdresser
  **chez le coiffeur** at the hairdresser's
**coiffeur-coloriste** *m.* hair colorist
**coin** *m.* corner
  **coin de rue** street corner
  **jusqu'au coin** to the corner
**col** *m.* collar
  **col châle** shawl collar
  **col évasé** flared collar
  **col montant** high-necked collar, turtleneck
  **col officier** military collar
  **col poète** poet's collar
  **col ras du cou** crew neck, round neck
  **col roulé** rolled-neck collar, turtleneck
  **col en V** V-neck collar
**colis** *m.* parcel, package
**collant** *m.* tights; panty hose (France); leggings (Canada)
**collation** *f.* snack
**colle** *f.* glue
  **pot de colle** *m.* pot of glue
**collège** *m.* secondary school
**coller** to glue; to tailgate
**collier** *m.* necklace
  **collier de perles** pearl necklace
**côlon** *m.* colon
**colonne** *f.* column
  **colonne de direction** steering column
**combien** how much
  **Combien vaut . . . ?** How much is . . . worth?
**combinaison** *f.* full slip; suit
  **combinaison de danse** (Canada) leotard

**combiné** *m.* receiver (phone); body suit
**comédie** *f.* comedy
  **comédie dramatique** dramatic comedy, situation comedy
**comestibles** *m. pl.* food
**comique** comic
  **film comique** *m.* comedy
**commander** to order
**commandes** *f. pl.* controls (car)
  **commande de désembuage** (Canada: désembueur) defogger switch
  **commande de feux de détresse** emergency flashers switch
  **commande du dossier / du siège** seat back / seat adjustment knob (car)
**commencer** to begin
**commerce** *m.* commerce, business
**commission** *f.* commission, charge
**commode** *f.* chest of drawers, dresser
**communication** *f.* call (phone); call connected
  **communication outre-mer** (Canada) overseas phone call
  **faire une communication interurbaine** to make a long-distance call
  **faire une communication locale** to make a local call
  **faire une communication en PCV (payable à l'arrivée)** to make a collect call, to reverse the charges
  **Je désire obtenir une communication avec . . .** Please connect me with . . . / put me through to . . .
  **La communication va être coupée.** You are going to be cut off.
  **Pourriez-vous me redonner la communication?** Could you please reconnect me?
**communiquer** to communicate
**commutateur** *m.* light switch
  **commutateur de désembuage** (Canada: désembueur) defogger switch
  **commutateur de feux de détresse** emergency flashers switch
**compagnie** *f.* company
**comparable** comparable
**compartiment** *m.* compartment, cabin (airline); compartment, car (train)
  **compartiment arrière** rear cabin
  **compartiment avant** forward cabin
  **compartiment à bagages** luggage compartment, rack
**compétent, -e** competent

**complet, complète** full
  **être complet** to be sold out (tickets for performance, train, plane)
**complet** *m.* man's suit
  **complet pantalon** *m.* (Canada) pantsuit
**composer** to dial
  **composer le numéro** to dial the number
**compostage** *m.* stamping (of train ticket)
**composter** to stamp, to validate, to punch (ticket)
**composteur** *m.* time stamp machine (in a train station)
**comprimé** *m.* tablet (medicine)
**compris, -e** included
**comptabilité** *f.* accounting
**comptable** *m.* accountant
**compte** *m.* account
**compte bancaire** bank account
  **compte banque, compte de banque, compte en banque** bank account
  **compte-chèques** checking account
  **registre du compte de chèques** *m.* check register
  **compte chèques-d'épargne** *m.* checking-savings account
  **compte courant** current account
  **compte d'épargne** savings account
  **compte joint** joint account
  **relevé de compte** *m.* bank statement
  **ouvrir un compte** to open an account
  **payer le compte** to pay the account
  **régler le compte** to pay the account
**compte-chèques** *m.* checking account
**compte-poses** *m.* exposure counter (camera)
**compter** to count
  **compter un but** to make / to score a goal
  **Combien de temps comptez-vous rester?** How long do you plan to stay here?
**compte-tours** *m.* tachometer
**compteur** *m.* odometer
  **compteur de vitesse** *m.* speedometer
**comptoir** *m.* counter, ticket counter
**concentrer** to reduce (a sauce)
**concert** *m.* concert
  **concert symphonique** symphony concert
**concerto** *m.* concerto
**concierge** *m. & f.* concierge, hall porter
**condiment** *m.* seasoning
**condition** *f.* condition
**conducteur** *m.*, **conductrice** *f.* driver; conductor (of bus)
**conduire** to drive
  **permis de conduire** *m.* driver's license

**conduit** *m.* pipe
**conférence** *f.* lecture
  **faire / donner une conférence** to give a lecture
**confirmation** *f.* confirmation
**confiserie** *f.* candy store, confectioner's
**confisier** *m.*, **confisière** *f.* confectioner
**confiture** *f.* jam
**congé** *m.* holiday
**congélateur** *m.* freezer
**congelé, -e** frozen
**congestionné, -e.** congested
**connaissance** *f.* knowledge
**conseiller** *m.*, **conseillère** *f.* consultant
**conseiller** to advise
**consentir (à)** to consent
**consigne** *f.* baggage checkroom; sign
  **bulletin de consigne** *m.* baggage check
  **consigne automatique** locker
  **consigne lumineuse** sign (in airplane)
  **consigne manuelle** checkroom (in a train station)
**consommation** *f.* drink
**constipation** *f.* constipation
**constipé, -e** constipated
**consulter** to consult
**contenant** *m.* container
**contenu** *m.* contents
**continuer** to continue
**contractuel** *m.*, **contractuelle** *f.* parking attendant
**contrat** *m.* contract
**contravention** *f.* fine; traffic ticket
**contre** against
**contrebasse** *f.* double-bass, contrabass
**contre-filet** *m.* loin steak
**contre-marée** *f.* undertow
**contrôle** *m.* control
**contrôleur** *m.*, **contrôleuse** *f.* conductor, ticket inspector (train)
**contusion** *f.* bruise
**conversation** *f.* conversation
**convive** *m. & f.* diner, guest
**coordonné, -e** coordinated with, matching (clothes)
**coquelicot** *m.* poppy
**coqueluche** *f.* whooping cough
**corail** *m.* coral
**corbeille** *f.* mezzanine
**corde** *f.* rope
  **corde à danser** skipping rope, jump rope
  **corde à linge** clothesline
  **instrument à corde** *m.* stringed instrument

**corps** *m.* body

**correcteur liquide** *m.* correction liquid

**correspondance** *f.* correspondence; transfer, connection (plane, train)

    **prendre une correspondance à** to change at (plane, train)

**correspondant** *m.*, **correspondante** *f.* correspondent, person you are talking to in a phone call

**costume** *m.* man's or woman's suit; costume

    **costume de bain** (Canada) bathing suit

**côte** *f.* rib

**côté** *m.* side

    **sur les côtés** on the sides

**côtelette** *f.* chop, cutlet

**cotisation** *f.* contribution (to benefit plan)

**cotiser** to contribute to (benefit plan)

**coton** *m.* cotton

    **coton côtelé** ribbed cotton

    **coton mélangé** cotton blend

    **coton seersucker** cotton seersucker

    **coton-tiges** cotton pads

    **popeline de coton** *f.* cotton poplin

**cou** *m.* neck

*se* **coucher** to go to bed

**couchette** *f.* couchette, sleeping car (train)

**coude** *m.* elbow

    **synovite du coude** *f.* tennis elbow

**coudre** to sew

**couleur** *f.* color; hair dye

**couloir** *m.* corridor, aisle; lane (road)

    **siège côté couloir** *m.* aisle seat (plane)

**coup** *m.* call; strike, blow, kick

    **coup de déloyal** (Canada) foul

    **coup en flèche** liner (baseball)

    **coup retenu** bunt (baseball)

    **coup sûr** hit (baseball)

    **coup de téléphone** phone call

    **donner le coup d'envoi** to kick off (soccer, football)

    **donner un coup de fil à** to telephone

    **donner le coup de pied à** to kick to

    **jeter un coup d'œil** to glance

        **Je jette un coup d'œil seulement.** I'm just looking.

**coupe** *f.* haircut; bowl, cup

    **coupe au carré** bob (haircut)

    **coupe à champagne** champagne glass

    **coupe aux ciseaux** scissor cut

    **coupe glacée** ice cream sundae

    **coupe au rasoir** razor cut

    **coupe à la tondeuse** cut with clippers

**coupe-papier** *f.* small paper cutter

**couper** to cut; to cut off

    **couper en dés** to dice

    **J'ai été coupé.** I was cut off.

    **La communication va être coupée.** You are going to be cut off. (phone)

    **Ne coupez pas.** Don't hang up.

    **On nous a coupé la ligne.** We were cut off.

*se* **couper** to cut (oneself, one's hair)

    **se faire couper les cheveux** to have one's hair cut

    **Ne me les coupez pas trop court.** Don't cut it (hair) too short.

**coupure** *f.* bill (money)

    **grosse coupure** large bill

    **petite coupure** small bill

**cour** *f.* courtyard, backyard

**courant** *m.* current

    **courant sous-marin** undertow

**courriel** *m.* e-mail

**courrier** *m.* mail

    **courrier électronique** mail

    **courrier recommandé** registered mail

**courroie du ventilateur** *f.* fanbelt

**cours** *m.* course, lesson

    **cours du change** exchange rate

    **cours magistral** lecture (as part of university course)

    **faire / donner un cours** to give a lesson / a course

    **suivre un cours** to take a course

**course** *f.* race

    **course automobile** race-car driving

        **faire de la course automobile** to go race-car driving

    **course à pied** running

        **faire de la course à pied** to run, to run marathons

    **faire les courses** to go shopping

**court, -e** short

**court** *m.* court

    **court en simple** singles court (tennis)

**courtier** *m.*, **courtière** *f.* **en valeurs mobilières** (Canada) stockbroker

**court-métrage** *m.* documentary, short film

**coussin** *m.* cushion

    **coussin gonflable** air bag, air cushion

    **coussin du siège** seat cushion

**couteau** *m.* knife

    **aiguise-couteaux** *m.* knife sharpener

    **couteau à découper** carving knife

    **couteau pliant** penknife

    **couteau tranchant** carving knife

**coûter**   to cost
**couture** *f.*   couture, high fashion
  **haute couture**   designer fashion
**couvercle** *m.*   lid (for pot)
**couvert** *m.*   place setting, cutlery; cover charge
  (restaurant)
  **mettre le couvert**   to set the table
**couverture** *f.*   blanket
**couvre-lit** *m.*   bedspread
*se* **couvrir**   to become covered up, to become cloudy
  **Le ciel se couvre.**   The sky is becoming
    cloudy.
**crachin** *m.*   drizzle
**crampe** *f.*   cramp
**cranté, -e**   serrated
**cravate** *f.*   tie
  **cravate de soie**   silk tie
  **épingle de cravate** *f.*   tie clip
**crawl** *m.*   crawl (swimming)
**crayon** *m.*   pencil
  **crayon à lèvres, crayon pour les lèvres**   lip pencil
  **crayon à sourcils, crayon pour les sourcils**
    eyebrow pencil
  **crayon pour les yeux**   eye pencil
  **taille-crayon** *m.*   pencil sharpener
**crédit** *m.*   credit
  **carte de crédit** *f.*   credit card
  **acheter / payer à crédit**   to buy on credit, pay
    in installments
**crème** *f.*   cream
  **crème anti-cernes**   undereye circle concealer
  **crème anti-rides**   anti-wrinkle cream
  **crème café**   coffee (color)
  **crème pour le corps**   body cream
  **crème pour le démaquillage**   make-up remover,
    make-up removing cream
  **crème démaquillante**   cleansing cream
  **crème hydratante**   moisturizing cream
  **crème pour les mains**   hand cream
  **crème pour le visage**   beauty / face cream
**crémerie** *f.*   dairy
**crémier** *m.*, **crémière** *f.*   dairyman, dairywoman
**crêpe** *m.*   crêpe
  **crêpe de Chine**   crêpe de Chine
  **crêpe de laine**   wool crêpe
**crevaison** *f.*   flat tire, blowout
**crevé, -e**   flat (tire)
**cric** *m.*   jack (for car)
**criminel** *m.*   criminal
**criminologie** *f.*   criminology
**crise** *f.*   attack (medical)
  **crise cardiaque**   heart attack

**cristal** *m.*   crystal
**crochet** *m.*   hook
**croire**   to believe, to think
**croisé, -e**   crossed; double-breasted
  **veste croisée** *f.*   double-breasted jacket
**croisement** *m.*   intersection
**croustille** *f.* (Canada)   potato chip
**crustacé** *m.*   shellfish
**cube-flash** *m.*   flashcube
**cuiller, cuillère** *f.*   spoon
  **cuiller à café**   teaspoon
  **cuiller à soupe**   soup spoon
**cuir** *m.*   leather
  **cuir grainé**   grained leather
  **cuir verni**   patent leather
  **en cuir**   made of leather
**cuire**   to cook
**cuisine** *f.*   kitchen
  **batterie de cuisine** *f.*   pots and pans
  **cuisine légère, cuisine minceur**   diet cuisine
  **faire la cuisine**   to cook
**cuisinière** *f.*   stove; female cook
  **cuisinière électrique**   electric stove
  **cuisinière à gaz**   gas stove
**cuisse** *f.*   thigh
**cuit, -e**   done (cooking)
  **bien cuit, -e**   well done (meat)
  **trop cuit, -e**   too well done
**cuivre** *m.*   copper
**cul-de-sac** *m.*   dead end
**culotte** *f.* (Canada)   panties, bikini pants,
  underpants
  **bas-culotte(s)** *m. pl.*   panty hose
**cultiver**   to cultivate, to grow, to plant, to sow
**culturel, -le**   cultural
  **émission culturelle**   cultural program
**cure-dent** *m.*   toothpick
**curriculum vitae** *m.*   résumé, curriculum vitae (CV)
**cycle** *m.*   cycle
  **premier cycle**   first cycle (of school system)

**daim** *m.*   suede, doeskin
**dame** *f.*   lady
**danger** *m.*   danger
**dangereux, dangereuse**   dangerous
**dans**   in
**danse** *f.*   dance
  **combinaison de danse** *f.* (Canada)   leotard
  **danse aérobique**   aerobic dancing
  **maillot de danse** *m.*   leotard

**danser** to dance
   **corde à danser** *f.* skipping rope, jump rope
**date** *f.* date
   **date d'échéance** due date
**davantage** more
**débarbouillette** *f.* (Canada) washcloth, facecloth
**débarquement** *m.* disembarkment
**débarquer** to deplane
**débarrasser** to clear, to remove
   **débarrasser la table** to clear the table
**débat** *m.* debate
**débiter** to debit (an account)
**debout** standing
**débrayer** to declutch
**débutant** *m.*, **débutante** *f.* beginner
**décapsuleur** *m.* bottle opener
**déchargé, -e** discharged, dead (battery)
**déchiré, -e** torn
**déchirure** *f.* tear, rip
**déclaration** *f.* declaration
**déclarer** to declare, to announce
   **Avez-vous quelque chose à déclarer?** Do you
     have anything to declare?
   **J'ai quelque chose à déclarer.** I have
     something to declare.
   **Je n'ai rien à déclarer.** I have nothing to
     declare.
**décollage** *m.* takeoff (plane)
**décoller** to take off (plane)
**décolleté, -e** low cut
**décor** *m.* scenery, set
**décortiquer** to hull, to shell (nuts)
**découper** to cut, to carve
**découvert** *m.* bank overdraft
   **être à découvert** to be overdrawn (bank
     account)
**décrocher** to pick up, to lift (phone)
   **décrocher le combiné / le récepteur** to pick up
     the receiver
**défaire** to undo
   **défaire les valises** to unpack the suitcases
**défectueux, défectueuse** defective
**défendu, -e** forbidden
   **il est défendu de . . .** it is forbidden to . . .
**défense** *f.* defense
   **défense de fumer** no smoking
**dégeler** to thaw
**dégivreur** *m.* defroster (car)
**dégrafeuse** *f.* stapler remover
**degré** *m.* degree (temperature)
   **Il fait huit degrés Celsius.** It is eight degrees
     Celsius.

**dehors** outside
**déjeuner** *m.* lunch; breakfast (Canada)
   **petit déjeuner** breakfast
**délivrance** *f.* delivery
   **salle de délivrance** *f.* delivery room
**déloyal** *m.* foul (football, soccer)
**deltaplane** *m.* hang-gliding
   **faire du deltaplane** to go hang-gliding
**demain** tomorrow
**demande** *f.* request
   **demande d'emploi** job application
   **faire une demande d'emploi** to apply for a job
**demander** to ask, to ask for
**démangeaison** *f.* itch
   **J'ai des démangeaisons.** I itch. It itches.
**démaquillage** *m.* the act of removing make-up
   **crème pour le démaquillage** *f.* make-up
     remover, make-up removing cream
**démaquillant, -e** make-up removing
   **crème démaquillante** *f.* cleansing cream
   **disque démaquillant** *m.* make-up remover pad
**démaquillant** *m.* make-up remover
**démarrer** to start (car)
**démarreur** *m.* ignition switch, starter
**demi, -e** half
   **demi-heure** *f.* half hour
   **demi-pension** *f.* breakfast and either lunch or
     dinner, modified American plan (hotel)
   **demi-tour** *m.* half turn
   **faire demi-tour** to turn around
**demi** *m.* halfback (soccer)
**démissionner** to resign (from a job)
**denim** *m.* (Canada) denim
**dent** *f.* tooth
   **dent de sagesse** wisdom tooth
   **avoir mal à une dent** to have a toothache
   **se brosser les dents** to clean, to brush one's
     teeth
   **se casser une dent** to break a tooth
   **J'ai mal aux dents.** My teeth hurt.
**dentelle** *f.* lace
   **point dentelle aux aiguilles** needlepoint
**dentier** *m.* denture
**dentifrice** *m.* toothpaste
   **eau dentifrice** *f.* mouthwash
   **pâte dentifrice** *f.* toothpaste
**dentiste** *m. & f.* dentist
**déodorant** *m.* deodorant
**dépannage** *m.* emergency repair
   **service de dépannage** *m.* road service
**dépanneur** *m.* convenience store (Quebec)

**dépanneur** *m.*, **dépanneuse** *f.*   convenience store owner (Quebec)

**dépanneuse** *f.*   tow truck

**départ** *m.*   departure

  **heure de départ** *f.*   departure time

**département** *m.*   department, region, state

**dépasser**   to pass (car); to exceed, to surpass (speed limit)

  **dépasser cette voiture**   to overtake / to pass this car

**déposer**   to put; to check (luggage); to deposit, to put in (money)

**dépôt** *m.*   deposit

  **certificat de dépôt à taux d'intérêt variable** *m.*   variable-interest certificate of deposit

  **faire un dépôt de**   to make a deposit of, to deposit

  **laisser un dépôt**   to leave a deposit

**dépressurisation** *f.*   depressurization

  **dépressurisation en cabine**   change in air cabin pressure

**derby** *m.* (*pl.* **derbys** *or* **derbies**)   derby (shoes)

**derrière**   in the back, behind

**dés** *m. pl.*   dice

  **coupé, -e en dés**   diced

  **couper en dés**   to dice

**descendre**   to go down; to bring down

  **descendre de**   to get off (bus)

**descente** *f.*   descent

  **descente dangereuse / rapide**   steep hill

*se* **déshabiller**   to undress, to get undressed

**désinfectant** *m.*   disinfectant

**désirer**   to want (to)

  **Que désirez-vous comme . . . ?**   What do you want for . . . ?

**désodorisant** *m.*   deodorant

**dessert** *m.*   dessert

**desservir**   to service, to serve

**dessin** *m.*   drawing

  **dessin animé**   cartoon

**dessous**   under

  **en dessous**   underneath

  **en dessous de**   below

**dessus**   above

  **au-dessus de**   above, over

**dessus-de-lit** *m.*   bedspread

**destinataire** *m.*   addressee

**destination** *f.*   destination

  **à destination de**   for (plane, train travel)

**détergent** *m.*   detergent

  **détergent liquide**   liquid detergent

  **détergent en poudre**   soap powder

**détersif** *m.*   detergent

**devant**   in front of; in front

**développement** *m.*   development; developing (film)

**développer**   to develop

**déviation** *f.*   detour

**devises** *f. pl.*   foreign currency

  **cours de devises** *m.*   exchange rate

  **l'achat et la vente des devises**   buying and selling of foreign currency

**devoir**   to have to

**diabète** *m.*   diabetes

**diagnostic** *m.*   diagnosis

**dialoguiste** *m. & f.*   script writer

**diamant** *m.*   diamond

**diapositive** *f.*   slide (film)

**diarrhée** *f.*   diarrhea

**dictionnaire** *m.*   dictionary

**diététique**   dietetic

  **magasin de diététique** *m.*   health food store

**différentiel** *m.*   differential gear

**digestif** *m.*   after-dinner drink

**dimanche** *m.*   Sunday

**dîner** *m.*   dinner; lunch (Canada)

**diplôme** *m.*   diploma

**dire**   to say, to speak

  **on dirait que . . .**   it looks like . . .

**direct, -e**   direct

**directement**   directly

**directeur** *m.*, **directrice** *f.*   principal (school); manager (hotel)

**direction** *f.*   direction

  **dans la mauvaise direction**   in the wrong direction

**diriger**   to direct; to conduct (orchestra)

**disparaître**   to disappear

  **faire disparaître**   to remove

**disponible**   available

**disque** *m.*   record; hockey puck; disk (compact); pad

  **disque audionumérique**   compact disk

  **disque compact**   compact disk

  **disque compact informatique**   CD-ROM disk

  **disque dur**   hard drive

  **disque démaquillant**   make-up remover pad

  **disque optique compact (DOC)**   CD-ROM

  **platine tourne-disques** *f.*   turntable

  **tourne-disques** *m.*   record player

**dissolvant** *m.*   nail polish remover

**distribuer**   to deliver (mail)

**distributeur** *m.*   distributor (car)

  **distributeur automatique de billets (DAB)**   automatic teller machine (ATM)

  **distributeur automatique de timbres**   automatic stamp dispensing machine

**divan-lit** *m*.   sofa bed
**divers, -e**   various, varied
**doctorat** *m*.   doctorate (degree)
**documentaire** *m*.   documentary
**doigt** *m*.   finger
**dollar** *m*.   dollar
**domaine** *m*.   field (work)
**domicile** *m*.   home
  **lieu de domicile** *m*.   home address
  **soutien domicile** *m*.   home care
**donnée** *f*.   given fact
  **banque de données** *f*., **base de données** *f*.,
    **stockage de données** *m*.   databank
**donner**   to give
  **donner sur**   to overlook, to face
**doré, -e**   golden, gold
**dorer**   to brown (in skillet)
**dormir**   to sleep
**dos** *m*.   back
  **dos d'âne** *m*.   speed bump
  **dos du siège**   seat back
  **dos crawlé**   backstroke
**dossier** *m*.   back (seat)
  **commande du dossier** *f*.   seat back adjustment
    knob
  **dossier du siège**   seat back
**doter**   to equip
**douane** *f*.   customs
  **déclaration de douane** *f*.   customs declaration
    form
  **droits / frais de douane** *m. pl*. customs duty
**douanier** *m*. **douanière** *f*.   customs officer
**doublage** *m*.   dubbing
**double**   double
**doublé, -e en**   lined (clothes); dubbed in (film)
**doubler**   to pass (car)
  **Défense de doubler.**   No passing
  **Doublez à gauche.**   Pass on the left.
**doublure** *f*.   lining (clothes)
  **doublure amovible**   removable lining
**douche** *f*.   shower
  **prendre une douche**   to take a shower
**douleur** *f*.   ache, pain
  **douleurs abdominales**   abdominal upsets
  **douleurs de travail**   labor pains
**douloureux, douloureuse**   painful
**doux, douce**   sweet; fresh
  **au feu doux**   on low (oven temperature)
**douzaine** *f*.   dozen
  **une douzaine de**   a dozen
**drame** *m*.   drama
**drap** *m*.   sheet

**droit, -e**   right
  **veste droite** *f*.   single-breasted jacket
  **Allez tout droit.**   Go straight ahead.
  **Défense de tourner à droite.**   No right turn.
  **Priorité à droite.**   Give right of way to the
    right.
  **Regardez tout droit.**   Look straight ahead.
  **Restez à droite. Tenez (votre) droite.**   Keep to
    the right.
  **Serrez à droite.**   Squeeze to the right.
**droit** *m*.   duty; law
  **droits de douane**   customs duty
  **faculté de droit** *f*.   law school
**dur, -e**   hard; tough
**durée** *f*.   duration
  **de courte durée**   short-term
  **emploi de courte durée** *m*.   temporary
    (short-term) employment
  **de longue durée**   long, long-term
**durer**   to last

**eau** *f*.   water
  **chasse d'eau** *f*.   toilet flush
  **eau de cologne**   cologne
  **eau douce**   freshwater
  **eau minérale**   mineral water
  **eau potable**   drinking water
  **eau salée**   saltwater
  **niveau d'eau** *m*.   water level
**ébullition** *f*.   boiling
  **faire chauffer jusqu'à ébullition**   to heat to
    boiling
  **mener / porter à ébullition**   to bring to boil
**écailler**   to scale (fish)
**échangeur** *m*., **échangeur en trèfle**   cloverleaf
  (highway)
**échantillon** *m*.   sample
**échappement** *m*.   exhaust (car)
  **tuyau d'échappement** *m*.   exhaust pipe
**écharpe** *f*.   scarf
**échéance** *f*.   deadline
  **date d'échéance** *f*.   due date
  **payer en échéances**   to pay in installments
**échelonner**   to spread out payments
  **échelonner les règlements**   to pay in
    installments
**échouer**   to fail
  **échouer à l'examen**   to fail the exam
**éclair** *m*.   flash of lightning
**éclairage** *m*.   lighting, lights

**éclaircie** *f.* clearing (sky)
**école** *f.* school
  **école élémentaire (primaire)** elementary school
  **école maternelle** nursery school
  **école polyvalente** comprehensive secondary school (Quebec)
  **école secondaire** secondary school
  **école supérieure de commerce** business school
**économie** *f.* economy; economics (school subject)
  **en économie** economy class
**économique** economical
  **sciences économiques** *f. pl.* economics
**écossais, -e** Scotch
  **moquette écossaise** *f.* scotch plaid
**écouter** to listen, to listen to
**écouteurs** *m. pl.* headsets
**écran** *m.* screen
  **écran d'affichage** computer monitor (Canada)
  **écran plat** flat screen
  **écran solaire** sunscreen
**écraser** to grind (nuts)
**écrire** to write
**écriture** *f.* writing (skill)
**écrou** *m.* nut
**écru, -e** ecru
**écumer** to skim
  **écumer le gras** to skim the fat
**écumoire** *f.* skimmer
**éducation** *f.* education
  **éducation manuelle** shop (industrial arts)
  **éducation physique** physical education
**édulcorant** *m.* sweetener
  **édulcorant de synthèse** artificial sweetener
**effet** *m.* effect
  **effets personnels** personal belongings
**égalité** *f.* equality
  **à égalité** tied (sports, score)
**s'égarer** to wander, to get lost
  **Je me suis égaré.** I'm lost.
**égoutter** to strain, to drain
**égouttoir** *m.* drainboard, dish drainer
**élasthame** *m.* spandex
**élastique** elastic
  **saut à l'élastique** *m.* bungee jumping
**électricien** *m.*, **électricienne** *f.* electrician
**électrique** electric
**électrocardiogramme** *m.* electrocardiogram
**électronique** electronic
  **autoroute électronique** *f.* information highway
  **courrier électronique** *m.*, **messagerie électronique** *f.* e-mail

**élégant, -e** luxurious
**élève** *m. & f.* pupil, student (elementary and secondary school)
**élevé, -e** high, elevated
**émail** *m.* (*pl.* **émaux**) enamel
**embarquement** *m.* departure
**embauchement** *m.* hiring
**embaucher** to hire
**embauchoir** *m.* shoe tree
**embouteillage** *m.* traffic jam
**embrayage** *m.* clutch (car)
**embrayer** to engage the clutch (car)
**émeraude** *f.* emerald
**émettre** to emit
**émietter** to crumb, to make into crumbs
**émincé, -e** cut in thin slices
**émission** *f.* program (TV)
**emmener** to take, to lead away (person)
**empesé, -e** starched
**emploi** *m.* use; employment, job
  **emploi de courte durée** short-term, temporary employment
  **emploi à mi-temps** half-time job
  **emploi à plein temps** (Canada) full-time employment
  **emploi temporaire** temporary employment
  **emploi à temps complet** full-time employment
  **emploi à temps partiel** part-time job
  **emploi du temps** schedule
  **emplois antérieurs** previous employment
  **offre d'emploi** *f.* offer of employment
  **faire une demande d'emploi** to apply for a job
**employé** *m.*, **employée** *f.* employee
**emporte-restes** *m.* doggy bag
**emprunt** *m.* loan
  **faire un emprunt** to take out a loan
  **faire un emprunt hypothécaire** to take out a mortgage
**emprunter** to borrow
**en** of it
**encaisser** to cash (check)
**enceinte** pregnant
**enclos** *m.* enclosure
  **enclos de pratique** bullpen (basketball)
**encolure** *f.* collar size
**encre** *f.* ink
**s'endormir** to go to sleep, to fall asleep
**endosser** to endorse
**endroit** *m.* place
  **endroit (pour) non-fumeurs** no-smoking section
**enfant** *m. & f.* child

**enflé, -e**  swollen
**enfoncer**  to hammer, to drive in
  **enfoncer le clou dans le mur**  to hammer the
      nail into the wall
**engagement** *m.*  hiring
**engager**  to hire
**enjoliveur** *m.*  hubcap
**enlever**  to take off, to take out, to remove
**enregistrer**  to check (luggage); to record
      (music); to save (computer file)
**enregistreur** *m.*  recorder (CD, DVD, cassette)
*s'***enrhumer**  to catch a cold
  **être enrhumé, -e**  to have a cold
**enroué, -e**  hoarse
**enrouleur** *m.*  film winder
**enseignement** *m.*  education; teaching
**enseigner**  to teach
**ensoleillé, -e**  sunny
**ensuite**  next
**entendre**  to hear
  **Je vous entends mal.**  I can't hear you very
      well.
**entraînement** *m.*  training
  **entraînement aux haltères**  weight training
  **programme d'entraînement physique** *m.*  fitness
      training program
  **salle d'entraînement** *f.*  fitness center
**entracte** *m.*  intermission
**entraîneur** *m.*  coach, trainer
**entre**  between
**entrecôte** *f.*  ribsteak
**entrée** *f.*  first course, hors d'œuvre; admission
      (theater); entrance, access road
  **prix d'entrée** *m.*  admission price
**entreprise** *f.*  company, business
**entrer**  to enter, to go in
**entretien** *m.*  interview (job)
**entrevue** *f.*  interview (job)
**enveloppe** *f.*  envelope
**envelopper**  to wrap
**environs** *m. pl.*  outskirts
  **les environs de la ville**  the outskirts of the city
**envoi** *m.*  sending; mail
  **envoi recommandé**  registered mail
**envoyer**  to send
**épaisser**  to thicken
  **laisser épaisser**  to let thicken
**épaule** *f.*  shoulder
**épaulette** *f.*  epaulette
**épicé, -e**  spicy
**épicerie** *f.*  small grocery store
**épicier** *m.*, **épicière** *f.*  grocer

**épilepsie** *f.*  epilepsy
**épinards** *m. pl.*  spinach
**épingle** *f.*  pin
  **épingle à cheveux**  hairpin
  **épingle de sûreté**  safety pin
**éplucher**  to peel (potatoes and fruit)
**éponge** *f.*  sponge
  **tissu d'éponge** *m.*  terrycloth
**épousseter**  to dust
**épuisé, -e**  exhausted; used up, expired
**équipage** *m.*  crew
**équipe** *f.*  team
  **équipe adverse**  opposing team
**équipé, -e**  equipped
**équipement** *m.*  equipment
  **équipement hi-fi**  audio equipment
**ergomètre** *m.*  ergometer
  **ergomètre à grimper**  stair climber
  **ergomètre à ramer**  rowing machine
**erreur** *f.*  error
**escale** *f.*  stop (plane)
**escalope** *f.*  scallopini
**escargot** *m.*  snail
**escarpin** *m.*  pump (shoe)
  **escarpin de grand soir**  evening shoe
**escrime** *f.*  fencing
  **faire de l'escrime**  to fence, to go fencing
**espadrille** *f.*  espadrille, sandal
  **espadrille de plage**  beach sandal
**espagnol, -e**  Spanish
**espérer**  to hope
**essence** *f.*  gasoline
  **bidon d'essence de réserve** *m.*  reserve gas can
  **essence ordinaire**  regular gas
  **essence avec plomb**  leaded gasoline
  **essence sans plomb**  unleaded gasoline
  **essence super**  super gasoline
  **fuite d'essence** *f.*  gas leak
  **jauge d'essence** *f.*  fuel gauge
  **litre d'essence** *m.*  liter of gas
  **pompe à essence** *f.*  fuel pump
  **réservoir à essence** *m.*  gas tank
  **station d'essence** *f.*  gas station
**essieu** *m.*  axle
**essorer**  to strain, to drain
**essuie-glace** *m. invar.*  windshield wiper
**essuie-mains** *m.*  hand towel
**estomac** *m.*  stomach
**étage** *m.*  floor
  **deuxième étage**  third floor; second floor
     (Canada)
  **service d'étage**  room service

**étagère** *f.* shelf
  **étagère à livres** bookshelf
**été** *m.* summer
  **en été** in the summer
**éteindre** to turn off (oven); to put out (fire); to extinguish (light)
**s'étendre (sur)** to lie down (on)
**éternuer** to sneeze
**éthylomètre** *m.* breathalyser machine
**éthylotest** *m.* breathalyser test
**étiquette** *f.* label
**étoffe** *f.* material, cloth
**étouffée, à l'étouffée** steamed
**étranger** *m.*, **étrangère** *f.* foreigner
  **l'étranger** foreign countries
  **à l'étranger** abroad
**être** to be
  **vous serez** you will be
**étroit, -e** narrow
**études** *f. pl.* studies
  **programme d'études** *m.* course of study
**étudiant** *m.*, **étudiante** *f.* student (university)
**étuvée, à l'étuvée** steamed
**euro** *m.* euro (European currency)
  **C'est à 0,75 euros le dollar.** It's .75 euros to the dollar.
**évier** *m.* kitchen sink
  **boucher / fermer l'évier** to plug the drain
  **vider l'évier** to empty the sink
**examen** *m.* examination, exam
**examiner** to examine
**exercer** to practice (a profession)
**exfoliant** *m.* exfoliant
**expéditeur** *m.* sender
**expert-conseil** *m.* consultant
**expirer** to exhale, to breathe out
**expliquer** to explain
**exposimètre** *m.* exposure meter
**exprès: par exprès** by express, special delivery (mail)
**express** express (train)
  **grill-express** fast food restaurant in a train station
**extérieur** *m.* the outside
  **à l'extérieur de** outside of
**externe** *m. & f.* day student
**extinction** *f.* extinction
**eye-liner** *m.* eyeliner

**facile** easy
**fac-sim** *m.* hard copy
**facteur** *m.*, **factrice** *f.* letter carrier
**facture** *f.* bill; receipt

**facturer** to charge, to bill
**facultatif, facultative** optional
**faculté** *f.* school (of law, medicine, etc.)
  **faculté des lettres** school of liberal arts
  **faculté de médecine** medical school
**faible** weak
**faim** *f.* hunger
  **avoir faim** to be hungry
**faire** to do, to make; to dial (phone)
  **faire l'appoint** to have exact change
  **faire** + *infinitive* to have something done
  **se faire mal à** to hurt
  **Je fais du 40.** I take size 40.
  **Nous ferions aussi bien de . . .** We might as well . . .
  **Qu'est-ce que je fais pour aller à . . . ?** What do I do to get to . . . ?
  **Que fait-on pour aller à . . . ?** How does one get to . . . ?
**falloir** to have to
  **il me faut** I need
**famille** *f.* family
**fard** *m.* color (for make-up)
  **fard à joues** rouge (blush)
  **fard à paupières** eye shadow
**farine** *f.* flour
**faubourg** *m.* quarter, borough
**faute** *f.* error; foul (sports)
**fauteuil** *m.* armchair; seat (theater)
  **fauteuil d'orchestre** orchestra seat
  **fauteuil roulant** wheelchair
**favoris** *m. pl.* sideburns
  **Veuillez me tailler les favoris.** Please trim my sideburns.
**fax** *m.* fax machine
**fécal, -e** fecal
  **matières fécales** *f. pl.* feces
  **analyse de matières fécales** *f.* feces analysis
**femme** *f.* woman
**femme de chambre** *f.* chambermaid
**fenêtre** *f.* window
**fente** *f.* slot
**fer** *m.* iron
  **fer à friser** curling iron
  **fer à raidir** straightening iron
  **fer à repasser** iron
  **donner un coup de fer à** to iron, to press
**ferme** *f.* farm
**fermer** to close
**fermeture** *f.* closure; closing
  **fermeture éclair** zipper
  **fermeture à glissière** zipper

**fermoir** *m.* fastener
**ferroviaire** pertaining to a railway
  **réseau ferroviaire** *m.* railway network
**fesse** *f.* buttock
**fête** *f.* holiday; birthday (Canada); saint's day (France)
**feu** *m.* light; fire; traffic light
  **feu de camp** campfire
  **feu orange** yellow (orange) light
  **feu rouge** red light
  **feu vert** green light
  **feux** headlights
  **feux de circulation** traffic lights
  **feux de croisement** low beams (headlights)
  **feux de position / de parcage** parking lights
  **feux de route** high beams (headlights)
  **feux de stationnement** (Canada) parking lights
  **au feu doux** on low (oven or stove top temperature)
  **au feu fort** on high (oven or stove top temperature)
  **au feu moyen / modéré** on medium (oven or stove top temperature)
  **faire du feu** to make a fire
**feuille** *f.* leaf; form
  **feuille malade** health insurance form
**feuilleton** *m.* soap opera, serial
**feutre** *m.* felt
**fiançailles** *f. pl.* engagement
**fibre de verre** *f.* fiberglass
**ficelle** *f.* cord, string
**fiche** *f.* card, index card
  **fiche d'inscription** registration card
**fichier** *m.* file, document (computer)
**fièvre** *f.* fever
  **avoir de la fièvre** to have a fever
**figure** *f.* face
**fil** *m.* cord; wire; thread
  **fil électrique** electrical cord
  **téléphone sans fil** *m.* cordless phone
  **donner un coup de fil à** to telephone
  **sécher sur un fil** to line dry
**file** *f.* line-up
**filet** *m.* net; filet (beef)
  **filet d'arrêt** catcher's backstop (baseball)
  **filet à cheveux** hairnet
**film** *m.* film, movie
  **film d'amour** love story
  **film d'aventures** adventure film
  **film comique** comedy
  **film d'espionnage** spy story

  **film de guerre** war story
  **film d'horreur** horror film
  **film policier** police story
  **film de science-fiction** science fiction film
  **montrer / passer un film** to show a film
  **réaliser un film** to make a film
**filtre** *m.* filter
  **filtre à huile** oil filter
  **filtre U.V.** ultraviolet filter
**fin** *f.* end
**finances** *f. pl.* finance
**fixation** *f.* binding (ski)
**flacon** *m.* bottle
**flamme** *f.* flame
**flanelle** *f.* flannel
**flash** *m.* flash
  **flash intégré** built-in flash
  **glissière du flash** *f.* flash attachment
**flèche** *f.* arrow
**fleur** *f.* flower
**fleuri, -e** flowered
**flexibilité** *f.* flexibility
**flotter** to float
**flûte** *f.* flute
**foie** *m.* liver
**foin** *m.* hay
**folklorique** folk
**foncé, -e** dark
**fonctionnaire** *m. & f.* civil servant
**fonctionner** to work (thing)
  **ne pas fonctionner** to be out of order
**fond** *m.* back; bottom
  **fond de teint** *m.* foundation make-up
  **au fond** in the back
**fondre** to melt
**fonds** *m. pl.* funds
**football** *m.* soccer; football (U.S., Canada)
**formation** *f.* formation; education
  **formation scolaire** educational background
**forme** *f.* form, shape
  **se mettre en forme** to get in shape
**formulaire** *m.* form
**formule** *f.* request, formula, form
**fort, -e** strong; loud
  **au feu fort** on high (oven or stove top temperature)
**fortifier** to strengthen
**fouet** *m.* wire whisk, egg beater
**fouetter** to whip
**foulard** *m.* scarf
*se* **fouler** to sprain (wrist, ankle, etc.)
**foulure** *f.* sprain

**four** *m.* oven
  **au four** baked
  **four auto-nettoyant** self-cleaning oven
  **four grille-pain** toaster oven
  **four à micro-ondes** microwave oven
**fourchette** *f.* fork
**fournisseur d'accés / de service Internet** *m.*
  Internet Access Provider
**fourré, -e** fur-lined
**fourrure** *f.* fur
  **manteau de fourrure** *m.* fur coat
**fracture** *f.* fracture
  **fracture compliquée** compound fracture
  **réduire la fracture** to set the bone
**fragile** fragile
**frais, fraîche** fresh; cool
  **faire frais** to be cool (weather)
**frais** *m. pl.* charges, expenses, fees, commission
  charge
  **à frais virés** (Canada) collect (call)
  **frais d'inscription** registration fees
  **frais de scolarité** tuition fees
  **faire virer les frais** (Canada) to reverse the
    charges
  **sans frais** without charge
  **Les frais sont portés automatiquement sur votre**
    **compte.** The expenses are charged
    directly to your account.
  **C'est à 7 francs le dollar.** It is 7 francs to the
    dollar.
**français, -e** French
**français** *m.* French (language)
**franchise** *f.* deductible
**frange** *f.* bangs (hair)
**frangé, -e** fringed, bordered
**frapper** to hit; to bat (baseball)
**frappeur** *m.* batter (baseball)
  **rectangle du frappeur** *m.* batter's position
**frein** *m.* brake
  **frein à main (de stationnement)** handbrake
  **frein à pied** footbrake
  **garnitures de freins** *f. pl.* brake linings
  **liquide de freins** *m.* brake fluid
  **pédale de frein** *f.* brake pedal
  **faire un coup de frein brusque** to jam on the
    brakes
  **resserrer les freins** to tighten the brakes
**freiner** to brake (car)
**frémir** to simmer (sauce, water, milk)
  **laisser frémir** to let simmer
**fréquence** *f.* frequency
**frire** to fry

**frisé, -e** curly
**friser** to curl
**frissons** *m. pl.* chills
  **J'ai des frissons.** I have chills.
**frit, -e** fried
  **frit à grande huile** deep fried
**friteuse** *f.* frying pan
**froid, -e** cold
  **avoir froid** to be cold (people)
  **faire froid** to be cold (weather)
**froissé, -e** crinkled
**fromage** *m.* cheese
  **fromage râpé** grated cheese
  **râpe à fromage** *f.* cheese grater
**fromager** *m.*, **fromagère** *f.* cheese merchant
**fromagerie** *f.* cheese store
**front** *m.* forehead
**frotter** to scrub
  **frotter à la brosse** to scrub
**fruit** *m.* fruit
  **fruits de mer** seafood
**fruiterie** *f.* fruit and vegetable store
**fruitier** *m.*, **fruitière** *f.* fruit and vegetable
  shopkeeper
**fuire** to leak
**fuite** *f.* leak
**fumer** to smoke
  **défense de fumer** no smoking
**fumeur** *m.* smoker
  **compartiment fumeurs** *m.* smoking car
    (train)
  **compartiment non-fumeurs** *m.* no-smoking car
    (train)
  **endroit (pour) fumeurs** *m.*, **section / zone**
    **fumeurs** *f.* smoking section (plane)
  **endroit (pour) non-fumeurs** *m.*, **section / zone**
    **non-fumeurs** *f.* no-smoking section
    (plane)
**fusible** *m.* fuse
  **boîte à fusibles** *f.* fusebox
  **Un fusible a sauté.** A fuse blew.

**gabardine** *f.* gabardine
**gages** *m. pl.* wages, salary (for domestic
  worker)
**gagner** to win
**gaine** *f.* girdle
  **gaine culotte** panty girdle
**galerie** *f.* peanut gallery (theater)
**gamme** *f.* range
  **gamme d'appareils** range of equipment
  **haut de gamme** top of the line

**gant** *m.* glove

  **boîte à gants** *f.* glove compartment

  **gant de receveur** catcher's mitt (baseball)

  **gant de toilette** washcloth, facecloth

  **gant de voltigeur** outfield glove (baseball)

**garage** *m.* garage

**garçon** *m.* boy; waiter

**garde** *m.* guard

**garde-plage** *m.* lifeguard

**garder** to keep, to hold, to guard

**garde-robe** *f.* wardrobe

**gardien de but** *m.* goal tender, goalie

**gare** *f.* train station

*se* **garer** to park (car)

**garnir** to garnish

**garniture** *f.* garnish

**gastrite** *f.* gastritis

**gâté, -e** spoiled (fruit)

**gâteau** *m.* cake

  **mélange à gâteau** *m.* cake mix

**gauche** left

  **défense de tourner à gauche** no left turn

**gaze** *f.* gauze

**gel** *m.* gel

  **gel coiffant / fixant / structurant / de revitalissement** styling / hair gel

  **gel démaquillant** cleansing gel

**gelée** *f.* frost

**geler** to freeze

**gencive** *f.* gum

**genou** *m.* knee

**genre** *m.* type

**géographie** *f.* geography

**gérant** *m.* manager

**gestion** *f.* management

**gibier** *m.* game (fowl), poultry

**giboulée** *f.* rain shower

**gigaoctet** *m.* gigabyte

**gilet** *m.* sweater, vest

  **gilet de corps / de peau** undershirt

  **gilet de sauvetage** life jacket

**glaçage** *m.* icing

**glace** *f.* glass (car); mirror; ice

  **lave-glace** *m.* windshield washer

  **faire du patinage sur glace** to go ice-skating

**glaçon** *m.* ice cube

**glaïeul** *m.* gladiolus

**glande** *f.* gland

  **glandes enflées** swollen glands

**glissière** *f.* slide

  **glissière du flash** flash attachment

**golf** *m.* golf

**gomme** *f.* eraser

**gonflable** inflatable

  **coussin gonflable** *m.* air bag, air cushion

  **sac gonflable** *m.* air bag (car)

**gonflage** *m.* inflating, blowing up

  **borne de gonflage** *f.* air pump

**gonfler** to fill with air, to inflate

**gorge** *f.* throat

**gourmette** *f.* chain bracelet

**goût** *m.* taste

  **au goût** to taste

**goutte** *f.* drop

  **gouttes pour le nez** nose drops

  **gouttes oculaires** eye drops

  **gouttes pour les oreilles** ear drops

**graissage** *m.* grease job

  **faire un graissage** to do a grease job

**graisse** *f.* grease

**grammaire** *f.* grammar book

**gramme** *m.* gram

**grand, -e** big

**grappe** *f.* bunch (grapes)

**gras, -se** fat, oily

  **caractères gras** *m. pl.* bold face type

  **faible en matières grasses** low fat

**gras** *m.* fat

**gratiner** to brown (sometimes with cheese on top)

**grattoir** *m.* scraper

**gratuit, -e** free of charge

  **numéros gratuits** free phone numbers (police, fire, etc.)

**grave** serious

**graver** to burn (CD, DVD)

**graveur** *m.* burner (CD, DVD, etc.)

**grêle** *f.* hail

  **Il tombe de la grêle.** It's hailing.

**grenat** *m.* garnet

**grenier** *m.* attic

**grève** *f.* strike

  **en grève** on strike

  **faire la grève** to go on strike

**griffe** *f.* clip (for stone in ring)

**gril** *m.* grill

**grillades** *f. pl.* grilled meats

**grillé, -e** broiled, grilled

  **grillé au charbon de bois** charcoal-broiled, grilled

**grille-pain** *m.* toaster

**griller** to burn out, to go out (light bulb); to grill (meat)

**grilloir** *m.* broiler
**grimper** to climb
  **ergomètre à grimper** *m.* stair climber
  **Les ourlets grimpent.** Hemlines are rising / are higher.
**grincement** *m.* rattling noise
**grincer** to rattle
**grippe** *f.* flu
**gris, -e** grey
  **gris acier** steel grey
**gros, -se** big, large, fat
**gros-grain** *m.* gros-grain
**groupe** *m.* group
  **groupe sanguin** blood type
**guérir** to get well, to be cured
**guichet** *m.* ticket window; window (post office); box office
  **guichet automatique de banque (GAB)** automatic teller window
**guide** *m.* guide
  **guide des spectacles** entertainment guide
**guitare** *f.* guitar
**gymnase** *m.* gymnasium
**gymnastique** gymnastic
  **club gymnastique** *m.* fitness center
**gymnastique** *f.* gymnastics
  **faire de la gymnastique** to exercise, to do gymnastics

**habillé, -e** dressed, dressy
**habit** *m.* dress coat, tails
**habitacle** *m.* cockpit
**habiter** to live in
**hache** *f.* axe
**haché, -e** minced
**hacher** to grind (meat)
**haleine** *f.* breath
  **analyseur d'haleine** *m.* breathalyser test
**halogène** *m.* halogen lamp
**haltère** *m.* weight
  **soulever des haltères** to lift weights
**hamac** *m.* hammock
**hameçon** *m.* fish hook
  **prendre le poisson à l'hameçon** to hook the fish
**hanche** *f.* hip
**harpe** *f.* harp
**hausse** *f.* rise
**hausser** to shorten (hem)
**haut, -e** high
  **haute couture** designer / couturier fashion

**haut** *m.* top
  **en haut de** at / on the top of
  **sur le haut** on top
**hautbois** *m.* oboe
**hauteur** *f.* height
**haut-parleur** *m.* loudspeaker; speaker (stereo)
**hémorroïde** *f.* hemorrhoid
**herbe** *f.* herb
  **fines herbes** fine herbs
**heure** *f.* hour; time
  **à l'heure** on time
  **de l'heure** an / per hour
  **être payé à l'heure** to be paid by the hour
  **heures de grande écoute** prime time
  **heures de pointe, heures d'affluence** rush hours
  **heures supplémentaires** overtime
  **toutes les demi-heures** every half hour
**hier** yesterday
**histoire** *f.* history; story
**hiver** *m.* winter
  **en hiver** in the winter
**hockey** *m.* hockey
**homme** *m.* man
**honoraires** *m. pl.* honorarium, pay, fee (for doctor, lawyer, etc.)
**hôpital** *m.* hospital
**horaire** *m.* schedule, timetable
  **horaire flottant / flexible / variable** flex time
  **horaire de grande écoute** prime-time scheduling
  **horaire des trains** train schedule
**horodateur** *m.* electronic parking meter
**hors** out, outside
  **hors des limites (du terrain)** out of bounds (tennis)
  **hors service, hors de service** out of order
  **hors-taxe** duty-free
**hors-d'œuvre** *m.* hors d'œuvre, first course
**hortensia** *m.* hydrangea
**horticulture** *f.* horticulture, gardening
**hôtel** *m.* hotel
**hôtesse de l'air** *f.* stewardess, female flight attendant
**houpette** *f.* powder puff
**housse** *f.* cover, dust cover
  **housse de protection** *f.* dust cover
**hublot** *m.* window (airplane)
  **un siège côté hublot** a window seat
**huile** *f.* oil; cooking oil
  **fuite d'huile** *f.* oil leak
  **huile d'arachide** peanut oil

**huile démaquillante**  cleansing oil
**huile de maïs**  corn oil
**huile d'olive**  olive oil
**huile de soja**  soya oil
**huile végétale**  vegetable oil
**jauge d'huile / à huile** *f.*  dipstick
**niveau d'huile** *m.*  oil level
**Pourriez-vous faire une vidange d'huile?**
    Could you change the oil?
**humide**  humid
**hybride**  hybrid
**hydratant** *m.*  moisturizer
**hydration** *f.*  moisturization
  **hydration pour le corps**  moisturizer
**hygiénique**  hygienic
  **papier hygiénique** *m.*  toilet paper
**hypermarché** *m.*  large supermarket
**hyperprotidique**  high protein
**hypocalorique**  low-calorie
**hypothécaire**  pertaining to a mortgage
  **faire un emprunt hypothécaire**  to take out
    a mortgage
**hypothèque** *f.*  mortgage

**ici**  here
  **d'ici**  from here
**illimité, -e**  unlimited
**îlot** *m.*  island
  **îlot de ravitaillement**  gas island
**il y a**  there is, there are
*s'***immatriculer**  to register (university)
**immédiat, -e**  immediate
**immunodéficitaire**  immune deficiency
  **syndrome immunodéficitaire acquis (SIDA)** *m.*
    acquired immune deficiency syndrome
    (AIDS)
**imper** *m.* (short for **imperméable**)  raincoat
**imperméable** *m.*  raincoat
**impôt** *m.*  tax, income tax
**imprévu, -e**  unexpected
**imprimante** *f.*  printer (machine)
  **imprimante à jet d'encre**  ink jet printer
  **imprimante à laser**  laser printer
**imprimé, -e**  printed
**incendie** *m.*  fire
**inclinable**  reclining (seat)
**incorporer**  to incorporate, to blend
**indéfrisable** *f.*  permanent wave
**indémodable**  in style, that which will never go
  out of style
**indicateur de vitesse** *m.*  speedometer

**indicatif** *m.*  code
  **indicatif de département** (France)  area code
  **indicatif du pays**  country code (phone)
  **indicatif régional** (Canada)  area code
  **indicatif de ville**  area code
  **indicatif de zone**  routing code, zone code,
    area code (phone)
**indigestion** *f.*  indigestion
**indiquer**  to indicate
**infarctus** *m.*  heart attack
**infection** *f.*  infection
**inférieur, -e**  lower (sleeping berth in train)
**infirmier** *m.*, **infirmière** *f.*  nurse
**informaticien** *m.*, **informaticienne** *f.*  data
  processor, computer programmer
**information** *f.*  piece of information
  **autoroute de l'information** *f.*, **réseau des**
    **informations** *m.*  information
    highway
  **traitement de l'information** *m.*  data processing
**informations** *f. pl.*  news
**informatique**  relating to computers
  **disque compact informatique**  CD-ROM disk
  **système informatique** *m.*  computer system
**informatique** *f.*  computer science; information
  technology
**infroissable**  wrinkle-resistant
**ingénieur** *m.*  engineer
**ingrédient** *m.*  ingredient
  **ingrédients mouillés**  wet ingredients
  **ingrédients secs**  dry ingredients
**injection** *f.*  injection
**inscription** *f.*  registration
*s'***inscrire**  to check in (hotel); to enroll, to
  register (course)
**insecte** *m.*  insect
  **chasse-insectes** *m.* (Canada)  insect repellent
  **piqûre d'insecte** *f.*  insect bite
  **produit contre les insectes**  insect repellent
**insensibiliser**  to give an anesthetic
  **Insensibilisez-moi la dent.**  Give me an
    anesthetic for dental work.
**insolation** *f.*  sunstroke
**inspirer**  to breathe, to breathe in, to inhale
**instant** *m.*  instant
**institut** *m.*  institute
  **institut de beauté**  beauty salon
**instituteur** *m.*, **institutrice** *f.*  teacher (elementary
  school)
**instrument** *m.*  instrument
  **instrument à cordes**  stringed instrument
  **instrument de musique**  musical instrument

**instrument à percussion** percussion instrument
**instrument à vent** wind instrument
**insuffisant, -e** failing (grade)
**intense** intense
**interdit, -e** forbidden
  **il est interdit de** it is forbidden to
  **sens interdit** no entry
**intérêt** *m.* interest
  **taux d'intérêt** *m.* interest rate
  **toucher des intérêts** to get interest
**intérieur** *m.* interior
  **à l'intérieur de** within
**intermédiaire** *m.* intermediary
  **passer par l'intermédiaire de** to go through (person)
**interne** interior
**interne** *m.* intern
**interprète** *m. & f.* interpreter, actor
**interrupteur** *m.* light switch
  **interrupteur de feux de détresse** emergency flashers switch
**interurbain, -e** long-distance, between cities
  **carte interurbaine** *f.* (Canada) telephone credit card
**intervalle** *m.* interval
  **intervalle de sécurité** safe following distance
**intervention** *f.* intervention
  **intervention chirurgicale** surgery
**interview** *f.* interview (by a journalist)
**intestin** *m.* bowel, intestine
**intestinal, -e** intestinal
**intoxication** *f.* poisoning
  **intoxication alimentaire** food poisoning
**intraveineux, intraveineuse** intravenous
**introduire** to introduce, to put in, to insert
**invité** *m.*, **invitée** *f.* guest
**issue** *f.* issue
  **issue de secours** (Canada) emergency exit
**italien, -ne** Italian
**italien** *m.* Italian (language)
**italique** italic
  **caractères en italique(s)** *m. pl.* italic type
**ivoire** *m.* ivory
**ivre** drunk

**jacinthe** *f.* hyacinth
**jacquard** jacquard pattern
**jade** *m.* jade
**jalousie** *f.* jealousy; Venetian blind

**jambe** *f.* leg
**jambière** *f.* leg warmer
**jambon** *m.* ham
**jardin** *m.* garden
  **jardin d'enfants** (Canada) kindergarten
**jardinier** *m.*, **jardinière** *f.* gardener
**jarretelle** *f.* garter
  **porte-jarretelles** *m.* garter belt (woman)
**jaser** (Quebec) to chat
**jauge** *f.* gauge
**jaune** yellow
**jazz** *m.* jazz
**jean** *m.* jeans
**jersey** *m.* jersey
**jeter** to throw, to throw out
**jeu** *m.* (*pl.* **jeux**) game
  **double jeu** double play (baseball)
  **jeu blanc** no-score game
  **jeux Olympiques** Olympic Games
  **ligne des jeux** *f.* boundaries
**jogging** *m.* jogging
**joint** *m.* gasket (car); joint
  **ci-joint** attached, enclosed (in a letter)
**jointure** *f.* joint
**jonquille** *f.* daffodil
**joue** *f.* cheek
  **fard à joues** *m.* rouge, blush
**jouer** to play; to be showing (film)
  **jouer à** + *sport* to play (a sport)
  **jouer de** + *musical instrument* to play (instrument)
**joueur** *m.* player
  **abri** *m.* / **ligne** *f.* **des joueurs** dugout (baseball)
  **joueur de défense droit** right back (defense, hockey)
  **joueur de défense gauche** left back (defense, hockey)
**jour** *m.* day
  **jour férié** holiday
  **par jour** by the day
  **tous les jours** every day
**journal** *m.* (*pl.* **journaux**) newspaper
  **journal télévisé** newscast
  **kiosque à journaux** *m.* newsstand
**journée** *f.* day
  **à la journée** by the day
**jupe** *f.* skirt
  **jupe de la ligne A** A-line skirt
  **jupe portefeuille** wrap-around skirt
  **mini-jupe** miniskirt

**jupon** *m.* slip (clothes)
  **demi-jupon** half-slip
**jus** *m.* juice
  **au jus** in its juices
  **jus d'orange** orange juice
    **jus d'orange surgelé concentré** frozen concentrated orange juice
  **jus de pomme** apple juice
**jusqu'à** until
**juterie** *f.* juice bar

**kabig** *m.* duffle coat
**kaki** *adj. invar.* khaki
**kilo** *m.* kilogram
  **demi-kilo** half a kilogram
**kilométrage** *m.* measure of kilometers traveled (akin in meaning to "mileage")
**kilomètre** *m.* kilometer
  **kilomètres à l'heure** kilometers an hour
  **C'est combien par kilomètre?** How much is it per kilometer?
**kiosque** *m.* stand
  **kiosque à journaux** newsstand
**klaxon** *m.* horn
**klaxonner** to blow the horn

**laboratoire** *m.* laboratory
**lac** *m.* lake
**lacet** *m.* shoelace, shoestring
**laine** *f.* wool
  **crêpe de laine** *m.* wool crepe
  **laine d'agneau** lamb's wool
  **laine bouillie** boiled wool
  **laine chinée** mottled wool
  **laine côtelée** worsted wool
  **laine mérinos** merino wool
  **laine peignée** worsted wool
**laisser** to leave (a thing)
  **laisser** + *infinitive* to let something happen
  **laisser tomber** to drop
**laitue** *f.* lettuce, head of lettuce
**lame** *f.* blade
**lampadaire** *m.* floor lamp
**lampe** *f.* lamp
  **lampe à halogène** halogen lamp
  **lampe de poche** flashlight
**lancer** *m.* pitch (baseball)
  **mauvais lancer** wild pitch
**lancer** to toss, to throw; to pitch (baseball); to shoot (baseball); to shoot (basketball); to launch

**lanceur** *m.* pitcher (baseball)
**langue** *f.* tongue; language
  **langues vivantes** modern languages
  **Tirez la langue.** Stick out your tongue.
**lanière** *f.* strap (shoe)
**laque** *f.* hair spray
**large** wide
**latéral, -e** lateral, pertaining to the side
**latin** *m.* Latin
**launderette** *f.* self-service laundry
**lavable** washable
**lavabo** *m.* washbasin, sink (bathroom)
**lavage** *m.* washing
  **faire le lavage** to do the laundry
**lave-glace** *m.* windshield washer
**laver** to wash
  **machine à laver** *f.* washing machine
*se* **laver** to wash oneself
**laverie** *f.* laundry
**lavette** *f.* dishcloth, dishrag
**laveuse** *f.* (Canada) washing machine
**lave-vaisselle** *m.* dishwasher
**laxatif** *m.* laxative
**lecteur** *m.* reader
  **lecteur CD-ROM** CD-ROM drive
  **lecteur de CD / de DVD / de cassettes** CD / DVD / cassette player
  **lecteur MP3** MP3 player
**lecture** *f.* reading
  **livre de lecture** *m.* reader
**léger, légère** light
**légume** *m.* vegetable
  **épluche-légumes** *m.* vegetable peeler
**lentement** slowly
**lentille** *f.* lens
  **lentilles de contact** contact lenses
**léotard** *m.* leotard
**lessive** *f.* detergent, soap powder
  **faire la lessive** to do the laundry
**lessiveuse** *f.* (Canada) washing machine
**lest** *f.* weight (exercise)
  **soulever des lests** to lift weights
**lettre** *f.* letter
  **boîte aux (à) lettres** *f.* mailbox
  **lettres moulées, lettres d'imprimerie** block letters, capital letters
  **papier à lettres** *m.* writing paper
**lever** to rise
  **au lever du rideau** when the curtain goes up
*se* **lever** to get up; to go up; to rise (curtain)
  **se lever de table** to get up from the table

**levier** *m.* shift
  **levier d'avancement** film winder (camera)
  **levier de changement de vitesse** gear-shift lever
**lèvre** *f.* lip
  **baume à lèvres** *m.*, **baume pour les lèvres** *m.* (Canada) lip balm
  **contour des lèvres** *m.* lip liner
  **crayon à lèvre** *m.*, **crayon pour les lèvres** *m.* lip pencil
  **pinceau à lèvres** *m.*, **pinceau pour les lèvres** *m.* lip brush
  **rouge à lèvres** *m.* lipstick
**libérer** to vacate (room)
**libraire** *m. & f.* bookseller
**librairie** *f.* bookstore
**libre** free, vacant, available
  **libre-service** self-service
**licence** *f.* bachelor's degree
**lieu** *m.* place
  **lieu de domicile** home address
  **lieu de naissance** place of birth
**ligne** *f.* line (air, train, bus, telephone, fishing); waistline, figure
  **grandes lignes** long-distance lines (trains)
  **ligne aérienne** airline
  **lignes de banlieue** commuter lines (trains)
  **ligne continue** unbroken line (on highway)
  **ligne des joueurs** dugout (baseball)
  **serveur en ligne** *m.* on-line server (Internet)
  **garder sa ligne** to watch one's waistline
  **en ligne** on-line (computer)
  **La ligne est défectueuse.** There is trouble on the line.
  **La ligne est occupée.** The line (phone) is busy.
  **On nous a coupé la ligne.** We were cut off.
**lilas** *m.* lilac
**lime** *f.* nail file
**limitation** *f.* limitation
  **limitation de vitesse** speed limit
**linge** *m.* laundry
  **corde à linge** *f.* clothesline
  **pince à linge** *f.* clothespin
**lingerie** *f.* lingerie
**liquide** *m.* fluid, liquid
**lire** to read
**lis** *m.* lily
**lisseur** *m.* straightening iron
**lit** *m.* bed
  **bois de lit** *m.* bedframe
  **colonne de lit** *f.* bedpost
  **couvre-lit** *m.* bedspread

**dessus-de-lit** *m.* bedspread
  **grand lit** double bed
  **lit double** double bed
  **lit simple** single bed
  **lit supplémentaire** extra bed
  **lits jumeaux** twin beds
  **tête de lit** *f.* headboard
  **faire son lit** to make one's bed
**litre** *m.* liter
**littérature** *f.* literature
**livre** *m.* book
  **livre d'occasion** second-hand book
**livret** *m.* booklet
  **livret d'épargne** passbook, bankbook
**local, -e** local
**location** *f.* rental
  **agence de location de voitures** *f.* car rental agency
**loge** *f.* box (theater)
**logiciel** *m.* software
**loin** far
  **plus loin** farther on
**long, longue** long
  **le long de** throughout
**lotion** *f.* lotion
  **lotion après-rasage** after-shave lotion
  **lotion de bronzage progressif** tanning lotion
  **lotion hydratante** moisturizing lotion
  **lotion solaire** suntan lotion
**louche** *f.* ladle
**louer** to rent
**ludiciel** *m.* games software
**lumière** *f.* light
  **allumer la lumière** to turn on the light
  **éteindre la lumière** to turn off the light
**lumineux, lumineuse** illuminated
**lunettes** *f. pl.* eyeglasses, goggles
  **lunettes de soleil** sunglasses
  **lunettes solaires** (Canada) sunglasses
**lustre** *m.* chandelier
**lutte** *f.* wrestling
  **faire de la lutte** to wrestle, to do wrestling
**lycée** *m.* lycée (French secondary school)
**lycra** *m.* lycra
**lys** *m.* lily

**macérer** to steep
**macheron** *m.* cap sleeve
**machine** *f.* machine
**machiniste** *m. & f.* stagehand
**mâchoire** *f.* jaw

**magasin** *m.*  store
  **grand magasin**  department store
  **magasin de chaussures**  shoe store
  **magasin de diététique**  health food store
  **magasin hors-taxe**  duty-free shop
  **magasin de vins et spiritueux**  liquor store
**magazine** *m.*  magazine
**magnétophone à cassettes** *m.*  cassette recorder
**magnétoscope à cassettes** *m.*  video cassette recorder
**maillot** *m.*  jersey; hockey sweater
  **maillot de bain**  bathing suit
  **maillot de corps**  undershirt
  **maillot de danse**  leotard
  **maillot de gym**  workout clothes
**main** *f.*  hand
  **essuie-mains** *m.*  hand towel
**maintenir**  to maintain
**mairie** *f.*  city hall
**mais**  but
**maïs** *m.*  corn
**maison** *f.*  house
  **maison d'édition**  publishing house
  **maison d'étudiants**  student residence
**maître** *m.*  male primary or elementary school teacher
  **maître d'**  maître d'hôtel, host (in a restaurant)
**maîtresse** *f.*  elementary school teacher
**maîtrise** *f.*  master's degree
**mal** *m.*  hurt, sickness
  **mal de l'air**  airsickness
  **mal de mer**  seasickness
  **avoir mal à**  to hurt
  **avoir du mal à**  to have difficulty
  **faire mal à**  to hurt
  **se faire mal à**  to hurt oneself
  **Cela me fait mal ici.**  It hurts me here.
  **Est-ce que cela vous fait mal?**  Does that hurt?
**malade**  sick
  **feuille malade** *f.*  health insurance form
**malade** *m. & f.*  sick person
**maladie** *f.*  disease, illness
**malaxer**  to knead
**malle** *f.*  trunk
**mallette** *f.*  briefcase, attaché case
**manche** *f.*  sleeve; inning (baseball)
  **à manches longues**  with long sleeves
  **manches trompettes**  flared sleeves
**manchette** *f.*  cuff
  **bouton de manchette** *m.*  cuff link
**mandat** *m.*  money order
  **formule de mandat** *f.*  money order request

**manège (de discipline)** *m.*  treadmill (exercise machine)
**manger**  to eat
**manivelle** *f.*  crank
**manquer**  to miss, to be lacking / missing; to miss (a plane)
  **il manque . . .**  . . . is missing
**manteau** *m.*  coat
**manucure** *f.*  manicure
**manuel, -le**  manual
  **éducation manuelle** *f.*  industrial arts, shop
**maquillage** *m.*  make-up
*se* **maquiller**  to put on make-up
**marathon** *m.*  marathon
  **participer aux marathons**  to run marathons
**marchand** *m.*, **marchande** *f.*  merchant
  **marchand de légumes**  green grocer
  **marchand de vin**  wine merchant
**marche** *f.*  walking, walk
  **faire de la marche (à pied)**  to walk, to go walking
  **faire (engager la) marche arrière**  to put the car in reverse
**marcher**  to work (machine)
**marée** *f.*  tide
  **marée basse**  low tide
  **marée haute**  high tide
  **pré et marée** *m.*  surf and turf
  **La marée descend.**  The tide is going out.
  **La marée monte.**  The tide is coming in.
**margarine** *f.*  margarine
**marguerite** *f.*  marguerite
**mariner**  to marinate
**marketing** *m.*  marketing
**marmite** *f.*  pot
**marque** *f.*  brand; score
  **La marque est à égalité.**  The score is tied.
**marquer**  to score
  **marquer un but**  to make / to score a goal
  **marquer un point**  to score
**marron** *adj. invar.*  maroon (color)
**marteau** *m.*  hammer
**martelage** *m.*  hammering
**martial, -e**  martial
  **faire des arts martiaux**  to practice martial arts
**mascara** *m.*  mascara
**masque** *m.*  mask
  **masque à oxygène**  oxygen mask
**massicot** *m.*  paper cutter
**mât** *m.*  pole (tent)

**match** *m.*   game (baseball, hockey, football, soccer); set (tennis)

**matelas** *m.*   mattress

  **matelas gonflable / pneumatique**   air mattress

**matériel** *m.*   hardware

**mathématiques** *f. pl.*   mathematics

**maths** *f. pl.*   math

**matière** *f.*   subject (school)

**matin** *m.*   morning (time of day)

  **le matin**   in the morning

**matinée** *f.*   morning (time span)

**matricielle** *f.*   dot matrix printer

**mauvais, -e**   bad, rough (sea)

  **dans le mauvais sens**   in the wrong direction

  **faire mauvais**   to be bad (weather)

**maximal, -e**   maximum

**maximum** (Canada)   maximum

**mécanicien** *m.*, **mécanicienne** *f.*   mechanic

**mèches** *f. pl.*   highlights (hair)

**méconduite** *f.*   misconduct

**médecin** *m.*   doctor

**médecine** *f.*   medicine

  **médecine douce**   alternative medicine

  **médecine parallèle**   alternative medicine

**médical, -e**   medical

**médicament** *m.*   medicine

**mégaoctet** *m.*   megabyte

**mélange** *m.*   mixture, mix, combination

**membre** *m.*   member

**même**   same

  **vous-même**   yourself

**mémoire** *f.*   memory

  **mémoire morte**   ROM (read-only memory)

  **mémoire vive**   RAM (random-access memory)

  **mettre en mémoire**   to store (computer)

**ménage** *m.*   housework

  **faire le ménage**   to do housework

**mener**   to take, to bring

**mensuel, -le**   monthly

**menton** *m.*   chin

**menu, -e**   small

  **menue monnaie** *f.*   small change

**menu** *m.*   menu

  **menu du jour, menu à prix fixe, menu promotionnel, menu table d'hôte, menu touristique**   fixed price menu

**mer** *f.*   sea, ocean

  **fruits de mer** *m. pl.*   seafood

  **mal de mer** *m.*   seasickness

**merci**   thank you

**message** *m.*   message

**messagerie électronique** *f.*   e-mail

**mesure** *f.*   measurement

  **Faites-vous . . . sur mesure?**   Do you make . . . to measure?

  **Veuillez prendre mes mesures.**   Please take my measurements.

**mesurer**   to measure

**métier** *m.*   job, profession

**mètre** *m.*   meter

**métro** *m.*   subway

  **prendre le métro**   to take the subway

  **station de métro** *f.*   subway station

  **ticket de métro** *m.*   subway ticket

**mets** *m.*   dish (type of cuisine)

**metteur en scène** *m.*   director, producer

**mettre**   to put, to place

  **mettre à pied**   to lay off temporarily

  **mettre à la porte**   to fire (someone from a job)

*se* **mettre**   to put oneself

  **se mettre en forme**   to get in shape

**meuble** *m.*   piece of furniture

**mezzanine** *f.*   mezzanine

**micro-ordinateur** *m.*   microcomputer

**mien, -ne**   mine

**mijoter**   to cook slowly, to cook on a low flame

**milieu** *m.*   middle

  **au milieu**   in the middle

**millimètre** *m.*   millimeter

**mine** *f.*   refill (pen)

  **porte-mine** *m.*   pencil case

**minéralogique** *f.*   license plate

**minimal, -e**   minimum

**minimum** (Canada)   minimum

**minute** *f.*   minute

**miroir** *m.*   mirror

**mise en plis** *f.*   set (hair)

**mitaine** *f.*   mitten; catcher's mitt

**mi-temps** *f.*   (sports) half time

**mitonner**   to simmer

**mixer** *m.*   blender

**mocassin** *m.*   moccasin, loafer

**modem** *m.*   modem

**modéré, -e**   moderate

**modique**   modest

**moins**   less

  **au moins**   at least

**mois** *m.*   month

  **par mois**   by the month, a month

  **être payé au mois**   to be paid by the month

**moitié** *f.*   half

**molaire** *f.*   molar

**moment** *m.*   moment

**monde** *m.* world

  **tout le monde** everyone

**monder** to blanch

**mondialisation** *f.* globalization

**moniteur** *m.* monitor, monitor screen; fitness trainer

**monitrice** *f.* female fitness trainer

**monnaie** *f.* money, change

  **menue monnaie** small change

  **pièce de monnaie** *f.* coin

  **porte-monnaie** *m.* change purse

  **donner / faire la monnaie de** to change, to make change

**montagne** *f.* mountain

**montant** *m.* sum, total amount

**monter** to go up; to put on, to stage (play); to come in (tide)

  **monter dans** to get on (train)

  **monter les bagages** to take up luggage (to a room)

  **monter les blancs en neige** to beat egg whites until stiff

**montre** *f.* watch

  **montre digitale** digital watch

  **montre à quartz** quartz watch

  **montre avec trotteuse** watch with a second hand

  **Ma montre s'est arrêtée.** My watch has stopped.

  **Ma montre avance.** My watch is fast.

  **Ma montre retarde.** My watch is slow.

**montrer** to show

**monture** *f.* frame (eyeglasses)

**moquette** *f.* plaid

  **moquette écossaise** scotch plaid

**morceau** *m.* piece

**mordre** to bite

  **mordre à l'hameçon** to swallow the bait

**mort, -e** dead

  **mémoire morte** *f.* read-only memory (ROM)

  **au point mort** in neutral (car)

  **Mort!** Out! (baseball)

**mort** *f.* death

**mot** *m.* word

  **mot de passe** password

**moteur** *m.* motor

  **moteur de recherche** search engine (Internet)

  **réglage du moteur** *m.* tune-up

  **Le moteur chauffe.** The motor is overheating.

  **Le moteur cliquette.** The motor knocks.

  **Le moteur a des ratés.** The motor misfires.

  **Le moteur tourne mal.** The motor is not running well.

**motif** *m.* design

**mou, molle** soft

**mouchoir** *m.* handkerchief

  **mouchoir de papier** tissue

**mouillé, -e** wet

**moule** *m.* mold, pan

  **moule à gâteau** cake pan

  **moule à glaçons** ice cube tray

  **moule à tarte** pie pan

**moulin** *m.* mill

  **moulin à poivre** pepper mill

**moulinet** *m.* fishing reel

**mousse** *f.* foam; mousse

**mousseline** *f.* muslin

**moustache** *f.* mustache

  **Veuillez me tailler la moustache.** Please trim my mustache.

**moustique** *m.* mosquito

  **anti-moustiques** *m.*, **chasse-moustiques** *m.* (Canada) mosquito repellent

**mouton** *m.* sheep

  **saut de mouton** *m.* highway overpass

**moyen, -ne** medium, moderate

  **au feu moyen** on medium (oven or stove top temperature)

**muguet** *m.* lily of the valley

**mule** *f.* mule (shoe)

  **mules** *f. pl.* slides (shoes)

**muni, -e de** with, furnished with

**mur** *m.* wall

**mûr, -e** ripe

**muscle** *m.* muscle

**musée** *m.* museum

**musicien** *m.*, **musicienne** *f.* musician

**musique** *f.* music

  **musique classique** classical music

  **musique country** country music

  **musique folklorique** folk music

  **musique d'opéra** opera music

**myope** nearsighted

**myosotis** *m.* forget-me-not

**nage** *f.* swimming

  **nage indienne** sidestroke

**nager** to swim

**nageur** *m.*, **nageuse** *f.* swimmer

**naissance** *f.* birth

  **date de naissance** *f.* date of birth

  **lieu de naissance** *m.* place of birth

**nappe** *f.* tablecloth

**natation** *f.* swimming

  **faire de la natation** to go swimming, to swim

**natte** *f.* braid, pigtail

**nausée** *f.* nausea
  **avoir des nausées** to be nauseous
**navigateur** *m.* navigator, browser (Internet)
**naviguer sur** to surf (Web, Net)
  **poste du / siège du navigateur** *m.* navigator's seat
**ne** no
  **ne . . . ni . . . ni . . .** neither . . . nor
  **ne . . . plus** no more, no longer
  **ne . . . rien** nothing
**nécessaire** necessary
**négatif** *m.* negative (film)
**neige** *f.* snow
  **chute de neige** *f.* snowfall
  **tempête de neige** *f.* snowstorm
  **monter les blancs en neige** to beat egg whites until stiff
**neiger** to snow
**nerf** *m.* nerve
**nerveux, nerveuse** nervous
  **système nerveux** *m.* nervous system
**nettoyage** *m.* cleaning, dry-cleaning
  **service de nettoyage** *m.* dry-cleaning service
  **faire un nettoyage à la brosse** to scrub
**nettoyer** to clean, to dry-clean, to scrub
  **nettoyer à sec** to dry-clean
**neutre** *m.* neutral
  **Que fait-on pour mettre la voiture au neutre?** How does one put the car in neutral?
**nez** *m.* nose
**niveau** *m.* level
  **niveau d'eau** water level
  **niveau d'huile** oil level
**noce** *f.* wedding
  **anniversaire de noce** *m.* wedding anniversary
**nœud** *m.* bow; knot
  **nœud papillon** bow tie
**noir, -e** black
**noix** *f.* nut
**nom** *m.* name
  **au nom de** in the name of
**note** *f.* bill; note; grade (school)
  **prendre des notes** to take notes
**nourrir** to feed
  **nourrir par (voies) intraveineuses** to feed intravenously
**nourrisson** *m.* infant
**nouveau, nouvelle** new
**nuage** *m.* cloud
  **Il y a des nuages.** It is cloudy.
**nuageux, nuageuse** cloudy
  **être nuageux** to be cloudy
  **faire nuageux** to be cloudy

**nubuck** *m.* nubuck
**nuit** *f.* night
  **table de nuit** *f.* nightstand
**numéro** *m.* number
  **numéro gratuit** toll-free phone number (fire, police, etc.)
  **numéro d'immatriculation** *m.* license plate number
  **numéro vert** toll-free (800) number
  **appeler le numéro, composer le numéro, faire le numéro, former le numéro** to dial the number
  **Vous avez le mauvais numéro. / Vous vous êtes trompé(e) de numéro.** You have the wrong number.
**numéroter** to dial (phone number)
**nylon** *m.* nylon

**objectif** *m.* lens (camera)
**obligatoire** required, necessary
**obstétricien** *m.*, **obstétricienne** *f.* obstetrician
**obtenir** to obtain, to get
**obturateur** *m.* shutter (camera)
**occupé, -e** busy
**s'occuper de** to look after
**océan** *m.* ocean
**octet** *m.* byte
**oculaire** ocular
  **gouttes oculaires** *f. pl.* eye drops
**odeur** *f.* odor
**œil** *m.* (*pl.* **yeux**) eye
  **jeter un coup d'œil sur** to look at, to glance at
  **Je jette un coup d'œil seulement.** Just looking.
**œillet** *m.* carnation
**œuf** *m.* egg
  **blanc d'œuf** *m.* egg white
    **monter les blancs (d'œufs) en neige** to beat egg whites until stiff
  **jaune d'œuf** *m.* egg yolk
**œuvre** *f.* work (book, art)
**office** *m. & f.* galley (airplane); pantry
**officiel, -le** official
**offre** *f.* offer
  **offre d'emploi** job offer
**offrir** to offer
**oignon** *m.* onion
**olive** *f.* olive
  **huile d'olive** *f.* olive oil
**ondée** *f.* shower (of rain)
  **temps à ondées** *m.* showery weather

**ongle** *m.* nail (finger, toe)
  **brosse à ongles** *f.* nail brush
  **ciseaux à ongles** *m. pl.* nail scissors
  **coupe-ongles** *m.* nail clippers
  **lime à ongles** *f.* nail file
  **vernis à ongles** *m.* nail polish
**opale** *f.* opal
**opaque** opaque
**opéra** *m.* opera
  **opéra comique** comic opera
**opérateur** *m.*, **opératrice** *f.* telephone operator
  **opérateur** *m.* / **opératrice** *f.* **de prises de vue**
    cameraman, camerawoman
**opération** *f.* operation
  **salle d'opération** *f.* operating room
  **table d'opération** *f.* operating table
  **faire une opération** to do an operation, to
    operate
  **subir une opération** to have an operation
**opérer** to operate
  **opérer quelqu'un de** to operate on someone
    for
**opérette** *f.* light opera, musical comedy
**opticien** *m.*, **opticienne** *f.* optician
**or** *m.* gold
  **plaqué d'or** gold plated
**orage** *m.* storm
  **orage de vent** windstorm
  **Il fait de l'orage.** There's a thunderstorm.
**orageux, orageuse** stormy
**orange** orange
**orange** *f.* orange
**orchestre** *m.* orchestra
  **chef d'orchestre** *m.* conductor
**ordinaire** ordinary; inexpensive (restaurant)
**ordinateur** *m.* computer
  **ordinateur personnel** PC, micro computer
  **ordinateur portatif** laptop computer
**ordonnance** *f.* prescription
  **faire remplir une ordonnance** to fill a
    prescription
**ordre** *m.* order
  **Tout est en ordre.** Everything is in order.
**ordures** *f. pl.* garbage
  **boîte à ordures** *f.* garbage can
  **broyeur d'ordures** *m.* garbage disposal (in
    sink)
  **pelle à ordures** *f.* dustpan
  **sac à ordures** *m.* garbage bag
  **vide-ordures** *m.* garbage disposal
  **jeter les ordures** to throw out the garbage
  **vider les ordures** to empty the garbage

**oreille** *f.* ear
  **bouchon d'oreille** *m.* ear plug
  **boucles d'oreille pour oreilles percées** *f.*
    pierced earrings
  **gouttes pour les oreilles** *f. pl.* ear drops
  **protège-oreilles** *m.* ear muffs
  **avoir mal à l'oreille** to have an earache
**oreiller** *m.* pillow
  **taie d'oreiller** *f.* pillowcase
**oreillons** *m. pl.* mumps
**organe** *m.* organ
**original, -e** original
**orteil** *m.* toe
**orthopédiste** *m. & f.* orthopedic doctor
**os** *m.* bone
  **réparer l'os** to set the bone
**oublier** to forget
**ourlet** *m.* hem
**ouvert, -e** open
**ouverture** *f.* opening
**ouvrage** *m.* work (book, art)
**ouvreuse** *f.* usher
**ouvrier** *m.*, **ouvrière** *f.* worker
  **ouvrier agricole** farm worker
**ouvrir** to open
**oxygène** *m.* oxygen
  **masque à oxygène** *m.* oxygen mask
  **tente à oxygène** *f.* oxygen tent
  **tuyaux d'oxygène** *m. pl.* oxygen tubes

**paiement** *m.* payment
**paille** *f.* straw
**pain** *m.* bread
  **pain grillé** *m.* toast
  **pâte à pain** *f.* bread dough
**paire** *f.* pair
**palet** *m.* hockey puck
**palme** *f.* flipper
**pancréas** *m.* pancreas
**pané, -e** breaded and deep fried
**paner** to bread
  **paner à l'anglaise** to bread with oil, egg,
    and breadcrumbs
**panier** *m.* basket
**panne** *f.* breakdown
  **en panne** broken down; out of order
    (phone)
  **tomber en panne** to break down
**panneau** *m.* sign, board
  **panneau routier** road sign

**pansement** *m.*   bandage
   **mettre un pansement**   to put on a bandage
**pantalon** *m.*   pants
   **complet pantalon** *m.* (Canada)   pantsuit
   **ensemble pantalon** *m.*   pantsuit
   **pantalon d'équitation**   riding pants
**pantoufle** *f.*   slipper
**papeterie** *f.*   stationery store
**papetier** *m.*, **papetière** *f.*   stationer
**papier** *m.*   paper
   **coupe-papier** *f.*   paper cutter (small)
   **papier brouillon**   scratch paper
   **papier buvard**   blotting paper
   **papier collant**   cellophane paper
   **papier à dessin**   drawing paper
   **papier hygiénique**   toilet paper
   **papier à lettres**   writing paper
**papillon** *m.*   butterfly
   **brasse papillon** *f.*   butterfly stroke (swimming)
**pâquerette** *f.*   daisy
**paquet** *m.*   package
**par**   by, through
**paradis** *m.*   paradise; peanut gallery (theater)
**parapente** *f.*   parasailing
   **faire de la parapente**   to go parasailing
**parapluie** *m.*   umbrella
**parasite** *f.*   parasite
   **Il y a des parasites sur la ligne.**   We have a bad connection (phone).
**parasol** *m.*   beach umbrella
**parc** *m.*   park
   **parc de stationnement**   parking lot
**parce que**   because
**pardessus** *m.*   overcoat
**pardon**   excuse me
**pare-brise** *m.*   windshield
**pare-chocs** *m.*   bumper
**parer**   to trim (fat from meat)
**parfum** *m.*   perfume
**parka** *m.*   parka
**parler**   to speak
**parsemer**   to scatter
**part** *f.*   part
   **C'est de la part de qui?**   Who's calling?
**parterre** *m.*   parterre (back of orchestra); flower bed
**participer (à)**   to participate (in)
**partie** *f.*   game (baseball, hockey); match (tennis)
   **partie en double**   doubles match (tennis)
   **partie en revanche**   return match (tennis)
   **partie en simple**   singles match (tennis)
**partir**   to leave, to go away
**passable**   passing (grade)

**passage** *m.*   passing
   **passage à niveau**   railroad crossing
   **passage pour piétons**   pedestrian crossing
**passager** *m.*, **passagère** *f.*   passenger
**passe** *f.*   pass (sports)
**passeport** *m.*   passport
**passer**   to pass; to go to; to show (film); to come (bus); to strain, to drain (rice); to spend (time)
   **passer le café**   to pour water over coffee (in a drip pot)
   **Les autobus passent toutes les dix minutes.**   The buses come every ten minutes.
**passoire** *f.*   strainer, colander
**pastille** *f.*   throat lozenge; computer chip
**pâte** *f.*   pastry, dough; batter
   **pâte à pain**   bread dough
   **pâte à tarte**   pie crust
   **pâte à tarte déjà étalée**   ready-made pie crust
**pâtes** *f. pl.*   pasta, noodles
**patin** *m.*   skate
**patinage** *m.*   skating
   **faire du patinage artistique**   to figure skate, to go figure-skating
   **faire du patinage sur glace**   to ice skate, to go ice-skating
**patiner**   to skate
**patinoire** *f.*   skating rink
**pâtisserie** *f.*   pastry, pastry shop
**patron** *m.*, **patronne** *f.*   boss
**patte** *f.*   paw
   **pattes d'oie**   crow's feet (eye)
**paupière** *f.*   eyelid
   **fard à paupières** *m.*   eye shadow
   **ombre à paupières** *f.* (Canada)   eye shadow
**payable**   payable
**paye** *f.*   pay
**payé, -e**   paid
**payer**   to pay
   **être payé à l'année / à l'heure / au mois / à la quinzaine**   to be paid yearly, hourly, monthly, bi-weekly
   **payer comptant**   to pay cash
**pays** *m.*   country
**péage** *m.*   toll, tollbooth
   **autoroute à péage** *m.*   turnpike
   **poste de** *m.*, **barrière à péage** *m.*   tollbooth
   **droit de péage** *m.*   toll
**peau** *f.*   skin
   **peau de porc**   pigskin
   **peau sèche**   dry skin
   **peau sensible**   sensitive skin

**pêche** *f.*  fishing; peach
  **aller à la pêche**  to go fishing
  **faire de la pêche**  to fish
  **faire de la pêche sous-marine**  to go deep-sea
    fishing
**pêcher**  to fish
**pédagogie** *f.*  teaching
**pédale** *f.*  pedal
**pédicure** *f.*  pedicure
**peigne** *m.*  comb
  **coup de peigne** *m.*  comb out
  **peigne à cils, peigne pour les cils**  eyelash
    comb
  **peigne à sourcils, peigne pour les sourcils**
    eyebrow comb
**peigné, -e**  combed
  **laine peignée** *f.*  worsted wool
  **polyester peigné** *m.*  combed polyester
*se* **peigner**  to comb one's hair
**peignoir** *m.*  negligé
  **peignoir de bain**  bathrobe, beach robe
**peine** *f.*  difficulty
  **avoir de la peine à**  to have difficulty
**peinture** *f.*  painting
**peler**  to peel (fruit)
**pelle** *f.*  shovel, pan
  **pelle à ordures**  dustpan
**pellicule** *f.*  film (camera)
**pénalité** *f.*  penalty (hockey)
  **pénalité majeure**  major penalty
  **pénalité de méconduite**  misconduct penalty
  **pénalité mineure**  minor penalty
**penalty** *m.*  penalty, foul (soccer)
**pendant**  during
**pendentif** *m.*  pendant
**penderie** *f.*  clothes closet
**pendre**  to hang
**pénicilline** *f.*  penicillin
**pensée** *f.*  pansy
**pension** *f.*  pension
  **demi-pension**  breakfast and either lunch
    or dinner, modified American plan
    (hotel)
  **pension complète**  all meals, American plan
    (hotel)
**pensionnaire** *m. & f.*  boarder
  **demi-pensionnaire**  day student
**penthotal** *m.*  sodium pentothal
**percé, -e**  pierced
**perceuse** *f.*  drill
**percussion** *f.*  percussion

**perdre**  to lose; to leak; to miss (basket in
    basketball)
  **perdre du poids**  to lose weight
  **Je suis perdu(e).**  I'm lost.
  **La valve / Le radiateur perd / fuit.**  The
    valve / The radiator is leaking.
**péridot** *m.*  peridot
**période** *f.*  period (time)
**périphérie** *f.*  outskirts of a city
**perle** *f.*  pearl
**permanente** *f.*  permanent wave
**persiennes** *f. pl.*  shutters
**persil** *m.*  parsley
**personne** *f.*  person
**personnel** *m.*  personnel
  **personnel de cabine**  flight attendants, flight
    crew
**pèse-personne** *m.*  bathroom scale
**peser**  to weigh
**pétanque** *f.*  lawn bowling
  **faire de la pétanque**  to lawn bowl, to go lawn
    bowling
**petit, -e**  small
  **quand vous étiez petit**  when you were small
**pétrir**  to knead
**pétrochimique**  petrochemical
**peu**  little
  **un peu de**  a little of
**phare** *m.*  lighthouse
**phares** *m. pl.*  headlights
**pharmacie** *f.*  pharmacy
**photocopieur** *m.*  photocopier
**photographique**  photographic
**physique**  physical
  **éducation physique**  physical education
**physique** *f.*  physics
**piano** *m.*  piano
**pichet** *m.*  jug, pitcher
**pièce** *f.*  piece (money), coin; play (theater);
    room (in house); part
  **pièce d'avant-garde**  avant-garde play
  **pièce d'identité**  identification
  **pièce de monnaie**  coin
  **pièce de théâtre**  play
  **pièces de rechange**  spare parts
  **monter une pièce**  to put on, to stage (a play)
**pied** *m.*  foot; head (celery)
  **chausse-pied** *m.*  shoehorn
  **course à pied** *f.*  race (foot)
  **marche à pied** *f.*  walking
  **randonnée à pied** *f.*  hiking
  **repose-pied** *m.*  footrest

**aller à pied**   to walk, to go on foot
  **mettre quelqu'un à pied**   to lay off (a person from a job)
**pierre** *f.*   stone
  **pierre de naissance**   birthstone
**piéton** *m.*, **piétonne** *f.*   pedestrian
  **interdit aux piétons**   no pedestrians
**pile** *f.*   battery (flashlight)
**pilote** *m.*   pilot
  **poste / siège du pilote** *m.*   pilot's seat
**pilou** *m.*   flannelette
**pilule** *f.*   pill
**pince** *f.*   pleat; nippers
  **à pinces**   pleated
  **pince à épiler**   tweezers
  **pince à linge**   clothespin
**pinceau** *m.*   paint brush
  **pinceau à lèvres, pinceau pour les lèvres**   lip brush
  **pinceau à poudre**   powder brush
**pincement** *m.*   alignment
  **pincement des roues**   wheel alignment
**pince-notes** *f.*   paper clip (large)
**pinces** *m. pl.*   pliers
**piquet** *m.*   stake (tent)
  **enfoncer les piquets**   to drive in stakes
**piqûre** *f.*   injection; bite (insect)
  **faire une piqûre**   to give an injection
**piscine** *f.*   swimming pool
**piste** *f.*   ski run
  **piste pour débutants**   beginners' run
  **piste de ski**   ski run
  **descendre la piste**   to go down the run
**piston** *m.*   piston
**pivoine** *f.*   peony
**pivotant, -e**   pivoting
  **moniteur avec un pied pivotant et orientable** *m.*   monitor with a swivel tilt monitor base
**placard** *m.*   cupboard, closet (clothes)
**place** *f.*   place; seat; square (in a town)
  **places debout seulement**   standing room only
  **place réservée**   reserved seat
**placer**   to place
**plafond** *m.*   ceiling
**plage** *f.*   beach
**plaire**   to be pleasing
  **s'il vous plaît**   please
**plan** *m.*   plan; guide; map
**planche** *f.*   board
  **faire de la planche**   to go surfing / surf-boarding
  **faire de la planche à voile**   to go windsurfing
  **faire la planche**   to float (swimming)

**plancher** *m.*   floor
  **le pied au plancher**   foot on the gas pedal
**plaque** *f.*   license plate
  **plaque d'immatriculation** *f.* (Canada)   license plate
  **plaque minéralogique** *f.*   license plate
**plat** *m.*   dish
  **deuxième plat**   entrée
  **plat allant au four**   baking pan
  **plat à biscuits**   cookie tray
  **plat pour diabétiques**   diabetic meal
  **plat faible en calories**   low-calorie dish
  **plat à feu**   baking pan
  **plat du jour**   daily special
  **plat principal**   main course
  **plat végétarien**   vegetarian dish
  **premier plat**   hors d'œuvre, first course
**plateau** *m.*   platter, tray
**platine** *m.*   platinum
**platine tourne-disque** *f.*   turntable
**plâtre** *m.*   cast
  **mettre la jambe dans le plâtre**   to put the leg in a cast
**plein, -e**   full
  **faire le plein**   to fill up (gas)
**pleuvoir**   to rain
  **Il pleut.**   It is raining.
  **pleuvoir à verse / à torrents**   to be raining hard
**pli** *m.*   fold; pleat
  **à plis**   pleated
  **mise en plis** *f.*   set (hair)
**pliant, -e**   folding
**plissé, -e**   pleated
**plomb** *m.*   sinker (fishing)
**plombage** *m.*   filling (tooth)
  **perdre un plombage**   to lose a filling
**plomber**   to fill (tooth)
**plomberie** *f.*   plumbing
**plombier** *m.*   plumber
**plongée** *f.*   diving, dive
  **faire de la plongée sous-marine**   to scuba dive
**plongeoir** *m.*   diving board
**plongeur** *m.*   diver
**pluie** *f.*   rain
  **pluies fines**   drizzle
  **pluies fortes**   heavy rain
  **pluies légères**   light rain
  **pluies d'orage**   thunderstorm
**plume** *f.*   pen
  **porte-plume** *m.*   penholder
**plus**   more

**ne . . . plus** no longer, no more

**plus de** more than

**un . . . de plus** one more

**plusieurs** several

**pluvieux, pluvieuse** rainy

**pneu** *m.* tire

**pneu crevé** flat tire

**pression des pneus** *f.* tire pressure

**changer un pneu** to change a tire

**gonfler le pneu** to put air into the tire

**Ce pneu est crevé à plat.** This tire is flat.

**pneumonie** *f.* pneumonia

**poche** *f.* pocket

**poché, -e** poached

**pocher** to poach

**pochette** *f.* small decorative handkerchief for suit jacket pocket

**pochette du fauteuil** seat pocket

**poêle** *f.* frying pan

**poêlon** *m.* saucepan

**poésie** *f.* poetry

**poids** *m.* weight

**perdre du poids** to lose weight

**soulever des poids** to lift weights

**poignée** *f.* door handle (car)

**poignet** *m.* wrist

**Je me suis foulé le poignet.** I sprained my wrist.

**poinçonner** to punch (train ticket)

**point** *m.* point; run (baseball)

**point produit** a run batted in (baseball)

**point de suture** stitch

**à point** medium (meat)

**au point mort** in neutral (car)

**marquer un point** to score a point

**pointu, -e** pointed

**pointure** *f.* size (shoes, hats, gloves)

**Quelle est votre pointure?** What's your size?

**pois** *m.* pea

**à pois** polka-dotted

**poisson** *m.* fish

**poissonnerie** *f.* fish market

**poissonnier** *m.*, **poissonnière** *f.* fishmonger

**poitrine** *f.* chest

**poivre** *m.* pepper

**moulin à poivre** *m.* pepper mill

**poivrer** to pepper, to put pepper on

**poivrière** *f.* pepper shaker

**police** *f.* insurance policy; police department

**numéro de la police** number of the insurance policy

**policier, policière** pertaining to police

**roman policier** *m.* detective novel, mystery

**poliomyélite** *f.* polio

**polyamide** *m.* nylon

**polyester** *m.* polyester

**polyester peigné** combed polyester

**pommade** *f.* cream

**pommade antiseptique** antiseptic cream

**pomme** *f.* apple

**pomme de terre** *f.* potato

**pompe** *f.* pump

**pompier** *m.* (Canada: **pompière** *f.*) firefighter

**pompiste** *m. & f.* gas station attendant

**ponceuse** *f.* sander

**poncho** *m.* poncho wrap

**pont** *m.* bridge

**pont arrière** rear axle

**popeline** *f.* poplin

**popeline de coton** cotton poplin

**porc** *m.* pork

**peau de porc** *f.* pigskin

**porte** *f.* boarding gate; door; goal post (sports)

**mettre quelqu'un à la porte** to fire someone (from a job)

**portefeuille** *m.* wallet

**porte-monnaie** *m.* change purse

**porter** to carry; to wear

**prêt-à-porter** ready-to-wear (clothes)

**porteur** *m.* porter

**portier** *m.* doorman

**portière** *f.* door (car)

**porteur** m. bellhop

**port payé** postage paid

**pose** *f.* exposure (film)

**posemètre** *m.* exposure meter

**poser** to place, to put

**poser sa candidature à** to apply for (a job, a position)

**position** *f.* position

**postal, -e** postal

**boîte postale** *f.* post office box

**carte postale** *f.* postcard

**case postale** *f.* (Canada) post office box

**code postal** *m.* ZIP, postal code

**poste** *m.* station; extension (phone in office); seat; position, job

**poste à cadran** rotary dial phone

**poste cellulaire** cellular phone

**poste à clavier / à touches / à touches musicales** touch tone phone

**poste sans fil** (Canada: **sans cordon**) cordless phone

**poste mains libres** speaker phone

**poste numéro**   extension number (phone)
**poste de pilotage**   cockpit
**poste de radio**   radio
**poste de téléphone, poste téléphonique**   telephone
**poste** *f.*   post office
  **poste restante**   general delivery
  **timbre-poste** *m.*   postage stamp
  **mettre à la poste**   to mail
**poster**   to mail
**pot** *m.*   pot, jar
**potage** *m.*   thick soup
**poubelle** *f.*   wastebasket, garbage can
  **vider la poubelle**   to empty the wastebasket
**pouce** *m.*   thumb
**poudre** *f.*   powder
  **pinceau à poudre** *m.*   powder brush
  **poudre compacte transparente**   transparent
    compact powder
  **poudre à laver**   soap powder
  **poudre libre**   loose powder
  **poudre à récurer**   scouring powder
  **poudre de riz**   face powder
**poudreux, poudreuse**   powdery
**poulailler** *m.*   peanut gallery
**poulet** *m.*   chicken
  **aile de poulet** *f.*   chicken wing
  **cuisse de poulet** *f.*   chicken thigh
  **poitrine de poulet** *f.*   chicken breast
  **poulet grillé au charbon de bois**   barbecued
    chicken
**pouls** *m.*   pulse
  **prendre son pouls**   to take his or her pulse
  **tâter le pouls à quelqu'un**   to take someone's
    pulse
**poumon** *m.*   lung
**pour**   for
**pourboire** *m.*   tip
**pour cent**   percent
  **C'est de 22 pour cent.**   It's 22 percent.
**pourri, -e**   rotten
**pousser**   to push
**pouvoir**   to be able to
  **je pourrais**   I could
  **pourriez-vous**   could you
  **puis-je**   may I
**pré** *m.*   meadow
  **pré et marée**   surf and turf
**préférer**   to prefer
**prélèvement** *m.*   sample
**prélever**   to deduct (from salary)
**premier, première**   first
**prendre**   to take

**prendre des places**   to buy tickets
**prendre place**   to sit down
**prénom** *m.*   first name
**préparer**   to prepare
**près**   near
  **près d'ici**   near here
**presbyte**   farsighted
**prescrire**   to prescribe
**présentateur** *m.*, **présentatrice** *f.*   anchorman,
    anchorwoman
*se* **présenter (à)**   to present oneself to; to go to (a
    person for information)
**presque**   almost
**pressing** *m.*   dry cleaner's
  **au comptoir d'un pressing**   at a dry cleaner's
**pression** *f.*   pressure
  **pression artérielle**   blood pressure
**pressurisation** *f.*   air pressure
**prestation** *f.*   benefit
**prêt, -e**   ready
  **prêt-à-porter**   ready-to-wear (clothes)
  **Quand est-ce que ce sera prêt?**   When will it
    be ready?
**prêt** *m.*   loan
  **prêt hypothécaire**   mortgage
  **faire un prêt**   to give a loan, to loan
  **faire un prêt sur découvert**   to make an overdraft
**prier**   to beg, to beseech, to ask
  **Je vous prie d'agréer (de croire à) mes
    sentiments (les plus) distingués (mes
    salutations distinguées)**   Sincerely yours
  **Nous vous prions de . . .**   We ask you to . . .
  **Les passagers sont priés de se présenter
    à . . .**   Passengers are asked to present
    themselves to . . .
**primaire**   primary
**primeur** *m.*   green grocer
**primevère** *f.*   primrose
**printemps** *m.*   spring
  **au printemps**   in the spring
**priorité** *f.*   priority; right of way
  **Priorité à droite.**   Give right of way to the
    right.
**prise** *f.*   outlet (wall); plug (electric cord); shot
    (film)
  **prise femelle, prise murale**   outlet
  **prise mâle**   plug
  **prise de vue**   filming, shooting (film)
    **opérateur** *m.*, **opératrice** *f.* **de prises de
      vue**   cameraman, camerawoman
  **Prise!**   Strike! (baseball)
**privé, -e**   private

**prix** *m.*  price, fee
  **prix forfaitaire**  all-inclusive price
  **à un prix abordable**  at an affordable price
  **à un prix modique**  at a modest charge
**problème** *m.*  problem
**prochain, -e**  next, following
**proche**  near
  **le plus proche**  the nearest
*se* **produire**  to happen
**produit** *m.*  product
**professeur** *m.*  teacher (secondary school);
    professor (university)
**profond, -e**  deep
**progiciel** *m.*  software package
**programme** *m.*  program
*se* **promener**  to walk
**promotion** *f.*  promotion
**pronostic** *m.*  prognosis
**propre**  clean
**propriétaire** *m. & f.*  owner
**protagoniste** *m. & f.*  protagonist, lead (play)
**protège-oreilles** *m.*  ear muffs
**provenance** *f.*  origin
  **en provenance de**  leaving from
**province** *f.*  province
**prudence** *f.*  caution
**pschit** *m.*  nose drops
**public** *m.*  public, spectators
**publiciste** *m. & f.*  advertising, public relations
    expert
**publicité** *f.*  advertising
**puce** *f.*  computer chip
**pull-over** *m.*  pullover sweater
**punaise** *f.*  thumbtack
**punition** *f.*  punishment; penalty
  **banc de punition** *m.*  penalty bench
**pupitre** *m.*  desk
**pyjama** *m.*  pajamas

**quai** *m.*  platform (train); embankment, pier
  **passer sur le quai**  to go to the platform
**qualification** *f.*  grade, qualification
**quand**  when
**quartier** *m.*  quarter, section (of town)
**quel, quelle, quels, quelles**  what
**quelqu'un**  someone
**queue** *f.*  line, lineup, queue; tail
  **queue de cheval, queue écourtée**  ponytail (hair)
  **faire la queue**  to stand in line
  **faire une queue de poisson**  to cut off (a car in
    traffic)
**quincaillerie** *f.*  hardware store

**quinzaine** *f.*  two weeks
  **à la quinzaine**  every two weeks
**quitter**  to leave
  **Ne quittez pas.**  Don't hang up.

**raccommodage** *m.*  mending
  **faire les raccommodages**  to do the mending
**raccommoder**  to mend
**raccrocher**  to hang up (telephone)
**racquetball** *m.*  racketball
**radiateur** *m.*  radiator
  **Le radiateur perd / fuit.**  The radiator is leaking.
**radio** *f.*  radio
  **poste de radio** *m.*  radio (set)
**radiographie** *f.*  X ray
  **faire une radiographie**  to take an X ray
**radiographier**  to X-ray
**radiologie** *f.*  radiology
  **service de radiologie** *m.*  X-ray room
**radio-réveil** *m.*  alarm-clock radio
**rafale** *f.*  storm
**raffermir**  to strengthen, to tone
**rafraîchir**  to trim (hair, beard)
**rafraîchissement** *m.*  refreshment; trim (beard, hair)
**rafting** *m.*  white-water rafting
  **faire du rafting**  to go white-water rafting
**raglan** *m.*  raglan
**ragoût** *m.*  stew
  **en ragoût**  stewed
  **ragoût de bœuf**  beef stew
  **ragoût de porc**  pork stew
**raide**  straight
**raidir**  to sear (beef)
**raie** *f.*  part (hair)
  **Faites-moi la raie à droite.**  Part my hair on
    the right.
**raisin** *m.*  grápe
  **grappe de raisin** *f.*  bunch of grapes
**ralentir**  to slow down
**ralentisseur** *m.*  speed bump
**ramasser**  to collect
**rame** *f.*  oar
**ramer**  to row
**rameur** *m.*  rowing machine
**ramie** *f.*  ramie
**rancir**  to go rancid
**randonnée** *f.*  excursion, run, outing
  **faire une randonnée à cheval**  to go riding, to
    go trail riding
  **faire une randonnée à pied**  to go hiking, to go
    for a hike
**rang** *m.*  row

**au premier rang**  in the front row
**rangée** *f.*  row
**râpé, -e**  grated
**râper**  to grate
**rapide**  rapid
**rappel** *m.*  curtain call
  **rappel sur scène**  curtain call
**rappeler**  to call back
**raquette** *f.*  tennis racket
*se* **raser**  to shave
  **crème à raser** *f.*  shaving cream
  **mousse à raser** *f.*  shaving foam
  **Veuillez me raser.**  Please shave me.
**rasoir** *m.*  razor
  **coupe au rasoir** *f.*  razor cut
  **lames de rasoir** *f. pl.*  razor blades
  **rasoir électrique**  electric razor
  **rasoir de sûreté**  safety razor
**rassi, -e**  stale (bread, cake)
**rater**  to miss (plane)
**rayon** *m.*  counter; aisle (store)
  **au rayon des disques**  at the record counter
**rayonnages** *m. pl.*  wall unit, shelving
**rayonne** *f.*  rayon
  **rayonne acétate**  rayon acetate
**rayure** *f.*  stripe
  **à rayures**  with stripes
**réajustement** *m.*  promotion (job)
**réalisateur** *m.*  director
**réaliser**  to make (film)
**réanimation** *f.*  intensive care
**récepteur** *m.*  receiver
**réception** *f.*  registration counter, desk (hotel); reception
**réceptionniste** *m. & f.*  desk clerk, receptionist
**receveur** *m.*  catcher
**recevoir**  to receive
**recharger**  to recharge
**réchaud de camping à gaz** *m.*  gas burner
**réchauffer**  to preheat (oven)
  **réchauffer le four sur thermostat 7–8 (220 °C)**  preheat the oven to thermostat setting of 7–8 (220 °C)
**rechercher**  to look for (someone for a job)
**recherches** *f. pl.*  research
  **faire des recherches**  to do research
**réclamer**  to claim
**recommandation** *f.*  job reference, recommendation
**recommandé, -e**  registered
  **courrier / envoi recommandé**  registered mail

**recommander**  to register (mail), to send by registered mail
**recoudre**  to resew
**reçu** *m.*  receipt
**reculer**  to go backwards
**récupération** *f.*  recuperation, recovery
  **récupération des bagages**  baggage pick-up (airport)
  **salle de récupération** *f.*  recovery room
**rédacteur** *m.*, **rédactrice** *f.*  writer, editor
**redonner**  to reconnect (phone)
**redressements assis** *m. pl.*  sit-ups
**redresser**  to put back; to reline (brakes)
**réduire**  to reduce; to set (fracture)
  **réduire la sauce à moitié**  to reduce the sauce by half
**référence** *f.*  reference
**réfrigérateur** *m.*  refrigerator
**refroidissement** *m.*  chill
**regarder**  to look at
  **Regardez en face.**  Look straight ahead.
**régime** *m.*  diet; system
  **régime d'assurance**  insurance plan
  **régime de retraite**  retirement plan
  **être au régime**  to be on a diet
**région** *f.*  region
**régional, -e**  regional
**régisseur** *m.*  stage manager
**registre** *m.*  register
  **registre du compte de chèques**  check register
**réglage** *m.*  regulating
  **réglage du moteur** *m.*  tune-up
  **Ce carburateur a besoin de réglage.**  This carburetor needs regulating.
**règle** *f.*  ruler; rule
**règlement** *m.*  rule
  **échelonner les règlements**  to pay in installments
**régler**  to regulate; to pay (bill)
**règles** *f. pl.*  menstrual period
**régulateur de vitesse** *m.*  cruise control (in a car)
**rein** *m.*  kidney
  **avoir mal aux reins**  to have a backache
**rejoindre**  to obtain (a person on phone)
**relevé** *m.*  statement
  **relevé de compte**  bank statement
  **relevé mensuel**  monthly statement
**relier**  to link, to connect
**remarque** *f.*  notice, comment
**remettre**  to hand over
**remontant** *m.*  antidepressant

**remonte-pente** *m.*  ski lift
**remorque** *f.*  trailer
**remorquer**  to tow
  **remorquer à l'aide d'une corde**  to tow
**remplacer**  to replace
**remplir**  to fill, to fill in
**rémunération** *f.*  pay, salary and benefits (job),
    remuneration
**rendez-vous** *m.*  appointment
  **prendre rendez-vous avec**  to make an
    appointment with
**rendre**  to give back; to return (empty bottles for
    deposit return)
**renseignements** *m. pl.*  information
**rentrée** *f.*  beginning of school term; return
**renvoyer**  to send back, to return; to fire (a
    person from a job)
**réparation** *f.*  repair
  **faire les réparations**  to make the repairs
**réparer**  to repair
**repas** *m.*  meal
  **prendre les repas**  to take / to eat meals
**repasser**  to iron
  **fer à repasser** *m.*  iron
  **planche à repasser** *f.*  ironing board
**repliable**  folding
**répondeur** *m.*  answering machine
  **répondeur téléphonique**  telephone answering
    machine
**répondre**  to answer
**réponse** *f.*  answer
  **réponse payée**  reply paid
**reportage** *m.*  reporting, report (news)
  **reportage sportif**  sportscast
**repose-pied** *m.*  footrest
**représentation** *f.*  performance
**repriser**  to darn
**requis, -e**  required
**réseau** *m.*  network
  **réseau ferroviaire**  railway network
  **réseau de l'information**  information
    highway
  **réseau Internet**  Internet
**réservation** *f.*  reservation
**réserver**  to reserve
**réservoir à essence** *m.*  gas tank
**résidence des étudiants** *f.*  student residence
**respirer**  to breathe, to breathe in, to inhale
**responsable**  responsible
**ressemeler**  to resole
**resserrer**  to tighten
**ressort** *m.*  spring

**restaurant** *m.*  restaurant service
  **restaurant à restauration rapide** *m.*  fast food
    restaurant
  **restaurant universitaire**  student cafeteria
**reste** *m.*  rest, remainder
**rester**  to stay, to remain
  **Combien de temps comptez-vous rester ici**?
    How long do you plan to stay here?
**restovite** *m.*  fast food restaurant
**restriction** *f.*  restriction
**rétablissement** *m.*  reestablishment
  **en rétablissement**  in recovery (hospital)
**retard** *m.*  delay
  **un retard de**  a delay of
  **en retard**  late
  **avoir du retard**  to be late
  **avoir . . . minutes de retard**  to be . . . minutes
    late
**retarder**  to be slow (watch); to be late
**retenir**  to reserve, to book (seats, room)
**retirer**  to take out; to take off; to claim; to
    remove, to withdraw (money)
  **retirer quelque chose de quelque chose**  to take
    something off something
**retouche** *f.*  alteration
**retour** *m.*  return
**retourner**  to return
**retrait** *m.*  withdrawal; out (baseball)
  **bulletin de retrait** *m.*  withdrawal slip
  **faire un retrait de fonds**  to make a
    withdrawal of funds
**retraite** *f.*  retirement
  **être en retraite**  to be retired, to be in
    retirement
  **prendre une retraite précoce** (Canada:
    **anticipée**)  to take early retirement
**retraité** *m.*, **retraitée** *f.*  retired person
**rétréci, -e**  narrowed
**rétrécir**  to shrink
**rétrécissable**  shrinkable
  **non-rétrécissable**  non-shrinkable
**rétribution** *f.*  salary, remuneration (job)
**retrousser**  to roll up
**rétroviseur** *m.*  rearview mirror
**réussir**  to succeed; to pass (exam)
**réveil** *m.*  alarm clock
**réveille-matin** *m.*  alarm clock
  **mettre le réveille-matin**  to set the alarm clock
**revers** *m.*  cuff; lapel
  **avec (à) revers**  with a cuff
  **à grands revers**  with large lapels
**revitalisant** *m.*  conditioner (hair)

**revue** *f.*   magazine; revue (musical)
**rhumatismal, -e**   rheumatic
**rhume** *m.*   cold
  **rhume des foins**   hay fever
  **avoir un rhume**   to have a cold
**ride** *f.*   wrinkle
  **crème anti-rides** *f.*   anti-wrinkle cream
**rideau** *m.*   curtain
  **rideau de douche**   shower curtain
  **Le rideau se lève.**   The curtain rises.
  **Le rideau tombe.**   The curtain goes down.
**rinçage** *m.*   rinse (hair)
**rince-bouche** *m.*   mouthwash
**rincer**   to rinse
  **Rincez-vous la bouche.**   Rinse your mouth out.
**risque** *m.*   risk
  **tous risques**   full coverage (insurance)
**riz** *m.*   rice
**robe** *f.*   dress
  **robe bustier à fines bretelles en dentelle**   slip dress
  **robe de chambre**   dressing gown, bathrobe
  **robe chemisier**   shirt dress
  **robe décolletée**   low-cut dress
  **robe-manteau**   coat dress
  **robe du soir**   evening gown
**robinet** *m.*   faucet
  **fermer le robinet**   to turn off the faucet
  **ouvrir le robinet**   to turn on the faucet
**robot** *m.*   robot
  **robot de cuisine, robot culinaire**   food processor
**rocher** *m.*   rock
**rock** *m.*   rock music
**rôle** *m.*   part (in play), role
**roman** *m.*   novel
  **roman d'amour**   love story
  **roman policier**   detective novel, mystery
**rond, -e**   round
**rondelle** *f.*   hockey puck
**rond-point** *m.*   roundabout
**rose**   pink, rose
**rose** *f.*   rose
**rôti, -e**   roast
**rôtie** *f.*   slice of toast
**rôtir**   to roast
**rotule** *f.*   kneecap
**roue** *f.*   wheel
  **pincement des roues** *m.*   wheel alignment
  **roue de secours**   spare tire
**rouge**   red
**rougeole** *f.*   measles
**roulant** *m.*   grounder (baseball)

**rouleau** *m.*   roll (toilet paper); roller (hair)
  **gros rouleaux**   large rollers
  **petits rouleaux**   small rollers
**rouler**   to drive, to run, to go (train)
  **rouler en code**   to drive with low beams
  **Je roulais à toute vitesse.**   I was driving at full speed.
  **Roulez lentement.**   Drive slowly.
**roulette** *f.*   dentist's drill
**roulotte** *f.*   trailer (caravan)
**route** *f.*   road, way
  **code de la route** *m.*   traffic regulations
  **la meilleure route**   the best way
  **route à quatre voies**   four-lane highway
**routier, routière**   pertaining to road
**ruban** *m.*   ribbon
  **ruban adhésif**   adhesive tape
  **ruban-correcteur** *m.*   correction tape
**rubéole** *f.*   German measles
**rubis** *m.*   ruby
**rue** *f.*   street
  **rue barrée**   road closed
  **rue rétrécie**   road narrows
  **rue sans issue**   dead end
  **rue à sens unique**   one-way street
  **C'est à trois rues d'ici.**   It's three blocks from here.

**sable**   sable brown
**sable** *m.*   sand
**sac** *m.*   bag, sack
  **sac de couchage**   sleeping bag
  **sac à dos**   knapsack, backpack
  **sac gonflable**   air bag
  **sac à main**   handbag, purse
  **sac de plastique à fermeture par pression et glissière**   Ziploc bag
**sachet** *m.*   bag
  **sachet de thé**   tea bag
**saignant, -e**   rare (meat)
**saigner**   to bleed
**saisonnière**   seasonal
  **inférieure aux normales saisonnières**   below seasonal normals
**salade** *f.*   salad
  **buffet à salades** *m.*   salad bar
  **table à salade** *f.*   salad bar
**saladier** *m.*   salad bowl
**salaire** *m.*   salary, pay
  **augmentation de salaire** *f.*   salary increase
  **salaire fixe**   base salary

salaire **(cont.)**

    **salaire prime** overtime pay

    **toucher un salaire de** to get a salary of

**sale** dirty

**salé, -e** salty

**saler** to salt, to put salt on

**salière** *f.* saltshaker

**salle** *f.* room; auditorium, hall

    **salle d'attente** waiting room

    **salle de bains** bathroom

    **salle de cinéma** movie theater

    **salle de classe** classroom

    **salle d'entraînement** fitness center

    **salle à manger** dining room

    **salle de récupération** recovery room

    **salle de repos** recovery room

    **salle de séjour** family room

**salon** *m.* living room

**sandale** *f.* sandal

    **sandale de plage** beach sandal

**sang** *m.* blood

    **faire des analyses de sang** to do a blood analysis

    **faire une prise de sang** to obtain a blood sample

**sanguin, -e** pertaining to blood

    **groupe sanguin** *m.* blood type

**santé** *f.* health

    **bilan de santé** *m.* medical check-up

**saphir** *m.* sapphire

**satin** *m.* satin

**saucière** *f.* gravy bowl

**sauf** except

**saumon** salmon (color)

**saumon** *m.* salmon

**saut** *m.* jump, leap

    **saut à l'élastique** bungee jumping

    **faire du saut à l'élastique** to go bungee jumping, to bungee jump

    **saut de mouton** highway overpass

    **saut à la perche** pole vaulting

    **faire du saut à la perche** to pole vault

**sauté, -e** sautéed

**sauter** to sauté; to blow out (fuse); to jump

**sauteuse** *f.* sauté pan, frying pan

**sauvegarde** *f.* back-up (computer)

**sauvegarder** to back up (computer)

**sauveteur** *m.* lifeguard

**savant** *m.* scientist

**savoir** to know

**savon** *m.* soap

    **porte-savon** *m.* soap dish

    **savon liquide** liquid soap

    **savon de toilette** toilet soap

**savonnette** *f.* small bar of soap

**scénariste** *m. & f.* scriptwriter

**scène** *f.* scene

    **metteur en scène** *m.* director, producer

    **mise en scène** *f.* staging

    **derrière les scènes** behind the scenes

    **entrer en scène** to come on stage

**scie** *f.* saw

**sciences** *f. pl.* science (subject)

    **faculté des sciences** *f.* school of science

    **sciences économiques** economics

    **sciences expérimentales** laboratory sciences

    **sciences naturelles** natural / biological sciences

    **sciences physiques** physics

    **sciences politiques** political science

    **sciences sociales** social studies

**score** *m.* score

    **Le score est à égalité.** (Canada) The score is tied.

**scorer** (Canada) to score

**sculpteur** *m.*, **sculptrice** *f.* sculptor

**sculpture** *f.* sculpture

**seau** *m.* pail

**sec, sèche** dry

**sèche-cheveux** *m.* hair dryer

**sèche-linge** *m.* clothes dryer

**sécher** to dry

*se* **sécher** to dry oneself

**sèche-serviettes** *m.* towel rack

**séchoir** *m.* hair dryer; clothes dryer

**second, -e** second

**secours** *m.* help

    **sortie** (Canada: **issue**) **de secours** *f.* emergency exit

    **trousse de secours** *f.* first-aid kit

**secrétaire** *m. & f.* secretary

**section** *f.* section

**sécurité** *f.* security

    **contrôle de sécurité** *m.* security check

    **intervalle de sécurité** safe following distance

    **sécurité sociale (SECU)** social security

**sein** *m.* breast

**séjour** *m.* stay

**sel** *m.* salt

    **sels de bain** bath salts

**selles** *f. pl.* stool (feces)

**semaine** *f.* week

    **à la semaine, par semaine** weekly, a week, by the week

    **en semaine seulement** weekdays only

**semelle** *f.* sole (shoe)
  **semelles antidérapantes** non-skid soles
  **semelles de (en) caoutchouc / de gomme**
    rubber soles
  **semelles crantées** serrated soles
**sens** *m.* way
  **sens interdit** no entry
  **sens unique** one way
  **dans le mauvais sens** in the wrong
    direction
**sentier** *m.* path
**sentir** to feel
*se* **sentir** to feel
  **Je me sens mieux.** I feel better.
  **Je ne me sens pas très bien.** I don't feel well.
**série** *f.* series
**serré, -e** tight
**serrure** *f.* lock
**serveur en ligne** *m.* (Internet) on-line server
**serveuse** *f.* waitress
**service** *m.* service; service charges
  **libre-service** self-service
  **hors service, hors de service** out of order
  **service d'étage, service dans les**
    **chambres** room service
  **service de restauration** *m.* food service
**services** *m. pl.* facilities
**serviette** *f.* towel; napkin, serviette
  **porte-serviettes** *m.* towel rack
  **sèche-serviette** *m.* towel rack
  **serviette de bain / de douche** bath towel
  **serviette hygiénique** sanitary napkin
  **serviette de table** napkin, serviette
  **serviette de toilette** hand towel
**servir** to serve
  **servir de** to be used as, to serve as
*se* **servir de** to use
**seulement** only
**sexuellement** sexually
**shampooing** *m.* shampoo
**short** *m.* shorts
**si** if
**siège** *m.* seat
**sifflet** *m.* whistle
  **donner un coup de sifflet** to blow
    a whistle
**signal** *m.* (*pl.* **signaux**) signal
  **signal lumineux** lighted sign
**signer** to sign
**silencieux** *m.* muffler
**s'il vous plaît** please
**simple** one way (ticket)

**sirop** *m.* syrup
  **sirop pour la gorge / contre la toux** cough syrup
**site** *f.* site (Website)
**situé, -e** situated, located
**ski** *m.* ski, skiing
  **ski alpin** alpine / downhill skiing
  **ski de fond** cross-country skiing
  **ski nautique** water skiing
  **ski de randonnée** cross-country skiing
  **station de ski** *f.* ski resort
  **faire du ski** to ski, to go skiing
**slip** *m.* underpants, panties
  **slip de soutien** athletic supporter
**smoking** *m.* tuxedo
**soccer** *m.* (Canada) soccer
**société** *f.* company
  **société anonyme** limited company
**sodium** *m.* sodium
**sofa** *m.* sofa
**soie** *f.* silk
  **soie dentaire** dental floss
**soigner** to take care of, to care for
**soin** *m.* care
  **premiers soins** first aid
  **soins médicaux** first aid
**soir** *m.* evening (time of day)
**soirée** *f.* evening (time span)
**soit . . . soit** either . . . or
**soja** *m.* soya
**solaire** pertaining to the sun
  **crème solaire** *f.* suntan cream
  **huile solaire** *f.* suntan oil
  **lotion solaire** *f.* suntan lotion
**solde** *m.* balance
**solde** *f.* pay (for military)
**soleil** *m.* sun
  **attraper un coup de soleil** to get a sunburn, to
    get sunburned
  **faire (du) soleil** to be sunny (weather)
**solliciter** to ask for (job interview)
**sombre** dark, gloomy
**somersault** *m.* flip (diving)
**somme** *f.* sum
  **pour une somme modique** for a modest sum
**somnifère** *m.* sleeping pill
**son** *m.* sound
  **preneur de son** sound technician
**sonate** *f.* sonata
**sonner** to ring
**soquette** *f.* (Canada) sockette
**sortie** *f.* exit
  **sortie de secours** emergency exit

**sortir (de)** to go out, to exit
**sou** *m.* (Canada) cent
**soubassement** *m.* (Canada) basement
**soucoupe** *f.* saucer
**souffler** to exhale, to breathe out
**souffrir (de)** to suffer (from)
**souhaiter** to wish
**soûl** drunk
**soulier** *m.* shoe
  **soulier de course** running shoe
**soupape** *f.* valve (car)
**soupe** *f.* soup
**souper** *m.* (Canada) dinner
**souple** soft (contact lenses)
**sourcil** *m.* eyebrow
  **crayon à sourcils** *m.*, **crayon pour les sourcils** *m.*
    eyebrow pencil
  **peigne à sourcils** *m.*, **peigne pour les sourcils** *m.*
    eyebrow comb
**souris** *f.* mouse; computer mouse
**sous** under
**sous-marin, -e** underwater
**sous-sol** *m.* basement
**sous-titre** *m.* subtitle
**sous-vêtements** *m. pl.* underwear
**soutien** *m.* supporting structure
  **soutien domicile** home care
**soutien-gorge** *m.* brassiere, bra
**sparadrap** *m.* Band-Aid
*se* **spécialiser (en)** to major (in)
**spécialité** *f.* specialty
  **spécialité de la maison** house special
**spécimen** *m.* specimen
**spectacle** *m.* entertainment, show
  **spectacle de variétés** variety show
**spectateur** *m.* spectator
**sport** *m.* sport
  **veste de sport** *f.* sports jacket
**sportif, sportive** sports
  **centre sportif** *m.* fitness center
  **reportage sportif** *m.* sportscast
**squash** *m.* squash
**stade** *m.* stadium
**stage** *m.* internship training
**standard téléphonique** *m.* switchboard
**standardiste** *m. & f.* switchboard operator
**starter** *m.* choke
**station** *f.* station
  **station balnéaire** seaside resort
**stationnement** *m.* parking
**stationner** to park (car)
  **défense de stationner** no parking

**steak** *m.* steak
**stéréo** *m.* stereo
  **chaîne stéréo** *f.* stereo (equipment, set)
**stéréophonique** stereophonic
**stéthoscope** *m.* stethoscope
**steward** *m.* steward
**stocker** to store (computer)
**stoppage** *m.* invisible mending
  **faire le stoppage** to do invisible mending
**store** *m.* blind
  **stores vénitiens** venetian blinds
**stylo** *m.* fountain pen
  **stylo à bille** ballpoint pen
  **stylo à bille roulante** rolling ball pen
  **stylo-feutre** felt-tip pen
  **stylo à plume avec cartouche** cartridge pen
**subir** to undergo
**succursale** *f.* branch (office, bank)
**sucre** *m.* sugar
  **faux sucre** sugar substitute
  **sucre semoule** confectioner's sugar
**sucré, -e** sweet (food)
  **sucré, -e avec** sweetened with
**sucrier** *m.* sugar bowl
**sud** *m.* south
  **au sud** facing south
**suède** *m.* suede
**suffisant, -e** sufficient
**suggérer** to suggest
**suivre** to follow
  **suivre un cours** to take a course
**supercarburant** *m.* premium, high test gas
**supérieur, -e** upper (train berth)
**supérieur** *m.*, **supérieure** *f.* boss
**supermarché** *m.* supermarket
**supplément** *m.* supplement (fare)
**sûr, -e** sure
  **bien sûr** of course
**surfer sur** to surf (Web, Net)
**surgelé, -e** frozen
**surligneur** *m.* highlighter (pen)
**surveiller** to watch, to supervise
**survêtement** *m.* track suit
**suspension** *f.* suspension
  **suspension avant** front suspension
**suture** *f.* suture, stitch
  **enlever les points de suture** to take out the stitches
  **faire des points de suture** to take stitches
**suturer** to stitch
**sweater** *m.* sweater
**sweat-shirt** *m.* sweatshirt

**symphonie** *f.* symphony
**symptôme** *m.* symptom
**syndicat** *m.* union
*se* **syndiquer** to form a union, to unionize
**syndrome** *m.* syndrome
**synovite** *f.* tendinitis
  **synovite du coude** tennis elbow
**synthétique** synthetic
**système** *m.* system

**tabac** *m.* tobacco
**table** *f.* table
  **table à salade** salad bar
  **mettre la table** to set the table
  **se mettre à table** to sit down (at the table to
    dine)
**tableau** *m.* painting; board; chalkboard;
  scoreboard; spreadsheet
  **tableau de bord** dashboard (car)
  **tableau de distribution** switchboard
  **tableau des horaires** schedule board (train)
  **tableau noir** blackboard
**tablette** *f.* tray table
  **tablette repliable** folding tray table
**tableur** *m.* spreadsheet
**tâche** *f.* task
**tache** *f.* stain
  **faire disparaître une tache** to remove a stain
**taché, -e** stained
**tachymètre** *m.* tachometer
**taffetas** *m.* taffeta
**taille** *f.* size (clothes, hats, gloves); waist
  **taille élastique** elastic waist
  **Quelle est votre taille?** What's your size?
**tailler** to trim (mustache, sideburns)
**tailleur** *m.* tailor; woman's suit
  **tailleur pantalon** (Canada) pantsuit
**talon** *m.* heel; stub, receipt
  **talon bas** low heel
  **talon haut** high heel
**tambour** *m.* drum
**tampon** *m.* tampon
  **tampon hygiénique** sanitary tampon
  **tampon à récurer** scouring pad
**tapescript** *m.* print-out
**tapis** *m.* rug
  **tapis anti-dérapant** non-slip bath mat
  **tapis de bain** bath rug
  **tapis de jogging** treadmill (exercise
    equipment)

**tapis roulant** (Canada) treadmill
**tapis de sol** groundsheet
**tard** late
  **plus tard** later
**tarif** *m.* fare, fee
  **à tarif réduit** reduced fare
**tarte** *f.* pie
  **pâte à tarte** *f.* pie crust
  **pâte à tarte déjà étalée** *f.* ready-made pie
    crust
**tasse** *f.* cup
**tâter** to take (pulse)
  **lui tâter le pouls** to take his or her pulse
**taux** *m.* rate; limit
  **taux de change** rate of exchange
  **taux d'hypothèque / d'un prêt hypothécaire**
    mortgage rate
  **taux d'intérêt** interest rate
  **taux légal d'alcoolémie autorisée** legal alcohol
    limit
**taxe** *f.* tax
**taxi** *m.* taxi
**technicien** *m.*, **technicienne** *f.* technician
**tee-shirt** *m.* T-shirt
**teint** *m.* complexion
  **fond de teint** *m.* foundation make-up
**teinte** *f.* shade (color)
**teinté, -e** tinted
**teinture d'iode** *f.* iodine
**teinturerie** *f.* dry cleaner's
**télécarte** *f.* phone card (telephone debit card for
  use in public phone)
**télécharger** to download (computer)
**télécommande** *f.* remote control device
**télécommunication** *f.* telecommunication
**télécopieur** *m.* fax machine
**téléfilm** *m.* made-for-TV movie
**télégramme** *m.* telegram
**télémètre** *m.* range finder (camera)
**téléphérique** *m.* chair lift
**téléphone** *m.* telephone
  **téléphone cellulaire, téléphone mobile** cellular
    (cell) phone
  **téléphone sans fil** (Canada: **sans**
    **cordon**) cordless telephone
  **donner un coup de téléphone** to make a phone
    call
  **Le téléphone est en panne / est hors (de)**
    **service / ne fonctionne pas.** The telephone
    is out of order.
**téléphoner (à)** to telephone
**téléphoniste** *m. & f.* (Canada) telephone operator

**téléroman** *m*. (Canada)  serial, soap opera
**télésiège** *m*.  chair lift
**téléverité** *f*.  reality TV
**télévisé, -e**  televised
**téléviseur** *m*.  television set
  **téléviseur en couleurs**  color television set
  **téléviseur à cristaux liquids (ACL) anti-**
     **reflets**  antireflective LCD television
  **téléviseur en noir et blanc**  black and white
    television set
  **téléviseur plasma**  plasma TV
  **téléviseur avec la technologie DLP**  digital
    light processing TV
**télévision numérique** *f*.  digital TV
**tempe** *f*.  temple (forehead)
**température** *f*.  temperature
  **prendre la température de**  to take someone's
    temperature
**tempête** *f*.  storm
  **tempête de vent**  windstorm
**temps** *m*.  time; weather
  **mi-temps** *f*.  half time (sports)
  **temps à ondées**  showery weather
  **à mi-temps**  half-time
  **à plein temps** (Canada)  full-time
  **à temps complet**  full-time
  **à temps partiel**  part-time
  **combien de temps**  how long
  **Quel temps fait-il?**  What's the weather like?
**tenir**  to keep, to hold
  **tenez votre droite**  keep to the right
**tennis** *m*.  tennis
  **court de tennis** *m*., **terrain de tennis** *m*.  tennis
    court
**tension** *f*.  tension, pressure; voltage
  **lui prend la tension artérielle**  takes his or her
    blood pressure
**tente** *f*.  tent
  **monter une tente**  to pitch a tent
**terminal** *m*. ( *pl*. **terminaux**)  airline terminal
**terminale** *f*.  last year (school)
**terminer**  to finish
*se* **terminer**  to end
**terrain** *m*.  field; court (basketball, tennis);
  ground; site (camping)
**terrasse** *f*.  patio
**territoire** *m*.  territory
**tête** *f*.  head
  **appui(e)-tête** *m*.  headset
  **tête première**  head first
**texte** *m*.  text
  **traitement de texte** *m*.  word processing

**théâtre** *m*.  theater
  **pièce de théâtre** *f*.  play
**théière** *f*.  teapot
**thermomètre** *m*.  thermometer
**thermos** *m*.  thermos
**thermostat** *m*.  thermostat setting
**thon** *m*.  tuna
**ticket** *m*.  ticket
  **ticket d'autobus**  bus ticket
  **ticket de métro**  subway ticket
**timbales** *f. pl*.  timpani
**timbre** *m*.  stamp
**timbre-poste** *m*.  postage stamp
**tirage** *m*.  print (film); hard copy (printing)
  **faire des tirages**  to have prints made
**tire-bouchon** *m*.  corkscrew
**tire-fesses** *m*.  T-bar
**tirer**  to pull; to stick out (tongue); to print
  (film); to shoot (hockey); to flush (toilet)
**tiroir** *m*.  drawer
**tisser**  to weave
**tissu** *m*.  cloth, fabric, material; tissue (body)
  **tissu croisé**  denim
  **tissu éponge**  terry cloth
  **tissu infroissable**  wrinkle-resistant material
  **tissu synthétique**  synthetic material
  **tissus mous**  soft tissues
**toast** *m*.  piece of toast
**toile** *f*.  linen; cloth; Web (Internet)
**toilette** *f*.  toilet table
  **faire sa toilette**  to wash up
  **gant de toilette** *m*.  facecloth, washcloth
**toilettes** *f. pl*.  toilet
**toit** *m*.  roof
**tomate** *f*.  tomato
  **concentré de tomates** *m*.  tomato paste
**tomber**  to fall; to go down (curtain)
  **laisser tomber**  to let fall, to drop
**ton** *m*.  tone
  **tons clairs**  light tones
  **tons foncés**  dark tones
  **tons pastels**  pastel tones
  **tons de terre**  earth tones
**tonalité** *f*.  dial tone
  **dès réception de la tonalité**  as soon as you
    hear the dial tone
  **Il n'y a pas de tonalité.**  There's no dial tone.
**tondeuse** *f*.  clippers (hair)
**tonifier**  to tone
**tonner**  to thunder
**tonnerre** *m*.  thunder
**topaze** *f*.  topaz

**torchon** *m.*  dishtowel

*se* **tordre**  to sprain (ankle, back)

**tornade** *f.*  tornado

**torsade** *f.*  cable

  **à torsades**  cable-knit (sweater)

**torsadé, -e**  cable-knit

**torticolis** *m.*  stiff neck

**touche** *f.*  key (computer keyboard)

  **appareil** *m.* / **poste** *m.* / **téléphone** *m.* **à**
    **touches**  touch tone phone

**toucher**  to cash (check); to get, to collect (job
  benefit)

**tourisme** *m.*  tourism

**touriste** *m. & f.*  tourist

**touristique**  tourist

**tournage** *m.*  shooting (film)

**tourné, -e**  spoiled (food)

**tourne-disques** *m.*  record player

  **tourne-disques avec radio et graveur de CD**
    record (vinyl) to CD recorder
    with radio

**tourner**  to turn; to fold (into batter); to
  shoot (film)

  **tourner mal**  to run badly (car motor); to end
    badly

**tournevis** *m.*  screwdriver

**tournoi** *m.*  tournament

**tousser**  to cough

**tout, toute, tous, toutes**  all, every

  **tout de suite**  immediately

**toux** *f.*  cough

**traduction** *f.*  translation

**tragédie** *f.*  tragedy

**train** *m.*  train

  **train auto-couchette** *m.*  car sleeper train

  **train direct**  direct train

  **train express**  express train

  **train omnibus**  slow, local train

  **train rapide**  rapid, express train

  **changer de train**  to change trains

**traite** *f.*  trade, traffic

  **traite bancaire**  cashier's check; bank draft
    (Canada)

**traitement** *m.*  treatment; salary, pay (for civil
  servants)

  **traitement des données, traitement de**
    **l'information**  data processing

  **traitement de texte**  word processing

  **faire un traitement provisoire**  to fix something
    temporarily

**tranche** *f.*  slice

**tranquillisant** *m.*  tranquilizer

**transfusion** *f.*  transfusion

  **transfusion sanguine**  blood transfusion

**transit** *m.*  transit

  **en transit**  passing through (plane travel)

**transmis, -e**  transmitted

**transmission** *f.*  transmission

  **à transmission automatique**  with automatic
    transmission

**travail** *m.* (*pl.* **travaux**)  work, labor

  **en travail**  in labor (childbirth)

  **attention aux travaux**  road work ahead

**travailler**  to work

**travailleur** *m.*, **travailleuse** *f.*  salaried worker

**travers, à travers**  through

**traverser**  to go through, to pass through, to cross

**traversin** *m.*  bolster pillow

**trèfle** *m.*  clover leaf

  **échangeur en trèfle** *m.*  clover-leaf (highway)

**tresse** *f.*  braid

**tribunes** *f. pl.*  grandstand

**tricot** *m.*  undershirt; T-shirt; sweater, knit

  **tricot de corps / de peau**  undershirt

  **en tricot**  knitted

**trigonométrie** *m.*  trigonometry

**troisième**  third

  **en troisième**  third class

**trombone** *f.*  paper clip

*se* **tromper**  to be wrong

**trompette** *f.*  trumpet

**trop**  too

**trotteuse** *f.*  second hand (on watch)

**trottoir** *m.*  sidewalk

  **trottoir roulant**  moving / rolling sidewalk

**trou** *m.*  hole

**trousse** *f.*  kit

  **trousse de premiers soins, trousse de secours,**
    **trousse de soins médicaux**  first-aid kit

**trouver**  to find

*se* **trouver**  to be found, to be located

  **où se trouve**  where is

**trucage** *m.*  special effect (movies)

**T-shirt** *m.*  T-shirt

**tuba** *m.*  snorkel

**tube** *m.*  tube

**tuberculose** *f.*  tuberculosis

**tulipe** *f.*  tulip

**tunique** *f.*  tunic sweater

**turbulence** *f.*  turbulence

  **zone de turbulences** *f.*  turbulent zone

  **Des turbulences imprévues pourraient se**
    **produire.**  Unexpected turbulence could
    be encountered.

turquoise *f.* turquoise
tuyau *m.* pipe (plumbing); tube
    tuyau d'échappement exhaust pipe
    tuyaux d'oxygène oxygen tubes
tuyauterie *f.* plumbing
tweed *m.* tweed

uniforme *m.* uniform
unique unique
    sens unique one way
unitard *m.* unitard
unité *f.* unit
    unité centrale central processing unit (CPU—
        computer)
    unité murale (Canada) wall unit
université *f.* university
urgence *f.* emergency
    salle des urgences *f.* emergency room
    en cas d'urgence in case of emergency
urine *f.* urine
    analyse d'urine *f.* urine analysis
    spécimen des urines *m.* urine specimen
usé, -e worn out
usine *f.* factory
utiliser to use

vacances *f. pl.* vacation
    être en vacances to be on vacation
vague *f.* wave
vaisselle *f.* dishes
    lave-vaisselle *m.* dishwasher
    faire la vaisselle to wash the dishes
valable valid
valeur *f.* value
    courtier *m.*, courtière *f.* en valeurs mobilières
        (Canada) stockbroker
    envoyer en valeur déclarée to insure
valise *f.* suitcase
    défaire la valise to unpack the suitcase
valoir to be worth
    Combien vaut . . . ? How much is . . . worth?
valve *f.* valve
    La valve perd / fuit. The valve is leaking.
variable variable, unsettled
    Le temps est variable. The weather is
        unsettled.
varicelle *f.* chicken pox
vaudeville *m.* vaudeville
veau *m.* veal; calfskin
    escalope de veau *f.* veal scallopini, veal cutlet
vedette *f.* star, lead
veine *f.* vein

vélo *m.* bike
    vélo d'appartement stationary bicycle
    faire du vélo to go cycling, to cycle
velours *m.* velvet
    velours côtelé corduroy
vendeur *m.*, vendeuse *f.* salesperson
vendre to sell
vénérien, -ne venereal
    maladie vénérienne *f.* venereal disease
venir to come
    venant de coming from
vent *m.* wind
    vents faibles light winds
    vents forts strong winds
    vents modérés moderate winds
    faire du vent to be windy
    D'où vient le vent? Which way is the wind
        blowing?
vente *f.* vent (jacket); sale
venter (Canada) to be windy
ventilateur *m.* fan
ventre *m.* abdomen, belly
    brasse sur le ventre *f.* breaststroke
ver *m.* worm
verglas *m.* glazed frost; icy roads
vérifier to check
verre *m.* glass; lens
    verres de contact contact lenses
verrou *m.* bolt
verrouiller to bolt
versement *m.* payment
    bulletin de versement *m.* deposit slip
    faire un versement to make a deposit
    faire un versement initial de to make a down
        payment of
    faire des versements mensuels to make
        monthly payments
    payer en versements échelonnés to pay in
        installments
verser to deposit, to make a down payment, to
    make a deposit
version *f.* version
    version originale original, undubbed version (film)
vert, -e green
    vert, -e clair, -e light green
    vert, -e foncé, -e dark green
vertical, -e vertical, upright
    dans la position verticale in the upright position
vertige *m.* dizziness
    avoir des vertiges (le vertige) to be dizzy
vésicule biliaire *f.* gall bladder
vessie *f.* bladder

**veste** *f.*   jacket; vest
  **veste-chemisier**   shirt jacket
  **veste croisée**   double-breasted jacket
  **veste droite**   single-breasted jacket
  **veste (de) sport**   sports jacket
**vestiaire** *m.*   cloakroom; locker room
**veston** *m.*   jacket
  **veston sport**   sports jacket
**vêtements** *m. pl.*   clothes, clothing
  **sous-vêtements** *m. pl.*   underwear
  **vêtements pour femmes**   women's clothing
  **vêtements pour hommes**   men's clothing
**viande** *f.*   meat
**vidange d'huile** *f.*   oil change
  **Veuillez faire la vidange et un graissage
    complet.**   Please do an oil change and
    lubrication.
**vide**   empty
  **vide-ordures** *m.*   garbage disposal
**vider**   to empty, to throw out
**vieillesse** *f.*   old age
**vieux, vieil, vieille**   old
**vilebrequin** *m.*   crankshaft
**ville** *f.*   city, town
  **indicatif de ville** *m.*   area code (phone)
**vin** *m.*   wine
  **magasin de vins et spiritueux** *m.*   liquor store
  **marchand de vin** *m.*   wine merchant
**vinaigre** *m.*   vinegar
**violent, -e**   strong (current)
**violet, -te**   purple
**violette** *f.*   violet
**violon** *m.*   violin
**violoncelle** *m.*   cello
**virage** *m.*   curve, turn
**virer**   to reverse (charges); to transfer (money)
  **faire virer les frais**   to reverse the charges
  **à frais virés**   with the charges reversed
**virus** *m.*   virus
**vis** *f.*   screw
  **vis platinée**   point (car)
**visa** *m.*   visa
**viscose** *f.*   viscose
**visible**   visible
**visuel, -le**   visual
**vital, -e**   vital
**vitamine** *f.*   vitamin
**vite**   quickly
**vitesse** *f.*   speed; gear (car)
  **boîte de vitesses** *f.*   gear box
  **changement de vitesse manuel** *m.*   manual
    transmission, stick shift

**compteur (indicateur) de vitesse** *m.*
  speedometer
**deuxième vitesse**   second gear
**levier de changement de vitesses** *m.*   gear-shift
  lever
**limitation de vitesse** *f.*   speed limit
**première vitesse**   first gear
**régulateur de vitesse** *m.*   cruise control
  (in car)
**train à grande vitesse (TGV)** *m.*   extra high
  speed train
**vitesse limite**   speed limit
**changer de vitesse**   to change gears
**passer de la première vitesse à la deuxième
  vitesse**   to change from first to second
  gear
**passer en seconde / en deuxième**   to change to
  second gear
**passer les vitesses**   to change gears
**à toute vitesse**   at full speed
**à une vitesse de 100 km à l'heure**   at a speed
  of 100 km an hour
**vitre** *f.*   glass, window (car)
**vivant, -e**   living
  **langues vivantes** *f. pl.*   modern languages
**voici**   here is, here are
  **le voici**   here it is
**voie** *f.*   track (train); lane (highway); way
  **voie d'accélération**   continuation of an
    access ramp
  **voie d'approche**   access road
  **par voie de**   by means of
  **par voie automatique**   automatically dialled
    (phone)
  **par voie ordinaire**   by ordinary surface mail
**voilage** *m.*   sheer curtain
**voile** *f.*   sail
  **faire de la voile**   to go sailing
**voilier** *m.*   sailboat
**voir**   to see
**voiture** *f.*   car (automobile, train)
  **voiture-lit**   sleeping car
  **arrêter la voiture**   to stop the car
  **démarrer la voiture**   to start the car
**vol** *m.*   flight
  **durée de vol** *f.*   flight time
  **numéro de vol** *m.*   flight number
  **vol direct**   direct, nonstop flight
  **vol intérieur**   domestic flight
  **vol international**   international flight
**volaille** *f.*   fowl, poultry
**volant** *m.*   steering wheel

**voler**   to fly

**volet** *m*.   shutter

**volet de départ** *m*.   choke

**voltage** *m*.   voltage

**voltigeur** *m*.   outfield player (baseball)

  **voltigeur centre**   center fielder

  **voltigeur droit**   right fielder

  **voltigeur gauche**   left fielder

**vomissement** *m*.   vomiting

  **avoir des vomissements**   to vomit

**vouloir**   to want to

  **je voudrais**   I would like

  **veuillez**   please (formal in letters, etc.)

**voyage** *m*.   trip

  **Bon voyage!**   Have a good trip!

  **livre de voyage** *m*.   travel story

  **voyage d'affaires**   business trip

  **voyage touristique**   pleasure trip

**voyager**   to travel

**voyageur** *m*., **voyageuse** *f*.   traveler; passenger (train)

**wagon** *m*.   car (train)

  **compartiment de wagon-lit** *m*.   sleeping car

  **wagon grill-express**   self service car (in a train)

  **wagon-restaurant**   dining car

**W.C.** *m*.   water closet, toilet

**western** *m*.   western

**whisky** *m*.   whiskey

**xylophone** *m*.   xylophone

**zone** *f*.   zone, area, section

  **indicatif de zone** *m*.   routing code, zone code (phone)

  **zone bleue**   restricted parking

  **zoom** *m*.   zoom (feature in camera)

abdominal **abdominal, -e**
  abdominal upsets **douleurs abdominales** *f. pl.*
able **capable**
  to be able **pouvoir**
  could you **pourriez-vous**
above **au-dessus (de)**
abroad **à l'étranger**
abscess **abcès** *m.*
accelerate *v.* **accélérer**
accelerator **accélérateur** *m.*
accept *v.* **accepter**
access, access road **voie d'approche** *f.,* **entrée** *f.*
access ramp **bretelle d'accès** *f.*
  continuation of the access ramp **voie d'accélération** *f.*
accessory **accessoire** *m.*
account **compte** *m.*
  bank account **compte bancaire, compte banque, compte de banque, compte en banque**
  checking account **compte-chèques**
  checking-savings account **compte chèques-d'épargne**
  current account **compte courant**
  joint account **compte joint**
  savings account **compte d'épargne**
accountant **comptable** *m.*
accounting **comptabilité** *f.*
acid **acide** *m.*
  fruit acids **acides de fruit**
acrylic **acrylique** *m.*
act **acte** *m.*
actor **acteur** *m.,* **interprète** *m.*
actress **actrice** *f.,* **interprète** *f.*
add *v.* **ajouter**
address **adresse** *f.*
  home address **lieu de domicile** *m.*
  sender's address **adresse de l'expéditeur**
addressee **destinataire** *m.*
adjustable (seats) **réglable**
admission **entrée** *f.*
  admission price **prix d'entrée** *m.*

advance **avance** *f.*
  in advance **à l'avance**
adventure **aventure** *f.*
  adventure film **film d'aventures** *m.*
advertisement (ad) (in newspaper) **annonce** *f.*
  classified advertisement (ad) **petite annonce**
advertising **publicité** *f.*
advise *v.* **conseiller**
aerobic **aérobique**
  aerobics, aerobic dancing **danse aérobique** *f.*
affordable **abordable**
after **après**
against **contre**
age **âge** *m.*
  anti-age treatment **traitement anti-âge** *m.*
  old age **vieillesse** *f.*
agency **agence** *f.*
  car rental agency **agence de location de voitures**
agent **agent** *m.*
agricultural **agricole**
agriculture **agriculture** *f.*
ahead, straight ahead **tout droit**
aid **aide** *f.*
  first aid **premiers soins** *m. pl.*
  first-aid kit **trousse de premiers soins / de secours, de soins médicaux**
AIDS (acquired immune deficiency syndrome) **SIDA (syndrome immunodéficitaire acquis)** *m.*
air **air** *m.*
  air bag (car) **sac gonflable** *m.*
  air-conditioned **climatisé, -e**
  air conditioner **climatiseur** *m.*
  air conditioning **climatisation** *f.*
  air filter **filtre à air** *m.*
  airmail **par avion**
  air pressure **pression de l'air** *f.,* **pressurisation** *f.*
  air pump (in a gas station) **borne de gonflage** *f.*
  airsickness **mal de l'air** *m.*
  change in cabin air pressure **dépressurisation en cabine** *f.*

airline **compagnie d'aviation** *f.*, **ligne aérienne** *f.*
  airline ticket **billet d'avion** *m.*
airplane **avion** *m.*
  to change planes **changer d'avion, prendre une correspondance**
airport **aéroport** *m.*
aisle **couloir** *m.*; **allée** *f.* (airplane); **rayon** *m.* (store)
alcohol **alcool** *m.*
  legal alcohol limit **taux légal d'alcoolémie autorisé** *m.*
alcoholic **alcoolisé, -e**
algebra **algèbre** *f.*
all **tout, toute, tous, toutes**
allergic **allergique**
allergy **allergie** *f.*
almost **presque**
along **le long de**
also **aussi**
alteration (clothing) **retouche** *f.*
alternator **alternateur** *m.*
altitude **altitude** *f.*
ambulance **ambulance** *f.*
American plan **pension complète** *f.*
amethyst **améthyste** *f.*
amplifier **ampli-syntoniseur** *m.*, **ampli-tuner** *m.* (*pl.* **amplis-tuners**)
analgesic **analgésique** *m.*
analysis **analyse** *f.*
anchorman **présentateur** *m.*
anchorwoman **présentatrice** *f.*
anesthesiologist **anesthésiste** *m. & f.*
anesthetic **anesthésique** *m.*, **anesthésie** *f.*
  Give me an anesthetic. **Insensibilisez-moi.**
angora **angora** *m.*
animal **animal** *m.*
animated **animé, -e**
ankle **cheville** *f.*
  to sprain one's ankle **se tordre la cheville**
anniversary **anniversaire** *m.*
  wedding anniversary **anniversaire de noce**
announce *v.* **annoncer**
answer **réponse** *f.*
answer *v.* **répondre**
answering machine **répondeur téléphonique** *m.*
antibiotic **antibiotique** *f.*
antidepressant **antidépresseur neuroleptique** *m.*
antifreeze **antigel** *m.*
antiseptic **antiseptique** *f.*
aperitif **apéritif** *m.*
appear *v.* **apparaître**
appendectomy **appendicectomie** *f.*
appendicitis **appendicite** *f.*

appendix **appendice** *m.*
appetite **appétit** *m.*
appetizer **hors-d'œuvre** *m.*; **entrée** *f.*; **amuse-gueule** *m.*
applaud *v.* **applaudir**
apple **pomme** *f.*
apply (for) *v.* (job). **poser sa candidature (à)**
appointment **rendez-vous** *m.*
  to make an appointment **prendre rendez-vous**
apprenticeship **apprentissage** *m.*
appropriate **approprié, -e**
approximately **approximativement**
aptitude **aptitude** *f.*
aquamarine **aigue-marine** *f.* (*pl.* **aigues-marines**)
arm **bras** *m.*; **branche** *f.* (eyeglasses)
armchair **fauteuil** *m.*
arrest *v.* **arrêter**
arrival **arrivée** *f.*
arrow **flèche** *f.*
art **art** *m.*
artery **artère** *f.*
arthritic person **arthritique** *m. & f.*
arthritis **arthrite** *f.*
article **article** *m.*
artist **artiste** *m. & f.*
arts **arts** *m. pl.*
  arts and crafts **artisanat** *m.*
  dramatic arts **arts dramatiques**
  liberal arts **lettres** *f. pl.*
  martial arts **arts martiaux**
    to practice martial arts **faire des arts martiaux**
ashtray **cendrier** *m.*
ask *v.* **demander; s'adresser à** (a person for information); **prier** (request)
  to ask for (an interview) **solliciter**
  Passengers are asked to . . . **Les passagers sont priés de . . .**
  We ask you to . . . **Nous vous prions de . . .**
aspirin **aspirine** *f.*
aspirin tablet **cachet d'aspirine** *m.*
assume *v.* **assumer**
asthma **asthme** *m.*
astringent **astringent** *m.*
at **à; chez** (a person's place or home)
athletic supporter **slip de soutien** *m.*
attach *v.* **attacher**
attaché case **mallette** *f.*
attached (to a letter) **ci-joint**
attack (medical) **crise** *f.*
  heart attack **crise cardiaque** *f.*, **infarctus** *m.*
attain *v.* **atteindre**

attend *v.* **assister à**

attention **attention** *f.*

attic **grenier** *m.*

audio **sonore**

   audio equipment **appareils sonores** *m. pl.*, **équipement hi-fi** *m.*

auditor (course) **auditeur libre** *m.*

automatic **automatique**

automatically **automatiquement**

automobile **automobile** *f.*, **auto** *f.*, **voiture** *f.*

autumn **automne** *m.*

   in autumn **en automne**

available (hotel room, seats) **libre, disponible**

avant-garde **avant-garde**

avenue **avenue** *f.*

axe **hache** *f.*

axle **essieu** *m.*

   rear axle **pont arrière** *m.*


baccalaureate (degree) **baccalauréat** *m.*

back **dos** *m.*; **dossier** *m.* (of seat); **arrière** *m.* (hockey, soccer)

   at the back **à l'arrière**

   in back of **derrière**

   in the back **en arrière, au fond**

   to sprain one's back **se tordre le dos**

backache **mal de dos/des reins** *m.*

backstop **filet d'arrêt** *m.* (baseball: catcher's backstop)

backstroke **dos crawlé** *m.*

back-up *n.* (computer) **sauvegarde** *f.*

back up *v.* (computer) **sauvegarder**

backward **en arrière**

   to go backward (car) **reculer**

bacon **bacon** *m.*

bacterial **bactérien, -ne**

bad **mauvais, -e**

   to be bad weather **faire mauvais**

badly **mal**

badminton **badminton** *m.*

bag **sac** *m.*

   doggy bag **emporte-restes** *m.*

   tea bag **sachet de thé** *m.*

   Ziplock bag **sac de plastique à fermeture par pression et glissière** *m.*

   I would like to have my bags brought down. **Je voudrais faire descendre mes bagages.**

baggage **bagages** *m. pl.*

   baggage claim check **bulletin de consigne** *m.* (train); **bulletin de bagages** *m.*, **talon** *m.*

baggage pick-up **récupération des bagages** *f.*

baggage rack **compartiment à bagages** *m.*, **porte-bagages** *m.*

baggage receipt **talon** *m.*, **bulletin** *m.*

to check baggage **enregistrer les bagages**

bait **appât** *m.*

   bait box **boîte d'appât** *f.*

   to swallow the bait **mordre à l'hameçon**

baked **au four**

baker **boulanger** *m.*, **boulangère** *f.*

bakery **boulangerie** *f.*

balance (account) **solde** *m.*

balcony **balcon** *m.*

   second balcony **deuxième balcon**

ball **balle** *f.* (baseball, tennis); **ballon** *m.* (football, soccer)

   curve ball (baseball) **balle courbe**

   fast ball (baseball) **balle rapide**

   foul ball (baseball) **fausse balle**

   knuckle ball (baseball) **balle jointure**

   net ball (tennis) **balle de filet, net** *m.*

   sinker ball (baseball) **balle tombante**

   spitball (baseball) **balle mouillée**

ballet slippers **ballerines** *f. pl.*

banana **banane** *f.*

band (ankle or hand band weight) **bandau** *m.*

bandage **pansement** *m.*

   elastic bandage **bandage élastique** *m.*

   elastic roll bandage **bande de tissu élastique** *f.*

bandage *v.* **bander, mettre un pansement sur**

Band-Aid **sparadrap** *m.*

bangs (*hair*) **frange** *f.*

bank **banque** *f.*

   bank account **compte bancaire** *m.*, **compte banque** *m.*, **compte de banque** *m.*, **compte en banque** *m.*

   bank draft (Canada) **traite bancaire** *f.*

   bank statement **relevé de compte** *m.*

bankbook **livret d'épargne** *m.*; **carnet de banque** *m.* (Canada)

banker **banquier** *m.*

bar **bar** *m.*

   juice bar **juterie** *f.*

   salad bar **table à salade** *f.*, **buffet à salades** *m.*

   T-bar **barre** *f.*

barbecued **grillé, -e au charbon de bois**

barber **coiffeur** *m.*

base **but** *m.*; **base** *f.* (support)

   a base on balls (baseball) **un but sur balles**

   first base **premier but**

   second base **deuxième but**

base (cont.)

  swivel tilt monitor base **base pivotante** *f.*, **pied pivotant et orientable** *m.*

  third base **troisième but**

baseball **base-ball** *m.*

baseman **but** *m.*

  first baseman **premier but**

  second baseman **deuxième but**

  third baseman **troisième but**

basement **cave** *f.*, **sous-sol** *m.*; **soubassement** *m.* (Canada)

basket **panier** *m.*

basketball **basket-ball** *m.*; **ballon-panier** *m.* (Canada)

bass (instrument) **basse** *f.*

bat (sports equipment) **bâton** *m.*, **batte** *f.*

bat *v.* **frapper**

bath **bain** *m.*

  bath salts **sels de bain** *m. pl.*

  bubble bath **bain de mousse**

  to take a bath **se baigner**

bathe *v.* **se baigner, prendre un bain**

bathing cap **bonnet de bain** *m.*

bathing suit **maillot de bain** *m.*; **costume de bain** *m.* (Canada)

bath mat **tapis anti-dérapant** *m.*

bathrobe **peignoir de bain** *m.*, **robe de chambre** *f.*, **sortie de bain** *f.*

bathroom **salle de bains** *f.*

bath rug **tapis de bain** *m.*

bathtub **baignoire** *f.*

batter **pâte** *f.* (cake); **frappeur** *m.* (baseball)

  batter's position **rectangle du frappeur** *m.*

battery **batterie** *f.* (car); **pile** *f.* (flashlight)

  The battery is dead. **La batterie est déchargée.**

be *v.* **être**

  you will be **vous serez**

beach **plage** *f.*

beam: low beams **feux de croisement** *m. pl.*

  high beams **feux de route**

bean (string) **haricot** *m.*

  coffee beans **café en grains** *m.*

beard **barbe** *f.*

  to trim my beard **me rafraîchir la barbe**

beat *v.* **battre**

  to beat egg whites until stiff **monter les blancs en neige**

beauty **beauté** *f.*

  beauty salon **salon de beauté** *m.*, **institut de beauté** *m.*

because **parce que**

bed **lit** *m.*

  double bed **grand lit, lit double**

  extra bed **lit supplémentaire**

  single bed **lit simple**

  twin beds **lits jumeaux**

  to go to bed **se coucher**

  to make one's bed **faire son lit**

bedframe **bois de lit** *m.*

bedpost **colonne de lit** *f.*

bedroom **chambre à coucher** *f.*

bedspread **couvre-lit** *m.*, **dessus-de-lit** *m.*

beef **bœuf** *m.*

  beef stew **ragoût de bœuf** *m.*

beer **bière** *f.*

before **avant, avant de**

begin *v.* **commencer**

beginner **débutant** *m.*, **débutante** *f.*

behind **derrière**

believe *v.* **croire**

bellhop **chasseur** *m.*, **porteur** *m.*

belongings **effets** *m. pl.*

  personal belongings **effets personnels**

below **en dessous (de)**

belt **ceinture** *f.*

  seat belt **ceinture de sécurité**

bench **banc** *m.*

  penalty bench (hockey) **banc de punition**

benefit (work) **bénéfice** *m.*, **prestation** *f.*

beret **béret** *m.*

best **le meilleur, la meilleure, les meilleur(e)s**

between **entre**

beverage **boisson** *f.*

  beverage service **service des boissons** *m.*

bicycle **bicyclette** *f.*, **vélo** *m.*

  stationary bicycle **bicyclette ergométrique, vélo d'appartement**

bidet **bidet** *m.*

big **grand, -e; ample** (clothes)

bikini **bikini** *m.*

bill **addition** *f.* (restaurant); **facture** *f.*, **note** *f.* (hotel); **compte** *m.*; **billet** *m.*, **coupure** *f.* (money)

  large bill **grosse coupure**

  small bill **petite coupure**

  to pay the bill **payer le compte**

bill *v.* **facturer**

binder **classeur** *m.*

  ring binder **classeur à anneaux**

binding (ski) **fixation** *f.*

biographical **biographique**

biography **biographie** *f.*; **livre biographique** *m.*

biology **biologie** *f.*

birth **naissance** *f.*
  date of birth **date de naissance** *f.*
  place of birth **lieu de naissance** *m.*
  to give birth **accoucher**
birthday **anniversaire** *m.*; **fête** *f.* (Canada)
birthstone **pierre de naissance** *f.*
bite (insect) **piqûre** *f.*
bite *v.* **mordre**
biweekly **à la quinzaine**
black **noir, -e**
blackboard **tableau (noir)** *m.*
bladder **vessie** *f.*
blanch **blanchir, monder**
blanket **couverture** *f.*
bleach *v.* **blanchir**
bleed *v.* **saigner**
blender **mixer** *m.*
blind (window) **store** *m.*
  venetian blind **store vénitien** *m.*, **jalousie** *f.*
blister **ampoule** *f.*
block (street) **rue** *f.*
  It's three blocks from here. **C'est à trois rues
    d'ici.**
block *v.* **arrêter**
blocked **bloqué, -e**
blood **sang** *m.*
  blood analysis **analyses de sang** *f. pl.*
  blood pressure **tension artérielle** *f.*
  blood transfusion **transfusion sanguine** *f.*
  blood type **groupe sanguin** *m.*
blouse **blouse** *f.*, **chemisier** *m.*
  shirt blouse **chemisier**
blow *v.* **sauter** (fuse); **souffler**
  Which way is the wind blowing? **D'où vient
    le vent?**
blow dry **brushing** *m.*
blue **bleu, -e**
  dark blue **bleu, -e foncé, -e**
  light blue **bleu, -e clair, -e**
  navy blue **bleu, -e marine**
blush **fard à joues** *m.*, **blush** *m.*
board (ship) **bord** *m.*
  on board **à bord de**
boarder **pensionnaire** *m. & f.*
boarding gate (airport) **porte** *f.*
boarding pass **carte d'accès à bord** *f.*, **carte
  d'embarquement** *f.*
boat **bateau** *m.*
  motor boat **bateau à moteur**
  rowboat **bateau à rames**
  sail boat **bateau à voile**
  by boat **en bateau**

bob (haircut) **coupe au carré** *f.*
body **corps** *m.* (person); **carrosserie** *f.* (car)
  body suit **combiné** *m.*; **body** *m.* (Canada)
boil *v.* **bouillir**
  to bring to boil **chauffer jusqu'à ébullition,
    mener (porter) à ébullition**
boiled **bouilli, -e**
boiler **bouilloire** *f.*
  double boiler **bain-marie** *m.*
bold (type) **gras**
  bold face type **caractères gras** *m. pl.*
  in bold (type) **en caractères gras**
bolt **verrou** *m.*
bolt *v.* **verrouiller**
bone **os** *m.*; **arête** *f.* (fish)
  to set the bone **réduire la fracture, réparer l'os**
book **livre** *m.*
  book bag **cartable** *m.*
  second-hand book **livre d'occasion**
book *v.* **retenir**
  to book seats **retenir des places**
bookcase **bibliothèque** *f.*, **cabinet** *m.*
bookseller **libraire** *m. & f.*
bookshelf **étagère à livres** *f.*
bookstore **librairie** *f.*
boot **botte** *f.*; **bottine** *f.* (low boot)
  ankle boot **bottillon** *m.*
  cowboy boot **botte de cavalier; botte cavalière**
    (Canada)
  high lace-up leather boots **grandes bottes
    montantes lacées en cuir**
borrow *v.* **emprunter**
boss **patron** *m.*, **patronne** *f.*, **supérieur** *m.*,
  **supérieure** *f.*
bottle **bouteille** *f.*
  bottle opener **ouvre-bouteille(s)** *m.*,
    **décapsuleur** *m.*
  a half-bottle of **une demi-bouteille de**
bottom **bas** *m.*
  at the bottom **en bas**
  at the bottom of **au bas de**
boulevard **boulevard** *m.*
boundary (baseball) **ligne des jeux** *f.*
bouquet **bouquet** *m.*
bow **nœud** *m.*
  bow tie **nœud, nœud papillon**
bowel **intestin** *m.*
bowl **bol** *m.*, **coupe** *f.*
  soup bowl **assiette à soupe** *f.*, **assiette
    creuse** *f.*
bowling (lawn) **pétanque** *f.*
  to go lawn bowling **jouer à la pétanque**

box (theater)  **boîte** *f.*; **loge** *f.*; **baignoire** *f.*
   (ground floor)
  post office box  **boîte postale; case postale** *f.*
   (Canada)
  box office  **guichet** *m.*
box *v.*  **faire de la boxe**
boxing (sport)  **boxe** *f.*
bracelet  **bracelet** *m.*
  chain bracelet  **gourmette** *f.*
  charm bracelet  **bracelet à breloques**
braid  **tresse** *f.*, **natte** *f.*
brain  **cerveau** *m.*
brake  **frein** *m.*
  brake fluid  **liquide de freins** *m.*
  brake linings  **garnitures de freins** *f. pl.*
  brake pedal  **pédale de frein** *f.*
  footbrake  **frein à pied**
  handbrake, parking brake  **frein à main, frein**
   **de stationnement**
  to jam on the brakes  **faire un coup de frein**
   **brusque**
  to tighten up the brakes  **resserrer les freins**
brake *v.*  **freiner**
branch (office, bank)  **succursale** *f.*, **filiale** *f.*
brassiere, bra  **soutien-gorge** *m.*
  half-cup bra  **balconnet** *m.*
bread  **pain** *m.*
  bread dough  **pâte à pain** *f.*
bread *v.*  **paner**
breaded  **pané, -e**
break *v.*  **casser, se casser; se briser** (waves)
  to break a finger  **se casser le doigt**
breakdown  **dépannage** *m.*
break down *v.* (machine, car)  **tomber en panne**
  My car is broken down.  **Ma voiture est en panne.**
  My car has broken down.  **Ma voiture est**
   **tombée en panne.**
breakfast  **petit déjeuner** *m.*; **déjeuner** (Canada)
breast  **sein** *m.*
breaststroke  **brasse (sur le ventre)** *f.*
breathalyser  **analyseur d'haleine** *m.*,
  **éthylomètre** *m.*
  breathalyser test  **éthylotest** *m.*, **alcootest** *m.*
breathe *v.*  **respirer**
  breathe deeply  **respirer à fond**
  breathe in  **respirer, inspirer**
  breathe out  **souffler, expirer**
  to have difficulty breathing  **avoir du mal à**
   **respirer**
bridge  **pont** *m.*
briefcase  **mallette** *f.*
briefs  **caleçon** *m.*

brim  **bord** *m.*
  with a wide brim  **à large bord**
bring *v.* (something)  **apporter**
  to bring down  **(faire) descendre**
broiled  **grillé, -e**
broiler  **grilloir** *m.*
broken  **cassé, -e**
bronchitis  **bronchite** *f.*
brooch  **broche** *f.*
broom  **balai** *m.*
  electric broom  **balai électrique**
  small broom  **balayette** *f.*
browser (Internet)  **navigateur** *m.*
brown  **brun, -e**
brown *v.*  **dorer** (in skillet); **gratiner** (under a
  broiler)
bruise  **bleu** *m.*, **contusion** *f.*
brush  **brosse** *f.*
  lip brush  **pinceau à lèvres** *m.*, **pinceau pour les**
   **lèvres** *m.*
  nail brush  **brosse à ongles**
brush *v.* (hair, teeth)  **se brosser**
  to brush one's hair  **se brosser les cheveux**
buckle  **boucle** *f.*
  silver buckle  **boucle en argent**
buffet  **buffet** *m.*
bug (computer)  **bogue** *f.*
bulb (light)  **ampoule** *f.*
bullpen (baseball)  **enclos de pratique** *m.*
bumper  **pare-chocs** *m.*
bun (hair)  **chignon** *m.*
bunch  **botte** *f.* (carrots); **bouquet** *m.* (flowers,
  parsley); **grappe** *f.* (grapes)
bungee jumping  **saut à l'élastique** *m.*
  to bungee jump, to go bungee jumping  **faire**
   **du saut à l'élastique**
bunt (baseball)  **coup retenu** *m.*
burn *v.*  **brûler; graver (CD, DVD)**
  to burn oneself  **se brûler**
  to burn out (light)  **griller**
  The light bulb is burned out.  **L'ampoule est**
   **grillée.**
burner: gas burner  **réchaud de camping à**
  **gaz** *m.*; **graveur** *m.*  **(CD, DVD)**
bus  **autobus** *m.*, **bus** *m.*; **autocar** *m.*, **car** *m.*
  (motorcoach)
  bus driver  **conducteur** *m.*, **conductrice** *f.*
  bus service  **service d'autobus / d'autocars / de**
   **cars** *m.*
  bus stop  **arrêt d'autobus** *m.*
  bus ticket  **ticket d'autobus** *m.*
  to take a bus  **prendre l'autobus**

business **affaires** *f. pl.*, **commerce** *m.*;
   **entreprise** *f.* (company)
  business school **école supérieure de commerce** *f.*
businessman **homme d'affaires** *m.*
businesswoman **femme d'affaires** *f.*
bustier **bustier** *m.*
busy **occupé, -e**
but **mais**
butcher (person) **boucher** *m.*, **bouchère** *f.*
  butcher shop **boucherie** *f.*
    pork butcher's shop **charcuterie** *f.*
    pork butcher **charcutier** *m.*, **charcutière** *f.*
butter **beurre** *m.*
  butter dish **beurrier** *m.*, **assiette à beurre** *f.*
  butter substitute **faux beurre**
butter *v.* **beurrer**
butterfly **papillon** *m.*
  butterfly stroke (swimming) **brasse papillon** *f.*
buttock **fesse** *f.*
button **bouton** *m.*
buy *v.* **acheter; prendre** (tickets)
buying **achat** *m.*
by **par**
byte **octet** *m.*

cabin **cabine** *f.*
  forward cabin (airplane) **compartiment
    avant** *m.*
  rear cabin (airplane) **compartiment arrière** *m.*
cable **câble** *m.*
  cable-knit sweater **chandail à torsades** *m.*
  jumper cables **câbles de démarrage**
cafeteria **cantine** *f.*, **cafétéria** *f.*, **restaurant
  universitaire** *m.*
cake **gâteau** *m.*
  cake mix **mélange à gâteau** *m.*
calculator **calculatrice** *f.*
  pocket calculator **calculatrice de poche**
calculus **calcul** *m.*
calendar **calendrier** *m.*
calfskin **veau** *m.*
call **appel** *m.*, **communication** *f.*
  collect call **communication en PCV (payable à
    l'arrivée); un appel à frais virés** (Canada)
  curtain call **rappel** *m.*, **rappel sur scène** *m.*
  local phone call **appel local, communication
    locale**
  long-distance call **appel interurbain,
    communication interurbaine**
  overseas call **communication outre-mer**
    (Canada)

person-to-person call **appel avec préavis (PAV);
  appel de personne à personne** (Canada)
phone call **appel téléphonique**
station-to-station call **appel de numéro à
  numéro** (Canada)
call *v.* **appeler**
  to call back **rappeler**
  Who's calling? **C'est de la part de qui? Qui est
    à l'appareil?**
calm **calme**
calorie **calorie** *f.*
  low-calorie dish/meal **plat faible en
    calories** *m.*
  low-calorie product **produit basses-calories /
    hypocalorique** *m.*
camcorder **caméscope** *m.*
camera **appareil photographique** *m.*,
  **appareil photo** *m.* (still photo)
  digital camera **appareil photo numérique /
    digitale** *m.*
cameraman, camerawoman **opérateur** *m.* /
  **opératrice** *f.* **de prises de vue**
camisole **camisole** *f.*
campfire **feu de camp** *m.*
camping **camping** *m.*
  to go camping **faire du camping**
campsite **terrain de camping** *m.*
can **boîte** *f.*
  can opener **ouvre-boîte(s)** *m.*
cancel *v.* **annuler**
cancer **cancer** *m.*
candidacy **candidature** *f.*
candle **bougie** *f.*
  tallow candle **chandelle** *f.*
candlestick **chandelier** *m.*
candy **bonbon** *m.*
  candy store **confiserie** *f.*
cap **casquette** *f.*; **bonnet** *m.*
  bathing cap **bonnet de bain**
  shower cap **bonnet de douche**
capsule **ampoule** *f.*
car **voiture** *f.*, **automobile** *f.*, **auto** *f.*; **wagon** *m.* (train)
  car race **course automobile** *f.*
  car rental agency **agence de location de
    voitures** *f.*
  car sleeper train **train auto-couchette** *m.*
  economy car **voiture économique** *f.*
  fast food restaurant car **wagon grill-express**
  luxury car **voiture de luxe**
  sleeping car **voiture-lit** *f.*; **wagon-lit** *m.*
  to start the car **démarrer**
  to stop the car **arrêter la voiture**

carafe **carafe** *f.*

carburetor **carburateur** *m.*
The carburetor needs regulating. **Le carburateur a besoin de réglage.**

card **carte** *f.*
bank card **carte bleue, carte d'identité bancaire**
calling card (phone) **carte France Télécom; carte d'appel**[MC] (Canada)
cardholder **porte-cartes** *m.*
credit card **carte de crédit**
greeting card **carte**
index card **fiche** *f.*
memory card **carte-mémoire** *m.*
phone card **télécarte** *f.*
registration card **fiche d'inscription** *f.*
report card **bulletin scolaire** *m.*
telephone calling / credit card **carte France Télécom; carte téléphonique, carte d'appel** (Canada)
tourist card **carte de touriste**

cardigan **cardigan** *m.*

cardiovascular **cardiovasculaire**

care **soin** *m.*
home care **soutien domicile** *m.*
in intensive care **en réanimation**

care (for) *v.* **soigner**
to take care of **soigner**

career **carrière** *f.*

carnation **œillet** *m.*

carpet **tapis** *m.*

carrot **carotte** *f.*

carry *v.* **porter**

cart **charette** *f.*, **caddie** *m.*, **chariot** *m.*

carton (cigarettes) **cartouche** *f.*

cartoon **dessin animé** *m.*

case **cas** *m.*
in case of **en cas de**

cash **argent liquide** *m.*
to pay cash **payer comptant**

cash *v.* **toucher, encaisser** (check); **changer** (traveler's check)

cashier (person) **caissier** *m.*, **caissière** *f.*
cashier's check **traite bancaire** *f.*
cashier's window / desk **caisse** *f.*

cashmere **cachemire** *m.*

cassette **cassette** *f.*
cassette player **lecteur de cassettes** *m.*
cassette recorder **magnétophone à cassettes** *m.*

cast **plâtre** *m.*
to put the leg in a cast **mettre la jambe dans le plâtre**

catch *v.* **attraper**

catcher (baseball) **receveur** *m.*

caution **prudence** *f.*

cavity (tooth) **carie** *f.*

ceiling **plafond** *m.*

celery **céleri** *m.*

cellar **cave** *f.*

cello **violoncelle** *m.*

cellophane tape **papier collant** *m.*

cell phone **téléphone cellulaire** *m.*, **téléphone mobile** *m.*

cent **centime** *m.*; **sou** *m.* (Canada)

center **centre** *m.*

centerfield (baseball) **centre** *m.*

central **central, -e**
central processing unit (CPU) **unité centrale** *f.*

certificate **certificat** *m.*
variable-interest certificate of deposit **certificat à taux variable**

chain **chaîne** *f.*

chair **chaise** *f.*
chair lift **télésiège** *m.*
folding chair **chaise pliante**
wheelchair **fauteuil roulant** *m.*

chaise-longue **chaise-longue** *f.*

chalkboard **tableau** *m.*; **tableau noir** *m.*

chambermaid **femme de chambre** *f.*

champagne **champagne** *m.*
champagne glass **coupe à champagne** *f.*

chandelier **lustre** *m.*

change **monnaie** *f.*; **pièce** *f.* (coin)
change bureau **bureau de change** *m.*
change purse **porte-monnaie** *m.*
small change **menue monnaie** *f.*
to give exact change **faire l'appoint**

change *v.* **changer**
to change money **changer de l'argent**
to change 100 dollars to euros **changer 100 dollars en euros**
to change trains / planes **changer de train / d'avion, prendre une correspondance**
to make / to give change for **faire / donner la monnaie de**

channel **canal** *m.* (*pl.* **canaux**) (radio; Canada: TV); **chaîne** *f.* (TV)

charge **frais** *m. pl.* (fee); **prix** *m.*; **service** *m.* (service charges)
commission charge **frais de commission**
cover charge **couvert** *m.*
rental charge **prix de la location**
service charges **service**
without charge **sans frais, gratuit, -e**

to reverse the charges **faire une communication en PCV; faire virer les frais** (Canada)

charge *v.* **facturer**

charged to **facturé à**

charm **breloque** *f.*

charm bracelet **bracelet à breloques** *m.*

chassis **châssis** *m.*

chat *v.* **causer; jaser** (Canada)

check **chèque** *m.*; **addition** *f.* (restaurant bill); **carreau** *m.* (clothes)

bad check **chèque en bois, chèque sans provision**

blank check **chèque en blanc**

cashier's check **traite bancaire** *f.*

check register **registre de compte de chèques** *m.*

traveler's check **chèque de voyage**

voided check **chèque barré**

to cash a check **encaisser/toucher un chèque**

to cash traveler's checks **changer des chèques de voyage**

to void a check **barrer un chèque**

with large checks **à gros carreaux**

with small checks **à petits carreaux**

check *v.* **vérifier; enregistrer** (luggage)

to check in (hotel) **s'inscrire**

checkbook **carnet de chèques** *m.*, **chéquier** *m.*

checked (fabric) **à carreaux**

checkroom **consigne** *f.*, **consigne manuelle** *f.*

checkup (medical) **bilan médical** *m.*, **bilan de santé** *m.*

cheek **joue** *f.*

cheese **fromage** *m.*

cheese grater **râpe à fromage** *f.*

cheese merchant **fromager** *m.*, **fromagère** *f.*

cheese store **fromagerie** *f.*

grated cheese **fromage râpé**

chef **chef** *m.*, **chef de cuisine** *m.*

chemistry **chimie** *f.*

chest **poitrine** *f.*

chest of drawers **commode** *f.*

chicken **poulet** *m.*

barbecued chicken **poulet grillé au charbon de bois**

chicken breast **poitrine de poulet** *f.*

chicken leg **cuisse de poulet** *f.*

chicken wing **aile de poulet** *f.*

chicken pox **varicelle** *f.*

child **enfant** *m. & f.*

chill **frissons** *m. pl.*, **refroidissement** *m.*

chin **menton** *m.*

Chinese **chinois, -e**

chip (computer) **puce** *f.*, **pastille** *f.*

choke (car) **starter** *m.*, **volet de départ** *m.*

cholesterol **cholestérol** *m.*

chop **côtelette** *f.*

chrysanthemum **chrysanthème** *m.*

cigarette **cigarette** *f.*

carton of cigarettes **cartouche de cigarettes** *f.*

city **ville** *f.*

city hall **mairie** *f.*

civil servant **fonctionnaire** *m. & f.*

claim *v.* (luggage) **retirer, réclamer**

to claim luggage **retirer les bagages**

classe **classe** *f.*

business/executive class **classe affaires**

economy class **classe économique**

first class **première classe**

second class **deuxième classe**

tourist class **classe touriste**

classical **classique**

classroom **salle de classe** *f.*; **amphithéâtre** *m.* (university)

clean **propre**

clean *v.* **nettoyer**

to dry clean **nettoyer à sec**

cleaner's **pressing** *m.*, **teinturerie** *f.* (dry); **laverie** *f.*, **blanchisserie** *f.*, **launderette** *f.* (laundry)

(dry) cleaning service **service de nettoyage** *m.*

cleaning service (washing) **service de blanchisserie** *m.*

clear **clair, -e**

clear *v.* (table) **débarrasser**

clearing (weather) **éclaircie** *f.*

client **client** *m.*, **cliente** *f.*

climb **grimper**

to mountain climb **faire de l'alpinisme**

clip (for ring) **griffe** *f.*

hair clip **pince à cheveux** *f.*

clippers **tondeuse** *f.*

cloakroom **vestiaire** *m.*

clock **horloge** *f.*

alarm clock **réveille-matin** *m.*, **réveil** *m.*

clock radio **radio-réveil** *m.*

to set the alarm clock **mettre le réveille-matin**

clogged **bouché, -e**

close *v.* **fermer**

closet **armoire** *f.* (wardrobe); **penderie** *f.*, **placard** *m.*

cloth **étoffe** *f.*, **toile** *f.*

clothes **vêtements** *m. pl.*; **linge** *m.* (laundry)

clothes (cont.)
    clothes dryer   **séchoir** *m.*
    dirty clothes   **linge sale**
clothesline   **corde à linge** *f.*
clothespin   **pince à linge** *f.*
clothing   **vêtements** *m. pl.*
    men's clothing   **vêtements pour hommes**
    women's clothing   **vêtements pour femmes**
cloud   **nuage** *m.*
cloudy   **nuageux, nuageuse**
    It is cloudy.   **C'est nuageux. Il y a des nuages.
        Il fait nuageux.**
    The sky is becoming cloudy.   **Le ciel se couvre.**
clover   **trèfle** *m.*
    clover leaf (highway)   **échangeur en trèfle** *m.*
clutch   **embrayage** *m.*
    to let in the clutch   **embrayer**
coach   **entraîneur** *m.*
coat   **manteau** *m.*
    coat-dress   **robe-manteau** *f.*
    duffle coat   **kabig** *m.*
    fur coat   **manteau de fourrure**
cockpit   **cabine de pilotage** *f.*, **poste de
        pilotage** *m.*, **habitacle** *m.*
code   **code** *m.*; **indicatif** *m.* (phone)
    area code   **indicatif de ville, indicatif de zone;
        indicatif régional** (Canada)
    country code (phone)   **indicatif du pays**
    postal code   **code postal**
    routing code (phone)   **indicatif de zone**
    ZIP code   **code postal**
    zone code (phone)   **indicatif de zone**
coffee   **café** *m.*
    coffee beans   **café en grains** *m.*; **grains de
        café** *m. pl.*
    a cup of coffee   **une tasse de café** *f.*
    electric coffee pot   **cafetière électrique** *f.*
    ground coffee   **café moulu**
    to make drip coffee   **passer le café**
coin   **piece** *f.*, **pièce de monnaie** *f.*
    coin return   **bouton de remboursement** *m.*
colander   **passoire** *f.*
cold   **froid, -e**
    to be cold (weather)   **faire froid**
cold   **rhume** *m.*
    to have a cold   **être enrhumé, -e, avoir un rhume**
collar   **col** *m.*
    collar size   **encolure** *f.*
    crew-neck collar   **col ras du cou**
    flared collar   **col évasé**
    high-necked collar   **col montant**
    military collar   **col officier**

rolled-neck collar   **col roulé**
shawl collar   **col châle**
turtleneck collar   **col montant, col roulé**
V-neck collar   **col en V**
collarbone   **clavicule** *f.*
collect *v.*   **ramasser; toucher** (employment benefits)
cologne   **eau de cologne** *f.*
colon   **côlon** *m.*
color   **couleur** *f.*
comb   **peigne** *m.*
    comb out   **coup de peigne** *m.*
    eyebrow comb   **peigne à sourcils, peigne pour
        les sourcils**
    eyelash comb   **peigne à cils, peigne pour les cils**
comb *v.*   **se peigner, se coiffer**
combed   **peigné, -e**
combination   **mélange** *m.*
come *v.*   **venir**
    coming from   **en provenance de** (plane, train);
        **venant de**
    The buses come every ten minutes.   **Les
        autobus passent toutes les dix minutes.**
comedy   **comédie** *f.*, **film comique** *m.*
    dramatic comedy, situation comedy   **comédie
        dramatique**
    musical comedy   **opérette** *f.*
comment   **remarque** *f.*
commission   **frais** *m. pl.*, **commission** *f.*
commuter lines   **lignes de banlieue** *f. pl.*
compact   **compact, -e**
    compact disk   **disque compact** *m.*, **disque
        audionumérique** *m.*, **CD-ROM** *m.*
    compact-disk player   **platine tourne-disque** *f.*
company   **entreprise** *f.*; **société** *f.*, **société
        anonyme** *f.*
comparable   **comparable**
compartment (train)   **compartiment** *m.*
    baggage compartment (plane)   **compartiment à
        bagages; coffre de rangement** *m.* (Canada)
    smoking/no-smoking compartment
        **compartiment fumeurs/non-fumeurs**
compass   **boussole** *f.*
competent   **compétent, -e**
computer   **ordinateur** *m.*
    computer hardware   **matériel** *m.*
    computer programmer   **informaticien** *m.*,
        **informaticienne** *f.*
    computer science   **informatique** *f.*
    computer software   **logiciel** *m.*
    computer system   **système informatique** *m.*
    laptop computer   **ordinateur portatif** *m.*,
        **portatif** *m.*

personal computer (PC) **ordinateur personnel** *m.*, **micro-ordinateur** *m.*

concealer (undereye) **crème anti-cernes** *f.*

concentrated **concentré, -e**

concert **concert** *m.*

symphony concert **concert symphonique**

concerto **concerto** *m.*

condition **condition** *f.*

conditioner (hair) **revitalisant** *m.*

conduct *v.* (orchestra) **diriger**

conductor **contrôleur** *m.*, **contrôleuse** *f.* (train); **conducteur** *m.*, **conductrice** *f.* (bus); **chef d'orchestre** *m.* (orchestra)

confectioner **confisier** *m.*, **confisière** *f.*

confectioner's **confiserie** *f.*

confirmation **confirmation** *f.*

congested **congestionné, -e**

connect *v.* **relier, mettre en communication**

Please connect me to . . . (phone) **Je désire obtenir une communication avec . . .**

connection **communication** *f.* (phone); **correspondance** *f.* (train, plane)

We have a bad connection. (phone) **Je vous entends mal. Il y a des parasites sur la ligne.**

consent *v.* **consentir**

constipated **constipé, -e**

constipation **constipation** *f.*

consultant **expert-conseil** *m.*, **conseiller** *m.*, **conseillère** *f.*

container **contenant** *m.*

contents **contenu** *m.*

continue *v.* **continuer**

contrabass **contrebasse** *f.*

contract **contrat** *m.*

contribute (to) *v.* (benefit plan) **cotiser à**

contribution (for worker benefits) **cotisation** *f.*

control **contrôle** *m.*

cruise control (car) **régulateur de vitesse** *m.*

remote control device **télécommande** *f.*

controls (car) **commandes** *f. pl.*

conversation **conversation** *f.*

cook *v.* **faire la cuisine, cuire**

to cook on a low flame, to cook slowly **faire mijoter**

cookie **biscuit** *m.*

cookie tray **plat à biscuits** *m.*

cooking **cuisine** *f.*

diet cooking **cuisine minceur**

light cooking **cuisine légère**

cool **frais**

to be cool (weather) **faire frais**

copper **cuivre** *m.*

copy **copie** *f.*

hard copy **fac-sim** *m.*, **tirage** *m.*

coral **corail** *m.*

cord **ficelle** *f.*; **fil électrique** *m.* (electric)

cordless (telephone) **sans fil; sans cordon** (Canada)

corduroy **velours côtelé** *m.*

corkscrew **tire-bouchon** *m.*

corn **maïs** *m.*

corner **coin** *m.*

in the corner **au coin**

correction liquid **correcteur liquide** *m.*

correction tape **ruban correcteur** *m.*

correspondence **correspondance** *f.*

cost *v.* **coûter**

costume **costume** *m.*

cotton **coton** *m.*

cotton blend **coton mélangé**

cotton pads **coton-tiges**

cotton poplin **popeline de coton** *f.*

cotton seersucker **coton seersucker**

cotton stretch **coton stretch; coton élastique** (Canada)

ribbed cotton **coton côtelé**

couch **sofa** *m.*, **canapé** *m.*

cough **toux** *f.*

cough syrup **sirop contre la toux / pour la gorge** *m.*

whooping cough **coqueluche** *f.*

cough *v.* **tousser**

counter **comptoir** *m.*; **rayon** *m.* (department store)

airline ticket counter **comptoir de la compagnie d'aviation / de la ligne aérienne**

country **pays** *m.*

country code (phone) **indicatif du pays** *m.*

foreign countries **l'étranger** *m.*

course **plat** *m.* (of meal); **cours** *m.* (in school)

course of study **programme d'études** *m.*

first course **hors-d'œuvre** *m.*, **entrée** *f.*

main course **plat principal**

second course **entrée** *f.*, **deuxième plat**

to take a course **suivre un cours**

of course **bien sûr**

court **court** *m.* (tennis); **terrain** *m.* (basketball, tennis)

doubles court (tennis) **court en double**

singles court (tennis) **court en simple**

courtyard **cour** *f.*

cover **couvert** *m.*; **housse** *f.* (dust cover)

cover charge **couvert**

dust cover **housse de protection**

cramp  **crampe** *f.*

crank  **manivelle** *f.*

crankshaft  **vilebrequin** *m.*

crawl (swimming)  **crawl** *m.*

cream  **crème** *f.*; **pommade** *f.* (body)

  antiseptic cream  **pommade antiseptique**

  anti-wrinkle cream  **crème anti-rides**

  beauty cream  **crème pour le visage**

  body cream  **crème pour le corps**

  cleansing cream  **crème démaquillante**

  coffee cream (color)  **crème café**

  foot cream  **crème pour les pieds**

  hand cream  **crème pour les mains**

  moisturizing cream  **crème hydratante**

credit  **crédit** *m.*

  credit card  **carte de crédit** *f.*

crêpe  **crêpe** *m.*

  crêpe de Chine  **crêpe de Chine**

  wool crêpe  **crêpe de laine**

crew  **équipage** *m.*

criminal  **criminel** *m.*

criminology  **criminologie** *f.*

cross *v.*  **traverser**

crow  **corbeau** *m.*

  crow's feet (eye)  **pattes d'oie** *f. pl.*

cruise control (car)  **régulateur de vitesse** *m.*

crumb *v.* (bread)  **émietter**

crutch  **béquille** *f.*

crystal  **cristal** *m.*

cuff  **manchette** *f.* (sleeve); **revers** *m.* (pants)

  cuff link  **bouton de manchette** *m.*

  with cuffs  **avec (à) revers**

cultural  **culturel, -le**

  cultural program (TV)  **émission culturelle** *f.*

cup  **tasse** *f.*

cupboard  **placard** *m.*

cure *v.*  **guérir**

curly  **frisé, -e, bouclé, -e**

currency  **argent** *m.*

  foreign currency  **devises** *f. pl.*

current  **courant, -e**

  current account  **compte courant** *m.*

curtain  **rideau** *m.*

  curtain call  **rappel** *m.*, **rappel sur scène** *m.*

  sheer curtain  **voilage** *m.*

  shower curtain  **rideau de douche**

  the curtain goes down  **le rideau tombe**

  the curtain goes up  **le rideau se lève**

  when the curtain goes down  **au baisser du rideau**

  when the curtain goes up  **au lever du rideau**

curve (road)  **virage** *m.*

cushion  **coussin** *m.*

  seat cushion  **coussin du siège**

customs  **douane** *f.*

  customs declaration  **déclaration de douane** *f.*

  customs officer  **douanier** *m.*, **douanière** *f.*

cut  **coupe** *f.* (*see:* haircut)

cut *v.*  **couper; découper** (in slices); **se couper** (oneself)

  low-cut  **décolleté, -e**

  to cut off  **couper**

  to cut off a car in traffic  **faire une queue de poisson**

  to cut someone's hair  **lui couper les cheveux**

  to have one's hair cut  **se faire couper les cheveux**

  Don't cut it [my hair] too short.  **Ne me les coupez pas trop court.** (*see:* haircut)

  I was cut off. (phone)  **J'ai été coupé.**

  You will be cut off. (phone)  **La communication va être coupée.**

  We were cut off.  **On nous a coupé la ligne.**

cutlery  **couvert** *m.*

cutlet  **escalope** *f.*

cycle  **cycle** *m.*

cycle *v.*  **faire de la bicyclette, faire du vélo**

daffodil  **jonquille** *f.*

daily  **par jour**

  daily special  **plat du jour** *m.*

dairy  **crémerie** *f.*

dairyman  **crémier** *m.*

dairywoman  **crémière** *f.*

daisy  **pâquerette** *f.*

dance  **danse** *f.*

dancing  **danse** *f.*

danger  **danger** *m.*

dark  **foncé, -e** (color, tone); **sombre** (gloomy)

darn *v.*  **repriser**

dashboard  **tableau de bord** *m.*

data  **données** *f. pl.*, **informations** *f. pl.*

  data processing  **traitement de l'information** *m.*, **traitement des données** *m.*

  data processor  **informaticien** *m.*, **informaticienne** *f.*

databank  **banque de données** *f.*, **système de stockage de données** *m.*

database  **base de données** *f.*

date  **date** *f.*

  due date  **date d'échéance**

day  **jour** *m.*; **journée** *f.*

  by the day  **par jour, à la journée**

dead end   **cul-de-sac** *m.*

debate   **débat** *m.*

debit *v.*   **débiter**

declaration   **déclaration** *f.*

declare *v.*   **déclarer**

Do you have something to declare?   **Avez-vous quelque chose à déclarer?**

nothing to declare   **rien à déclarer**

something to declare   **des choses / quelque chose à déclarer**

declutch *v.*   **débrayer**

deduct (from salary)   **prélever**

deductible   **franchise** *f.*

deep   **profond, -e**

defective   **défectueux, défectueuse**

defense   **défense** *f.*

left defense (hockey)   **joueur de défense gauche** *m.*

right defense (hockey)   **joueur de défense droit**

defogger switch   **commande** *f.* / **commutateur** *m.* **du désembuage / du désembueur** (Canada)

defroster   **dégivreur** *m.*

degree   **degré** *m.* (temperature); **diplôme** *m.* (school)

bachelor's degree   **licence** *f.*

doctor's degree   **doctorat** *m.*

master's degree   **maîtrise** *f.*

delay   **retard** *m.*

a delay of   **un retard de**

deliver *v.* (mail)   **distribuer**

delivery   **délivrance** *f.*

delivery room   **salle de délivrance** *f.*, **salle d'accouchement** *f.*

general delivery (mail)   **poste restante** *f.*

special delivery   **par exprès**

denim   **tissu croisé** *m.*; **denim** *m.* (Canada)

dental   **dentaire**

dental floss   **soie dentaire** *f.*

dentist   **dentiste** *m. & f.*

denture   **dentier** *m.*

deodorant   **déodorant** *m.*, **désodorisant** *m.*, **antisudorifique** *m.* (Canada)

department   **département** *m.*

department store   **grand magasin** *m.*

departure   **départ** *m.*; **embarquement** *m.* (plane)

departure time   **heure de départ** *f.*

deplane *v.*   **débarquer**

deplaning   **débarquement** *m.*

deposit   **acompte** *m.*, **arrhes** *f. pl.*, **caution** *m.*; **dépôt** *m.* (Canada); **montant de la caution** *m.* (deposit sum: car rental)

deposit slip (bank)   **bulletin de versement** *m.*; **bordereau de dépôt** *m.* (Canada)

safety deposit box   **coffre-fort** *m.*

to make a deposit   **faire un dépôt / un versement**

deposit *v.*   **déposer, laisser un dépôt** (rental); **faire un dépôt; verser, faire un versement**

derby (shoe)   **derby** *m.* (*pl.* **derbys** or **derbies**)

design   **motif** *m.*

desk (school)   **pupitre** *m.*

desk clerk   **réceptionniste** *m. & f.*

dessert   **dessert** *m.*

destination   **destination** *f.*

detergent   **détergent** *m.*, **détersif** *m.*, **lessive** *f.*

liquid detergent   **détergent liquide**

detour   **déviation** *f.*

develop *v.*   **développer**

development   **développement** *m.*

diabetes   **diabète** *m.*

diabetic   **diabétique**

diabetic meal / dish   **plat pour diabétiques** *m.*

diagnosis   **diagnostic** *m.*

dial   **cadran** *m.*

dial tone   **tonalité** *f.*

dial *v.*   **composer, faire**

to dial the number   **composer / faire le numéro; numéroter** (in instructions in phone booths)

diamond   **diamant** *m.*

diarrhea   **diarrhée** *f.*

dice   **dés** *m. pl.*

dice *v.*   **couper en dés**

diced   **coupé, -e en dés**

dictionary   **dictionnaire** *m.*

diet   **régime** *m.*

diet cooking   **cuisine minceur** *f.*, **cuisine légère** *f.*

to be on a diet   **être au régime**

differential gear   **différentiel** *m.*

difficulty   **peine** *f.*

to have difficulty   **avoir de la peine à**

diner (person)   **convive** *m. & f.*

dining car   **wagon-restaurant** *m.*

dining room   **salle à manger** *f.*

dinner   **dîner** *m.*; **souper** *m.* (Canada)

diploma   **diplôme** *m.*

dipstick   **jauge à / d'huile** *f.*

direct   **direct, -e**

direct *v.*   **diriger**

direction   **direction** *f.*

in the wrong direction   **dans la mauvaise direction, dans le mauvais sens** directly **directement**

director **metteur en scène** m. (theater);
   **réalisateur** m. (movie)

directory **annuaire** m.
   directory assistance **assistance-annuaire** f.
      (Canada)
   telephone directory **annuaire du téléphone / des
      téléphones / téléphonique**

dirty **sale**

disc (see: disk)

disease **maladie** f.

disembarkment **débarquement** m.

dish **mets** m.; **plat** m. (dish and type of cuisine)
   butter dish **assiette à beurre** f., **beurrier** m.
   diabetic dish **plat pour diabétiques**
   low-calorie dish **plat faible en calories**
   soap dish **porte-savon** m.
   soup dish **assiette à soupe** f.
   soup dish (plate) **assiette creuse** f.
   vegetarian dish **plat végétarien**

dishcloth **lavette** f.

dish drainer **égouttoir** m.

dishes **vaisselle** f.
   to do the dishes **faire la vaisselle**

dish towel **torchon** m.

dishwasher **lave-vaisselle** m.

disinfectant **désinfectant** m.

disk (also: disc) **disque** m. (CD);
   compact disk **disque audionumérique, disque
      compact**
   compact-disk player **lecteur de CD** m.
   CD-ROM disk **disque compact informatique,
      disque optique compact** (DOC)

distance **distance** f.
   safe following distance **intervalle de
      sécurité** f.

distributor **distributeur** m.

diver **plongeur** m.

dizziness **vertige** m.

dizzy: to be dizzy **avoir le vertige, avoir des
   vertiges**

doctor **médecin** m., **femme médecin** f.
   at the doctor's office **chez le médecin, dans le
      cabinet du médecin**

document (computer) **document** m.

documentary **documentaire** m., **court-
   métrage** m.

doeskin **daim** m.

dollar **dollar** m.
   It's 0,75 euros to the dollar. **C'est à .75 euros
      le dollar.**

domestic (flight) **intérieur, -e**

done (cooking) **cuit, -e**
   too well done **trop cuit, -e**
   well done (meat) **bien cuit, -e**

door **porte** f.; **portière** f. (car)
   door handle **poignée** f.

doorman **portier** m.

double **double**
   double boiler **bain-marie** m.
   double room **chambre à deux lits** f., **chambre
      double** f., **chambre pour deux personnes** f.

double-bass **contrebasse** f.

double-breasted (jacket) **croisé, -e**

dough **pâte** f.
   bread dough **pâte à pain**

download v. **télécharger**

down payment **versement initial** m.,
   **acompte** m., **arrhes** f. pl.
   to make a down payment **faire un acompte,
      faire des arrhes, faire un versement initial,
      verser**

downtown **centre-ville** m.

dozen **douzaine**
   a dozen **une douzaine**

drain v. **passer, égoutter, essorer**

drainboard **égouttoir** m.

drama **drame** m.

drawer **tiroir** m.
   chest of drawers **commode** f.

drawers **caleçon** m.

dress **robe** f.
   coat dress **robe-manteau**
   evening dress **robe du soir**
   low-cut dress **robe décolletée**
   shirt dress **robe chemisier**
   slip dress **robe bustier à fines bretelles**

dresser **commode** f.

dressy **habillé, -e**

drill **perceuse** f. (handiwork); **roulette** f. (dentist)

drink **boisson** f., **consommation** f.
   after-dinner drink **digestif** m.
   soft drink **boisson gazeuse**

drive (computer) **lecteur** m.
   CD-ROM drive **lecteur CD-ROM**
   hard drive **disque dur** m.

drive v. **conduire; rouler** (when on the road)
   to drive with low beams **rouler en code, rouler
      avec les feux de croisement**
   drive slowly **roulez lentement**

drive-in (movie theater) **ciné-parc** m.

driver **conducteur** m., **conductrice** f.

drizzle **bruine** f., **crachin** m., **pluies fines** f. pl.

drizzle v. **bruiner**

drop **goutte** *f.*
  ear drops **gouttes pour les oreilles**
  eye drops **gouttes oculaires**
  nose drops **gouttes pour le nez; pschit** *m.*
drum **tambour** *m.*
drums **batterie** *f.*
drunk **ivre, soûl**
dry **sec, sèche**
  dry cleaning **nettoyage à sec** *m.*
  dry cleaning service **service de nettoyage (à sec)** *m.*
  dry *v.* **sécher**
  to dry oneself **se sécher**
  to line dry **sécher sur un fil**
dryer **séchoir** *m.*, **sèche-linge** *m.*
dubbed in **doublé, -e en**
dubbing (film) **doublage** *m.*
dugout (baseball) **abri des joueurs** *m.*, **ligne des joueurs** *f.*
duration (of a mortgage) **période d'amortissement** *f.*
during **pendant**
dust *v.* **épousseter, donner un coup de chiffon à**
dustcloth **chiffon à épousseter** *m.*
dustpan **pelle à ordures** *f.*
dustrag **chiffon** *m.*
duty (customs) **droits de douane** *m. pl.*, **frais de douane** *m. pl.*
  duty-free shop **magasin hors-taxe** *m.*
dye **couleur** *f.*
  dye job **couleur** *f.*

each one **chacun, -e**
ear **oreille** *f.*
  ear muffs **protège-oreilles** *m.*
  ear plug **bouchon d'oreille** *m.*
  to have an earache **avoir mal à l'oreille**
earring **boucle d'oreille** *f.* (*pl.* **boucles d'oreille**)
  gold ball drop earrings **boucles d'oreille goutte dorée**
  pierced earrings **boucles d'oreille pour oreilles percées**
easy **facile**
eat *v.* **manger**
economics (subject) **sciences économiques** *f. pl.*, **économie** *f.*
economy **économie** *f.*
  economy car **voiture économique** *f.*
ecru **écru, -e**
editor **rédacteur** *m.*, **rédactrice** *f.*
education **enseignement** *m.*, **éducation** *f.*; **formation** *f.*
  physical education **éducation physique**

educational background **formation scolaire** *f.*
effect **effet** *m.*
  special effect (film) **trucage** *m.*
egg **œuf** *m.*
  egg beater **fouet** *m.*
  egg white **blanc d'œuf** *m.*
    to beat egg whites until stiff **monter les blancs en neige**
  egg yolk **jaune d'œuf** *m.*
elastic **élastique**
elbow **coude** *m.*
  tennis elbow **synovite du coude** *f.*
electric **électrique**
electrician **électricien** *m.*, **électricienne** *f.*
electrocardiogram **électrocardiogramme** *m.*
electronic **électronique**
elevator **ascenseur** *m.*
embroidered **brodé, -e**
e-mail **courriel** *m.*, **courrier électronique** *m.*, **messagerie électronique** *m.*
emerald **émeraude** *f.*
emergency **urgence** *f.*
  emergency exit (airplane) **sortie de secours** *f.*; **issue de secours** *f.* (Canada)
  emergency flasher switch **commande** *f.* / **commutateur** *m.* / **interrupteur de feux de détresse**
  emergency room **salle des urgences** *f.*
  in case of emergency **en cas d'urgence**
emit *v.* **émettre**
employee **employé** *m.*, **employée** *f.*
employment **emploi** *m.*
  employment agency **agence de placement** *m.*
  employment office **bureau de placement** *m.*
  full-time employment **emploi à temps complet; emploi à plein temps** (Canada)
  part-time employment **emploi à temps partiel**
  temporary/short-term employment **emploi de courte durée** *m.*, **emploi temporaire** *m.*
empty **vide**
empty *v.* **vider**
enamel **émail** *m.*
end **fin** *f.*; **ailier** *m.* (football)
  dead end **cul-de-sac** *m.*
endorse *v.* **endosser**
engagement **fiançailles** *f. pl.*
engineer **ingénieur** *m.*
engineering firm **bureau d'études** *m.*
English **anglais** *m.* (language); **anglais, -e** (adjective); **Anglais, -e** (noun)
enlarge *v.* **agrandir**
enroll *v.* **s'inscrire**

enter v. **entrer**
entertainment **spectacle** m.
    entertainment guide **guide des spectacles** m.
envelope **enveloppe** f.
epaulette **épaulette** f.
epilepsy **épilepsie** f.
equip v. **doter**
equipment **équipement** m.; **appareil** m. (sports)
equipped **équipé, -e**
eraser **gomme** f.
error **erreur** f.
evening **soir** m.
every **tout, toute, tous, toutes**
everyone **tout le monde**
exact **exact, -e**
    to give exact change **faire l'appoint**
exam **examen** m.
    to fail the exam **échouer à l'examen**
    to pass the exam **réussir à l'examen**
examination **examen** m. (see: exam)
examine v. **examiner**
exceed **dépasser**
except **sauf**
exchange **échange** m.; **change** m.
    exchange rate **cours du change** m., **cours des devises** m., **taux de change** m.
    foreign exchange bureau **bureau de change** m.
excursion **excursion** f.
excuse me **pardon**
executive **cadre** m.
    executive class **classe affaires** f.
exercise **exercice** m.
exercise v. **faire de la gymnastique**
exhale v. **souffler, expirer**
exhaust **échappement** m.
    exhaust pipe **tuyau d'échappement** m.
exit **sortie** f.
    emergency exit **sortie de secours; issue de secours** f. (Canada)
expense **frais** m. pl.
expensive **cher, chère**
exposure (film) **pose** f.
    exposure counter **compte-poses** m.
    exposure meter **exposimètre** m., **posemètre** m.
express (train) **express** m.
expressway **autoroute** f.
extension (phone) **poste** m.
extinction **extinction** f.
extract v. **arracher**

eye **œil** m. (pl. **yeux**)
    eye drops **gouttes oculaires** f. pl.
    eye pencil **crayon pour les yeux** m.
    eye shadow **fard à paupières** m.; **ombre à paupières** f. (Canada)
eyebrow **sourcil** m.
    eyebrow comb **peigne à sourcils** m., **peigne pour les sourcils**
    eyebrow pencil **crayon à sourcils** m., **crayon pour les sourcils**
eyeglasses **lunettes** f. pl.
eyelash **cil** m.
    eyelash comb **peigne à cils** m., **peigne pour les cils**
eyelid **paupière** f.
eyeliner **eye-liner** m.

fabric **tissu** m.
face **figure** f.
face v. **donner sur**
    to face the street **donner sur la rue**
facecloth **gant de toilette** m.; **débarbouillette** f. (Canada)
facilities **services** m. pl.
factory **usine** f.
fail v. **échouer à**
failing (grade) **insuffisant, -e**
fall **chute** f.; **automne** m. (season); **baisse** f. (money)
    in the fall **en automne**
    to have a fall **faire une chute**
fall v. **tomber, faire une chute**
family **famille** f.
    family room **salle de séjour** f.
fan **ventilateur** m.
    fan belt **courroie du ventilateur** f.
far **loin**
    far from here **loin d'ici**
fare **tarif** m.; **prix** m.
    reduced fare **à tarif réduit**
farm **ferme** f.
    farm worker **ouvrier agricole** m., **ouvrière agricole** f.
farmer **agriculteur** m.
farsighted **presbyte**
fashion **mode** f.
    designer fashion **haute couture** f.
fast **vite**
    to be fast (watch) **avancer**
fasten v. **attacher**
fastener **fermoir** m.
    Fasten your seat belts. **Attachez** (Canada: **bouclez) votre ceinture de sécurité.**

fat (food)   **gras** *m.*
  low-fat   **faible en matières grasses**
faucet   **robinet** *m.*
  to turn on the faucet   **ouvrir le robinet**
  to turn off the faucet   **fermer le robinet**
fax machine   **télécopieur** *m.*, **fax** *m.*
feces   **fèces** *f. pl.*; **matières fécales** *f. pl.*
fee   **prix** *m.*; **frais** *m. pl.*, **tarif** *m.*;
    **honoraires** *m. pl.* (for doctors, lawyers, etc.)
  registration fee   **frais d'inscription**
  tuition fees   **frais de scolarité**
feed *v.*   **alimenter**
feel *v. intr.*   **sentir, se sentir**
  to feel better   **se sentir mieux**
  to feel well   **se sentir bien**
feel *v. tran.*   **tâter**
felt   **feutre** *m.*
fence *v.*   **faire de l'escrime**
fencing   **escrime** *f.*
fever   **fièvre** *f.*
  to have a fever   **avoir de la fièvre**
field   **terrain** *m.*; **domaine** *m.* (work)
  center field (baseball)   **centre** *m.*
  left field (baseball)   **champ gauche** *m.*
  magnetic field   **champ magnétique** *m.*
  right field (baseball)   **champ droit**
fielder   **voltigeur** *m.*
  center fielder   **voltigeur centre, joueur du
      centre** *m.*
  left fielder   **voltigeur gauche, joueur de champ
      gauche** *m.*
  right fielder   **voltigeur droit, joueur de champ
      droit** *m.*
file (computer)   **fichier** *m.*
file folder   **classeur** *m.*
filet   **filet** *m.*
fill *v.*   **remplir**
  to fill in   **remplir**
  to fill up (gas in a car)   **faire le plein**
filling (tooth)   **plombage** *m.*
film   **film** *m.*; **pellicule** *f.* (camera)
  film winder   **enrouleur** *m.*, **levier
      d'avancement** *m.*
  short film   **court-métrage** *m.*
  to make a film   **réaliser un film**
  to show a film   **montrer / passer un film**
filter   **filtre** *m.*
finance   **finances** *f. pl.*
find *v.*   **trouver**
fine   **contravention** *f.* (traffic ticket); **amende** *f.*
fingernail   **ongle** *m.*
finish *v.*   **terminer**

fire   **feu** *m.*; **incendie** *m.*
  fire fighter   **pompier** *m.* (Canada: **pompière** *f.*)
fire *v.*   **congédier, licencier, mettre à la porte,
    renvoyer** (someone from a job)
fireplace   **cheminée** *f.*
first   **premier, première**
fish   **poisson** *m.*
  fish market   **poissonnerie** *f.*
fish *v.*   **pêcher, faire de la pêche**
fishing   **pêche** *f.*
  to go fishing   **aller à la pêche**
  to go deep-sea fishing   **faire de la pêche sous-
      marine**
fishmonger   **poissonnier** *m.*, **poissonnière** *f.*
fit (clothes)   **taille** *f.*
fit *v.* (clothes)   **aller**
  It doesn't fit well.   **Il / elle ne me va pas
      très bien.**
fitness   **forme physique** *f.*
  fitness center   **centre sportif** *m.*, **club de
      gymnastique** *m.*, **salle d'entraînement** *f.*
  fitness training program   **programme
      d'entraînement physique** *m.*
fix *v.*   **réparer**
  to fix it temporarily (tooth)   **faire un
      traitement provisoire**
flame   **flamme** *f.*
flannel   **flanelle** *f.*
flannelette   **pilou** *m.*
flash   **flash** *m.*
  built-in flash   **flash intégré**
  flash attachment   **glissière du flash** *f.*
  flash bulb   **ampoule de flash** *f.*
flashlight   **lampe de poche** *f.*
flat (tire)   **crevé, -e, à plat**
flesh (color)   **chair** *adj. invar.*
flexibility   **flexibilité** *f.*
flex time   **horaire flexible** *m.*, **horaire flottant** *m.*,
    **horaire variable** *m.*
flight   **vol** *m.*
  direct flight, nonstop flight   **vol direct**
  domestic flight   **vol intérieur**
  flight attendant   **agent de bord** *m.*, **hôtesse de
      l'air** *f.*, **steward** *m.*
  flight crew   **agents de bord** *m. pl.*, **personnel de
      cabine** *m.*
  flight number   **numéro de vol** *m.*
  flight time   **durée de vol** *f.*
  international flight   **vol international**
flip (diving)   **somersault** *m.*
flipper   **palme** *f.*
float *v.*   **flotter, faire la planche**

floor **plancher** m.; **étage** m.
 first floor **rez-de-chaussée** m.
 second floor **premier étage**
flour **farine** f.
flower **fleur** f.
flowered **fleuri, -e**
flu **grippe** f.
flush **chasse d'eau** f.
flush (toilet) v. **tirer la chasse d'eau du W.C.**
flute **flûte** f.
fly (pants) **braguette** f.
 pop fly (baseball) **chandelle** f.
 sacrifice fly (baseball) **ballon sacrifice** m.
fly v. **voler**
fog **brouillard** m., **bruine** f., **brume** f.
foggy **brumeux** f.
 to be foggy **faire du brouillard**
fold v. (into batter) **tourner**
folding **pliant, -e, repliable**
folk (music) **folklorique**
 folk music **musique folklorique** f.
follow v. **suivre**
following (next) **prochain, -e**
food **alimentation** f., **aliments** m. pl.,
 **comestibles** m. pl.
 food poisoning **intoxication alimentaire** f.
 food processor **robot de cuisine** m., **robot
 culinaire** m.
 food service **service de restauration** m.
 health food store **magasin de diététique** m.
foot **pied** m.
 to go on foot **aller à pied**
football **ballon** m. (the ball); **football** m.,
 **soccer** m. (game)
footrest **repose-pied** m.
for **pour; à destination de** (flight, trains)
 the flight for . . . **le vol à destination de . . .**
forbidden **défendu, -e, interdit, -e**
 it is forbidden **il est défendu**
forehead **front** m.
forget v. **oublier**
forget-me-not **myosotis** m.
fork **fourchette** f.
form (insurance, hospital) **formulaire** m.
 health insurance form **feuille malade** f.
forward (sports) **avant** m.
 center forward (hockey) **avant centre**
 left forward (hockey) **avant gauche**
 right forward (hockey) **avant droit**
forward **en avant**
 to go forward (car) **avancer**

foul **penalty** m.; **faute** f., **coup de déloyal** m.
 (Canada)
 foul ball (baseball) **fausse balle** f.
foundation (make-up) **fond de teint** m.
fowl **volaille** f., **gibier** m. (game)
fracture **fracture** f.
 compound fracture **fracture compliquée**
fragile **fragile**
frame **cadre** m. (picture); **monture** f. (eyeglasses)
franc **franc** m.
free **gratuit, -e** (no charge); **libre** (room, flight
 available)
freeze v. **geler**
freezer **congélateur** m.
French **français** m. (language); **français, -e**
 (adjective); **Français, -e** (noun)
frequency **fréquence** f.
fresh **frais, fraîche; doux, douce** (water)
fried **frit, -e**
 breaded and deep fried **pané, -e**
 deep fried **frit, -e à grande huile**
fringed **frangé, -e**
from **de**
 arriving from (airline, train) **en provenance de**
front **front** m.
 at the front **à l'avant**
 in front **en avant**
 in front of **devant**
frost **gelée** f.
 glazed frost **verglas** m.
frozen **congelé, -e, surgelé, -e**
fruit **fruit** m.
 fruit and vegetable store **fruiterie** f.
 fruit seller **fruitier** m., **fruitière** f.
fry v. **frire**
fuel (car) **essence** f.
 fuel gauge **jauge d'essence** f.
 fuel pump **pompe à essence** f.
full (seats, trains, planes, hotel,
 theater) **complet, complète**
fur **fourrure** f.
 fur-lined **fourré, -e**
fuse **fusible** m.
 A fuse blew. **Un fusible a sauté.**
fusebox **boîte à fusibles** f.


gabardine **gabardine** f.
gallbladder **vésicule biliaire** f.
gallery, peanut **galerie** f., **paradis** m., **poulailler** m.
galley (plane) **office** m.

game **jeu** *m.*, **match** *m.* (hockey, baseball, football, soccer, tennis); **partie** *f.* (hockey, tennis); **gibier** *m.* (fowl, poultry)

  Olympic Games **Jeux Olympiques**

garage **garage** *m.*

garbage **ordures** *f. pl.*

  garbage bag **sac à ordures** *m.*

  garbage can **boîte à ordures** *f.*

  garbage disposal (in sink) **broyeur d'ordures** *m.*, **vide-ordures** *m.*

  to empty the garbage **vider les ordures**

  to throw out the garbage **jeter les ordures**

garden **jardin** *m.*

gardener **jardinier** *m.*, **jardinière** *f.*

garnet **grenat** *m.*

garnish **garniture** *f.*

garnish *v.* **garnir**

garter (female) **jarretelle** *f.*

  garter belt (female) **porte-jarretelles** *m.*

gas **essence** *f.*

  gas burner **réchaud de camping à gaz** *m.*

  gas can (reserve) **bidon d'essence** *m.*

  gas island **îlot de ravitaillement** *m.*

  gas leak **fuite d'essence** *f.*

  gas station **station d'essence** *f.*, **station-service** *f.*

    gas station attendant **pompiste** *m. & f.*

  gas tank **réservoir à essence** *m.*

  high test gas **supercarburant** *m.*

  leaded gas **essence avec plomb**

  premium gas **supercarburant** *m.*

  regular gas **essence ordinaire**

  super gas **essence super**

  unleaded gas **essence sans plomb**

  How much do you sell gas for? **Combien vendez-vous l'essence?**

  How much is a liter of gas? **Combien vaut le litre d'essence?**

gasket **joint** *m.*

gasoline **essence** *f.*; **carburant** *m.* (*see:* gas)

gastritis **gastrite** *f.*

gate (boarding) **porte** *f.*

gauge **jauge** *f.*

  fuel gauge **jauge d'essence**

gauze **gaze** *f.*

gear **vitesse** *f.*

  differential gear **différentiel** *m.*

  first gear **première vitesse**

  gear box **boîte de vitesses** *f.*

  gear shift (lever) **levier de changement de vitesses** *m.*

  second gear **deuxième vitesse**

to change from first to second gear **passer de la première à la deuxième vitesse**

to change gears **changer de vitesse, passer les vitesses**

to change to second gear **passer en deuxième / en seconde**

gel **gel** *m.*

  cleansing gel **gel démaquillant**

  styling, hair gel **gel coiffant / fixant / structurant / de revitalissement** *m.*

geography **géographie** *f.*

German (language) **allemand** *m.*

get *v.* **obtenir**

  to get off (train) **descendre (de)**

  to get on (train) **monter dans**

  to get up **se lever**

gift **cadeau** *m.* (*pl.* **cadeaux**)

gigabyte **gigaoctet** *m.*

girdle **gaine** *f.*

  panty girdle **gaine culotte**

give *v.* **donner**

  to give back (something) **rendre**

gladiolus **glaïeul** *m.*

glance **coup d'œil** *m.*

glance *v.* **jeter un coup d'œil (sur)**

gland **glande** *f.*

  swollen glands **glandes enflées**

glass **verre** *m.*; **vitre** *f.* (car)

glasses (eye) **lunettes** *f. pl.*

globalization **mondialisation** *f.*

glove **gant** *m.*

  glove compartment **boîte à gants** *f.*

  outfielder's glove (baseball) **gant de voltigeur**

glue **colle** *f.*

  pot of glue **pot de colle** *m.*

go *v.* **aller**

  to go down **descendre (de)**; **tomber** (curtain)

  to go forward (car) **avancer**

  to go in **entrer**

  to go out **sortir (de)**; **griller** (light)

  to go through (a person) **passer par l'intermédiaire de**

  to go to **se présenter à** (person for information); **passer à** (cashier)

  to go up **monter**; **se lever** (curtain)

  to go with **aller avec**

    to go well with **aller bien avec**

  How does one go to . . . ? **Que fait-on pour aller à . . . ?**

goal **but** *m.*

  to make / score a goal **marquer / compter un but**

goalie **gardien de but** *m.*
goalpost **porte** *f.*
goaltender **gardien de but** *m.*
goggles **lunettes** *f. pl.*
gold **or** *m.*
  gold plate **plaqué d'or** *m.*
golf **golf** *m.*
gondola **benne** *f.* (skiing)
good **bon, -ne**
  That looks good. **Ça a l'air bon.**
gown (evening) **robe du soir** *f.*
  dressing gown **robe de chambre**
grade (school) **note** *f.*
grammar **grammaire** *f.*
grandstand **tribunes** *f. pl.*
grape **raisin** *m.*
grate *v.* **râper**
grated **râpé, -e**
gravy **sauce** *f.*
  gravy bowl **saucière** *f.*
grease **graisse** *f.*
  to do a grease job (car) **faire un graissage**
green **vert, -e**
  dark green **vert, -e foncé, -e**
  light green **vert, -e clair, -e**
grey **gris, -e**
  steel grey (color) **gris acier**
grill **gril** *m.*
grill *v.* **griller**
grilled **grillé, -e**
  charcoal grilled **grillé au charbon de bois**
  grilled meats **grillades** *f. pl.*
grind **écraser** (nuts); **hacher** (meat)
grocer **épicier** *m.*, **épicière** *f.*
  green grocer **marchand de légumes** *m.*,
    **marchande de légumes** *f.*; **primeur** *m.*
grocery store **épicerie** *f.*
gros-grain **gros-grain** *m.*
ground **sol** *m.*
grounder (baseball) **roulant** *m.*
groundsheet **tapis de sol** *m.*
grow *v.* (wheat) **cultiver**
guard *v.* **garder**
guest **convive** *m. & f.* (dinner guest); **invité** *m.*, **invitée** *f.*
guide **guide** *m.*
guitar **guitare** *f.*
gum **gencive** *f.*
gym **gymnase** *m.*
  gym clothes **maillot de gym** *m.*
gymnasium **gymnase** *m.*
gymnastics **gymnastique** *f.*
  to do gymnastics **faire de la gymnastique**

hail **grêle** *f.*
hail *v.* **tomber de la grêle**
  It's hailing. **Il tombe de la grêle.**
hair **cheveux** *m. pl.*
  to brush one's hair **se brosser les cheveux**
  to comb one's hair **se peigner, se coiffer**
  to have one's hair cut **se faire couper les cheveux**
hairband **bandeau** *m.*
hairbrush **brosse (à cheveux)** *f.*
hair clip **pince à cheveux** *f*, **barrette** *f.*
hair clippers **tondeuse** *f.*
hair colorist **coiffeur-coloriste** *m.*
haircut **coupe** *f.*
  cut with clippers **coupe à la tondeuse**
  razor cut **coupe au rasoir**
  scissor cut **coupe aux ciseaux**
hairdresser **coiffeur** *m.*, **coiffeuse** *f.*
hair dryer **sèche-cheveux** *m.*, **séchoir** *m.*
hair gel **gel coiffant / fixant / structurant / de revitalissement** *m.*
hairnet **filet à cheveux** *m.*
hairpin **épingle à cheveux** *f.*
hair spray **laque** *f.*
half **moitié** *f.*
halfback (sports) **demi** *m.*
hall **salle** *f.* (room); **couloir** *m.* (corridor)
halogen lamp **halogène** *m.*, **lampe à halogène** *f.*
ham **jambon** *m.*
hammer **marteau** *m.*
hammer *v.* **enfoncer**
hammock **hamac** *m.*
hand **main** *f.*
  second hand (on watch) **trotteuse** *f.*
hand (over) *v.* **remettre**
handbag **sac** *m.*, **sac à main** *m.*
handbrake **frein à main** *m.*
handiwork **bricolage** *m.*
  to do handiwork **bricoler, faire du bricolage**
handkerchief **mouchoir** *m.*
  pocket handkerchief (for jacket pocket) **pochette** *f.*
handle (car door) **poignée** *f.*
hang *v.* **pendre**
  hang up (phone) **raccrocher**
    **Don't hang up.** Ne quittez pas. Ne coupez pas. Ne raccrochez pas.
hanger (clothes) **cintre** *m.*
hang-glide *v.* **faire du deltaplane**
hang-gliding **deltaplane** *m.*
  to go hang-gliding **faire du deltaplane**
happen *v.* **se produire**

hard **dur, -e**
  hard drive **disque dur** *m.*
hardware (computer) **matériel** *m.*
hardware store **quincaillerie** *f.*
harp **harpe** *f.*
hat **chapeau** *m.*
  bell-shaped hat **chapeau cloche**
  straw hat **chapeau de paille**
  sun hat **chapeau de paille**
  wide-brimmed hat **chapeau à large bord**
have *v.* **avoir**
have to *v.* **falloir; devoir**
  I have to **je devrais, je dois**
hay fever **rhume des foins** *m.*
head **tête** *f.*; **pied** *m.* (celery)
  head first **tête première**
  read head (computer) **lecteur de
    CD (CD-ROM)** *m.*
headache **mal de tête** *m.*
  to have a headache **avoir mal à la tête**
headboard **chevet** *m.*, **tête de lit** *f.*
headlights **phares** *m. pl.*
  headlights on **allumez voz phares** *m. pl.* /
    **feux** *m. pl.*
headrest **appui(e)-tête** *m.*
headset **casque d'écoute** *m.*, **écouteurs** *m. pl.* (airplane)
health **santé** *f.*
  health food store **magasin de diététique** *m.*
hear *v.* **entendre**
heart **cœur** *m.*
  heart attack **crise cardiaque** *f.*, **infarctus** *m.*
  to have heart trouble **souffrir du cœur**
heat **chauffage** *m.*
  to turn down the heat **baisser le chauffage**
  to turn up the heat **chauffer davantage**
heat *v.* **chauffer**
heated **chauffé, -e, avec chauffage**
heater (car) **chauffage** *m.*
heel **talon** *m.*
  high heel **talon haut**
  low heel **talon bas**
height **hauteur** *f.*
helmet **casque** *m.*, **casque protecteur** *m.*
help *v.* **aider**
  May I help you? **Est-ce que je peux / pourrais
    vous aider?**
hem **ourlet** *m.*
hemline **ourlet** *m.*
  Hemlines are falling / are lower. **Les ourlets
    baissent.**
  Hemlines are rising / are higher. **Les ourlets
    grimpent.**

hemorrhoid **hémorroïde** *f.*
herb **herbe** *f.*
here **ici**
  here is **voici**
  here it is **le voici**
hi-fi **équipement hi-fi** *m.*
high **haut, -e; élevé, -e** (blood pressure)
  on high (oven, stove top) **au feu fort**
highlighter (pen) **surligneur** *m.*
highlights (hair) **mèches** *f. pl.*
highway **autoroute** *f.*
  four-lane highway **route à quatre voies** *f.*
  information highway **autoroute électronique,
    autoroute de l'information, réseau de
    l'information** *m.*
hike **randonnée** *f.*
hike *v.* **faire des randonnées à pied**
hiking **randonnée à pied** *f.*
  to go hiking **faire des randonnées à pied**
hill **colline** *f.*
  steep hill **descente dangereuse / rapide** *f.*
hip **hanche** *f.*
hire *v.* **engager, embaucher**
hiring **embauchement** *m.*, **engagement** *m.*
history **histoire** *f.*
hit **coup** *m.*; **coup sûr** (baseball)
hit *v.* **frapper**
hoarse **enroué, -e**
  to be hoarse **être enroué, -e**
hockey **hockey** *m.*
  hockey stick **bâton** *m.*, **crosse** *f.*
hold *v.* **tenir**
hole **trou** *m.*
holiday **congé** *m.* (from work); **jour férié** *m.*
home **maison** *f.*
  home address **lieu de domicile** *m.*
hood (car) **capot** *m.*
hook (fish) **crochet** *m.*, **hameçon** *m.*
hook *v.* (fish) **prendre à l'hameçon**
hope *v.* **espérer**
horn **klaxon** *m.*; **avertisseur** *m.*
hors d'œuvre **hors d'œuvre** *m.*
hose (hosiery) **bas** *m.*
  panty hose **collants** *m.*; **bas-culottes** *m. pl.* (Canada)
hosiery **bas** *m.*
hospital **hôpital** *m.*
hot **chaud, -e**
  to be hot (weather) **faire chaud**
hotel **hôtel** *m.*
hour **heure** *f.*
  half hour **demi-heure**
    every half hour **toutes les demi-heures**

rush hours   **heures de pointe / d'affluence**
to be paid . . . dollars an hour   **être payé . . .**
   **dollars de l'heure**
to be paid by the hour   **être payé à l'heure**
house   **maison** *f.*
  house special   **spécialité de la maison** *f.*
housework   **ménage** *m.*
  to do housework   **faire le ménage**
how   **comment**
  How does one get to . . . ?   **Que fait-on pour**
   **aller à . . . ?**
  How do(es) . . . work?   **Comment**
   **fonctionne(nt) le / la / (les) . . . ?**
  how much   **combien**
  How much is the dollar?   **Combien vaut le dollar?**
  How much is it per kilometer?   **C'est combien**
   **par kilomètre?**
hubcap   **enjoliveur** *m.*
hull *v.* (nuts)   **décortiquer**
humid   **humide**
hunger   **faim** *f.*
hungry: to be hungry   **avoir faim**
hunt   **chasse** *f.*
  to hunt   **aller à la chasse, faire de la chasse**
hunting   **chasse** *f.*
  to go hunting   **aller à la chasse, faire de la**
   **chasse**
hurt *v.*   **avoir mal à** (to be hurt); **blesser** (to
  wound); **faire mal à** (something or someone)
  to hurt one's foot   **se blesser le pied, se faire**
   **mal au pied**
  Does that hurt?   **Est-ce que cela vous fait mal?**
  It hurts me here.   **Cela me fait mal ici.**
  Where does it hurt?   **Où avez-vous mal?**
hyacinth   **jacinthe** *f.*
hybrid   **hybride**
hydrangea   **hortensia** *m.*

ice   **glace** *f.*
  ice cube   **glaçon** *m.*
  ice cube tray   **moule à glaçons** *m.*
  ice-skating   **patinage sur glace** *m.*
  to ice-skate, to go ice-skating   **faire du**
   **patinage sur glace**
icing   **glaçage** *m.*
identification   **pièce d'identité** *f.*
if   **si**
ignition   **allumage** *m.*; **démarreur** *m.*
  ignition key   **clé de contact** *f.*
  ignition switch   **démarreur** *m.*
illness   **maladie** *f.*
  mental illness   **maladie mentale**

image   **cliché** *m.* (radiographic)
immediate   **immédiat, -e**
immediately   **tout de suite**
improve *v.*   **améliorer**
in   **dans, en**
included   **compris, -e**
incorporate *v.*   **incorporer**
increase   **augmentation** *f.*
increase *v.*   **augmenter**
indicate *v.*   **indiquer**
indigestion   **indigestion** *f.*
inexpensive (restaurant)   **ordinaire**
infant   **nourrisson** *m.*
infection   **infection** *f.*
infield (baseball)   **champ intérieur** *m.*
inflatable   **gonflable**
inflate   **gonfler**
information   **renseignements** *m. pl.*
  information booth   **bureau de renseignements** *m.*
  information highway   **autoroute**
   **électronique** *f.*, **autoroute de**
   **l'information** *f.*, **réseau de l'information** *m.*
ingredient   **ingrédient** *m.*
  dry ingredients   **ingrédients secs**
  wet ingredients   **ingrédients mouillés**
inhale *v.*   **respirer, inspirer**
injection   **piqûre** *f.*, **injection** *f.*
  to give an injection to someone   **faire une**
   **piqûre à quelqu'un**
injure *v.*   **blesser**
injury   **blessure** *f.*
ink   **encre** *f.*
inning (baseball)   **manche** *f.*
insect   **insecte** *m.*
  insect bite   **piqûre d'insecte** *f.*
  insect repellent   **produit contre les insectes** *m.*;
   **chasse-insectes** *m.* (Canada)
insert *v.* (phone card in phone booth)
  **introduire**
inside   **à l'intérieur de**
inspector (tickets)   **contrôleur** *m.*, **contrôleuse** *f.*
installment   **versement** *m.*
  to pay in installments   **échelonner les règlements,**
   **payer à crédit, payer par acomptes / en**
   **échéance, payer en versements échelonnés**
instant   **instant** *m.*
instrument   **instrument** *m.*
  instrument panel (car)   **tableau de bord** *m.*
  musical instrument   **instrument de musique**
insurance   **assurance** *f.*
  disability insurance   **assurance invalidité**
  full-coverage insurance   **assurance tous risques**

health insurance **assurance-maladie; assurance-santé** (Canada)

insurance company **compagnie d'assurances** *f.*

insurance form **formulaire** *m.*; **feuille malade** *f.* (health)

insurance plan **régime d'assurance** *m.*

life insurance **assurance-vie**

unemployment insurance **assurance-chômage**

insure *v.* **assurer, envoyer en valeur déclarée**

insured (person) **assuré** *m.*, **assurée** *f.*

intense **intense**

interest **intérêt** *m.*

  interest rate **taux d'intérêt** *m.*

  to get interest **toucher des intérêts**

intermediary **intermédiaire**

intermission **entracte** *m.*

intern **interne** *m.*

international **international, -e**

Internet **réseau Internet** *m.*

  Internet Service Provider **fournisseur de services Internet / d'accès** *m.*

internship **stage** *m.*

interpreter **interprète** *m. & f.*

intersection **carrefour** *m.*

interview **entretien** *m.*, **entrevue** *f.* (job); **interview** *f.* (by a journalist)

intestinal **intestinal, -e**

intestine **intestin** *m.*

intravenous **intraveineux, intraveineuse**

  to give intravenous feeding **alimenter / nourrir par (voies) intraveineuses**

introduce *v.* **introduire**

iodine **teinture d'iode** *f.*

iron **fer** *m.*; **fer à repasser** *m.*

  curling iron **fer à friser**

  steam-dry iron **fer à repasser vapeur / sec**

  straightening iron **lisseur** *m*, **fer à raidir** *m.*

iron *v.* **repasser, donner un coup de fer (à)**

ironing board **planche à repasser** *f.*

island **île** *f.*

  gas island **îlot de ravitaillement** *m.*

Italian **Italien, -ne** (noun); **italien, -ne** (adjective); **italien** *m.* (language)

italics **italique** *f.*

  italic type **caractères en italique(s)** *m. pl.*

  in italic (type) **en caractères en italique(s)**

itch **démangeaison** *f.*

itch *v.* **avoir des démangeaisons**

ivory **ivoire** *m.*

jack **cric** *m.*

jacket **gilet** *m.* (sweater); **veste** *f.*; **veston** *m.* (suit)

  double-breasted jacket **veste croisée**

  life jacket **gilet de sauvetage**

  shirt jacket **veste-chemisier** *f.*

  short jacket **blouson** *m.*

  single-breasted jacket **veste droite**

  ski jacket **anorak** *m.*

  sports jacket **veste (de) sport, veston sport**

jacquard **jacquard**

jade **jade** *m.*

jam **confiture** *f.*

jam *v.*: to jam on the brakes **faire un coup de frein brusque**

jammed **bloqué, -e**

jar **pot** *m.*

jaw **mâchoire** *f.*

jazz **jazz** *m.*

jeans **jean** *m.*, **blue-jean** *m.*, **blue-jeans** *m. pl.*

jersey **jersey** *m.*

jewel **bijou** *m.*

jeweler **bijoutier** *m.*, **bijoutière** *f.*

jewelry **bijoux** *m. pl.*

  jewelry store **bijouterie** *f.*

job **emploi** *m.*, **job** *m.* (*f.* in Canada), **métier** *m.*, **poste** *m.*, **travail** *m.*

  half-time job **emploi à mi-temps** *m.*

  job application **demande d'emploi** *f.*

  job offer **offre d'emploi** *f.*

  part-time job **emploi à temps partiel**

  summer job **emploi d'été, job d'été**

  to apply for a job **faire une demande d'emploi, poser sa candidature à un poste**

jogging **jogging** *m.*

  jogging pants **caleçon** *m.*

  jogging shoe **basket** *m.*; **chaussure de sport** *f.* (Canada)

joint **jointure** *f.*, **articulation** *f.*

jug **pichet** *m.*

juice **jus** *m.*

  apple juice **jus de pomme**

  grape juice **jus de raisin**

  juice bar **juterie** *f.*

  lemon juice **jus de citron**

  orange juice **jus d'orange**

  in its juices **au jus**

jump *v.* **sauter**

  to bungee jump **faire du saut à l'élastique**

jumping **saut** *m.*

  to go bungee jumping **faire du saut à l'élastique**

jump rope **corde à danser** *f.*

keep *v.* **garder**

kettle **bouilloire** *f.*

    electric tea kettle **bouilloire électrique**

key **clé** *f.*, **clef** *f.*, **touche** *f.* (computer keyboard)

keyboard **clavier** *m.*

keycase **porte-clés** *m.*

khaki **kaki** *adj. invar.*

kick **donner un coup de pied à**

    to kick off (football, soccer) **donner le coup d'envoi**

kid (skin) **chevreau** *m.*

    gold kid **chevreau doré**

kidney **rein** *m.*

kilogram **kilo** *m.*

    half a kilogram **un demi-kilo**

kilometer **kilomètre** *m.*

    kilometers an hour **kilomètres à l'heure**

kindergarten **jardin d'enfants** *m.* (Canada)

kit **trousse** *f.*

    first-aid kit **trousse de premiers soins / de secours / de soins médicaux**

kitchen **cuisine** *f.*

knapsack **sac à dos** *m.*

knead **malaxer, pétrir**

knee **genou** *m.*

kneecap **rotule** *f.*

knife **couteau** *m.*

    carving knife **couteau à découper, couteau tranchant**

    knife sharpener **aiguise-couteaux** *m.*

knit **tricot** *m.*

    cable knit **à torsades, torsadé, -e**

knock *v.* (car) **cogner**

know *v.* **savoir, connaître**

knowledge **connaissance** *f.*

label **étiquette** *f.*

labor **travail** *m.*

    labor pains **douleurs de travail** *f. pl.*

    in labor **en travail**

laboratory **laboratoire** *m.*

lace **dentelle** *f.*; **lacet** *m.* (shoe)

lack *v.* **manquer**

    . . . is lacking **il manque . . .**

ladle **louche** *f.*

lake **lac** *m.*

lamb **agneau** *m.*

    lamb chop **côtelette d'agneau** *f.*

    leg of lamb **gigot d'agneau** *m.*

    rack of lamb **carré d'agneau** *m.*

lamp **lampe** *f.*

    floor lamp **lampadaire** *m.*

halogen lamp **lampe à halogène**

lamp shade **abat-jour** *m.*

land *v.* (plane) **atterrir**

landing (plane) **atterrissage** *m.*

    sea landing **amerrissage** *m.*

lane (road) **voie** *f.*, **couloir** *m.*

    four-lane highway **route à quatre voies** *f.*

language **langue** *f.*

    modern languages **langues vivantes**

lapel **revers** *m.*

large **gros, grosse**

last *v.* **durer**

late **tard, en retard**

    to be . . . minutes late **avoir . . . minutes de retard**

    Is it late? (train) **A-t-il du retard?**

later **plus tard**

Latin **latin** *m.*

launch *v.* **lancer**

laundry **linge** *m.* (clothes); **lavage** *m.*; **laverie** *f.*, **blanchisserie** *f.*, **launderette** *f.* (place)

    laundry service **service de blanchisserie** *m.*

    to do the laundry **faire le lavage / la lessive**

lavatory **toilettes** *f. pl.*

    The lavatory won't flush **La chasse d'eau ne fonctionne pas. Je ne peux pas tirer la chasse d'eau du W.C.**

law **droit** *m.*

lawyer **avocat** *m.*

laxative **laxatif** *m.*

lay off *v.* (from a job) **mettre à pied**

lead **vedette** *f.* (theater, play); **protagoniste** *m.*

lead **plomb** *m.*

lead *v.* (a person away) **emmener**

leaded **avec plomb**

leak **fuite** *f.*

leak *v.* (radiator) **fuire, perdre**

learn *v.* **apprendre**

least **le moins**

    at least **au moins**

leather **cuir** *m.*

    grained leather **cuir grainé**

    patent leather **cuir verni**

leave *v.* **partir; sortir (de), quitter; libérer** (hotel room); **laisser** (thing)

    leaving from (planes, trains) **en provenance de**

lecture **conférence** *f.*; **cours magistral** *m.* (in university course)

    to give a lecture **donner / faire une conférence**

left **gauche**

leg **jambe** *f.*
  leg of lamb **gigot d'agneau** *m.*
  leg warmer **jambière** *f.*
leggings **caleçon** *m.;* **collant** *m.* (Canada)
lemon **citron** *m.*
  lemon juice **jus de citron** *m.*
lens **objectif** *m.* (camera); **verre** *m.,* **lentille** *f.*
    (eyeglasses)
  contact lens **verres/lentilles de contact**
  lens cap **capuchon d'objectif** *m.*
leotard **maillot de danse** *m.;* **léotard** *m.,*
    **combinaison de danse** *f.,* **body** *m.* (sport)
let *v.* **laisser**
  to let simmer **laisser frémir**
  to let something (someone) do
      something **laisser** + *infinitive*
  to let thicken **laisser épaisser**
letter **lettre** *f.*
  block letters, capital letters **lettres moulées,**
    **lettres d'imprimerie**
  letter carrier **facteur** *m.,* **factrice** *f.*
  to send a letter **envoyer une lettre**
lettuce **laitue** *f.*
level **niveau** *m.*
  oil level **niveau d'huile**
  water level **niveau d'eau**
library **bibliothèque** *f.*
license **permis** *m.*
  driver's license **permis de conduire**
  license plate **plaque minéralogique** *f.,* **plaque**
    **d'immatriculation** (Canada)
  license plate number **numéro**
    **d'immatriculation** *m.*
lid **couvercle** *m.*
lie down *v.* **s'allonger (sur), s'étendre (sur)**
lifeguard **garde-plage** *m.,* **sauveteur** *m.*
life jacket **gilet de sauvetage** *m.,* **bouée de**
  **sauvetage** *f.*
life preserver **gilet de sauvetage** *m.,* **bouée de**
  **sauvetage** *f.*
lift **remonte-pente** *m.* (ski); **télésiège** *m.,* **chaise**
  **téléphérique** *f.* (chair lift)
lift *v.* (telephone receiver) **décrocher**
light **léger, légère** (weight); **clair, -e** (color);
  **faible** (winds)
  light cooking **cuisine légère** *f.*
  light product **produit allégé** *m.*
light **lumière** *f.*
  light bulb **ampoule** *f.*
  light meter **cellule** *f.;* **cellule photoélectrique** *f.*
  light switch **interrupteur** *m.,* **commutateur** *m.*
    (Canada)

lights **éclairage** *m.*
  parking light **feu de position** *m.*
  traffic lights **feux de circulation** *m. pl.*
  to run a red light **brûler un feu rouge**
  to turn off the light **éteindre la lumière**
  to turn on the light **allumer la lumière**
light *v.* (oven, fire) **allumer**
lighthouse **phare** *m.*
lighting **éclairage** *m.*
lightning **éclairs** *m. pl.*
like *v.* **aimer**
  I would like **je voudrais**
lilac **lilas** *m.*
lily **lis** *m.,* **lys** *m.*
lily of the valley **muguet** *m.*
limit **limite** *f.*
  speed limit **vitesse limite** *f.,* **limitation de**
    **vitesse** *f.*
line **ligne** *f.* (fish, phone, bus, air); **queue** *f.,*
  **file** *f.* (line-up)
  bus line **ligne d'autobus** *f.*
  commuter lines **lignes de banlieue** *f. pl.*
  major lines **grandes lignes** *f. pl.*
  on-line (computer) **en ligne**
  on-line server **serveur en ligne** *m.,* **fournisseur**
    **de service Internet / d'accès** *m.*
  top of the line **haut de gamme**
  unbroken line on a highway **ligne continue**
  to stand in line **faire la queue**
  The line is busy. **La ligne est occupée.**
  There is trouble on the line. **La ligne est**
    **défectueuse.**
lined **doublé, -e**
linen **toile** *f.* (cloth); **linge** *m.* (laundry)
liner (baseball) **coup en flèche** *m.*
lingerie **lingerie** *f.*
lining (clothes) **doublure** *f.*
  removable lining **doublure amovible**
link *v.* **relier**
lip **lèvre** *f.*
  lip balm **beurre de cacao** *m.;* **baume à**
    **lèvres** *m.,* **baume pour les lèvres** (Canada)
  lip brush **pinceau à lèvres** *m.,* **pinceau pour les**
    **lèvres** *m.*
  lip liner **contour des lèvres** *m.*
  lip pencil **crayon à lèvres** *m.,* **crayon pour les**
    **lèvres** *m.*
lipstick **rouge à lèvres** *m.*
liquid **liquide** *m.*
liquor store **magasin de vins et spiritueux** *m.*
list **carte** *f.*
  wine list **carte des vins**

listen (to) *v.* **écouter; ausculter** (heart)

liter **litre** *m.*

How much is a liter of gas? **Combien vaut le litre d'essence?**

literature **littérature** *f.*

little **peu**

a little (of) **un peu de**

live *v.* **habiter**

liver **foie** *m.*

living room **salon** *m.*

loafer **mocassin** *m.*

loan **prêt** *m.*, **emprunt** *m.*

to make/to give a loan **faire un prêt**

to take out a loan **faire un emprunt**

located **situé, -e**

lock **serrure** *f.*

locker **casier** *m.* (school); **consigne automatique** *f.* (in a train station)

locker room **vestiaire** *m.*

long **long, longue**

how long **combien de temps**

no longer **ne . . . plus**

look *v.* **regarder**

to look + *adjective* **avoir l'air** + *adjective*

to look after **s'occuper de**

to look as if . . . **on dirait que . . .**

to look at **regarder**

to look for (a person for a job) **rechercher**

to look straight ahead **regarder tout droit**

Just looking. **Je jette un coup d'œil seulement.**

loose (clothes) **ample**

lose *v.* **perdre**

to lose weight **perdre du poids**

lost **perdu, -e, égaré, -e**

I'm lost. **Je suis perdu, -e. Je me suis égaré, -e.**

lot (parking) **parking** *m.*, **stationnement** *m.*

lot **beaucoup**

a lot of **beaucoup de**

lotion **lotion** *f.*

moisturizing lotion **lotion hydratante**

tanning lotion **lotion de bronzage progressif**

loud **fort**

loudspeaker **haut-parleur** *m.*

love **amour** *m.* (*f. pl.* **amours**); **zéro** *m.* (tennis)

love story **roman d'amour** *m.* (book); **film d'amour** *m.* (film)

low **bas, basse**

on low (oven, stove top) **au feu doux**

lower (train berth) **inférieur, -e**

lower *v.* **tomber** (curtain); **baisser** (heat)

lozenge **pastille** *f.*

lubrication **graissage** *m.*

luggage **bagages** *m. pl.* (*see also:* baggage)

carry-on luggage, hand luggage **bagages à main(s), bagages de cabine**

luggage compartment **compartiment à bagages** *m.*; **coffre de rangement** *m.* (Canada)

lunch **déjeuner** *m.*; **dîner** *m.* (Canada)

lung **poumon** *m.*

luxurious **élégant, -e**

lycra **lycra** *m.*

machine **machine** *f.*

answering machine **répondeur automatique** *m.*

magazine **revue** *f.*, **magazine** *m.*

maid **femme de chambre** *f.*

mail **courrier** *m.*

e-mail **courriel** *m.*, **courrier électronique** *m.*, **messagerie électronique** *f.*

registered mail **courrier recommandé** *m.*, **envoi recommandé** *m.*

to send by registered mail **recommander**

by ordinary mail **par voie ordinaire**

mail *v.* **mettre à la poste, poster**

mailbox **boîte aux (à) lettres** *f.*

maintain **maintenir**

maître d' **maître d'hôtel** *m.*

major in *v.* **se spécialiser en**

make *v.* **faire; réaliser** (film)

to make up the room **faire la chambre**

make-up **maquillage** *m.*

make-up remover **démaquillant** *m.*, **crème démaquillante** *f.*, **crème pour le démaquillage** *f.*

to put on make-up **se maquiller**

man **homme** *m.*

management **gestion** *f.* (school); **cadre** *m.*

middle management **cadres moyens**

senior management **cadres supérieurs**

manager **gérant** *m.*, **gérante** *f.*, **directeur** *m.*, **directrice** *f.* (hotel); **cadre** *m.* (business, office)

middle manager **cadre moyen**

senior manager **cadre supérieur**

stage manager **régisseur** *m.*

mandatory **obligatoire**

manicure **manucure** *f.*

manpower **main-d'œuvre** *f.*

manpower center **centre de main d'œuvre** *m.* (Canada)

map **carte** *f.*, **plan** *m.*, **guide** *m.*

road map **carte routière**

marathon   **marathon** *m.*

margarine   **margarine** *f.*

marguerite   **marguerite** *f.*

marinate *v.*   **mariner**

marketing   **marketing** *m.*

maroon (color)   **marron** *adj. invar.*

mask   **masque** *m.*

   oxygen mask   **masque à oxygène**

match   **allumette** *f.*; **partie** *f.* (tennis, hockey)

   doubles match (tennis)   **partie en double**

   singles match (tennis)   **partie en simple**

   return match (tennis)   **partie en revanche**

match *v.* (to go with)   **aller avec**

matching (clothes)   **coordonné, -e**

material (cloth)   **tissu** *m.*, **étoffe** *f.*

   synthetic material   **tissu synthétique**

   wrinkle-resistant material   **tissu infroissable**

math   **maths** *f. pl.*

mathematics   **mathématiques** *f. pl.*

mattress   **matelas** *m.*

   air mattress   **matelas gonflable / pneumatique**

maximum (temperature)   **maximal, -e; maximum** (Canada)

may: may I   **puis-je**

meal   **repas** *m.*

means   **moyen** *m.*

   by means of (mail)   **par voie**

measles   **rougeole** *f.*

   German measles   **rubéole** *f.*

measure *v.*   **mesurer, prendre des mesures**

   made to measure   **fait, -e sur mesure**

measurement   **mesure** *f.*

   Please take my measurements.   **Veuillez prendre mes mesures.**

meat   **viande** *f.*

   grilled meats   **grillades** *f. pl.*

mechanic   **mécanicien** *m.*, **mécanicienne** *f.*

medical   **médical, -e**

medicine   **médicament** *m.*; **médecine** *f.* (academic discipline)

   alternative medicine   **médecine douce, médecine parallèle**

   medicine cabinet   **armoire à pharmacie** *f.*, **placard à pharmacie** *m.*

medium   **moyen, -ne; à point** (meat)

   on medium (oven, stove top)   **au feu moyen**

megabyte   **mégaoctet** *m.*

melt *v.*   **fondre**

member   **membre** *m.*

memory   **mémoire** *f.*

   RAM (random-access memory)   **mémoire vive**

   ROM (read-only memory)   **mémoire morte**

mend *v.*   **raccommoder, réparer**

mending   **raccommodage** *m.*

   to do invisible mending   **faire le stoppage**

   to do mending   **faire les raccommodages**

menstrual period   **règles** *f. pl.*

mental   **mental, -e**

menu   **carte** *f.*, **menu** *m.*

   fixed price menu   **menu à prix fixe, menu du jour, menu promotionnel, menu à table d'hôte, menu touristique**

message   **message** *m.*

   Can I leave him / her a message?   **Est-ce que je pourrais lui laisser un message?**

meter   **mètre** *m.*

   electronic parking meter   **horodateur** *m.*

   exposure meter (camera)   **exposimètre** *m.*, **posemètre** *m.*

   light meter (camera)   **cellule (photoélectrique)** *f.*

mezzanine   **premier balcon** *m.*, **mezzanine** *f.*, **corbeille** *f.*

microcomputer   **micro-ordinateur** *m.*

middle   **milieu** *m.*

   in the middle   **au milieu**

might (expressing possibility): We might as well . . .   **Nous ferions aussi bien de . . .**

mileage   **kilométrage** *m.*

millimeter   **millimètre** *m.*

minced   **haché, -e**

mine   **le mien, la mienne, les miens, les miennes**

minimum (temperature)   **minimal, -e; minimum** (Canada)

minute   **minute** *f.*

   every ten minutes   **toutes les dix minutes**

mirror   **miroir** *m.*

   rear-view mirror (car)   **rétroviseur** *m.*

misconduct   **méconduite** *f.*

misfire *v.* (car)   **avoir des ratés**

miss *v.*   **manquer, rater** (plane, train); **perdre** (a basket in basketball)

   . . . is missing   **Il manque . . .**

mitt (catcher's)   **mitaine** *f.*, **gant de receveur** *m.*

mitten   **mitaine** *f.*

mixer   **batteur** *m.*

mixture   **mélange** *m.*

moccasin   **mocassin** *m.*

modem   **modem** *m.*

moderate   **modéré, -e**

modern   **moderne**

   modern languages   **langues vivantes** *f. pl.*

modest (price)   **modique**

modified American plan   **demi-pension** *f.*

moisturizer   **hydratant** *m.*; **hydration pour le corps** *f.*

molar   **molaire** *f.*

mold   **moule** *m.*

moment   **moment** *m.*

money   **argent** *m.*

  money order   **mandat** *m.*

  money order request form   **formule de mandat** *f.*

monitor (computer)   **moniteur** *m.*; (fitness) **moniteur**

month   **mois** *m.*

  every month   **tous les mois**

  to be paid by the month   **être payé au mois**

  to be paid . . . dollars a month   **être payé . . . dollars par mois**

monthly   **au mois**

  to be paid monthly   **être payé au mois**

mop   **balai à laver le sol** *m.*

morning   **matin** *m.*

  in the morning   **du matin**

mortgage   **hypothèque** *f.*

  mortgage rate   **taux d'hypothèque** *m.*, **taux d'un prêt hypothécaire** *m.*

  to take out a mortgage   **faire un emprunt hypothécaire**

mosquito   **moustique** *m.*

  mosquito repellent   **anti-moustiques** *m.*; **chasse-moustiques** *m.* (Canada)

motor   **moteur** *m.*

mountain   **montagne** *f.*

  mountain climbing   **alpinisme** *m.*

    **to go mountain climbing**   faire de l'alpinisme

mouse   **souris** *f.*

mousse   **mousse** *f.*

mouth   **bouche** *f.*

mouthwash   **eau dentifrice** *f.*, **rince-bouche** *m.*

movie   **film** *m.*

  made-for-TV movie   **téléfilm** *m.*

  movie theater   **cinéma** *m.*, **salle de cinéma** *f.*

movies   **cinéma** *m.*

much   **beaucoup**

  how much   **combien**

  How much is the dollar?   **Combien vaut le dollar?**

muffler   **silencieux** *m.*

mule (shoe)   **mule** *f.*

mumps   **oreillons** *m. pl.*

muscle   **muscle** *m.*

museum   **musée** *m.*

music   **musique** *f.*

classical music   **musique classique**

country music   **musique country**

folk music   **musique folklorique**

opera music   **musique d'opéra**

musical   **musical, -e**

  musical revue   **revue musicale** *f.*

musician   **musicien** *m.*, **musicienne** *f.*

muslin   **mousseline** *f.*

mustache   **moustache** *f.*

  to trim my mustache   **me tailler la moustache**

nail   **clou** *m.* (*pl.* **clous**); **ongle** *m.* (finger, toe)

  nail brush   **brosse à ongles** *f.*

  nail clippers   **coupe-ongles** *m.*

  nail file   **lime à ongles** *f.*

  nail polish   **vernis à ongles** *m.*

  nail polish remover   **dissolvant** *m.*

  nail scissors   **ciseaux à ongles** *m. pl.*

nail *v.*   **enfoncer**

name   **nom** *m.*

  first name   **prénom** *m.*

  in the name of   **au nom de**

napkin   **serviette** *f.*, **serviette de table** *f.*

  sanitary napkin   **serviette hygiénique**

narrow   **étroit, -e**; **rétréci, -e** (road)

nasty   **mauvais, -e**

  to be nasty weather   **faire mauvais**

national   **national, -e**

nausea   **nausée** *f.*

nauseous: to be nauseous   **avoir des nausées**

nautilus   **nautilus** *m.*

  nautilus equipment   **appareil de nautilus** *m.*

navigator   **navigateur** *m.*

  navigator's seat   **poste / siège du navigateur** *m.*

near   **près, proche**

  near here   **près d'ici**

nearsighted   **myope**

necessary   **nécessaire**

  it is necessary   **il faut**

neck   **cou** *m.*

  stiff neck   **torticolis** *m.*

  on the neck   **sur le cou**

necklace   **collier** *m.*

need *v.*   **avoir besoin de**

  I need   **il me faut, j'ai besoin de**

  I need it for   **j'en ai besoin pour**

needle   **aiguille** *f.*

  needlepoint   **point dentelle aux aiguilles** *m.*

negative   **négatif** *m.*

negligé   **peignoir** *m.*

nerve **nerf** *m.*
nervous **nerveux, nerveuse**
  nervous system **système nerveux** *m.*
net **filet** *m.*
  net ball (tennis) **balle de filet** *f.*, **net** *m.*
network **réseau** *m.*
  railway network **réseau ferroviaire**
neutral **point mort** *m.*, **neutre** *m.*
  to put the car in neutral **remettre la voiture**
      **au point mort (au neutre)**
new **nouveau, nouvelle**
  brand new **neuf, neuve**
news **actualités** *f. pl.*, **informations** *f. pl.*
  TV news **journal télévisé** *m.*
newspaper **journal** *m.*
newsstand **kiosque à journaux** *m.*
next **prochain, -e; ensuite, puis** *adv.*
nice **agréable**
  to be nice weather **faire beau**
nightgown **chemise de nuit** *f.*
nightstand **table de chevet** *f.*, **table de nuit** *f.*
no **non**
  no longer **ne . . . plus**
node (battery) **borne** *f.*
noise **bruit** *m.*
  banging, hammering noise **bruit de martelage** *m.*
  rattling noise **grincement** *m.*
noisy **bruyant, -e**
nonstop (flight) **direct, -e**
noodle **nouille** *f.*
nose **nez** *m.*
note **note** *f.*
  sticky / self-adhesive note **feuillet autocollant** *m.*
  to take notes **prendre des notes**
notebook **carnet** *m.*, **cahier** *m.*
  spiral notebook **cahier à spirale**
notice **affiche** *f.*
novel **roman** *m.*
  detective novel, mystery novel **roman policier** *m.*
now **maintenant**
nubuck **nubuck** *m.*
number **numéro** *m.*; **chiffre** *m.* (1, 2, 3, etc.)
  toll-free number **numéro vert** (800 number);
      **numéro gratuit** (police, fire, etc.)
  You have the wrong number. **Vous avez le**
      **mauvais numéro. Vous vous êtes trompé(e)**
      **de numéro.**
nurse **infirmier** *m.*, **infirmière** *f.*
nursery school **école maternelle** *f.*
nut **noix** *f.* (fruit); **écrou** *m.* (hardware)
nylon **nylon** *m.*, **polyamide** *m.*
  nylon stockings **bas de nylon** *m. pl.*

oboe **hautbois** *m.*
obstetrician **obstétricien** *m.*, **obstétricienne** *f.*
obtain *v.* **obtenir; rejoindre** (person)
ocean **mer** *f.*, **océan** *m.*
odometer **compteur** *m.*, **indicateur** *m.*
odor **odeur** *f.*
offer **offre** *f.*
  job offer **offre d'emploi**
offer *v.* **offrir**
office **bureau** *m.*; **cabinet** *m.* (doctor's)
  employment office / agency **agence de**
      **placement** *f.*, **bureau de placement** *m.*;
      **centre de main d'œuvre** *m.* (Canada)
often **souvent**
  How often do the buses run? **Quelle est la**
      **fréquence des autobus?**
oil **huile** *f.*
  cleansing oil **huile démaquillante**
  corn oil **huile de maïs**
  oil change **vidange d'huile** *f.*
  oil filter **filtre à huile** *m.*
  oil leak **fuite d'huile** *f.*
  oil level **niveau d'huile** *m.*
  olive oil **huile d'olive**
  peanut oil **huile d'arachide**
  soya oil **huile de soja**
  vegetable oil **huile végétale**
  to change the oil **faire une vidange d'huile**
  to check the oil **vérifier l'huile**
oily **gras, grasse**
O.K. **d'accord**
old **vieux, vieil, vieille**
  to be . . . years old **avoir . . . ans**
olive **olive** *f.*
  olive oil **huile d'olive** *f.*
on **sur**
one **un, une**
  the one **celui, celle**
onion **oignon** *m.*
only **seulement**
opal **opale** *f.*
opaque **opaque**
open **ouvert, -e**
open *v.* **ouvrir**
opening **ouverture** *f.*; **rentrée** *f.* (school)
opera **opéra** *m.*
  comic opera **opéra comique**
  soap opera **feuilleton** *m.*
operate *v.* **opérer, faire une opération**
  to operate on someone for **opérer quelqu'un de**
operating room **salle d'opération** *f.*
operating table **table d'opération** *f.*

operation **opération** *f.*
  to have an operation **subir une opération**
operator **opérateur** *m.*, **opératrice** *f.*; **standardiste**
    *m. & f.* (switchboard); **téléphoniste** *m. & f.*
    (Canada)
operetta **opérette** *f.*
opposing (team) **adverse**
optician **opticien** *m.*, **opticienne** *f.*
optional **facultatif, facultative**
or **ou**
orange *adj.* **orange**
orange **orange** *f.*
  orange juice **jus d'orange** *m.*
orchestra **orchestre** *m.*
  orchestra seat **fauteuil d'orchestre** *m.*
order **ordre** *m.*
  everything is in order **tout est en ordre**
  out of order (phone) **en panne, hors service,**
    **hors de service**
order *v.* **commander**
organ **organe** *m.* (body)
organic **biologique**
original **original, -e**
orthopedic **orthopédique**
other **autre**
  others **d'autres**
out (baseball) **Mort!; retrait** *m.*
  out of bounds (tennis) **hors des limites, hors**
    **du terrain**
outfield **champ extérieur** *m.*, **grand champ** *m.*
  outfield player **voltigeur** *m.*
outlet (wall) **prise** *f.*, **prise murale** *f.*, **prise**
    **femelle** *f.*
outside **dehors**
  outside of **à l'extérieur de**
outskirts **environs de la ville** *m.*, **périphérie** *f.*
oven **four** *m.*
  self-cleaning oven **four auto-nettoyant**
  toaster oven **four grille-pain**
over **au-dessus de**
overcoat **pardessus** *m.*
overdraft **découvert** *m.*
  to make an overdraft **faire un prêt sur**
    **découvert**
overdrawn (bank account) **à découvert**
overheat *v.* (car) **chauffer**
overlook *v.* **donner sur**
overpass **saut de mouton** *m.*
overtime **heures supplémentaires** *f. pl.*
owner **propriétaire** *m. & f.*
oxygen **oxygène** *m.*
  oxygen mask **masque à oxygène** *m.*

oxygen tent **tente à oxygène** *f.*
oxygen tube **tuyau d'oxygène** *m.*

package (parcel) **paquet** *m.*, **colis** *m.*
pad **tampon** *m.*
  scouring pad **tampon à récurer**
  writing pad **bloc** *m.*
page (hotel) **chasseur** *m.*
pail **seau** *m.*
pain **douleur** *f.*
painful **douloureux, douloureuse**
painkiller **analgésique** *m.*, **calmant** *m.*
painting **tableau** *m.*; **peinture** *f.*
pair **paire** *f.*
pajamas **pyjama** *m.*
pan **plat** *m.*; **poêle** *f.*; **moule** *m.* (baking)
  baking pan **plat allant au four, plat à feu**
  cake pan **moule à gâteau**
  frying pan **poêle à frire, friteuse** *f.*,
    **sauteuse** *f.*
  pie pan **moule à tarte**
  pots and pans **batterie de cuisine** *f.*
pancreas **pancréas** *m.*
pansy **pensée** *f.*
panties **slip** *m.*; **culottes** *f. pl.* (Canada)
pantry **office** *m. & f.*
pants **pantalon** *m.*
  jogging pants **caleçon** *m.*
  riding pants **pantalon d'équitation** *m.*
  short pants **short** *m.*
pantsuit **ensemble pantalon** *m.*; **complet pantalon**
    *m.* (Canada)
panty hose **collant** *m.*; **bas-culotte(s)** *m. pl.*
  (Canada)
paper **papier** *m.*
  blotting paper **papier buvard**
  drawing paper **papier à dessin**
  paper clip **trombone** *f.*, **pince-notes** *f.* (large)
  paper cutter **massicot** *m.*, **coupe-papier** *f.*
  paper fastener **attache** *f.*
  scratch paper **papier brouillon**
  toilet paper **papier hygiénique**
  writing paper **papier à lettres**
parasail *v.* **faire de la parapente**
parasailing **parapente** *f.*
  to go parasailing **faire de la parapente**
parcel **colis** *m.*, **paquet** *m.*
park *v.* (car) **stationner, se garer**
parka **parka** *m.*
parking **stationnement** *m.*
  parking attendant **contractuel** *m.*,
    **contractuelle** *f.*

parking brake **frein à main** *m.*
parking lights **feux de position** *m. pl.*
parking lot **parking** *m.*, **parc de stationnement** *m.*
parking meter (electronic) **horodateur** *m.*
no parking **défense de stationner**
restricted parking **zone bleue** *f.*
parsley **persil** *m.*
  a bunch of parsley **un bouquet de persil** *m.*
part **pièce** *f.* (equipment); **rôle** *m.* (in a play);
  **raie** *f.* (hair)
  spare parts **pièces de rechange**
  Part my hair on the right. **Faites-moi la raie à
  droite.**
parterre **parterre** *m.*
  parterre box **loge au parterre** *f.*
participate (in) *v.* **participer (à)**
pass **passe** *f.*
pass *v.* **passer; dépasser, doubler** (car); **réussir à**
  (exam)
  pass on the left **doublez à gauche**
  to pass through **traverser; être en transit** (airline)
  no passing **défense de doubler**
passbook **livret d'épargne** *m.*, **carnet de
  banque** *m.*
passenger **passager** *m.*, **passagère** *f.*;
  **voyageur** *m.* (train)
passing (grade) **passable**
passport **passeport** *m.*
password **code confidentiel** *m.* (ATM: France),
  **mot de passe** *m.* (computer; computer and
  ATM: Canada)
pasta **pâtes** *f. pl.*
pastry **pâtisserie** *f.*
  pastry shop **pâtisserie** *f.*
path **sentier** *m.*
patient **malade** *m. & f.*
patio **terrasse** *f.*
pay **paie** *f.*, **paye** *f.*; **bénéfice** *m.* (artisans);
  **gages** *m. pl.* (domestic workers);
  **honoraires** *m. pl.* (for doctors and lawyers);
  **salaire** *m.* (employed workers); **solde** *f.*
  (military personnel) (*see:* salary)
  overtime pay **salaire prime** *m.*
pay *v.* **payer**
payment **versement** *m.*, **paiement** *m.*
  monthly payments **paiements/versements
    mensuels**
  quarterly payments **paiements/versements
    trimestriels**
  to make a payment **faire un paiement/un
    versement**

peanut **arachide** *f.*; **cacahouète** *f.*, **cacahuète** *f.*
  peanut gallery **galerie** *f.*, **paradis** *m.*,
    **poulailler** *m.*
pearl **perle** *f.*
  pearl necklace **collier de perles** *m.*
pedal **pédale** *f.*
pedestrian **piéton** *m.*, **piétonne** *f.*
  pedestrian crossing **passage pour piétons** *m.*
  no pedestrians **interdit aux piétons**
pedicure **pédicure** *f.*
peel *v.* **éplucher** (fruit and vegetables); **peler**
  (fruit)
peeler (vegetables) **épluche-légumes** *m.*
pen (fountain) **plume** *f.*, **stylo** *m.*
  ball-point pen **stylo à bille**
  cartridge pen **stylo à plume avec cartouche** *m.*
  felt-tip pen **stylo-feutre** *m.*
  penholder **porte-plume** *m.*
  rolling ball pen **stylo à bille roulante** *m.*
penalty **pénalité** *f.* (hockey); **penalty** *m.* (soccer)
  major penalty (hockey) **pénalité majeure**
  minor penalty (hockey) **pénalité mineure**
  misconduct penalty (hockey) **pénalité de
    méconduite**
pencil **crayon** *m.*
  eye pencil **crayon pour les yeux**
  eyebrow pencil **crayon à sourcils, crayon pour
    les sourcils**
  lip pencil **crayon à lèvres, crayon pour les
    lèvres**
  pencil case **porte-mine** *m.*
  pencil sharpener **taille-crayon** *m.*
pendant **pendentif** *m.*
penicillin **pénicilline** *f.*
penknife **couteau pliant** *m.*, **canif** *m.*
pension **pension** *f.*
  old-age pension **assurance-vieillesse** *f.*
pentothal (sodium) **penthotal** *m.*
peony **pivoine** *f.*
pepper **poivre** *m.*
  pepper mill **moulin à poivre** *m.*
  pepper shaker **poivrière** *f.*
pepper *v.* **poivrer**
percent **pour cent**
  It's 20%. **C'est de 20 pour cent.**
percentage **pourcentage** *m.*
percolator **cafetière électrique** *f.*
percussion instrument **instrument à
  percussion** *m.*
performance **spectacle** *m.*, **représentation** *f.*
perfume **parfum** *m.*
peridot **péridot** *m.*

period **période** *f.*; **règles** *f. pl.* (menstrual)
permanent (hair) **permanente** *f.*, **indéfrisable** *f.*
person **personne** *f.*
personal **personnel, -le**
petrochemical **pétrochimique**
phone **appareil** *m.*, **poste (de téléphone /
téléphonique)** *m.* (*see:* telephone *and* call)
  cellular phone, cell phone **téléphone cellulaire** *m.*,
   **téléphone mobile** *m.*
  cordless phone **appareil / poste / téléphone sans
fil** (Canada: **sans cordon**)
  rotary dial phone **poste / appareil à cadran**
  speaker phone **appareil / poste mains libres**
photocopier **photocopieur** *m.*
photograph (radiographic) **cliché** *m.*
physical **physique**
  physical education **éducation physique** *f.*
  physical (medical) exam **bilan médical** *m.*,
   **bilan de santé** *m.*
physics **physique** *f.*, **sciences physiques** *f. pl.*
piano **piano** *m.*
pick up *v.* (the receiver) **décrocher**
picture frame **cadre** *m.*
pie **tourte** *f.*, **tarte** *f.*
  pie crust **pâte à tarte** *f.*
  ready-made pie crust **pâte à tarte déjà étalée** *f.*
piece **morceau** *m.*
pierced **percé, -e**
pigskin **peau de porc** *f.*
pill **pilule** *f.*
  sleeping pill **somnifère** *m.*
pillow **oreiller** *m.*
  bolster pillow **traversin** *m.*
pillowcase **taie d'oreiller** *f.*
pilot **pilote** *m.*
  pilot's seat **poste / siège du pilote** *m.*
pin **épingle** *f.*
  safety pin **épingle de sûreté**
ping *v.* (car) **cliqueter**
pink **rose**
pipe **conduit** *m.*, **tuyau** *m.*
piston **piston** *m.*
pitch **lancer** *m.*
  wild pitch (baseball) **mauvais lancer**
pitch *v.* **lancer**
pitcher **lanceur** *m.* (baseball); **pichet** *m.* (jug)
place **place** *f.*; **lieu** *m.*
  place setting **couvert** *m.*
place *v.* **placer, mettre**
plaid **moquette** *f.*
  scotch plaid **moquette écossaise**
plane (*see:* airplane)

plate **assiette** *f.*
  license plate **plaque minéralogique** *f.*
  plate-warmer **chauffe-assiettes** *m.*
platform (train) **quai** *m.*
platinum **platine** *m.*
platter **plateau** *m.*
play **pièce** *f.*, **pièce de théâtre** (theater); **but** *m.*
  (baseball)
  double play (baseball) **double but / jeu** *m.*
  single play (baseball) **simple but**
  triple play (baseball) **triple but**
  to put on / to stage a play **monter une pièce**
play *v.* **jouer**
  to play (a sport) **jouer à** + *sport*
  to play (musical instrument) **jouer de** +
   *musical instrument*
player **joueur** *m.*, **joueuse** *f.*; **lecteur** *m.* (CD, DVD,
  MP3, cassette); **platine** *f.* (record) CD, DVD,
  MP3 player **lecteur de CD, de DVD, de MP3**
please **s'il vous plaît**
please *v.* **plaire à**
pleat **plis** *m.*
pleated **plissé, -e, à plis**
pliers **pinces** *f. pl.*
plug *v.* **boucher, fermer** (sink drain); **brancher**
  (electric cord)
plumber **plombier** *m.*
plumbing **plomberie** *f.*, **tuyauterie** *f.*
pneumonia **pneumonie** *f.*
poach **pocher**
poached **poché, -e**
pocket **poche** *f.*
  small decorative handkerchief for suit jacket
   pocket **pochette** *f.*
pocketbook **sac à main** *m.*
poetry **poésie** *f.*
point **point** *m.*
  to score a point **marquer un point**
pointed **pointu, -e**
points (car) **vis platinées** *f. pl.*
poisoning **empoisonnement** *m.*
  food poisoning **intoxication alimentaire** *f.*
pole **bâton** *m.* (ski); **borne** *f.* (battery); **canne à
pêche** *f.* (fishing); **mât** *m.* (tent)
  pole vaulting **saut à la perche** *m.*
police **police** *f.*
  police story / film **film policier** *m.*
policy (insurance) **police** *f.*
polio **poliomyélite** *f.*
polish **cirage** *m.*
  nail polish **vernis à ongles** *m.*
  shoe polish **cirage** *m.*

polish *v.*   **faire briller, cirer**
political   **politique**
   political science   **sciences politiques** *f. pl.*
polka-dotted   **à pois**
polyester   **polyester** *m.*
   combed polyester   **polyester peigné**
poncho   **poncho** *m.*
ponytail   **queue de cheval** *f.*, **queue écourtée** *f.*
pool (swimming)   **piscine** *f.*
poplin   **popeline** *f.*
poppy   **coquelicot** *m.*
pork   **porc** *m.*
   pork stew   **ragoût de porc** *m.*
porter   **porteur** *m.*; **bagagiste** *m.*
   hall porter   **concierge** *m.*
position   **position** *f.*; **poste** *m.* (job)
   in the upright position   **dans la position
      verticale**
post *v.* (put up)   **afficher**
postage   **affranchissement** *m.*
   postage paid   **port payé**
   to put postage on   **affranchir**
   How much postage does this letter require?   À
      **combien faut-il affranchir cette lettre? Quel
      est l'affranchissement?**
postal code   **code postal** *m.*
postcard   **carte postale** *f.*
post office   **poste** *f.*, **bureau de poste** *m.*
   post office box   **boîte postale** *f.*; **case postale** *f.*
      (Canada)
pot   **casserole** *f.*, **marmite** *f.*; **pot** *m.* (container
      for yoghurt)
   pots and pans   **batterie de cuisine** *f.*
potato   **pomme de terre** *f.*
   potato chip   **chip** *m.*; **croustille** *f.* (Canada)
poultry   **volaille** *f.*
powder   **poudre** *f.*
   face powder   **poudre de riz**
   loose powder   **poudre libre**
   powder brush   **pinceau à poudre** *m.*
   powder puff   **houpette** *f.*
   scouring powder   **poudre à récurer**
   transparent compact powder   **poudre compacte
      transparente**
powdery   **poudreux, poudreuse**
practice *v.* (profession)   **exercer**
prefer *v.*   **préférer**
pregnant   **enceinte**
preheat *v.*   **réchauffer**
   to preheat the oven to thermostat setting 7–8
      (220 °C)   **réchauffer le four sur thermostat
      7–8 (220 °C)**

prepare *v.*   **préparer**
prescribe *v.*   **prescrire**
prescription   **ordonnance** *f.*
   to fill a prescription   **faire remplir une
      ordonnance**
pressure   **pression** *f.*, **tension** *f.*
previous   **antérieur, -e**
   previous employment   **emplois antérieurs** *m. pl.*
price   **prix** *m.*
   affordable price   **prix abordable**
   all-inclusive price   **prix forfaitaire**
prime time   **heures de grande écoute** *f. pl.*
   prime-time scheduling   **horaire de grande
      écoute** *m.*
primrose   **primevère** *f.*
principal (school)   **directeur** *m.*, **directrice** *f.*
print   **imprimé, -e**
print *v.*   **faire des tirages** (film)
printed   **imprimé, -e**
printer (machine)   **imprimante** *f.*
   dot matrix printer   **matricielle** *f.*
   ink jet printer   **imprimante à jet d'encre**
   laser printer   **imprimante à laser**
printout   **tape script** *m.*
private   **privé, -e**
problem   **problème** *m.*
producer   **metteur en scène** *m.*
product   **produit** *m.*
profession   **profession** *f.*
professor   **professeur** *m.*
prognosis   **pronostic** *m.*
program   **programme** *m.*; **émission** *f.* (TV)
programmer (computer)   **programmeur** *m.*,
      **programmeuse** *f.*, **informaticien** *m.*,
      **informaticienne** *f.*
promotion   **promotion** *f.*, **avancement** *m.*,
      **réadjustement** *m.*
protagonist   **protagoniste** *m. & f.*
protein   **protéine** *f.*
   high protein product   **produit
      hyperprotidique** *m.*
province   **province** *f.*
public   **public, publique**
   public relations expert   **publiciste** *m. & f.*
publisher (publishing company)   **maison
      d'édition** *f.*
publishing house   **maison d'édition** *f.*
puck (hockey)   **disque** *m.*, **palet** *m.*, **rondelle** *f.*
pull   **tirer**
pulse   **pouls** *m.*
   to take one's pulse   **prendre son pouls, tâter le
      pouls**

pump  **pompe** *f.*; **escarpin** *m.* (shoe)
　　air pump (in gas station)  **borne de gonflage** *f.*
punch *v.*  **poinçonner** (ticket); **composter** (ticket in a machine in a train station)
pupil  **élève** *m. & f.*
purse  **sac à main** *m.*
　　change purse  **porte-monnaie** *m.*
push *v.*  **appuyer sur**
put *v.*  **placer, mettre; déposer** (suitcase in checkroom)
　　to put back  **remettre**
　　to put in (credit card in phone)  **introduire**
　　to put on  **mettre; monter** (play)
　　to put out (light, fire)  **éteindre**

qualification  **qualification** *f.*
quarter (town)  **quartier** *m.*, **faubourg** *m.*
quay  **quai** *m.*
queue  **queue** *f.*
quickly  **vite**

racket (tennis)  **raquette** *f.*
racketball  **racquetball** *m.*
radiator  **radiateur** *m.*
　　The radiator is leaking.  **Le radiateur perd / fuit.**
radio  **poste de radio** *m.*; **radio** *f.*
　　clock radio  **radio-réveil** *f.*
radiology  **radiologie** *f.*
rafting  **rafting** *m.*
　　to go white-water rafting  **faire du rafting**
rag  **chiffon** *m.*
railroad  **réseau ferroviaire** *m.*
　　railroad crossing  **passage à niveau** *m.*
rain  **pluie** *f.*
　　heavy rain  **pluies fortes**
　　light rain  **pluies légères**
rain *v.*  **pleuvoir**
　　It's raining.  **Il pleut.**
　　to rain hard  **pleuvoir à torrents / à verse**
raincoat  **imperméable** *m.*, **imper** *m.* (shortened form)
rainy  **pluvieux, pluvieuse**
raise *v.*  **lever**
ramie  **ramie** *f.*
ramp, access ramp  **bretelle d'accès** *f.*
range  **gamme** *f.*
rangefinder  **télémètre** *m.*
rare (meat)  **saignant, -e**
　　very rare (meat)  **bleu, -e**

rate  **taux** *m.*
　　exchange rate  **cours du change** *m.*, **cours des devises** *m.*, **taux de change**
rayon  **rayonne** *f.*
　　rayon acetate  **rayonne acétate**
razor  **rasoir** *m.*
　　electric razor  **rasoir électrique**
　　razor blade  **lame de rasoir** *f.*
　　safety razor  **rasoir de sûreté**
read *v.*  **lire**
reader (book)  **livre de lecture** *m.*
reading  **lecture** *f.*
ready  **prêt, -e**
　　When will it be ready?  **Quand est-ce que ça sera prêt?**
reality TV  **téléverité** *f.*
rear  **arrière** *m.*
　　rear view mirror  **rétroviseur** *m.*
receipt  **facture** *f.*, **reçu** *m.*; **talon** *m.*; **bulletin** *m.* (baggage)
receive *v.*  **recevoir**
receiver (telephone)  **appareil** *m.*, **combiné** *m.*, **récepteur** *m*; **ampli-syntoniseur** *m.* (stereo)
reception  **réception** *f.*
　　reception clerk  **réceptionniste** *m. & f.*
　　reception desk  **réception**
recharge *v.*  **recharger**
reclining (seats)  **inclinable**
reconnect *v.* (phone)  **redonner la communication**
record (phonograph)  **disque** *m.*
　　record (vinyl) to CD recorder with radio  **tourne-disque avec radio et graveur de CD** *m.*
recorder  **graveur** *m.* (CD, DVD); **magnétophone** *m.* (cassette); **enregistreur** *m.* (CD, DVD, cassette)
recovery  **récupération** *f.*
　　recovery room  **salle de récupération** *f.*, **salle de repos** *f.*
　　in recovery  **en rétablissement**
red  **rouge**
reduce *v.* (sauce)  **réduire, concentrer**
　　to reduce the sauce by half  **réduire la sauce à moitié**
reel (fishing)  **moulinet** *m.*
referee  **arbitre** *m.*
reference  **référence** *f.*, **recommandation** *f.*
refill (pen)  **mine** *f.*
refreshment  **rafraîchissement** *m.*
refrigerator  **réfrigérateur** *m.*
region  **région** *f.*

register  **registre** *m.*
  check register  **registre de compte de chèques**
register *v.*  **recommander** (letter); **s'inscrire à, s'immatriculer** (school)
  to register a letter  **recommander une lettre**
registration  **inscription** *f.*
  registration fees  **frais d'inscription** *m. pl.*
regular  **ordinaire, régulier, régulière**
regulating  **réglage** *m.*
  to need regulating  **avoir besoin de réglage**
reline (brakes) *v.*  **redresser**
remain *v.*  **rester**
remote control  **télécommande** *f.*
remove *v.*  **faire disparaître** (stain); **retirer**
remuneration  **rémunération** *f.*
rent *v.*  **louer**
rental  **location** *f.*
  car rental agency  **agence de location de voitures** *f.*
repair  **réparation** *f.*
  to make repairs  **faire les réparations**
repair *v.*  **réparer, faire les réparations**
replace *v.*  **remplacer**
reply  **réponse** *f.*
  reply paid  **réponse payée**
report  **reportage** *m.*
  report card  **bulletin scolaire** *m.*
required  **obligatoire, requis, -e**
research  **recherches** *f. pl.*
  to do research  **faire des recherches**
reservation  **réservation** *f.*
  reservation clerk  **réceptionniste** *m. & f.*
reserve *v.*  **réserver; retenir** (book theater seats, room in hotel)
reserved  **réservé, -e**
resew *v.*  **recoudre**
resign *v.* (from a job)  **démissionner**
resole *v.*  **ressemeler**
resort  **station** *f.*
  seaside resort  **station balnéaire**
  ski resort  **station de ski**
responsible  **responsable**
rest  **reste** *m.*
restaurant  **restaurant** *m.*
  fast food restaurant  **restaurant à restauration rapide** *f.*, **restovite** *m.*
restriction  **restriction** *f.*
résumé  **curriculum vitae** *m.*
retired  **en retraite**
retired person  **retraité** *m.*, **retraitée** *f.*

retirement  **retraite** *f.*
  retirement plan  **caisse de retraite** *f.*, **régime de retraite** *m.*
  to be in retirement  **être en retraite**
  to take early retirement  **prendre une retraite précoce** (Canada: **anticipée**)
return *v.*  **retourner; renvoyer** (send back); **rendre** (bottles for deposit)
reverse (car)  **marche arrière** *f.*
  to put the car in reverse  **faire marche arrière, engager la marche arrière**
rheumatic  **rhumatismal, -e**
rib  **côte** *f.*
  prime rib  **côte de bœuf**
ribbon  **ruban** *m.*
rice  **riz** *m.*
riding  **course à cheval** *f.*, **randonnée à cheval** *f.*
  to go horseback riding  **faire du cheval**
  to go trail riding  **faire des randonnées à cheval**
right  **droit, -e**
  Give right of way to traffic from the right.  **Priorité à droite.**
  Keep to the right.  **Restez à droite. Tenez votre droite.**
  Squeeze to the right.  **Serrez à droite.**
ring  **bague** *f.*; **cernes** *m. pl.* (under eye)
ring *v.*  **sonner**
rink  **patinoire** *f.*
rinse  **rinçage** *m.*
rinse *v.*  **rincer, se rincer**
  Rinse out your mouth.  **Rincez-vous la bouche.**
rip  **déchirure** *f.*
ripe  **mûr, -e**
rise  **hausse** *f.*
rise *v.* (bread)  **lever**
road  **route** *f.*, **rue** *f.*
  access road  **entrée** *f.*, **voie d'approche** *f.*
  icy roads  **verglas** *m.*
  road block  **rue barrée**
  road narrows  **rue rétrécie**
  road service  **service de dépannage** *m.*
  road sign  **panneau routier** *m.*
  road work ahead  **attention aux travaux**
  slippery road (road sign)  **chaussée glissante** *f.*
roast *v.*  **rôtir**
roasted  **rôti, -e**
robe  **robe de chambre** *f.*, **peignoir de bain** *m.*, **sortie de bain** *f.*
  beach robe  **peignoir de bain** *m.*, **sortie de bain** *f.*
rock  **rocher** *m.*; **rock** *m.* (music)

roll **rouleau** *m.* (*pl.* **rouleaux**)

roll up *v.* (sleeve) **retrousser**

roller (hair) **rouleau** *m.* (*pl.* **rouleaux**),
    **bigoudi** *m.*
  large rollers **gros rouleaux**
  small rollers **petits rouleaux**

roof **toit** *m.*

room **chambre** *f.*, **pièce** *f.* (of a house); **salle** *f.*
  double room **chambre à deux lits, chambre
    double, chambre pour deux personnes**
  family room **salle de séjour**
  living room **salon** *m.*
  recovery room **salle de récupération,
    salle de repos**
  room service **service d'étage, service dans les
    chambres**
  single room **chambre à un lit, chambre simple,
    chambre pour une personne**
  waiting room **salle d'attente**

rope **corde** *f.*
  jump rope, skipping rope **corde à sauter**

rose *adj.* (color) **rose**

rose **rose** *f.*

rotten **avarié, -e** (meat); **avancé, -e** (fish);
  **rassi, -e** (bread, cake); **pourri, -e, ranci, -e**
  (butter, oil)

rouge **fard à joues** *m.*

rough (sea) **mauvais, -e**

round **rond, -e**
  round-trip ticket **billet aller-retour / d'aller et
    retour** *m.*

roundabout **rond-point** *m.*

route (railway) **ligne** *f.*
  major routes **grandes lignes**

row **rang** *m.* (theater); **rangée** *f.* (plane,
  theater)
  in the first row **au premier rang, à la première
    rangée**

row *v.* **faire de l'aviron, ramer**

rowing **aviron** *m.*
  rowing machine **rameur** *m.*, **ergomètre à
    ramer** *m.*

rubber **caoutchouc** *m.*

ruby **rubis** *m.*

rug **tapis** *m.*
  bath rug **tapis de bain**

ruler **règle** *f.*

run **piste** *f.* (ski); **point** *m.* (baseball)
  beginners' run **piste pour débutants** *f.*
  home run (baseball) **circuit** *m.*
  to make a home run **faire un circuit**
  run batted in (baseball) **point produit** *m.*

run *v.* **circuler** (time—train); **rouler**
  (speed—train); **faire de la course à pied** (sport)
  to run badly (car motor) **tourner mal**

rush hours **heures de pointe / d'affluence** *f. pl.*

sable (color) **sable**

sack **sac** *m.*

safe **coffre-fort** *m.*

safety **sécurité** *f.*
  safety deposit box **coffre-fort** *m.*
  safety pin **épingle de sûreté** *f.*

sail *v.* **faire de la voile**

sailboat **bateau à voile** *m.*, **voilier** *m.*

salad **salade** *f.*
  salad bar **table à salade** *f.*, **buffet à salades** *m.*
  salad bowl **saladier** *m.*

salary **salaire** *m.* (employed workers); **paye** *f.*,
  **rémunération** *f.*, **rétribution** *f.* (*see:* pay)
  base salary **salaire fixe**
  salary increase **augmentation de salaire** *f.*
  to get a salary of . . . **toucher un salaire de . . .**

salesperson **vendeur** *m.*, **vendeuse** *f.*

salmon **saumon** *m.*

salmon (color) **saumon**

salon **salon** *m.*
  beauty salon **salon de beauté** *m.*

salt **sel** *m.*
  salt shaker **salière** *f.*

salt *v.* **saler**

salty **salé, -e**

same **même**

sample (medical) **échantillon** *m.*, **spécimen** *m.*,
  **prélèvement** *m.*

sand **sable** *m.*

sandal **sandale** *f.*; **espadrille** *f.*
  beach sandals **espadrilles** *f. pl.*, **sandales de
    plage, espadrilles de plage** *f. pl.*

sander **ponceuse** *f.*

sanitary napkin **serviette hygiénique** *f.*

sapphire **saphir** *m.*

satin **satin** *m.*

saucepan **casserole** *f.*, **poêlon** *m.*

saucer **soucoupe** *f.*

sauté *v.* **faire sauter**

sautéed **sauté, -e**

save *v.* **épargner, économiser**

savings bank **caisse d'épargne** *f.*

saw **scie** *f.*

scale **balance** *f.* (for things); **pèse-personne** *m.*
  (for person)

scale *v.* (fish) **écailler**

scar **cicatrice** *f.*

scarf **écharpe** *f.*; **foulard** *m.* (neck)

scatter *v.* **parsemer**

scene **scène** *f.*

scenery **décor** *m.*

schedule **emploi du temps** *m.*; **horaire** *m.* (train)

   schedule board (train station) **tableau des horaires** *m.*

scholarship **bourse** *f.*

school **école** *f.*; **faculté** *f.* (in university)

   business school **école supérieure de commerce**

   elementary school **école élémentaire**

   medical school **faculté de médecine**

   nursery school **école maternelle**

   primary school **école primaire**

   school of arts and sciences **faculté des lettres**

   secondary school **collège** *m.*, **école secondaire** *f.*, **lycée** *m.*

science (subject) **sciences** *f. pl.*

   laboratory sciences **sciences expérimentales**

   natural science **sciences naturelles**

   political science **sciences politiques**

   science fiction **science-fiction**

   social science **sciences sociales**

scientist **savant** *m.*

scissors **ciseaux** *m. pl.*

score **marque** *f.*, **score** *m.*

   no-score game **jeu blanc** *m.*

   The score is tied. **La marque/Le score est à égalité.**

score *v.* **marquer/compter un but/un point; scorer** (Canada)

scoreboard **tableau** *m.*

Scotch **écossais, -e**

   scotch plaid **moquette écossaise** *f.*

scour *v.* **récurer**

   scouring pad **tampon à récurer** *m.*

scraper **grattoir** *m.*

screen (movie) **écran** *m.*

   flat screen TV **téléviseur à écran plat** *m.*

   monitor screen **moniteur** *m.*, **écran** *m.*

screw **vis** *f.*

screwdriver **tournevis** *m.*

scriptwriter **dialoguiste** *m. & f.*, **scénariste** *m. & f.*

scrub *v.* **frotter à la brosse, nettoyer à la brosse, faire un nettoyage à la brosse**

scuba dive *v.* **faire de la plongée sous-marine**

sculptor **sculpteur** *m.*, **sculptrice** *f.*

sculpture **sculpture** *f.*

sea **mer** *f.*

seafood **fruits de mer** *m. pl.*

sear *v.* (beef) **raidir**

search engine (Internet) **moteur de recherche** *m.*

seasickness **mal de mer** *m.*

season *v.* (food) **assaisonner**

seasonal **saisonnière**

   below seasonal normals **inférieur aux normales saisonnières**

seasoning **condiment** *m.*

seat **place** *f.*; **siège** *m.*; **fauteuil** *m.* (theater)

   adjustable seat **siège réglable**

   aisle seat (plane) **siège côté couloir; siège qui donne sur l'allée** (Canada)

   reclining seat **siège inclinable**

   seat/seat back adjustment knob **commande du siège/du dossier** *f.*

   seat back (airplane) **dos/dossier du siège** *m.*

   seat belt **ceinture de sécurité** *f.*

   seat cushion **coussin du siège** *m.*

   seat pocket **pochette du fauteuil** *f.*

   window seat (plane) **siège côté hublot; siège côté fenêtre** (Canada)

seated **assis, -e**

second **second, -e** (if only two), **deuxième** (if more than two)

second-hand **d'occasion**

secretary **secrétaire** *m. & f.*

section **section** *f.*, **zone** *f.*

security **sécurité** *f.*

   security check **contrôle de sécurité** *m.*

   social security **sécurité sociale (SECU)**

see *v.* **voir**

seem *v.* **avoir l'air**

self-adhesive **autocollant, -e**

sell *v.* **vendre**

   We're sold out for this performance. **Tout est complet pour cette représentation.**

send *v.* **envoyer**

   to send back **renvoyer**

serial (TV) **feuilleton** *m.*; **téléroman** *m.* (Canada)

series **série** *f.*

serious (illness) **grave**

serrated **cranté, -e**

serve *v.* **servir, desservir**

server (on-line) **serveur en ligne** *m.*, **fournisseur de service Internet / d'accès** *m.*

service **service** *m.*

   room service **service d'étage, service dans les chambres**

   self-service **libre service**

service *v.* **desservir; réparer, entretenir** (car)

   I want the car serviced. **Veuillez faire la vidange et un graissage complet.**

set **mise en plis** *f.* (hair); **match** *m.* (tennis)

several **plusieurs**

sew v.  **coudre**

shade  **teinte** f. (color); **store** m. (blind);
   **jalousie** f. (venetian blind)

shampoo  **shampooing** m.
   bottle of shampoo  **flacon de shampooing** m.

shape  **forme** f.
   to get in shape  **se mettre en forme**

shaving brush  **blaireau** m.

shaving cream  **crème à raser** f.

shaving foam  **mousse à raser** f.

shaving soap  **savon à barbe** m.

sheet  **drap** m.

shell v. (nuts)  **décortiquer**

shellfish  **crustacé** m.

shift gears v.  **changer de vitesse**
   stick shift  **changement de vitesse manuel** m.

shine v.  **briller**

shirt  **chemise** f.
   coat dress  **robe-manteau** f.
   nightshirt  **chemise de nuit**
   shirt blouse  **chemisier** m.
   shirt dress  **robe chemisier** f.
   sport shirt  **chemise sport**

shock absorber  **amortisseur** m.

shoe  **chaussure** f., **soulier** m.
   ballerina shoes  **ballerines** f. pl.
   evening shoes  **escarpins grand soir** m. pl.
   jogging shoes  **baskets** m. pl.; **chaussures de
      sport** (Canada)
   open-toed shoes  **chaussures à bouts ouverts**
   running shoes  **baskets** m. pl.; **souliers de
      course; chaussures de sport** (Canada)
   shoe polish, shoe cream  **cirage** m.
   shoe store  **magasin de chaussures** m.
   shoes with pointed toes  **chaussures à bouts
      pointus**
   shoes with round toes  **chaussures à bouts ronds**
   shoes with square toes  **chaussures à bouts carrés**
   shoe tree  **embauchoir** m.
   tennis shoes  **chaussures de tennis**
   walking shoes  **chaussures de (pour la) marche**

shoehorn  **chausse-pied** m.

shoelace  **lacet** m.

shoot v.  **lancer** (basketball); **tirer** (hockey);
   **tourner** (film)

shooting (film)  **tournage** m.

shop  **boutique** f., **magasin** m.; **éducation
   manuelle** f. (school subject)
   duty-free shop  **magasin hors-taxe**

shopping: to go shopping  **faire les courses**

shore  **bord** m.
   on the shore  **au bord de la mer**

short  **court, -e**

short (film)  **court-métrage** m.

shorten v. (hem)  **hausser**

shorts  **caleçon** m. (underwear); **short** m. (pants)
   Bermuda shorts  **bermuda** m.

shortstop  **arrêt-court** m.

shot (injection)  **piqûre** f.

shoulder  **épaule** f.

show (theater)  **spectacle** m.
   talk show  **causerie** f.
   variety show  **spectacle de variétés**

show v.  **montrer; passer, jouer** (film)

shower  **douche** f.; **averse** f., **giboulée** f. (rain)
   shower cap  **bonnet de douche / de bain** m.
   shower curtain  **rideau de douche** m.
   to take a shower  **prendre une douche**

shrink v.  **rétrécir**

shrinkable  **rétrécissable**
   non-shrinkable  **non-rétrécissable**

shutter  **obturateur** m. (camera); **volet** m.
   (window)

shutters  **persiennes** f. pl.

sick  **malade**
   sick person  **malade** m. & f.

sideburns  **favoris** m. pl.

sidestroke  **nage indienne** f.

sidewalk  **trottoir** m.
   moving sidewalk  **trottoir roulant**

sign  **affiche** f., **panneau** m.; **consigne
   lumineuse** f., **signal lumineux** m. (airplane)

sign v.  **signer**

signal  **signal** m.
   turn signal  **clignotant** m.

silk  **soie** f.

silver  **argent** m.
   silver plate  **plaqué d'argent** m.
   silver spangled  **lamé argent** m.

simmer v.  **frémir** (sauce, water, milk); **mijoter,
   mitonner** (stew, etc.)

sincerely yours  **je vous prie d'agréer, (cher)
   Monsieur / (chère) Madame, mes sentiments
   distingués / de croire à mes salutations
   distinguées**

sing v.  **chanter**

singer  **chanteur** m., **chanteuse** f.

sink  **évier** m. (kitchen); **lavabo** m. (bathroom)
   to empty the sink  **vider l'évier**

sinker (fishing)  **plomb** m.

sit, sit down v.  **s'asseoir**

sit-ups  **redressements assis** m. pl.
   to do sit-ups  **faire des redressements assis / des
      abdominaux / des abdom'**

size **pointure** *f*. (shoes, gloves); **taille** *f*. (gloves, clothes, hats)

    I take size 40. **Je fais du 40.**

    I wear shoe size 39. **Je chausse du 39.**

    What's your shoe size? **Du combien chaussez-vous? Quelle est votre pointure?**

    What's your size? **Quelle est votre taille?**

skate **patin** *m*.

skate *v*. **patiner, faire du patinage**

    to figure skate **faire du patinage artistique**

    to ice skate **faire du patinage sur glace**

skating **patinage** *m*.

    to go figure-skating **faire du patinage artistique**

    to go ice-skating **faire du patinage sur glace**

ski **ski** *m*.

    ski boot **botte de ski** *f*.

    ski jacket **anorak** *m*.

    ski lift **remonte-pente** *m*.

    ski pole **bâton** *m*.

    ski resort **station de ski** *m*.

    ski run **piste de ski** *f*.

    water ski **ski nautique**

ski *v*. **faire du ski**

    to water ski **faire du ski nautique**

skid: non-skid **antidérapant, -e**

skiing **ski** *m*.

    cross-country skiing **ski de fond, ski de randonnée**

    downhill skiing **ski alpin**

skill **compétence** *f*., **capacité** *f*., **aptitude** *f*.

skim *v*. **écumer**

    to skim off fat **écumer le gras**

skimmer **écumoire** *f*.

skin **peau** *f*.

    doeskin **peau de daim**

    dry skin **peau sèche**

    pigskin **peau de porc**

    sensitive skin **peau sensible**

skirt **jupe** *f*.

    A-line skirt **jupe de la ligne A**

    miniskirt **mini-jupe** *f*.

    wrap-around skirt **jupe portefeuille**

sky **ciel** *m*.

slam (baseball) **chelem** *m*.

sleep *v*. **dormir**

    to go to sleep **s'endormir**

sleeping bag **sac de couchage** *m*.

sleeping car **compartiment de wagon-lit** *m*.

sleeve **manche** *f*.

    raglan sleeve **manche raglan**

    with long sleeves **à manches longues**

slice **tranche** *f*.

slide (film) **diapositive** *f*.

slides (shoes) **mules** *m. pl*.

slip **combinaison** *f*., **jupon** *m*.; **demi-jupon** *m*. (half)

slipper **pantoufle** *f*.

slippery **glissant, -e**

    slippery road (road sign) **chaussée glissante** *f*.

slot **fente** *f*.

slow **lent, -e**

    to be slow (watch) **retarder**

slow down *v*. **ralentir**

small **petit, -e**

smoke *v*. **fumer**

    no smoking **défense de fumer**

    no-smoking section **endroit (pour) non-fumeurs** *m*., **section / zone non-fumeurs** *f*.

    smoking section **endroit (pour) fumeurs** *m*., **section / zone fumeurs** *f*.

smoked **fumé, -e**

snack **collation** *f*.; **casse-croûte** *m*.

    snack bar **buffet** *m*.

snail **escargot** *m*.

snap **bouton-pression** *m*.

sneeze *v*. **éternuer**

snorkel **tuba** *m*.

snow **neige** *f*.

snow *v*. **neiger**

snowfall **chute de neige** *f*.

snowstorm **tempête de neige** *f*., **chute de neige** *f*.

soap **savon** *m*.

    bar of soap **savonnette** *f*.

    liquid soap **savon liquide**

    soap dish **porte-savon** *m*.

    soap opera **feuilleton** *m*.; **téléroman** *m*. (Canada)

    soap powder **détergent en poudre** *m*., **lessive** *f*., **poudre à laver** *f*.

    toilet soap **savon de toilette**

soccer **football** *m*.; **soccer** (Canada)

sock **chaussette** *f*.; **bas** *m*. (Canada)

    over-the-knee sock **chaussette haute**

sockette **soquette** *f*. (Canada)

sodium **sodium** *m*.

    sodium pentothal **penthotal** *m*.

sofa **sofa** *m*., **canapé** *m*.

soft **mou, molle**; **souple** (contact lens)

software **logiciel** *m*.

    games software **ludiciel** *m*.

    software package **progiciel** *m*.

sole (shoe) **semelle** *f*.

    non-skid soles **semelles antidérapantes**

    rubber soles **semelles de (en) caoutchouc**

    serrated soles **semelles crantées**

someone **quelqu'un**
something **quelque chose**
sonata **sonate** *f.*
song **chanson** *f.*
sound **son** *m.*
  sound technician **preneur de son** *m.*
soup **potage** *m.* (thick); **soupe** *f.*
  soup bowl **bol à consommé** *m.*
  soup dish **assiette à soupe** *f.*, **assiette creuse** *f.*
  soup spoon **cuiller/cuillère à soupe** *f.*
sour **aigre**
south **sud** *m.*
sow *v.* **cultiver**
soya **soja** *m.*
spandex **élasthame** *m.*
Spanish (language) **espagnol** *m.*
spark plug **bougie** *f.*
speak *v.* **parler**
speaker **haut-parleur** *m.*
special **spécial, -e**
  by special delivery (mail) **par exprès**
  special effect (film) **trucage** *m.*
specialty **spécialité** *f.*
specimen **spécimen** *m.*, **échantillon** *m.*
spectator **spectateur** *m.*
spectators **public** *m.*
speed **vitesse** *f.*
  speed bump **dos d'âne** *m.*, **ralentisseur** *m.*
  speed limit **vitesse limite** *f.*, **limitation de vitesse** *f.*
  at a speed of **à une vitesse de**
  at a speed of 100 kilometers per hour **à une vitesse de 100 kilomètres à l'heure**
  at full speed **à toute vitesse**
speedometer **compteur/indicateur de vitesse** *m.*
spend *v.* (time) **passer**
spicy **épicé, -e**
spinach **épinards** *m. pl.*
spoiled **avarié, -e** (meat); **avancé, -e** (fish); **gâté, -e** (fruit); **ranci, -e** (butter, oil); **tourné, -e** (fish)
sponge **éponge** *f.*
spoon **cuiller, cuillère** *f.*
  soup spoon **cuiller/cuillère à soupe**
  teaspoon **cuiller/cuillère à café**
sport **sport** *m.*
sportscast **reportage sportif** *m.*
sprain **foulure** *f.*
sprain *v.* **se fouler** (wrist); **se tordre** (ankle, back)
spreadsheet **tableau** *m.*
spring **ressort** *m.* (metal); **printemps** *m.* (season)
  in the spring **au printemps**

spy story **roman policier** *m.* (book); **film d'espionnage** (film)
square (in a town) **place** *f.*
squash (sport) **squash** *m.*
stadium **stade** *m.*
stage **scène** *f.*
  stage manager **régisseur** *m.*
  to come on stage **entrer en scène**
stage *v.* (play) **monter**
stagehand **machiniste** *m. & f.*
staging **mise en scène** *f.*
stain **tache** *f.*
  to remove a stain **faire disparaître une tache**
stain *v.* **tacher**
stained **taché, -e**
stair **marche** *f.*
  stair climber **ergomètre à grimper** *m.*
stake (tent) **piquet** *m.*
  to hammer in stakes **enfoncer les piquets**
stale (bread, cake) **rassi, -e**
stall *v.* **caler**
stalled **calé, -e**
stamp **timbre** *m.*, **timbre-poste** *m.*
  automatic stamp dispensing machine **distributeur automatique de timbres** *m.*
stamp *v.* **affranchir; composter** (a ticket in a machine in a train station)
standing **debout**
  standing room only **places debout seulement**
staple **agrafe** *f.*
  staple remover **dégrafeuse** *m.*
stapler **agrafeuse** *f.*
star (theater) **vedette** *f.*
starch **amidon** *m.*
starched **amidonné, -e, empesé, -e**
start *v.* (car) **démarrer**
starter (car) **démarreur** *m.*
state **état** *m.*
statement **relevé** *m.*
  bank statement **relevé de compte**
  monthly statement **relevé mensuel**
station (train) **gare** *f.*
stationer **papetier** *m.*, **papetière** *f.*
  stationer's **papeterie** *f.*
stationery **papier à lettres** *m.*
stay **séjour** *m.*
stay *v.* **rester**
  How long do you plan to stay here? **Combien de temps comptez-vous rester ici?**
steak **bifteck** *m.*, **steak** *m.*
  loin steak **contrefilet** *m.*
  rib steak **entrecôte** *f.*

steamed   **à l'étuvée, à l'étouffée**
steep   **raide**
   steep hill   **descente dangereuse / rapide**
steep *v.* (fish, fruit)   **macérer**
steering column   **colonne de direction** *f.*
steering wheel   **volant** *m.*
step (in aerobics)   **appareil de step** *m.*
stereo   **chaîne stéréo** *f.*
   stereo receiver   **ampli-syntoniseur** *m.*, **ampli-**
      **tuner** *m.* (*pl.* **amplis-tuners**)
stereophonic   **stéréophonique**
stethoscope   **stéthoscope** *m.*
stew   **ragoût** *m.*
steward   **steward** *m.*
stewardess   **hôtesse de l'air** *f.*
stewed   **en ragoût**
stick (hockey)   **bâton** *m.*
   stick shift   **changement de vitesse manuel** *m.*
stick out *v.* (tongue)   **tirer**
sticker   **étiquette** *f.*
stitch   **point de suture** *m.*
   to take out stitches   **enlever les points de**
      **suture**
   to take stitches   **faire des points de suture**
stitch *v.*   **suturer**
stock (equities)   **action** *f.*
stockbroker   **agent de change** *m.*; **courtier** *m.* /
   **courtière** *f.* **en valeurs mobilières**
   (Canada)
stock exchange   **bourse** *f.*
stockings   **bas** *m. pl.*
   fishnet stockings   **bas à résilles**
   knee-hi stockings   **mi-bas**
   nylon stockings   **bas de nylon**
stomach   **estomac** *m.*, **ventre** *m.*
   upset stomach   **indigestion** *f.*
stone   **pierre** *f.*
stool (feces)   **selles** *f. pl.*, **matières fécales** *f. pl.*
   stool analysis   **analyse de matières**
      **fécales** *f.*
stop   **arrêt** *m.*, **escale** *f.* (airplanes)
stop *v.*   **arrêter, s'arrêter**
stopper   **bouchon** *m.*
store   **magasin** *m.*
   convenience store   **dépanneur** *m.* (Quebec)
   convenience store owner   **dépanneur** *m.*
      **dépanneuse** *f.* *(Quebec)*
   department store   **grand magasin** *m.*
   health food store   **magasin de diététique** *m.*
store *v.*   **mettre en mémoire, stocker** (computer)
storm   **orage** *m.*, **rafale** *f.*
stormy   **orageux, orageuse**

story   **histoire** *f.*
   detective story, mystery story   **roman**
      **policier** *m.*
   love story   **film d'amour** *m.* (film); **roman**
      **d'amour** *m.* (novel)
   police story (film)   **film policier**
   spy story   **roman policier** *m.* (book); **film**
      **d'espionnage** (film)
   war story (film)   **film de guerre**
stove   **cuisinière** *f.*; **poêle** *m.* (Canada)
   electric stove   **cuisinière électrique**
   gas stove   **cuisinière à gaz**
straight (hair)   **raide**
   Go straight ahead.   **Allez tout droit.**
strain *v.*   **passer, égoutter, essorer**
strainer   **écumoire** *f.* (skimmer); **passoire** *f.*
strap (slip)   **bretelle** *f.*
   straps (shoes)   **lanières** *f. pl.*
straw   **paille** *f.*
street   **rue** *f.*
   one-way street   **rue à sens unique**
   street name   **nom de la rue** *m.*
   street number   **numéro de la rue** *m.*
   take the street . . .   **prenez la rue . . .**
   to cross the street   **traverser la rue**
strengthen *v.* (muscles)   **fortifier, raffermir,**
   **tonifier**
strep throat   **angine** *f.*
stretch, stretched out   **allongé, -e**
stretcher   **brancard** *m.*, **civière** *f.*
strike   **prise** *f.* (baseball); **grève** *f.* (work)
   to be on strike   **être en grève**
   to go on strike   **faire la grève**
string   **ficelle** *f.*
stringed (instrument)   **à cordes**
   stringed instrument   **instrument à cordes** *m.*
strip *v.* (undress)   **déshabiller**
stripe   **rayure** *f.*
striped   **à rayures**
strong   **fort, -e; violent, -e** (current)
stub   **talon** *m.*, **bulletin de bagages** *m.*
student   **étudiant** *m.*, **étudiante** *f.*
   day student   **demi-pensionnaire** *m. & f.*,
      **externe** *m. & f.*
studies   **études** *f.*
studio (artist's)   **atelier** *m.*
study   **étude** *f.*
stunt artist   **cascadeur** *m.*
style   **style** *m.*
   in style   **indémodable**
subject (school)   **matière** *f.*
subscriber   **abonné** *m.*, **abonnée** *f.*

subtitle **sous-titre** *m.*
suburbs **banlieue** *f.*
subway **métro** *m.*
  book of subway tickets **carnet** *m.*
  subway station **station de métro** *f.*
  subway ticket **ticket de métro** *m.*
  to take the subway **prendre le métro**
suede **daim** *m.*, **suède** *m.*
suffer *v.* **souffrir (de)**
sufficient **suffisant, -e**
sugar **sucre** *m.*
  confectioner's sugar **sucre semoule**
  sugar bowl **sucrier** *m.*
  sugar substitute **faux sucre**
suggest *v.* **suggérer**
suit **complet** *m.*, **costume** *m.* (man's);
  **costume** *m.*, **tailleur** *m.* (woman's)
  bathing suit **maillot de bain** *m.*; **costume de
    bain** (Canada)
  body suit **combiné** *m.*; **body** *m.* (Canada)
  pant suit **ensemble pantalon** *m.*, **tailleur
    pantalon; complet pantalon** (Canada)
  track suit **survêtement** *m.*
suitcase **valise** *f.*
sum **somme** *f.*, **montant** *m.*
  for a modest sum **pour une somme modique**
summer **été** *m.*
  in the summer **en été**
sun **soleil** *m.*
sunbathe *v.* **prendre des bains de soleil**
sunburn **coup de soleil** *m.*
  to get a sunburn **attraper un coup de soleil**
suncream **crème solaire** *f.*
Sunday **dimanche**
sunglasses **lunettes de soleil** *f. pl.*; **lunettes
  solaires** *f. pl.* (Canada)
sunny **ensoleillé, -e**
sunscreen **écran solaire** *m.*
sunstroke **insolation** *f.*
suntan **bronzage** *m.*
  suntan lotion **lotion solaire** *f.*
  suntan oil **huile solaire** *f.*
  to get a suntan **se bronzer**
super (gas) **super**
supermarket **supermarché** *m.*; **hypermarché** *m.*
  (large)
supervise *v.* **surveiller**
supplement (fare) **supplément** *m.*
surf **marée** *f.*
  surf and turf **pré et marée** *m.*
surf *v.* (Web) **surfer sur; naviguer sur** (Canada)
surfboard **aquaplane** *m.*

surfboard *v.* **faire de la planche**
surgeon **chirurgien** *m.*, **chirurgienne** *f.*
  orthopedic surgeon **chirurgien orthopédiste**
surgery **chirurgie** *f.*
  to undergo surgery **subir une intervention
    chirurgicale**
surgical **chirurgical, -e**
suspenders **bretelles** *f. pl.*
suspension **suspension** *f.*
  front suspension **suspension avant**
swallow *v.* **avaler**
sweatband **bandeau** *m.*
sweater **cardigan** *m.*, **chandail** *m.*, **gilet** *m.*,
  **sweater** *m.*, **pull-over (pull)** *m.*, **tricot** *m.*
  cable-knit sweater **chandail à torsades / torsadé**
  hockey sweater **maillot de hockey** *m.*,
    **chandail** *m.*
  tunic sweater **tunique** *f.*
sweatshirt **sweat-shirt** *m.*
sweep *v.* **balayer**
sweet (food) **sucré, -e**
  sweetened with **sucré, -e avec**
sweetener **édulcorant** *m.*
  artificial sweetener **édulcorant de synthèse**
swim *v.* **nager, faire de la natation**
swimmer **nageur** *m.*, **nageuse** *f.*
swimming **natation** *f.*
  swimming pool **piscine** *f.*
  to go swimming **faire de la natation**
switch (light) **interrupteur** *m.*, **commutateur** *m.*
  defogger switch **commande** *f.*/ **commutateur**
    *m.* **du désembuage / désembueur** (Canada)
  emergency flasher switch **commande** *f.*/
    **commutateur** *m.*/ **interrupteur** *m.* **de feux
    détresse**
switchboard **tableau de distribution** *m.*, **standard
  téléphonique** *m.*
  switchboard operator **standardiste** *m. & f.*
swollen **enflé, -e**
symphony **symphonie** *f.*
symptom **symptôme** *m.*
syndrome **syndrome** *m.*
synthetic **synthétique**
syrup **sirop** *m.*
  cough syrup **sirop contre la toux, sirop pour
    la gorge**
system **système** *m.*

table **table** *f.*
  folding table **table repliable**
  tray table (airplane) **tablette** *f.*
  to clear the table **débarrasser la table**

to get up from the table  **se lever de table**

to set the table  **mettre le couvert, mettre la table**

tablecloth  **nappe** *f.*

tablet (pill)  **cachet** *m.*, **comprimé** *m.*

writing tablet  **bloc (de papier)** *m.*

tachometer  **tachymètre** *m.*, **compte-tours** *m.*

taffeta  **taffetas** *m.*

tailgate *v.*  **coller**

tailor  **tailleur** *m.*

tails (clothes)  **habit** *m.*

take *v.*  **prendre**

to take away (someone)  **emmener**

to take back (something)  **rendre**

to take off  **décoller** (airplane); **retirer quelque chose de quelque chose** (something off something)

to take out  **enlever** (tonsils, appendix); **arracher** (tooth); **prélever** (from salary)

to take up  **monter** (something)

takeoff  **décollage** *m.* (airplane)

talk *v.*  **parler**

talk show  **causerie** *f.*

tampon  **tampon hygiénique** *m.*

tank (gas)  **réservoir (à essence)** *m.*

to fill the tank  **faire le plein**

tanned  **bronzé, -e**

tape  **ruban adhésif** *m.*; **papier collant** *m.* (cellophane); **cassette** *f.* (recording)

correction tape  **ruban correcteur** *m.*

tape deck  **passe-cassettes** *m.*; **platine à cassettes** *f.* (Canada)

taste  **goût** *m.*

to taste  **au goût**

tax  **taxe** *f.*; **impôt** *m.* (income)

taxi  **taxi** *m.*

T-bar  **tire-fesses** *m.*; **barre** *f.*

tea  **thé** *m.*

tea bag  **sachet de thé** *m.*

teach *v.*  **enseigner** (something); **faire un cours** (someone)

teacher  **instituteur** *m.*, **institutrice** *f.*, **maître** *m.*, **maîtresse** *f.* (elementary); **professeur** *m.* (secondary and university)

teaching  **enseignement** *m.*; **pédagogie** *f.* (academic field)

team  **équipe** *f.*

opposing team  **équipe adverse**

teapot  **théière** *f.*

tear (rip)  **déchirure** *f.*

teaspoon  **cuiller/cuillère à café** *f.*

technician  **technicien** *m.*, **technicienne** *f.*

telegram  **télégramme** *m.*

telephone  **téléphone** *m.*; **appareil** *m.*, **poste** *m.* **(de téléphone/téléphonique)** (piece of equipment) (*see:* phone *and* call)

cordless telephone  **appareil/poste/téléphone sans fil** (Canada: **sans cordon**)

rotary dial telephone  **appareil à cadran, poste à cadran**

speaker telephone  **appareil/poste mains libres**

telephone answering machine  **répondeur téléphonique** *m.*

telephone booth  **cabine téléphonique** *f.*

telephone call  **appel téléphonique** *m.*

telephone calling card  **carte France Télécom** *f.*; **carte d'appel**[MC] *f.*, **carte téléphonique** *f.* (Canada)

telephone debit card (for use in public phone)  **télécarte** *f.*

touch tone telephone  **appareil/poste (téléphonique) à touches/touches musicales/à clavier**

to make a telephone call  **donner un coup de téléphone à, téléphoner à**

The telephone is out of order.  **Le téléphone est hors de service/en panne. Le téléphone ne fonctionne pas.**

telephone *v.*  **téléphoner à, donner un coup de fil à, donner un coup de téléphone à**

televised  **télévisé, -e**

television  **télévision** *f.*; **téléviseur** *m.* (set)

black and white television  **téléviseur en noir et blanc**

color television  **téléviseur en couleurs**

digital light processing TV  **téléviseur avec la technologie DLP**

digital TV  **télévision numérique** *f.*

flat screen TV  **téléviseur à écran plat**

LCD TV  **téléviseur à cristaux liquides**

plasma TV  **téléviseur plasma**

teller  **caissier** *m.*, **caissière** *f.*

automatic teller machine (ATM)  **distributeur automatique de billets (DAB)** *m.*, **guichet automatique de banque (GAB)** *m.*

temperature  **température** *f.*

to take one's temperature  **prendre sa température**

temple (forehead)  **tempe** *f.*

tennis  **tennis** *m.*

tennis court  **court de tennis** *m.*, **terrain de tennis** *m.*

tennis elbow  **synovite du coude** *f.*

tent **tente** *f.*

  to pitch a tent **monter une tente**

terminal (airline) **terminal** *m.* (*pl.* **terminaux**);
  **aérogare** *f.* (Canada)

territory **territoire** *m.*

terry cloth **tissu éponge** *m.*

thank you **merci**

thaw *v.* **dégeler**

theater **théâtre** *m.*; **cinéma** *m.*, **salle de cinéma** *f.*
  (movie)

then **puis**

thermometer **thermomètre** *m.*

thermos **thermos** *m.*

thicken *v.* (sauce) **épaisser, laisser épaisser**

thigh **cuisse** *f.*

thin *v.* (sauce) **allonger**

thing **chose** *f.*

third **troisième**

this **ce, cet, cette; ceci** *adj.*

thong (shoe) **bandeau** *m.*

thread **fil** *m.*

throat **gorge** *f.*

  strep throat **angine** *f.*

  throat infection **angine** *f.*

  to have a sore throat **avoir mal à la gorge**

through **par, à travers**

  Please put me through to (phone) . . .
      **Je désire obtenir une communication avec . . .**

throughout **lé long de**

throw *v.* (ball) **jeter, lancer**

  to throw out (empty) **jeter, vider**

thumb **pouce** *m.*

thumbtack **punaise** *f.*

thunder *v.* **tonner**

thunderstorm **orage** *m.*, **pluie d'orage** *f.*

  There's a thunderstorm **Il fait de l'orage.**

ticket **billet** *m.*

  airline ticket **billet d'avion**

  automatic ticket machine **billeterie**
    **automatique** *m.*

  book of tickets (subway) **carnet** *m.*

  bus ticket **ticket d'autobus** *m.*

  excursion fare ticket **billet excursion**

  one-way ticket **billet simple, billet aller, aller-**
    **simple**

  reduced-fare ticket **billet à tarif réduit**

  round-trip ticket **billet aller-retour, billet**
    **d'aller et retour**

  subway ticket **ticket de métro** *m.*

  ticket agent **agent** *m.*

  ticket counter **comptoir de la ligne aérienne/**
    **de la compagnie d'aviation** *m.*

ticket inspector (train) **contrôleur** *m.*,
  **contrôleuse** *f.*

ticket window **guichet** *m.*

traffic ticket **contravention** *f.*

to buy a ticket **prendre/acheter un billet**

to check a ticket **vérifier un billet**

tide **marée** *f.*

  high tide **marée haute**

  low tide **marée basse**

  The tide comes in. **La marée monte.**

  The tide goes out. **La marée descend.**

tie **cravate** *f.*

  bow tie **nœud** *m.*, **nœud papillon** *m.*

  silk tie **cravate de soie**

  tie pin **épingle de cravate** *f.*

tied (score) **à égalité**

tight **serré, -e**

tighten up *v.* **resserer**

tights **collants** *m. pl.*; **bas culotte(s)** *m.*
  (Canada)

tile **carreau** *m.* (*pl.* **carreaux**); **carrelage** *m.*
  (bathroom)

time **heure** *f.*

  departure time **heure de départ**

  flex time **horaire flottant/flexible/variable** *m.*

  full-time **à temps complet**

  half time (sports) **mi-temps** *f.*

  prime time **heures de grande écoute** *f. pl.*

    **prime-time scheduling** horaire de grande
      écoute *m.*

  time period (mortgage duration) **période**
    **d'amortissement** *f.*

  half-time *adj.* **mi-temps, à mi-temps**

  on time **à l'heure**

  part-time **à temps partiel**

  at what time **à quelle heure**

timing (car) **allumage** *m.*

timpani **timbales** *f. pl.*

tinted **teinté, -e**

tip **pourboire** *m.*

tire **pneu** *m.*

  flat tire **pneu crevé, crevaison** *f.*

  spare tire **roue de secours** *f.*

  tire pressure **pression des pneus** *f.*

  to change a tire **changer un pneu**

  to put air in the tire **gonfler le pneu**

  This tire is flat. **Ce pneu est crevé/à plat.**

tissue **mouchoir de papier** *m.*; **tissu** *m.* (body)

  soft tissue (body) **tissus mous**

to **à**

  up to **jusqu'à**

toast **pain grillé** *m.*, **toast** *m.*, **rôtie** *f.*

toaster **grille-pain** *m.*
  toaster oven **four grille-pain** *m.*
tobacco **tabac** *m.*
today **aujourd'hui**
toe **orteil** *m.*; **bout** *m.* (shoe)
  with open toes, open-toed **à bouts carrés**
  with pointed toes **à bouts pointus**
  with round toes **à bouts ronds**
  with square toes **à bouts carrés**
toilet **toilettes** *f. pl.*, **W.C.** *m.*
  toilet paper **papier hygiénique** *m.*
  The toilet won't flush. **La chasse d'eau ne fonctionne pas. Je ne peux pas tirer la chasse d'eau du W.C.**
toll **péage** *m.*, **droit de péage** *m.*
tollbooth **barrière de péage** *f.*, **poste de péage** *m.*
tomato **tomate** *f.*
  tomato paste **concentré de tomates** *m.*
tomorrow **demain**
  the day after tomorrow **après-demain** *m.*
tone **ton** *m.*
  earth tones **tons de terre**
  pastel tones **tons pastels**
tone *v.* (muscles) **tonifier**
tongue **langue** *f.*
  to stick out your tongue **tirer la langue**
tonsillectomy **amygdalectomie** *f.*
tonsils **amygdales** *f. pl.*
too **trop**
tooth **dent** *f.*
  eye tooth **canine** *f.*
  wisdom tooth **dent de sagesse**
  to break a tooth **se casser une dent**
toothache **mal de dent** *m.*
  to have a toothache **avoir mal à une dent**
  My teeth hurt. **J'ai mal aux dents.**
toothbrush **brosse à dents** *f.*
  toothbrush holder **porte-brosse à dents** *m.*
toothpaste **dentifrice** *m.*, **pâte dentifrice** *f.*
toothpick **cure-dent** *m.*
top **haut** *m.*
  at the top of **en haut, en haut de**
  on top **sur le haut**
topaz **topaze** *f.*
torn **déchiré, -e**
tornado **tornade** *f.*
toss *v.* (ball) **lancer**
tough (meat) **dur, -e**
tourism **tourisme** *m.*
tourist *adj.* **touristique**
tourist **touriste** *m. & f.*
tournament **tournoi** *m.*

tow *v.* **remorquer, remorquer à l'aide d'une corde**
  tow truck **dépanneuse** *f.*
towel **serviette** *f.*
  bath towel **serviette de bain / de douche**
  handtowel **serviette de toilette** *f.*, **essuie-mains** *m.*
  towel rack **porte-serviettes** *m.*, **sèche-serviettes** *m.*
town **ville** *f.*
track (train) **voie** *f.*
  track and field **athlétisme** *m.*
    to practice track and field **faire de l'athlétisme**
traffic **circulation** *f.*
  heavy traffic **circulation intense**
  traffic jam **embouteillage** *m.*
  traffic lights **feux de circulation** *m. pl.*
  traffic regulations **code de la route** *m.*
tragedy **tragédie** *f.*
trail **sentier** *m.*
trailer (tied to another vehicle) **roulotte** *f.*, **remorque** *f.*
train **train** *m.*
  car sleeper train service **service train-auto-couchette** *m.*
  commuter train **ligne de banlieue** *f.*
  direct train **train direct**
  express train **train rapide / express**
  high speed train **train à grande vitesse (TGV)**
  local, slow train **train omnibus**
  train station **gare** *f.*
  to change trains **changer de train, prendre une correspondance**
trainer (fitness club) **moniteur** *m.*, **monitrice** *f.*
tranquilizer **calmant** *m.*, **tranquillisant** *m.*
transfer (train, plane) **correspondance** *f.*
transfusion **transfusion** *f.*
  blood transfusion **transfusion sanguine**
translation **traduction** *f.*
transmission **transmission** *f.*
  a car with automatic transmission **une voiture à transmission automatique** *f.*
transmitted **transmis, -e**
travel *v.* **voyager**
  travel agent **agent de voyage** *m.*
  travel guide **guide** *m.*
traveler **voyageur** *m.*, **voyageuse** *f.*
  traveler's check **chèque de voyage** *m.*
tray **plateau** *m.*
  cookie tray **plat à biscuits** *m.*
  tray table **tablette** *f.*

treadmill (exercise machine)  **manège (de discipline)** *m.*, **tapis de jogging** *m.*; **tapis roulant** *m.* (Canada)

treatment  **traitement** *m.*

trigonometry  **trigonométrie** *f.*

trim (hair)  **rafraîchissement** *m.*

trim *v.*  **parer** (meat); **rafraîchir** (hair, beard); **tailler** (mustache, sideburns)

trip  **voyage** *m.*

  business trip  **voyage d'affaires**

  pleasure trip  **voyage touristique**

  round-trip ticket  **billet d'aller-retour** *m.*, **billet d'aller et retour** *m.*

  Have a good trip!  **Bon voyage!**

truck  **camion** *m.*

  tow truck  **dépanneuse** *f.*

trumpet  **trompette** *f.*

trunk  **malle** *f.*; **coffre** *m.* (car)

trunks (underwear)  **caleçon** *m.*

truss *v.* (turkey)  **brider**

T-shirt  **T-shirt** *m.*, **tee-shirt** *m.*, **tricot** *m.*

tube  **tube** *m.*, **tuyau** m.

tuberculosis  **tuberculose** *f.*

tuition (fees)  **frais de scolarité** *m. pl.*

tulip  **tulipe** *f.*

tuna  **thon** *m.*

tuner  **ampli-syntoniseur** *m.*

tune-up  **réglage du moteur** *m.*

tunic (sweater)  **tunique** *f.*

turbulence  **turbulence** *f.*

  a turbulent zone  **une zone de turbulences**

  unexpected turbulence  **turbulences imprévues**

turn  **tour** *m.*

  turn signals  **clignotants** *m. pl.*

  no left turn  **défense de tourner à gauche**

  no right turn  **défense de tourner à droite**

turn *v.*  **tourner**

  to turn around  **faire demi-tour**

  to turn off (light, fire, oven)  **éteindre**

  to turn on (light, oven)  **allumer**

  to turn right  **tourner à droite**

turnpike  **autoroute à péage** *f.*

turntable  **platine tourne-disques** *f.*

turquoise  **turquoise** *f.*

turtleneck collar  **col roulé** *m.*, **col montant** *m.*

tuxedo  **smoking** *m.*

tweed  **tweed** *m.*

tweezers  **pince à épiler** *f.*

type  **genre** *m.* (play, etc.); **caractère** *m.* (type on a page)

  bold face type  **caractères gras**

  in bold (type)  **en caractères gras**

italic type  **caractères en italique(s)**

  in italics (type)  **en caractères en italique(s)**

umbrella  **parapluie** *m.*

under  **sous**

undergo *v.* (operation)  **subir**

underneath  **en dessous (de)**

underpants  **slip** *m.*; **culotte** *f.* (Canada)

undershirt  **gilet de corps / de peau** *m.*, **maillot de corps** *m.*, **tricot de corps / de peau** *m.*

undertow  **contre-marée** *f.*, **courant sous-marin** *m.*

underwear  **sous-vêtements** *m. pl.*

undress *v.*  **se déshabiller**

unemployed  **en chômage; chômeur** *m.* (person)

  to be unemployed  **être en chômage**

unemployment  **chômage** *m.*

  on unemployment  **en (au) chômage**

  to collect unemployment insurance  **toucher le chômage, toucher l'allocation de chômage**

unexpected  **imprévu, -e**

uniform  **uniforme** *m.*

union (work)  **syndicat** *m.*

  to form a union  **se syndiquer**

unionize *v.*  **se syndiquer**

unitard  **unitard** *m.*

university  **université** *f.*

unleaded  **sans plomb**

unlimited  **illimité, -e**

unpack *v.*  **défaire les valises**

unsettled (weather)  **variable**

until  **jusqu'à**

upper (train berth)  **supérieur, -e**

upright  **vertical, -e**

urine  **urine** *f.*

  urine analysis  **analyse d'urine** *f.*

use *v.*  **se servir de, utiliser**

  ease-of-use  **accessibilité** *f.*

  to be used as  **servir de**

usher  **ouvreuse** *f.*

vacant  **libre**

  vacant seat  **place libre** *f.*

vacate *v.* (room)  **quitter, libérer**

vacation  **vacances** *f. pl.*

  to be on vacation  **être en vacances**

vacuum *v.*  **passer l'aspirateur**

  vacuum cleaner  **aspirateur** *m.*

valid  **valable**

validate *v.* (a train ticket)  **composter**

valve (car)  **valve** *f.*, **soupape** *f.*

  The valve is leaking.  **La valve perd / fuit.**

variable (weather)  **variable**
varied  **divers, -e**
variety  **variété** *f.*
   variety show  **spectacle de variétés** *m.*
various  **divers, -e**
vaudeville  **vaudeville** *m.*
veal  **veau** *m.*
   veal cutlet  **côtelette de veau** *f.*
   veal scallopini  **escalope de veau** *f.*
vegetable  **légume** *m.*
   fruit and vegetable peeler  **épluche-légumes** *m.*
   fruit and vegetable store  **fruiterie** *f.*
   fruit and vegetable store shopkeeper
        **fruitier** *m.*, **fruitière** *f.*
   vegetable oil  **huile végétale** *f.*
vegetarian  **végétarien, -ne**
   vegetarian meal/dish  **plat végétarien** *m.*
vehicle  **véhicule** *m.*
   recreational vehicle (RV)  **autocaravane** *f.*
vein  **veine** *f.*
velvet  **velours** *m.*
venereal  **vénérien, -ne**
   venereal disease  **maladie vénérienne** *f.*
vent (jacket)  **vente** *f.*
version  **version** *f.*
very  **très**
vest  **veston** *m.*, **gilet** *m.*
vibrate *v.* (car)  **cliqueter**
video cassette  **bande-vidéo** *f.*
   video cassette recorder (VCR)  **magnétoscope à cassettes** *m.*
videotape  **bande-vidéo** *f.*, **vidéo-cassette** *m.*
vinegar  **vinaigre** *m.*
viola  **alto** *m.*
violet  **violette** *f.*
violin  **violon** *m.*
virus  **virus** *m.*
visa  **visa** *m.*
viscose  **viscose** *f.*
vital  **vital, -e**
vitamin  **vitamine** *f.*
void *v.* (a check)  **barrer**
voltage  **tension** *f.*, **voltage** *m.*
vomit *v.*  **avoir des vomissements**

waist  **taille** *f.*
waistline  **ligne** *f.*
   to watch one's waistline  **garder sa ligne**
wait (for) *v.*  **attendre**
waiter  **garçon** *m.*
waitress  **serveuse** *f.*
walk  **promenade** *f.*; **marche (à pied)** *f.* (sport)

an intentional walk (baseball)  **un but sur balles intentionnel** *m.*
walk *v.*  **se promener, aller à pied; faire de la marche à pied** (sport)
walking  **marche** *f.*, **marche à pied** *f.*
   to walk, to go walking  **faire de la marche à pied**
wall  **mur** *m.*
   wall unit  **rayonnages** *m. pl.*; **unité murale** *f.* (Canada)
wallet  **portefeuille** *m.*
want *v.*  **vouloir, désirer**
   What do you want as an appetizer?  **Que désirez-vous comme hors-d'œuvre?**
wardrobe  **armoire** *f.*; **garde-robe** *f.* (collection of clothes)
warm  **chaud, -e**
wash *v.*  **laver**
   to wash oneself  **se laver**
washable  **lavable**
washbasin  **lavabo** *m.*
washcloth  **gant de toilette** *m.*; **débarbouillette** *f.* (Canada)
washing machine  **machine à laver** *f.*; **lessiveuse** *f.*, **laveuse** *f.* (Canada)
wastebasket  **poubelle** *f.*
watch  **montre** *f.*
   digital watch  **montre digitale**
   quartz watch  **montre quartz**
   watch with a second hand  **montre avec trotteuse**
   My watch is fast.  **Ma montre avance.**
   My watch is slow.  **Ma montre retarde.**
   My watch has stopped.  **Ma montre s'est arrêtée.**
watch *v.*  **surveiller** (watch over, supervise); **garder** (weight)
watchband  **bracelet** *m.*
water  **eau** *f.*
   drinking water  **eau potable**
   fresh water  **eau douce**
   salt water  **eau salée**
   water level  **niveau d'eau** *m.*
wave  **vague** *f.* (ocean); **permanente** *f.*, **indéfrisable** *f.* (permanent wave)
   to ride the waves  **se laisser bercer par les vagues**
wavy  **bouclé, -e** (hair)
wax  **cire** *f.*
wax *v.*  **cirer**
way  **chemin** *m.*
   one way  **sens unique** (street); **simple, aller-simple** (ticket)

Give right of way to traffic from the right.   **Priorité à droite.**

Is this the way to . . .?   **Est-ce bien le chemin pour . . .?**

What's the best way?   **Quelle est la meilleure route?**

wear *v.*   **porter**

ready-to-wear (clothes)   **prêt-à-porter**

I wear shoe size 39.   **Je fais du 39. Je chausse du 39.**

weather   **temps** *m.*

weather report   **bulletin météorologique** *m.*

to be nice weather   **faire beau**

to be bad weather   **faire mauvais**

What's the weather like?   **Quel temps fait-il?**

weave *v.*   **tisser**

Web (Internet)   **Toile** *f.*, **Web** *m.*

Website   **site** *f.*

wedding   **noce** *f.*

wedding anniversary   **anniversaire de noce** *m.*

week   **semaine** *f.*

. . . dollars a week   **. . . dollars par semaine**

by the week   **par semaine, à la semaine**

to be paid every two weeks   **être payé à la quinzaine**

weekdays   **en semaine**

weigh *v.*   **peser**

weight (hand or ankle bands)   **bandau** *m.*

free weights   **lests** *m. pl.*, **haltères** *m. pl.*, **poids** *m.*

weight training   **entraînement aux haltères / aux lests / aux poids** *m.*

to lift weights   **soulever des lests / des haltères / des poids**

to lose weight   **perdre du poids**

to watch one's weight   **garder sa ligne**

welcome   **bienvenue** *f.*

welcome *v.*   **souhaiter la bienvenue à**

well   **bien**

well done (meat)   **bien cuit, -e**

to feel well   **se sentir bien**

to get well   **guérir**

This doesn't go well with . . .   **Ceci ne va pas très bien avec . . .**

We might as well . . .   **Nous ferions aussi bien de . . .**

western   **western** *m.*

wheat   **blé** *m.*

wheel   **roue** *f.*

steering wheel   **volant** *m.*

wheel alignment   **pincement des roues** *m.*

wheelchair   **fauteuil roulant** *m.*

when   **quand**

where   **où**

where is . . . ?   **où se trouve . . . ? où est . . . ?**

whip   **fouet** *m.*

whip *v.* (cream)   **fouetter**

whiskey   **whisky** *m.*

whistle   **sifflet** *m.*

to blow a whistle   **donner un coup de sifflet**

white (egg)   **blanc** *m.*

white   **blanc, blanche**

wide   **large**

win *v.*   **gagner**

wind   **vent** *m.*

light winds   **vents faibles**

moderate winds   **vents modérés**

strong winds   **vents forts**

wind instrument   **instrument à vent** *m.*

windbreaker   **blouson** *m.*

window   **fenêtre** *f.*; **vitre** *f.* (car); **guichet** *m.* (ticket); **hublot** *m.* (airplane)

What window do I have to go to for . . . ?   **A quel guichet faut-il s'adresser pour . . . ?** (post office)

windshield   **pare-brise** *m.*

windshield washer   **lave-glace** *m.*

windshield wiper   **essuie-glace** *m. invar.*

windstorm   **orage de vent** *m.*, **tempête de vent** *f.*

windsurf *v.*   **faire de la planche à voile**

windy: to be windy   **faire du vent; venter** (Canada)

wine   **vin** *m.*

wine list   **carte des vins** *f.*

wine merchant   **marchand de vin** *m.*

wing   **aile** *m.*; **ailier** *m.* (hockey, soccer)

winger (soccer)   **ailier** *m.*

winter   **hiver** *m.*

in the winter   **en hiver**

withdraw *v.*   **retirer, faire un retrait de fonds**

withdrawal   **retrait** *m.* (de fonds)

to make a withdrawal   **retirer des fonds**

woman   **femme** *f.*, **dame** *f.*

wool   **laine** *f.*

boiled wool   **laine bouillie**

lamb's wool   **laine d'agneau**

merino wool   **laine mérinos**

mottled wool   **laine chinée**

wool crêpe   **crêpe de Chine** *m.*

wool gabardine   **gabardine** *f.*

worsted wool   **laine peignée, laine côtelée**

word processing   **traitement de texte** *m.*

work   **travail** *m.*; **œuvre** *f.*, **ouvrage** *m.* (book, art)

work stoppage   **cessation du travail** *f.*

work *v.*   **travailler; fonctionner, marcher** (machine)

worker  **travailleur** *m.*, **travailleuse** *f.*
  salaried worker  **travailleur salarié**
worm  **ver** *m.*
worn out (equipment)  **usé, -e**
worth  **valeur** *f.*
  20 euros worth of gas  **20 euros d'essence**
wound  **blessure** *f.*
wound *v.*  **blesser**
wrap *v.*  **envelopper**
wrench  **clé** *f.*, **clef** *f.*
  lug wrench  **clé en croix**
wrestle *v.*  **faire de la lutte**
wrestling  **lutte** *f.*
wrinkle  **ride** *f.*
  anti-wrinkle cream  **soin** *m.* / **crème** *f.*
      **anti-rides**
  wrinkle-resistant  **infroissable**
wrist  **poignet** *m.*
  to sprain a wrist  **se fouler le poignet**
write *v.*  **écrire**
writer  **rédacteur** *m.*, **rédactrice** *f.*; **dialoguiste** *m.*
      **& *f.*** (script writer)
writing (skill)  **écriture** *f.*
wrong  **faux, fausse**
  You have the wrong number.  **Vous avez le**
      **mauvais numéro. Vous vous êtes trompé(e)**
      **de numéro.**

X ray  **radiographie** *f.*
  to take an X ray  **faire une radiographie**
  X ray room  **service de radiologie** *m.*
X ray *v.*  **radiographier, faire une radiographie**
xylophone  **xylophone** *m.*

year  **an** *m.*; **année** *f.*
  to be paid . . . dollars a year  **être payé . . .**
      **dollars par an**
yearly  **à l'année**
  to be paid yearly  **être payé à l'année**
yellow  **jaune**
yesterday  **hier**
yield *v.*  **céder**
yoghurt  **yaourt** *m.*
  pot (container) of yoghurt  **pot de yaourt** *m.*
yolk (egg)  **jaune** *m.*
young  **jeune**

ZIP code  **code postal** *m.*
zipper  **fermeture éclair** *f.*, **fermeture à glissière** *f.*
zone  **zone** *f.*
  zone code  **indicatif de zone** *m.*
zoom (camera)  **zoom** *m.*

# Companion Audio Recording

A companion audio recording that features selected answers from the answer key is available online. (Please see the copyright page for details.) Spoken by native French speakers, the audio provides a convenient way to improve your French pronunciation and listening comprehension as you check your answers.

For any question that is fill-in-the-blank, the entire sentence is read aloud. For any question that includes more than one possible answer, only the first word or phrase from the answer key is included.

Below is a list of selected exercises:

| Track 1 | About this recording | |
|---|---|---|
| **Track 2** | Chapter 1 | Exercises 5, 13 |
| | Chapter 2 | Exercises 3, 11 |
| **Track 3** | Chapter 3 | Exercises 1, 3 |
| | Chapter 4 | Exercises 13, 15 |
| **Track 4** | Chapter 5 | Exercises 3, 8 |
| | Chapter 6 | Exercise 2 |
| | Chapter 7 | Exercise 12 |
| **Track 5** | Chapter 8 | Exercise 10 |
| | Chapter 9 | Exercises 3, 5 |
| | Chapter 10 | Exercises 8, 11 |
| **Track 6** | Chapter 11 | Exercise 1 |
| | Chapter 12 | Exercise 1 |
| | Chapter 13 | Exercise 4, 14 |
| **Track 7** | Chapter 14 | Exercises 5, 7 |
| | Chapter 15 | Exercise 2 |
| | Chapter 16 | Exercises 6, 11 |
| **Track 8** | Chapter 17 | Exercises 1, 2 |
| | Chapter 18 | Exercise 1 |
| | Chapter 19 | Exercise 1 |
| **Track 9** | Chapter 20 | Exercise 1 |
| | Chapter 22 | Exercise 1 |
| | Chapter 23 | Exercise 1 |
| | Chapter 24 | Exercise 1 |
| **Track 10** | Chapter 25 | Exercise 1 |
| | Chapter 26 | Exercise 1 |
| | Chapter 27 | Exercise 6 |
| | Chapter 28 | Exercise 1 |
| **Track 11** | Chapter 29 | Exercise 1 |
| | Chapter 30 | Exercises 5, 7 |
| | Chapter 31 | Exercise 1 |